edition suhrkamp 2698

Die Kultur, nicht politische oder ökonomische Strukturen, unterscheidet die Stadt vom Land. Nach Georg Simmel ist es das »Geistesleben«, das die Metropole zu einem besonderen Ort macht. An diesen Gedanken knüpft Walter Siebel an. Heute, so seine zentrale These, charakterisieren zwei Merkmale die urbane Lebensweise: die Entlastung von notwendigen Arbeiten und die ständige Begegnung mit Fremden. In seiner historisch und theoretisch umfassenden Monographie entwirft Siebel ein detailliertes Bild dieser Kultur der Stadt, zeichnet ihre ambivalenten Entwicklungen nach und begründet daraus die Renaissance der Stadt und ihre kulturelle Produktivität.

Walter Siebel, geboren 1938, ist Professor em. für Soziologie an der Carl von Ossietzky Universität Oldenburg. Im Suhrkamp Verlag erschienen zuletzt *Die europäische Stadt* (als Herausgeber, es 2323) und (gemeinsam mit Hartmut Häußermann und Dieter Läpple) *Stadtpolitik* (es 2512).

Walter Siebel

Die Kultur der Stadt

Suhrkamp

edition suhrkamp 2698
Erste Auflage 2015
Originalausgabe

Satz: Satz-Offizin Hümmer GmbH, Waldbüttelbrunn
Druck: Druckhaus Nomos, Sinzheim
Umschlag gestaltet nach einem Konzept
von Willy Fleckhaus: Rolf Staudt
Printed in Germany
ISBN 978-3-518-12698-1

Für Hartmut Häußermann (1943-2012)

Inhalt

Einleitung 11

1. Teil: Das Ende der bürgerlichen Stadt? 42
1.1 Die Aushöhlung der kommunalen Selbstverwaltung oder das Ende der europäischen Stadt als politisches Subjekt 45
1.2 Das Verschwinden des Stadtbürgers 53
1.3 Die Erosion der Polarität von Öffentlichkeit und Privatheit 59
1.3.1 Ende des öffentlichen Raums? 59
1.3.2 Virtueller öffentlicher Raum? 90
1.4 Die Illusion der Privatheit 97

2. Teil: Die Stadt als Maschine zur Entlastung von Arbeit und Verpflichtungen 109
2.1 Verstädterung 114
2.2 Urbanisierung 121
2.2.1 Urbanisierung und Wandel der Lebensweise 124
2.2.2 Der sanfte Zwang der gebauten Umwelt . . 141
2.3 Reurbanisierung 152
2.3.1 Suburbanisierung, Desurbanisierung, Reurbanisierung 154
2.3.2 Die neue Nachfrage nach Stadt 161
2.4 Versuch einer Bilanz 173
2.4.1 Das Janusgesicht der Stadtmaschine 180

3. Teil: Reurbanisierung und die Rolle der Kulturwirtschaft 189
3.1 Die neue Ökonomie der Stadt 193
3.1.1 Wissensökonomie 193
3.1.2 Kultur- und Kreativwirtschaft 199
3.2 Schöne neue Welt? 210
3.3 Die Stadt als Wechselstube 220
3.3.1 Gentrifizierung – die Stadt als Kampfplatz 222
3.3.2 Aufwertung durch Kultur 238
3.3.3 Die Heritage-Industrie 245
3.4 Die Kulturalisierung der Stadtpolitik 247
3.4.1 Stadtkronenpolitik 256
3.4.2 Die Politik der großen Ereignisse 259
3.5 Die Indienstnahme der Kultur 269
3.6 Kritik der Stadtkultur 279

4. Teil: Die Stadt als Ort, an dem Fremde leben 285
4.1 Drei Gründe für die Stadt als Ort der Fremden 288
4.2 Eine kurze Geschichte des Fremden 294
4.3 Stadtkultur als Kultur der Differenz 304
4.3.1 Andersartigkeit: die kulturelle Differenzierung der Stadt 308
4.3.2 Ungleichheit: die soziale Differenzierung der Stadt 312
4.3.3 Ungleichzeitigkeit: die zeitliche Differenzierung der Stadt 314
4.3.4 Vielfalt der Funktionen: die städtebauliche Differenzierung der Stadt 316
4.4 Die Produktivität der Stadt 318
4.4.1 Die ökonomische Produktivität der Stadt . 320
4.4.1.1 Die kreative Klasse 321
4.4.1.2 Agglomerationsvorteile 323

4.4.1.3 Face-to-face-Kontakte 331
4.4.1.4 Innovative Milieus 336
4.4.2 Fremde, Juden, Großstädter: die kulturelle Produktivität der Stadt 341
4.5 Die Pervertierung der Diversität: die Stadt als Ort der Ausgrenzung 355
4.6 Integration ohne Vernichtung von Differenz . . 366
4.7 Die Stadt als Schule des Möglichkeitssinns 380
4.8 Die Räume des Übergangs 391

5. Teil: Urbanität 405
5.1 Die Zumutungen der Urbanität 406
5.2 Halbierte Urbanität: Babylon und Jerusalem als mythische Gegenentwürfe zur urbanen Stadt . . 411
5.3 Planbare Urbanität? 421

Dank 437

Quellenverzeichnis 439

Verwendete Literatur 441

Einleitung

Fragestellung und Thesen

Von Ferrara nach Venedig führt auf schmalen Deichen ein Fahrradweg durch das Po-Delta, eine weite, flache Gegend aus Wasser und Land. Hier und da eine Fischerhütte oder ein verlassenes Gehöft. Menschen sieht man kaum, dafür Schwärme seltener Vögel. Und dann der Auftritt von Venedig mit seinen wuchtigen Kirchen und marmorüberzogenen Palazzi, das wie eine Fata Morgana auf der glatten Lagune zu schweben scheint. Doch der Eindruck eines Gegenübers von unberührter Natur und Menschenwerk täuscht. Das Po-Delta und die Lagune sind ebenso Produkte menschlicher Arbeit wie die Stadt Venedig. Anfang des 16. Jahrhunderts leiteten Ingenieure die Brenta um, weil sie verhindern wollten, daß die Lagune und der Canal Grande weiter mit Sedimenten zugeschüttet würden. Das hätte die militärische Sicherheit der Stadt gefährdet. Später, in der kurzen Zeitspanne von 1599 bis 1604, haben die Venezianer aus demselben Grund dem Hauptstrom des Po eine andere Richtung gegeben, so daß er seine Fracht in den adriatischen Golf entleerte. Erst dadurch ist das Delta des Po entstanden, und die alte Hafenstadt Adria, die dem östlichen Mittelmeer seinen Namen gegeben hat, liegt heute gut 30 Kilometer vom Meer entfernt. In den fünfziger und sechziger Jahren des vorigen Jahrhunderts wiederum wurde im Po-Delta nach Methan gebohrt. In der Folge senkte sich das Land bis zu zweieinhalb Meter ab, die Deiche brachen, die mühsam geschaffenen Ackerflächen wurden überflutet, viele Bauern mußten das Gebiet verlassen. Dieses Produkt aus Ingenieurskunst und Ingenieursversagen steht heute unter Naturschutz.

Stadt und Land sind gleichermaßen Kulturprodukte. In den Gärten europäischer Städte ist Natur zum Spielzeug geworden. Auch auf dem Land gibt es kaum einen Baum, der nicht sorgfältig gehegt würde, und selbst der ungehegte hat wenigstens einen Eigentümer, der darüber wacht, ob er weiterhin ungehegt bleibt oder verwertet wird. Stadt und Land, selbst dort, wo sie überhaupt noch als abgegrenzte physische Gestalten erkennbar sind, stehen heute nicht mehr für den Gegensatz von Natur und Artefakt. Was aber macht dann Stadt zu einem besonderen Ort? Wie läßt sie sich definieren? In diesem Buch wird der Versuch unternommen, diese alten Fragen neu zu beantworten.

Jede Definition beruht auf Unterscheidungen. Seit der Gründung von Jericho 10 000 v. Chr., der ältesten bekannten Stadt, war die Stadt durch den Unterschied zum Land definiert. Aus ihren Anfängen als heilige Stätte und Fluchtburg entwickelte sich die Stadt zunächst als Tempelbezirk und Herrschaftssitz. Im Mittelalter wird die europäische Stadt zur Keimzelle einer anderen Gesellschaft. Und heute? Was unterscheidet unter heutigen Bedingungen Stadt von Nicht-Stadt?

Die Antwort ist nicht länger in besonderen religiösen, militärischen und politischen Funktionen zu finden, wie sie die griechische Polis erfüllte, auch nicht in einer eigenen ökonomischen und politischen Verfaßtheit wie im europäischen Mittelalter. Bis ins 20. Jahrhundert war die europäische Stadt die Stadt des Bürgertums, charakterisiert durch das Institut der kommunalen Selbstverwaltung (vgl. Häußermann 2001) und die Polarität von Öffentlichkeit und Privatheit (vgl. Bahrdt 1998). Im 1. Teil wird begründet, daß beide Merkmale ihre gesellschaftliche Basis verlieren. Statt dessen wird hier an Überlegungen von Georg Simmel angeknüpft. Das Spezifikum der Großstadt sah er in der besonderen Lebensweise des Städters.

Heute, so die zentrale These dieses Buches, ist sie durch zwei Merkmale charakterisiert: die Entlastung von notwendigen Arbeiten und die ständige Begegnung mit Fremden.

Im 2. Teil wird Urbanisierung als ein Prozeß dargestellt, in dessen Verlauf sich die Stadt zu einer Maschine entwickelt hat, die den Städter von Arbeit und Verpflichtungen befreit. Die Leistungen der modernen Stadtmaschine und die immer engere Verflechtung von Arbeit und Leben eröffnen die Möglichkeit einer selbstbestimmten Einheit des Alltags. Das ist ein wesentlicher Grund für die gegenwärtige Renaissance der Stadt. Diese »Reurbanisierung« wird unterstützt durch ein zunehmend innigeres Zusammenspiel von Stadtkultur, Stadtökonomie und Stadtpolitik (Teil 3). Die Stadt ist ein Ort, an dem Fremde leben. In dieser Tatsache, so die These im 4. Teil, gründet auch ihre besondere kulturelle Produktivität. Den Schluß bilden Überlegungen zur Planbarkeit von Urbanität (Teil 5).

Stadt als eine andere Gesellschaft?

Jeder Versuch, eine besondere Qualität von Stadt zu begründen, verweist auf eine Vorstellung von Nicht-Stadt: Was Stadt ausmacht, bestimmt sich aus der Differenz zum Land. Wenn sich diese Differenz nicht als die zwischen Natur und Artefakt fassen läßt, muß sie als innergesellschaftliche definiert werden. Damit variiert das, was die Besonderheit der Stadt auszeichnet, mit der gesellschaftlichen Formation, in der die jeweils untersuchte Stadt existiert. Die Megacitys der Schwellen- und Entwicklungsländer haben kaum etwas gemein mit den heutigen europäischen Städten. Erstens sind sie sehr viel größer – man schätzt die Zahl der Menschen in der Metropolregion von Mexiko-Stadt auf über 20 Mio. (Demographia 2015, S. 20). Dort leben also ebenso viele Menschen wie in den 5 neuen Bundesländern und Berlin zusammengenommen. Zweitens sind ihre Bewohner deutlich ärmer: Bis zu 50 Prozent hausen in Slums (vgl. Reif 2012, S. 44). Und drittens liegen ihrem rasantem Wachstum andere Mechanismen als dem europäischer Städte zugrunde (vgl. Bronger 2004). Deshalb ist in diesem Buch nicht von Stadt im allgemeinen die Rede, sondern ausschließlich von der europäischen Stadt.

Ahistorische, ohne den Bezug auf eine bestimmte Gesellschaft formulierte Definitionen von Stadt, bleiben soziologisch leer. Die von der Chicagoer Schule der Soziologie formulierte Definition von Stadt als relativ großer und dichter Siedlung mit einer heterogenen Bevölkerung (vgl. Wirth 1974) ist ein Beispiel dafür. Sie läßt offen, ob es sich um eine Gesellschaft aristokratischer Sklavenhalter (wie in der griechischen Antike), um das militärische und administrative Zentrum einer Despotie (wie im vormodernen Asien und Südamerika) oder um eine Stadt von Handwerkern und Kaufleuten (wie im europäischen Mittelalter) handelt. Größe und Dichte können für die Kultur der Stadt durchaus folgenreich sein (Kap. 4.4), aber ob sie das sind, hängt von sehr spezifischen gesellschaftlichen Voraussetzungen ab. Außerdem bedeutet »relativ große Bevölkerung« je nach dem Stand der Verstädterung etwas gänzlich anderes. Im 14. Jahrhundert war eine Stadt mit 5000 Einwohnern »relativ groß«. Damals hatten 25 Prozent der französischen, 90 Prozent der deutschen und 95 Prozent der Schweizer Städte weniger als 2000 Einwohner (vgl. Hohenberg/Lees 1996, S. 51). Trotzdem waren viele von ihnen, insbesondere jene, in denen die feudalen Höfe ansässig waren, Anziehungspunkte für Maler, Bildhauer, Gelehrte und Poeten. Die besondere Qualität von Stadt kann also nicht einfach mit Hilfe der Bevölkerungsstatistik (vgl. Mumford 1984, S. 149) ermittelt werden.

Die juristische Definition von Stadt als einer Siedlung mit Stadtrecht, sagt ebensowenig über soziale Verhältnisse aus. Heute decken sich die administrativen Grenzen kaum noch mit den ökonomischen, sozialen und kulturellen Verflechtungen der Stadtgesellschaft. Auch wenn Stadtplanung und städtische Kulturpolitik sich sehr wohl auf das Leben der Bewohner auswirken, so wird dadurch die Bevölkerung, die mehr oder weniger zufällig innerhalb der Zuständigkeit einer bestimmten Stadtverwaltung wohnt, noch nicht zu einer eigenständigen Stadtgesellschaft.

Stadt ist eine soziale Tatsache, die sich räumlich geformt hat, anders gesagt: Jede Gesellschaft schafft sich ihre eigene Stadt. Unter dem Wort »Stadt« verbergen sich so viele Wirklichkeiten, wie es gesellschaftliche Formationen gibt. Je nach gesellschaftlicher Epoche und Kulturkreis, zeigt sich der qualitative Unterschied zwischen Stadt und Land in verschiedenen Dimensionen. Die historisch früheste Differenz beruht auf Arbeitsteilung: Stadt ist der Ort derer, die nicht unmittelbar in die agrarische Produktion eingebunden sind. In der griechischen Antike war die Stadt der Sitz einer »Kriegerzunft« (Max Weber). Polis und Umland bildeten eine ökonomische Einheit, die durch Herrschaftsbeziehungen zusammengehalten wurde. Dreiviertel aller Bürger des Perikleischen Athens besaßen Land außerhalb der Stadt. Aber sie bearbeiteten das Land nicht. Das war Sache der Sklaven. Stadt und Land standen für den Gegensatz von Arbeit und Muße. Im europäischen Hochmittelalter dagegen sind Stadt und Land konträre gesellschaftliche Formationen. Innerhalb der Mauern der mittelalterlichen Stadt gab es zwar Gärten, in denen auch Lebensmittel angebaut wurden, und noch im 14. Jahrhundert waren englische Stadtbürger verpflichtet, bei der Ernte zu helfen (vgl. Mumford 1984, S. 305). Dennoch war die Differenz zwischen Stadt und Land nirgends so ausgeprägt wie in Europa (vgl. Kaelble 2001): Marktwirtschaft und stadtbürgerliche Selbstverwaltung hier, Selbstversorgungswirtschaft und Feudalismus dort. Dieser Gegensatz hat sinnhafte Gestalt gewonnen im Gegenüber von hoch getürmter Stadt und plattem Land, akzentuiert durch Mauer, Wall und Graben, wie er einem auf den Stichen von Matthäus Merian begegnet.

Die Unterschiede in der ökonomischen und politischen Verfaßtheit von Stadt und Land waren entscheidend für den europäischen Sonderweg. Karl Marx hat die Rolle der Stadt für den sich entwickelnden Kapitalismus betont, Émile Durkheim ihre Rolle beim Übergang von einer auf den Gemeinsamkeiten geteilter Normen und Sitten beruhenden »mechanischen« zu einer durch Arbeitsteilung vermittelten »organischen Solidarität«. Max Weber (vgl. 1956) schließlich hat neben der protestantischen Ethik in der »nichtlegitime[n] Herrschaft« der Städte die Gründe dafür gefunden, daß sich in Europa und nicht in den Hochkulturen Asiens Kapitalismus und rationale Verwaltung durchsetzen konnten. Die europäische Stadt ist ein Laboratorium des sozialen Wandels. Daß sie diese Rolle hat spielen können, daß sie sich überhaupt als eigenständiger historischer Akteur etablieren konnte, hängt mit der für Europa typischen Zersplitterung der Macht zwischen König, Adel und Kirche zusammen (vgl. Meier 2009, S. 24ff.). Daraus ergaben sich jene Leerräume, in denen die Sonderentwicklung der europäischen Stadt möglich wurde. Das war insbesondere in Deutschland der Fall, wo der Konflikt zwischen Kaiser und Papst ein Machtvakuum entstehen ließ, in dem die Stadt zu einer revolutionären Keimzelle einer ganz anderen Gesellschaft werden konnte.

Heute ist all das, was bis zu Merians Zeiten die Stadt als einen gesellschaftlich besonderen Ort begründet hatte, Kennzeichen der ganzen Gesellschaft. Marktförmige Organisation der Ökonomie, demokratische Verfassung der Politik, all das hat sich von der Stadt gelöst. Die ganze Gesellschaft ist urbanisiert. Stadt und Land sind keine gesellschaftlichen Gegensätze, sondern ein Mehr oder Weniger vom Gleichen. Sichtbarstes Zeichen für das Verschwinden dieses gesellschaftlichen Gegensatzes ist die Auflösung der europäischen Stadtgestalt (vgl. Siebel 2004, S. 35ff.). Daher muß heute jeder Versuch, den Unterschied von Stadt und Land auf Basis gesellschaftsstruktureller Gegensätze zu bestimmen, scheitern. Selbst wenn man im Rückgriff auf die gesellschaftliche Arbeitsteilung Stadt als Ort derer definiert, die nicht in die landwirtschaftliche Produktion eingebunden sind, so führt das in Deutschland nicht mehr zu einer soziologisch informativen Unterscheidung. Im Jahre 2014 arbeiteten nur noch 1,5 Prozent aller Erwerbstätigen in der Agrar-, Forst- und Fischereiwirtschaft (primärer Sektor). Nach dieser Definition wären 98,5 Prozent aller Erwerbstätigen und ca. 96 Prozent der Bevölkerung der BRD Städter.[1]

Stadt als eine andere Kultur

Wenn weder die juristische Definition noch statistische Merkmale zu einer soziologisch informativen Bestimmung von Stadt taugen, und die Dichotomie von Natur und Artefakt ebenso historisch überholt ist wie die Assoziation von Stadt

1 Eigene Berechnungen nach Statista 2015 und Destatis 2015.

und Land mit verschiedenen Gesellschaftsformationen, dann bleibt die Kultur der Stadt als Ansatzpunkt einer Definition. Gemeinhin wird unter Stadtkultur der Gegenstandsbereich der städtischen Kulturpolitik, d. h. die Summe der Bildungs- und Kultureinrichtungen und der kulturellen Aktivitäten in einer Stadt, verstanden, seien sie öffentlich, ehrenamtlich oder privat organisiert: die Museen, Orchester und Theater, die Schulen und Universitäten, die Opernhäuser und Konzertsäle, die Kinopaläste und Kleinkunstbühnen, die Denkmäler, die Galerien, die vielfältigen kulturellen Aktivitäten in Chören, Kunstvereinen usw. Eine solchermaßen stadtpolitische Definition identifiziert die Kultur der Stadt mit kulturellen Einrichtungen und Aktivitäten, die sich prinzipiell auch anderswo finden können: an den Fürstenhöfen der Renaissance und heute in schleswig-holsteinischen Kuhställen oder stillgelegten Zechenanlagen an der Ruhr. Die institutionelle Definition von Stadtkultur thematisiert die Kultur *in* der Stadt, nicht die Kultur *der* Stadt im Sinne einer Kultur, die nur dort möglich ist.

Eine zweite, ebenfalls gängige Auffassung setzt Kultur mit kultivierter Lebensweise gleich: Der Maler Max Liebermann hat das auf einen recht prosaischen Punkt gebracht: »Ick saje nur, wo det Salatessen anfängt, beginnt die Kultur. Hier in Berlin fressen se viel zuviel Fleisch« (zit. n. Baur 1951, S. 472). Simmel und die Soziologen der Chicagoer Schule haben dieses Verständnis von Kultur in eine systematische Beziehung zur Stadt gesetzt. Sie lieferten zum ersten Mal eine Definition von Stadtkultur als einer Lebensweise, die notwendig an das Leben in einer Stadt gebunden ist. Simmel hat die stadttypische Mentalität mit den wenig anheimelnden Begriffen »Gleichgültigkeit«, »Distanziertheit«, »Blasiertheit« und »Intellektualität« charakterisiert und diese Phänomene auf die Reizüberflutung in der modernen Großstadt zurückgeführt.

Die Vorstellung von Stadtkultur als einer besonderen, an die Stadt gebundenen Lebensweise findet sich auch bei Hans Paul Bahrdt (1998). Nach seiner Definition ist Stadt ein Ort, an dem sich das gesamte gesellschaftliche Leben in eine öffentliche und eine private Sphäre polarisiert. Bahrdt greift damit weder auf quantitative Indikatoren wie die Einwohnerzahl zurück noch auf gesellschaftsstrukturelle Merkmale. Seine Definition gründet auf einem kulturellen Unterschied zwischen Stadt und Land, nämlich der Art und Weise, wie das alltägliche Leben in der Stadt organisiert ist. Der große Einfluß, den sein 1961 erschienenes Buch *Die moderne Großstadt* weit über die Soziologie hinaus bei Architekten und Stadtplanern gewinnen konnte, rührte daher, daß sich die soziale Polarität einer öffentlichen und einer privaten Sphäre ohne weiteres in die räumliche Struktur der Stadt übersetzen ließ.

Allerdings ist auch die Polarität von Öffentlichkeit und Privatheit keine dem sozialen Wandel enthobene Tatsache (Kap. 1.3). Bahrdt hatte die europäische Stadt des 19. und beginnenden 20. Jahrhunderts vor Augen. Die soziale Tatsache, die in dieser Stadt räumliche Gestalt gewonnen hatte, war die bürgerliche Gesellschaft. Drei zentrale Merkmale der bürgerlichen Gesellschaft haben die europäische Stadt bis in ihre räumlichen Strukturen hinein geprägt: demokratische Selbstverwaltung, soziale Ungleichheit und die Polarität von Öffentlichkeit und Privatheit. Die bürgerliche Stadt ist demokratisch legitimiertes politisches Subjekt, ihre sozialräumlichen Strukturen spiegeln die Strukturen sozialer Ungleichheit, und die Polarität einer öffentlichen Sphäre von Politik und Markt sowie einer privaten von Geschäft und Familie wiederholt sich im Gegenüber der öffentlichen Straßen und Plätze versus den privaten Wohnungen und Betrieben. Die Stadt als politisches Subjekt (Max Weber; Edgar Salin) und die Polarität von Öffentlichkeit und Privatheit (Hans Paul Bahrdt) begründen keine universell gültige Definition von Stadt, sondern die einer historisch spezifischen Ausprägung: eben der Stadt der bürgerlichen Gesellschaft. Und dieser Typus tritt bereits wieder ab (die Gründe werden im 1. Teil diskutiert). Deshalb muß die Frage nach der Besonderheit von Stadt neu gestellt werden.

Warum Kultur?

Lange Zeit dominierten politisch-ökonomische Ansätze die Soziologie der Stadt. Mit der Frage nach der Kultur der Stadt, wird die Perspektive erweitert. Das mag man als modische Anpassung an den *cultural turn* in den Sozialwissenschaften abtun oder als resignierten Rückzug einer kritischen Soziologie, die sich angesichts der Erfahrung, daß an den politischen und ökonomischen Grundlagen der Stadtentwicklung nichts zu ändern ist, ins schöngeistige Feuilleton flüchtet. Abgesehen von solch mißmutigen Verdächtigungen gibt es aber handfeste Gründe für einen Wandel der Perspektive, durch den die Frage nach den materiellen Grundlagen und der gebauten Substanz von Stadt nicht ersetzt, sondern um die Frage nach den Besonderheiten ihrer Kultur ergänzt wird. Es kann gar nicht das Ziel sein, »an Stelle einer einseitig materialistischen eine ebenso einseitig [...] kausale Kultur- und Geschichtsdeutung zu setzen. Beide sind gleich möglich, [...] [und mit jeweils nur einer wäre] der historischen Wahrheit gleich wenig gedient« (Weber 1956, S. 381).

Definitionen der Stadt auf Basis kultureller Merkmale sind

nicht schon dadurch gerechtfertigt, daß andere objektiv veraltet sind. Es muß auch begründet werden, warum gerade kulturelle Merkmale herangezogen werden. Ein Argument ist die Pluralisierung der Stadtkultur. Im 3. Teil werden drei weitere, eng miteinander verflochtene Tendenzen behandelt, die ebenfalls eine kulturelle Definition von Stadt nahelegen: die Kulturalisierung der städtischen Ökonomie, die Kulturalisierung der Stadtpolitik und die Ökonomisierung der Stadtkultur.

Pluralisierung der Stadtkultur

Die Zuwanderung hat in Deutschland seit den siebziger Jahren eine Auffassung von Kultur wieder aktuell werden lassen, die auf Johann Gottfried Herder zurückgeht. Herder hat als erster von Kultur im Sinne von Lebensweise gesprochen und meinte damit die für eine bestimmte Gruppe typischen Verhaltensweisen, Sitten, normativen Orientierungen und Gewohnheiten. Im Hinblick auf die unterschiedlichen Lebensweisen verschiedener Völker auf der Welt sprach er von Kulturen im Plural, was immer auch eine Relativierung der eigenen Kultur, der eigenen Lebensweise beinhaltet. Die Erfahrung der Pluralität der Kulturen gilt erst recht für moderne Großstädte, schließlich beherbergen sie eine Vielzahl von Lebensweisen in den unterschiedlichsten Milieus. Stadtkultur umfaßt eine Fülle städtischer Kulturen. Die moderne Großstadt ist, wie es der Gründer der Chicagoer Schule der Soziologie Robert Ezra Park formuliert hat, ein Mosaik aus kleinen Dörfern (vgl. 1974, S. 40f.). Zuwanderung macht diese Tatsache der Pluralität städtischer Lebensweisen auf besondere Weise bewußt, denn Zuwanderer tragen andere Normen und Werte, andere religiöse Überzeugungen, andere Vorstellungen von der Rolle von Mann und Frau, von guter Arbeit etc., kurz: andere Lebensweisen in die Stadt.

Mit der Globalisierung insbesondere des Warenaustauschs, der Medien und der Migration kann man in jedem Land der Welt die gleichen Hotelzimmer bewohnen, dieselben Kleidermarken kaufen und dieselben Fernsehserien einschalten. Aber der Nachbar des eigenen Zuhauses kann ein Fremder aus aller Welt sein. Diese Erfahrung des Nebeneinanders von Vertrautem und Fremden an jedem Ort der Welt hat die Aufmerksamkeit für kulturelle Differenz ebenso geschärft, wie die vor allem von französischen Philosophen betriebene Dekonstruktion der »großen Erzählungen« als einheitliche, objektive Interpretationen der Welt. Die soziale Welt wird nicht mehr als vorgegebene, objektive Wirklichkeit begriffen, sondern als kulturelle Konstruktion, als wahrgenommene Wirklichkeit, und die Kategorien jeglicher Wahrnehmung sind kulturabhängig. Auch der städtische Raum ist keine vorgegebene Wirklichkeit, sondern ein gelebter Ort, der für die Menschen in dem Maße bedeutsam wird, als sie mit dem Raum und einzelnen seiner Elemente bestimmte Bedeutungen verbinden. Je unterschiedlicher die Lebensweisen, desto unterschiedlichere Bedeutungen kann ein und derselbe Raum der Stadt annehmen (vgl. Bormann 2001, S. 26).

Kulturalisierung der städtischen Ökonomie

Der Ökonom Jean Fourastié (vgl. 1954, S. 248) hat vor über 60 Jahren die Diskussion über eine Kulturalisierung der Ökonomie angestoßen. Nach ihm verlagern sich in der Dienstleistungsgesellschaft die Bedürfnisse der Menschen zunehmend auf geistig-kulturelle Gegenstände. In den Theorien der postmodernen Stadt werden seine Thesen radikalisiert. Danach sei in der modernen Dienstleistungsstadt eine Entwicklung zu beobachten, in deren Verlauf Kultur und Wirtschaft mehr und mehr zu einer »symbolischen Ökonomie« (Zukin 1995, S. 269) verschmelzen (Kap. 3.2). Die Soziologin Sharon Zukin bringt die wachsende Bedeutung von Kultur in der zweiten Hälfte des 20. Jahrhunderts mit einer Dienstleistungsökonomie in Verbindung, die darauf gerichtet sei, visuelle und emotionale Images zu erzeugen und zu managen. Das Image einer Stadt ist ein die Stadtentwicklung bestimmendes Moment (vgl. Ganser 1970). Im Rahmen des Stadtmarketing ist Imagepolitik seit längerem in vielen Städten institutionalisiert. Die Thesen von der »symbolischen Ökonomie« gehen aber über Stadtmarketing hinaus. Danach haben »kulturelle Symbole [...] materielle Konsequenzen« (Zukin 1995, S. 268) in dem Sinne, daß mit der Produktion von Symbolen Räume genauso geprägt werden können wie durch die Errichtung von Mauern. Die Stadt ist raumgewordene gesellschaftliche Struktur. Deshalb werden soziale Differenzierungen in den räumlichen Strukturen der Stadt physisch und symbolisch sichtbar. Die Unterscheidungen von Heiligem und Profanem, von Arm und Reich, von guten und schlechten Nachbarschaften beruhen immer auch auf symbolischen Unterscheidungen (vgl. Zukin 1995, S. 294). Diese haben ihrerseits handfeste soziale und ökonomische Konsequenzen. Soziale Ungleichheit kann sich in den räumlichen Strukturen der Städte auf eine Weise verfestigen, daß daraus Ausgrenzung wird. Andererseits können symbolische Aufwertungen eines Stadtraums erhebliche Gewinne abwerfen: Wenn sich in einem heruntergekommenen Viertel eine attraktive kulturelle Szene entwickelt, steigen die Bodenpreise. Die Stadt fungiert als Wechselstube, in der symbolisches Kapital in ökonomisches umgewandelt wird und umgekehrt (Kap. 3.3).

Kulturalisierung der Stadtpolitik und Ökonomisierung der Kulturpolitik

Diesem Wandel in der städtischen Ökonomie hin zur Produktion von Symbolen, die wiederum höchst reale soziale und ökonomische Folgen haben, entspricht eine Kulturalisierung der Stadtpolitik. Die »harten« Standortfaktoren wie Autobahnen, Flughäfen, Schienenwege und Gewerbeflächen sind mittlerweile in allen Großstadtregionen verfügbar. Daher gewinnen »weiche« kulturelle und soziale Faktoren an Erklärungskraft für den ökonomischen Erfolg von Regionen und Städten. Das hat zu einem Stadtmarketing geführt, das weit mehr beinhaltet als die Konstruktion von Logos und die Verbreitung von Städtereklame. Alle Aktivitäten der Stadtpolitik sollen darauf hin orientiert werden, ein gut verkäufliches Bild von der eigenen Stadt nicht nur in den Köpfen der Menschen, sondern auch in der Realität durchzusetzen. Gleichzeitig haben sich Gegenstand und Methodik der Planung erweitert. Neben die herkömmliche physische Planung, die Flächen erschließt, technische Infrastrukturen und Gebäude bereitstellt, um Raum für die Kräfte des Wachstums zu schaffen – oder durch Rückbau und Umwidmung Schrumpfen zu steuern versucht –, ist ein Management des Vorhandenen getreten. In dieser Art der Planung spielen Veränderungen von institutionellen Regelungen und Organisationsformen, Mentalitäten und Verhaltensweisen eine weit gewichtigere Rolle als Baumaßnahmen (vgl. Siebel et al. 2001). Planung wird pädagogisch, sie versucht Problemdefinitionen, Mentalitäten, Rollenbilder, Politikstile und Verhaltensweisen zu beeinflussen. Wenn gebaut wird, dann sind es oftmals Konzerthallen, Museen oder spektakuläre Hoteltürme. Die direkten ökonomischen Effekte dieser Investitionen auf Kulturkonsum und Tourismus sind von ihren indirekten Wirkungen als Symbole einer dynamischen und urbanen Stadt nicht zu trennen. Eine Schlüsselkategorie der neuen Stadtpolitik ist »Milieu«. Milieuunterschiede dienen als eine Erklärung für räumliche Entwicklungsunterschiede. »Milieu« bezeichnet mehr als die bloße Summe aus harten Standortfaktoren, Humankapital und protestantischer Ethik, nämlich die dichte Vermittlung eines komplexen Sets von ökonomischen, sozialen, kulturellen und physischen Faktoren innerhalb einer räumlichen Einheit. Auch die neuen Sanierungspolitiken zielen darauf, ortsgebundene Milieus zu verändern. So startete der Bund 1999 das Programm »Soziale Stadt«, um »wirtschaftlich und sozial benachteiligt[e] und strukturschwach[e] Stadt- und Ortsteile« zu unterstützen (Bundesministerium für Umwelt, Naturschutz, Bau und Reaktorsicherheit o. J.). Darin werden die Problembezirke nicht mehr in erster Linie mit baulich-räumlichen Kategorien beschrieben, sondern als »soziale Brennpunkte«. Gemeint sind damit ortsgebundene Milieus der Armen, der Arbeitslosen und der nichtintegrierten Zuwanderer. Solche Milieus erschweren es den Bewohnern eines Quartiers, zusätzlich zu ihren objektiven Benachteiligungen, sich in die Normalität einer Mittelschichtsgesellschaft zu integrieren. Dieser Aufmerksamkeit für »Kontexteffekte« entsprechend, sieht das Programm in baulichen Maßnahmen eher Vehikel als Ziele an sich. Menschen, die in Armutsmilieus gefangen sind, hilft man mit Backsteinen nur wenig, und von Ausgrenzung bedrohte Zuwanderer integriert man nicht mit einem Bebauungsplan. Notwendig sind Quartiersmanager, die Aktivierung der Bevölkerung, der Aufbau sozialer Netze, Arbeitsplätze, Bildung und Ausbildung. Sowohl im Hinblick auf die regionale Strukturpolitik als auch auf die Stadterneuerungspolitik kann man von einer Kulturalisierung der Stadtpolitik sprechen (Kap. 3.4).

Eine im kulturpolitischen Sinne verstandene Stadtkultur, also die Summe der kulturellen Einrichtungen und deren Nutzung, kann als nette Beigabe zur Wohlstand schaffenden Wirtschaft oder als deren kompensatorische Gegenwelt angesehen werden. Aber damit wäre das Eigentümliche der gegenwärtigen Veränderungen von Stadt verfehlt. Es liegt gerade darin, daß städtische Ökonomie und städtische Kultur immer weniger zu trennen sind. Mit der Kulturalisierung der Stadtpolitik ist nur die eine Seite benannt. Die andere ist die der Indienstnahme der städtischen Kulturpolitik für wirtschaftspolitische Ziele (Kap. 3.5). Entsprechend wird eine verengte ökonomische Betrachtungsweise dominant, die den Wert von Veranstaltungen und Einrichtungen der Stadtkultur an der Zahl der Arbeitsplätze, der Höhe der Umsätze und der Multiplikatoreffekte öffentlicher Subventionen bemißt. Die Stadtpolitik konzentriert sich mehr und mehr auf die kulturellen Dimensionen der Stadtentwicklung, und die städtische Kulturpolitik unterwirft sich mehr und mehr ökonomischen Kriterien.

Das, zusammen mit der Erweiterung der theoretischen Perspektive der Soziologie auf kulturelle Themen, der Pluralisierung der Lebensweisen und dem Wandel hin zu einer symbolischen Ökonomie, begründet die Notwendigkeit, die Kultur der Stadt mehr als bisher in den Fokus soziologischer Stadtforschung zu rücken.

Kultur

»Kultur ist ein zutiefst kompromittierter Begriff, aber ohne ihn geht es nicht« (James Clifford, zit. n. Bormann 2001, S. 127[2]). Es gibt wohl keinen Begriff von ähnlicher Diffusität wie den der Kultur. Auch »Stadt« gehört zu den Großbegriffen, die nicht eindeutig definierbar sind und ohne die man doch nicht auskommt. Deshalb ist der Begriff der Stadtkultur kaum weniger weiträumig als der der Kultur. Der Versuch eine allgemeingültige Definition für Kultur, Stadt und Stadtkultur zu finden, wäre aussichtslos. Statt dessen sollen aus der Fülle der Versuche, diese komplexen Gegenstände auf den Begriff zu bringen, jene Definitionen herausgesucht werden, die für die hier verfolgte Fragestellung nach den Besonderheiten von Stadt fruchtbar sind.[3]

---

2 Alle Übersetzungen sind, so keine deutschen Ausgaben vorlagen, Übersetzungen des Verfassers.

3 Die meisten Definitionen von Kultur decken ein breites Spektrum ab (dazu ausführlich Eagleton 2001 und Bormann 2001, insbes. S. 83ff. und S. 108). Andere beschränken Kultur auf Kunst. Etwas weiter gefaßt, beinhaltet der Begriff alle geistigen Betätigungen, also außer den schönen Künsten auch Wissenschaft, Philosophie und Religion. Weber definiert Kultur noch weiter als »ein vom Standpunkt des Menschen aus mit Sinn und Bedeutung bedachter endlicher Ausschnitt aus der sinnlosen Unendlichkeit des Weltgeschehens« (1951, S. 180). In seiner umfassendsten Bedeutung umschließt Kultur alle materiellen und geistigen Hervorbringungen: vom ersten Werkzeug bis zu den abstraktesten Leistungen menschlichen Geistes – der Faustkeil und das Straßenpflaster zählen danach ebenso zur Kultur wie die Zwölftonleiter und der Kölner Dom. Allerdings könnte man Zweifel haben, ob wirklich alle Hervorbringungen des Menschen ihn aus dem Naturzustand befreien. Wie jedes Kriegsgerät erheben Atombomben den Menschen zwar über den Faustkampf, aber ihr Einsatz könnte zur Folge haben, daß selbst ein Überleben im Naturzustand unmöglich wäre. Auch ge-

Der engste Begriff von Kultur als Kunst impliziert künstlerisches Schaffen als Inbegriff einer humanen Tätigkeit jenseits aller instrumentellen Rationalität und damit als Gegenteil dessen, was Kultur ursprünglich beinhaltete, nämlich die Bearbeitung von Natur. Im weitesten Begriff, der unter Kultur alles faßt, was vom Menschen hervorgebracht wurde, ist Kultur als Heraustreten des Menschen aus dem Naturzwang mitgedacht. In beiden Fällen steht Kultur für Emanzipation, für das, wodurch der Mensch dem Reich der Notwendigkeit enthoben ist: im ersten Fall für die Emanzipation aus den gesellschaftlichen Zwängen einer auf technische und ökonomische Kalküle verengten Rationalität, im zweiten für die Emanzipation aus den Zwängen einer unkultivierten Natur. Darauf zielt die erste These zur Stadt als eines besonderen Orts: die Stadt als Maschine (Teil 2).

---

genüber einer allzu relativistischen Auffassung von der Pluralität der Kulturen sollte man sich in Zurückhaltung üben. Wenn von Eßkultur die Rede ist oder von Mafiakultur, könnte ebenso von einer »reiche[n] Fülle an Kulturen der Folter« gesprochen werden (Eagleton 2001, S. 25). Nicht nur Diktaturen, auch westliche Demokratien haben die Kulturen der Folter bereichert, indem Ärzte hinzugezogen wurden, die darauf achten sollten, daß das Opfer nicht einfach stirbt, und Methoden wie das Waterboarding entwickelt wurden, die keine physisch sichtbaren Folgen zeitigen. Vorsicht ist nicht so sehr aus moralischen Gründen geboten. Entscheidend ist, daß mit solch gedankenloser Handhabung des Kulturbegriffs die normative Ladung von Kultur, ihre Bindung an Emanzipationsprozesse aufgegeben wird.

Die Stadt als Maschine zur Entlastung von Arbeit und Verpflichtungen

Wie »Urbanität« stammt auch das Wort »Kultur« aus der Agrarwirtschaft. »Kultivieren« bedeutet ursprünglich urbar machen, die Bearbeitung der Natur, um ihr mehr Lebensmittel abzugewinnen (vgl. Wissenschaftlicher Rat der Dudenredaktion 1963, S. 376). Etymologisch geht »Kultur« zurück auf *colere*, lateinisch für pflegen/bebauen (vgl. Kluge 1995, S. 492). In der zweiten Hälfte des 18. Jahrhunderts wird der Begriff auf alles ausgedehnt, was der Mensch an Leistungen im Prozeß seiner Emanzipation von der Natur erschafft. Kultur bzw. *civilisation* in Frankreich und England umfaßt nun »die Gesamtheit des menschlichen Wirkens an sich selbst, an anderen Menschen und an der umgebenden Natur« (Fisch 1992, S. 680). Damit wäre Stadt selbst Inbegriff von Kultur. Im Italienischen hat Stadt, *città*, dieselbe Wurzel wie *civiltà*, das italienische Wort für Kultur und Anstand. Stadt ist die Summe all der menschlichen Hervorbringungen, die dem Menschen den Ausgang aus dem Naturzustand und ein kultiviertes, urbanes Leben ermöglichen. Dazu gehören die öffentlichen und privaten Institutionen der Stadt, die Codes des urbanen Verhaltens, die Gebäude, die technischen und sozialen Infrastrukturen, die Fülle der Güter und Dienstleistungen, die in den Städten bereitgehalten werden, all das also, was heute das Leben des Städters so unendlich erleichtert.

Diese Auffassung von Stadtkultur ist im Deutschen dem Begriff der Zivilisation näher als dem der Kultur.[4]

---

4 Im deutschen Sprachgebrauch bleibt »Kultur« üblicherweise geistigen Leistungen vorbehalten. Bis ins 18. Jahrhundert bezeichneten »Kultivierung« und »Zivilisierung« noch dasselbe. Die Entgegensetzung von

Schon Sigmund Freud hatte sich gegen die Unterscheidung von Zivilisation und Kultur gewandt: »Als kulturell anerkennen wir alle Tätigkeiten und Werte, die dem Menschen nützen, indem sie ihm die Erde dienstbar machen, ihn gegen die Gewalt der Naturkräfte schützen u. dgl.« (Freud 1960, S. 365). Bezogen auf Stadt, macht eine Unterscheidung von Zivilisation und höherer, weil zweckfreier Kultur, überhaupt keinen Sinn, denn Stadt beginnt als Akt der Befreiung aus den Zwängen der Natur. Städtisches Leben wird erst möglich, wenn die in der Landwirtschaft tätige Bevölkerung mehr produziert, als sie zum Überleben benötigt. Im Zuge der Urbanisierung werden Kanalisation und Bürgersteige gebaut, beides Errungenschaften der städtischen Kultur, denn sie ersparen es den Städtern, im Schlamm zu waten und ihr Wasser am Fluß zu holen. Entsprechend wird in diesem Buch Stadtkultur als Inbegriff all dessen verstanden, was ein Leben in Unabhängigkeit von der Natur erlaubt. Das blieb im Verlauf der Geschichte nicht auf die Emanzipation von Naturzwängen beschränkt. In der griechischen Antike ermöglichten die Frauen und Sklaven den Männern der Aristokratie ein Leben jenseits des Zwangs zur Arbeit. Dasselbe leistet heute die Stadt mit ih-

---

Kultur und Zivilisation beginnt im Deutschen mit der Auseinandersetzung zwischen Bürgertum und Adel, bei der das Bürgertum für sich die höhere Kultur als Inbegriff aller positiven Bildungsinhalte beanspruchte und dem Adel höfische, künstliche Zivilisiertheit unterstellte. Angesichts der industriellen Urbanisierung wandelte sich in Deutschland Kultur zum Gegenbegriff zu Zivilisation, mit dem die moderne industrielle Gesellschaft als materialistisch und geistlos abgewertet wurde. Im aufkommenden Nationalismus wurde dann Kultur als das zweckfreie Geistige, das Tiefe, Wahre, Gute und Schöne zur deutschen Errungenschaft, die man den bloß auf die Annehmlichkeiten der Zivilisation bedachten Engländern und Franzosen entgegenhalten konnte (vgl. Bormann 2001, S. 96).

rer Überfülle an privat und öffentlich organisierten Gütern und Dienstleistungen. Man kann sich in London oder Paris rund um die Uhr ein Fünf-Sterne-Menü bringen lassen oder gewärmte Handtücher. Entlastung von notwendigen Arbeiten charakterisiert die städtische Lebensweise von den Anfängen städtischen Lebens bis zur modernen Dienstleistungsstadt.

Die Stadt als Maschine zur Entlastung von Arbeit und Verpflichtungen ist die erste Antwort auf die Frage nach dem Besonderen der Stadt. Es ist eine Antwort, die auf die emanzipatorische Rolle der Stadt setzt. Die Stadt verspricht Erlösung vom Fluch der Arbeit. Aber sie löst dieses Versprechen auf widersprüchliche Weise ein. Die Stadt versorgt mit allem, was zu einem bequemen Leben notwendig ist, aber nicht jeder hat Zugang zu ihren Leistungen. Die Stadt hat den Menschen fast alle körperlichen Mühen und sozialen Verpflichtungen abgenommen, aber an deren Stelle sind andere Zwänge getreten. Im Zuge der Urbanisierung wird die Stadtmaschine immer leistungsfähiger mit dem Effekt, daß der Städter immer umfassender den Anforderungen beruflicher Arbeit unterworfen wird (Kap. 2.4).[5]

5 »Stadtmaschine« ist ein metaphorischer Begriff und insofern auch mißverständlich: Maschine unterstellt reibungsloses Funktionieren. Ebendas trifft selten, wenn überhaupt auf gesellschaftliche Phänomene zu. In Teil 2 wird auf die Widersprüche hingewiesen, die mit der Perfektionierung der Stadtmaschine verbunden sind.

Augustinus wird der Satz zugeschrieben, eine Stadt bestünde nicht nur aus Häusern und Straßen, sondern auch aus Menschen und ihren Hoffnungen. Der Satz wird trotz seiner zweifelhaften Herkunft gerne zitiert,[6] weil er das zentrale Element europäischer Stadtkultur benennt. Die Bremer Stadtmusikanten waren losgezogen, um etwas Besseres zu finden als den Tod. Aber die Stadt verspricht mehr als bloßes Überleben. Die Kultur der europäischen Stadt ist untrennbar verbunden mit der Hoffnung, als Städter ein besseres Leben führen zu können. Europäische Stadtgeschichte kann als eine Geschichte von Befreiungen beschrieben werden: aus nackter Not und Hunger, von den Zwängen der Natur, von feudalistischer Herrschaft und von den dichten Kontrollen dörflicher Gemeinschaften.

Eine Steigerung der agrarischen Produktivität über die Bedürfnisse der in der Landwirtschaft tätigen Bevölkerung hin-

6 Im Internet wird der Satz häufig so zitiert – nur stets ohne Literaturangabe, was seinen Grund darin findet, daß Augustinus ihn so nie geschrieben hat. In *De civitate Dei* (1,15) heißt es: »neque enim aliunde beata civitas, aliunde homo, cum aliud civitas non sit quam concors hominum multitudo« (»[D]enn die glückliche Stadt stammt dort her, wo auch der Mensch herstammt, da die Stadt nichts anderes ist als eine einträchtige Vielzahl von Menschen«). Und ebd. 15,8 schreibt Augustinus: »civitas, quae nihil est aliud quam hominum multitudo aliquo societatis vinculo conligata« (»Eine Stadt, die (eigentlich) nichts anderes ist als eine Menschenmenge, die durch irgendein gesellschaftliches Band zusammengehalten wird«) (zit. n. Thimme 1978, Bd. 2, S. 229). Augustinus stellt hier die Stadt als einen sozialen Zusammenhang dar, aber von Hoffnungen, die sich mit der Stadt verbinden, ist nicht die Rede. Für diese Hinweise danke ich Uwe Cordt, Joachim Dingel und Josef Rist.

aus ist die objektive Bedingung für die Möglichkeit von Stadt. Damit eine objektive Möglichkeit von den Subjekten ergriffen wird, muß sie wünschenswert erscheinen. Der Wunsch nach Lebensmöglichkeiten über den Horizont des Dorfes hinaus ist die subjektive Bedingung für die Möglichkeit von Stadt. Ohne die wie immer illusorische Hoffnung, als Städter ein besseres Leben führen zu können, gäbe es keine Städte, denn diese sind abhängig von Zuwanderung. Städte entstehen nicht nur durch Zuwanderung, sie sind auch für ihren Erhalt und erst recht für ihr Wachstum auf Zuwanderung angewiesen. Die Anlässe von Wanderungen können Hunger, Gewalt oder politische Repression sein, »Push«-Faktoren, die Menschen dazu zwingen, ihren angestammten Ort zu verlassen. Aber wohin die solchermaßen Vertriebenen sich wenden, das wird nicht zuletzt durch die Hoffnungen entschieden, die sie mit ihren Zielen verbinden. Zuwanderung setzt attraktive Ziele voraus, »Pull«-Faktoren, die den Wandernden an einen solchen Ort ziehen. Wenn sich die Mehrheit der Zuwanderer nach Deutschland in den großen Städten niederläßt, dann, weil sie sich vor allem dort ein besseres Leben erhoffen. Wer in die Stadt geht, möchte sich aus sozial, ökonomisch und politisch beengten Verhältnissen befreien.

Zuwanderer bringen Fremdheit in die Stadt. Doch Fremdheit wird in modernen Gesellschaften nicht erst durch Migration gleichsam importiert. Moderne Städte produzieren aus sich heraus eine Fülle von Fremdheiten (Kap. 4.1 ff.). Darin ist die zweite zentrale These dieses Buches begründet: Der Fremde ist der »Prototyp des Städters« (Siebel 1997, S. 31).[7] Die Stadt ist ein Ort, an dem Fremde leben. Im Dorf

7 Diese These ist in einem von der Deutschen Forschungsgemeinschaft (DFG) geförderten Forschungsprojekt der Arbeitsgruppe Stadtfor-

gibt es keine Fremden. Im öffentlichen Raum der Stadt begegnet hingegen jeder, gleich ob Migrant oder Alteingesessener, dem anderen als ein Fremder. Auf dem Dorfplatz trifft man Bekannte, dort fällt der Fremde auf, und sind es zu viele, fürchtet man, seine Heimat verloren zu haben. Auf dem Marktplatz der Stadt ist der Bekannte auffällig, und begegnet man zu vielen, beschleicht einen die Furcht, in der Provinz zu leben, nicht in einer richtigen Stadt. Diese These und die Folgerungen, die daraus für die Kultur der Stadt zu ziehen sind, werden im 4. Teil behandelt.

Stadterfahrung als Erfahrung von Ambivalenz und Widerspruch

Beide Bestimmungen von Stadt – die Stadt als Maschine zur Entlastung von Arbeit und die Stadt als Ort, an dem Fremde leben – haben sich allmählich im Verlauf der Geschichte herausgebildet. Erst in der Großstadt des 20. Jahrhunderts sind sie zur vollen Entfaltung gekommen. Gleichzeitig haben ältere Bestimmungen – die Muße einer sklavenhaltenden »Kriegerzunft«, die revolutionäre Keimzelle von Demokratie und Marktwirtschaft, die Polarisierung des bürgerlichen Alltags – ihre stadtprägende Kraft eingebüßt. Deshalb können die Entlastung von Arbeit und die alltägliche Präsenz des Fremden

---

schung an der Carl von Ossietzky Universität Oldenburg über den Wandel des öffentlichen Raums weiter ausformuliert worden. Im Projekt mitgearbeitet haben: Norbert Gestring, Anna Maibaum, Ute Neumann, Simon Ott, Frank Ritterhoff, Karen Sievers, Timo Streubel und Martin Vesely. Geleitet wurde es von Jan Wehrheim und mir. Die Ergebnisse wurden publiziert in: Siebel/Wehrheim 2003; Gestring et al. 2005; Siebel 2007; Sievers 2006; Wehrheim 2009.

auch erst jetzt eine soziologische Definition von Stadt begründen. Während ihre Entlastungsfunktion schon am Beginn der Stadt steht, stellen sich die Bedingungen, die die Stadt zu einem Ort der Fremden werden lassen, erst später im Verlauf der Urbanisierung her. Beide Male aber ist es ein Prozeß voller Ambiguitäten, Ambivalenzen und Widersprüche.[8] Urbanisierung als Prozeß der Entwicklung der Stadtmaschine beinhaltet nicht nur die Kultivierung der Natur, sondern auch die Zivilisierung des Menschen und damit jene *Dialektik der Aufklärung* bzw. jenen *Prozeß der Zivilisation*, die Adorno und Horkheimer (1947) bzw. Norbert Elias (1976) im Anschluß an Freuds Traktat über *Das Unbehagen in der Kultur* (1960) als die Unterwerfung der inneren Natur des Menschen im Zuge der Unterwerfung der äußeren beschrieben haben. Die Stadt als Ort, an dem Fremde leben, vermittelt ähnlich zwiespältige Erfahrungen. Die Figur des Fremden ist hoch ambivalent. Sie ist bedrohlich, aber auch verlockend. Begegnungen mit Fremden bewegen sich zwischen Abwehr und Faszination. Das macht die Stadt zu einem ungemütlichen und zugleich kulturell produktiven Ort. Die von Simmel (1993) geschilderte urbane Indifferenz ist eine Abwehrreaktion, mit der der gelernte Städter sich gegen die Zumutungen des nahen Zusammenlebens mit Fremden schützt. Die urbane Mentalität ermöglicht ein halbwegs konfliktfreies Nebeneinander von Fremden in der Stadt. Das ist zugleich die Voraussetzung da-

8 »Ambivalenz« wird hier im Sinne von Zwiespältigkeit verwendet, also für Unsicherheiten in der Bewertung einer Situation oder Person aufgrund unterschiedlicher Normen oder Interessen. Der Begriff »Ambiguität« steht für Mehrdeutigkeit, also Unsicherheiten bei der Deutung einer Situation aufgrund unzureichender Information. Von »Widersprüchen« ist hingegen die Rede, wenn Interessen oder Normen unvereinbar sind.

für, daß in der Stadt produktive Auseinandersetzungen unter Fremden zustande kommen. Das Neue entsteht an den Rändern, wo sich die Kulturen berühren und in Austausch treten. Die Ambivalenz und Widersprüchlichkeit der Kultur der Stadt ist die dritte leitende These dieses Buchs (Teil 5).

Wenn die moderne Großstadt durch die Entlastung von Arbeitszwängen und durch die Arrangements, die ein dichtes Zusammenleben von Fremden erst möglich machen, charakterisiert ist, dann wird wie bei Bahrdt das Besondere der Stadt kulturell bestimmt als eigenständige, eben urbane Lebensweise. Auch diese Definition wird soziologisch erst in ihrer Beziehung auf bestimmte gesellschaftliche Bedingungen aussagekräftig, insbesondere Markt und Demokratie. Aber es ist zu hoffen, daß diesen Bedingungen längere Gültigkeit beschieden sein wird als der bürgerlichen Stadt, die Salin, Weber und Bahrdt vor Augen hatten (Teil 1).

Anmerkungen zur Vorgehensweise

Reinhart Koselleck (vgl. 2006, 49ff.) nennt drei Anlässe für Geschichtsschreibung: Geschichte wird aufgeschrieben, weil etwas Ungewohntes, Auffälliges, als nicht alltäglich oder selbstverständlich Geltendes geschieht. Sie wird abgeschrieben, solange sich die Interpretationsmuster nicht ändern. Und sie muß umgeschrieben werden, wenn sich neue theoretische Ansätze ergeben, die es erlauben, demselben Gegenstand neue Einsichten abzugewinnen. Letzteres kann für die Perspektive auf die Kultur der Stadt in Anspruch genommen werden, denn in der soziologischen Stadtforschung ist diese Dimension von Stadt und Stadtentwicklung bisher eher am Rande behandelt worden. Für die Soziologie kommt jedoch ein gewichtiger Grund hinzu: Ein Wandel der Perspektive hin zur Kultur der Stadt wird durch einen entsprechenden Wandel des Gegenstands nahegelegt. Geschichte hat es mit Gegenständen zu tun, die, weil vergangen, keinem Wandel mehr unterliegen. Koselleck erklärt die Notwendigkeit, Geschichte umzuschreiben, deshalb mit dem Wandel der Fragestellung. Für die Soziologie aber, soweit sie Gegenwartswissenschaft ist, gilt auch das Gegenteil. Sie muß ihre Fragestellungen, Begriffe und Theorien ändern, weil sich ihr Gegenstand ändert: »[E]s gibt Wissenschaften, denen ewige Jugendlichkeit beschieden ist, und das sind alle historischen Disziplinen, alle die, denen der ewig fortschreitende Strom der Kultur stets neue Problemstellungen zuführt. Bei ihnen liegt die Vergänglichkeit *aller*, aber zugleich die Unvermeidlichkeit immer *neuer* idealtypischer Konstruktionen im Wesen der Aufgabe« (Weber 1951, S. 206). Das ist das Argument, wenn wie oben Stadtdefinitionen für überholt erklärt werden, die auf den Gegensatz von Natur und Artefakt oder auf sozialstrukturelle Gegensätze zwischen Stadt und Land gegründet sind. Es wird im folgenden immer wieder zu diskutieren sein, inwiefern ein Wandel in der Beschreibung und Erklärung städtischer Phänomene auf einen Wandel der theoretischen Perspektive zurückzuführen ist und inwiefern auf einen Wandel des Gegenstands.

Für das neu belebte Interesse der Sozialwissenschaften an kultureller Differenz sind nicht nur die angesprochenen objektiven Veränderungen verantwortlich. Eine wichtige Rolle spielt auch der Wandel der theoretischen Perspektive, insbesondere kulturwissenschaftlicher Forschung, den die Kritik der französischen Dekonstruktivisten an den umfassenden Theorieentwürfen der Soziologie angestoßen hat. Ausgehend von der Annahme, daß es keine objektive Darstellung der Wirklichkeit gibt, weil jede Darstellung immer auf Deutungsmustern und Interpretationen basiert, ist für sie auch der wissenschaftliche Diskurs nur eine Weise der Wahrnehmung von Welt unter anderen. Diskurse, so Foucault, haben die Macht, Wirklichkeit zu definieren. Eben diese Definitionsmacht des Diskurses sei Ausdruck gesellschaftlicher Macht, die wiederum den Diskurs präge. Die »großen Erzählungen« der Soziologie, wie sie Weber, Marx und Luhmann vorgelegt haben, erweisen sich danach als »Foucaultsches Dispositiv« (Bormann 2001, S. 47), als Verschränkung von machtvollen Interessen in einem gesellschaftlichen Diskurs, der eine soziale Wirklichkeit hervorbringt, die ihrerseits die in den Diskurs eingegangene Macht stützt. Um aus diesem Zirkel auszubrechen, fragen Lyotard, Foucault und Derrida danach, was in den »Erzählungen« westlichen Denkens systematisch ausgegrenzt wird. Es ist die kritische Frage nach der inkommensurablen, der theoretisch nicht einholbaren Differenz.

Abgelöst von der kritischen Frage nach den blinden Stellen einer Theorie, führt ein radikalisierter Konstruktivismus in Aporien.[9] Begriffsbildung beruht immer auf Unterscheidungen, also auf Konstruktionen von Zugehörigkeit und Ausschluß: Etwas ist dies und nicht das. Jedes Klassifikationsschema verzerrt die Wirklichkeit, indem es fließende Übergänge zerschneidet. Die Bildung von Einkommensklassen z. B. setzt Grenzen, wo in Wirklichkeit ein Kontinuum existiert. Ohne solche Differenzierungen wäre Denken nicht möglich. Insofern hat die Kritik des Konstruktivismus an der exklusiven Funktion sozialwissenschaftlicher Begriffsbildung immer recht. Wird sie so weit radikalisiert, daß jeder Versuch einer Definition von Kultur zurückgewiesen wird, weil das notwendig die Definition eines Fremden als des Nicht-Zuge-

9 Zur Kritik des radikalen Konstruktivismus vgl. Boghossian 2013.

hörigen beinhalte, wird diese Kritik unergiebig. Konsequent zu Ende gedacht, führt sie dazu, die Möglichkeit der Erkenntnis einer vorgegebenen Wirklichkeit und damit die Möglichkeit einer verändernden Praxis zu leugnen. Einem radikalisierten Konstruktivismus bleibt nur das ironische Spiel mit der Sprache. Empirische Forschung kann nicht anders, als an einer prinzipiell erkennbaren Wirklichkeit festzuhalten, und muß dabei in Rechnung stellen, daß sie diese Wirklichkeit stets auch konstruiert hat: Sie bekommt immer nur den Ausschnitt der Wirklichkeit zu sehen, den sie mit ihrer Fragestellung aus der unübersehbaren Fülle des Beobachtbaren ausgewählt hat, und innerhalb dieses kleinen Ausschnitts gerät ihr nur das in den Blick, was ihre Kategorien zu sehen erlauben.

Die Stadt ist das Labor der Moderne. Deshalb ist die moderne Großstadterfahrung auch ein zentrales Thema in der Literatur von Balzac, Hugo, Stendhal oder Musil. Der Schriftsteller Louis-Sébastien Mercier hat kurz vor der Französischen Revolution sein zwölfbändiges *Tableau de Paris* veröffentlicht, in dem er in 1049 Kapiteln die französische Hauptstadt beschreibt (vgl. Stierle 1993, S. 105 ff.). In den 15 Bänden von *Paris oder das Buch der Hundertundeinen* sind mehr als 100 Autoren mit mehr als 250 Texten über die Stadt Paris versammelt. Man sucht der Vielfalt der Stadt durch die Vielfalt der Autoren und damit der Perspektiven beizukommen. Der Literaturwissenschaftler Karlheinz Stierle nennt den literarischen Diskurs zur Stadt, der seit dem Ende des 18. Jahrhundert intensiv geführt wird, ein »Kaleidoskop« (ebd., S. 240). Verglichen mit der literarischen Stadtdarstellung sei die sozialwissenschaftliche, so Stierles Kritik, »kurzatmig, pointiert und resümeehaft« (ebd.). Im Gegensatz zur Literatur stoße »sie selten auf das fruchtbare, sprechende Detail. Diesem wird vielmehr sogleich die abstrakte Vormeinung des Autors übergelegt. So wird das Detail nicht zur produktiven Lesbarkeit befreit, sondern allegorisch auf eine schon vorgängige Lesart reduziert, für die es immer nur als demonstratives Argument einstehen darf« (ebd.). Stierles Kritik charakterisiert die Unterschiede treffend. Literarische und sozialwissenschaftliche Stadtdarstellungen sind in ihren Stärken und Schwächen komplementär. Sozialwissenschaftliche Beschreibungen sind nicht möglich ohne theoretisch begründete Begriffe, die erlauben, das Relevante vom Vernachlässigbaren zu unterscheiden. Begriffsbildung beruht auf Abstraktion, sie kann das Detail nicht als Beweis nutzen, sondern nur zur Illustration. Sozialwissenschaftliche Theorien machen die Unüberschaubarkeit der Stadt ein Stück weit durchschaubar, aber das aufschlußreiche Detail gerät aus dem Blick. Verglichen mit der Literatur wirkt jede soziologische Darstellung farblos. Das Kaleidoskop des literarischen Diskurses liefert hingegen nach jedem Schütteln ein neues farbenreiches Muster, an dem man seine Freude haben kann. Aber auch nach tausendmaligem Schütteln wird man nicht mehr begriffen haben, als daß die Welt auf immer wieder neue Art sehr bunt ist.

Die empirische Soziologie der Stadt hat mit dem Versuch begonnen, beides – Theoriebildung und detailgesättigte Beschreibung – miteinander zu verbinden. In der Chicagoer Schule wurde in den zwanziger Jahren eine Fülle ethnographischer Studien durchgeführt, die insbesondere die Nachtseite Chicagos in einem weiten Spektrum großstädtischer Phänomene von Prostitution, Obdachlosigkeit, Drogen und Kleinkriminalität ausleuchteten (vgl. Lindner 1990, S. 115).[10] Gleich-

10 Schon vor den Studien der Chicagoer Soziologen hatte eine Gruppe von Autoren um den Schriftsteller Hans Ostwald eine Reihe von »Großstadt-Dokumenten« publiziert, in denen sie zwischen 1904

zeitig sollten die vielen Mosaiksteine der Stadt in eine Theorie der Stadtentwicklung eingeordnet und so erklärt werden. Es wäre zu hoffen, daß soziologische Theoriebildung und die neue Ethnographie des Urbanen im Geiste dieser Tradition wieder in produktiven Austausch träten (vgl. Berking/Löw 2008; Löw 2008; Löw/Steets 2008). Hier wird das nicht geleistet. Es wird lediglich versucht, mit Rückgriffen auf literarische Stadterfahrungen, zeitdiagnostische Überlegungen und Anleihen bei anderen Disziplinen – wie der Psychoanalyse – die Darstellung ein wenig farbiger zu gestalten und die soziologische Perspektive wenigstens ansatzweise zu erweitern.

und 1908 die Boheme, die Prostitution, die Lesben- und Homosexuellen-Szenen und andere »dunkle« Seiten Berlins und Wiens beschrieben (Jazbinsek et al. 2001).

1. Teil:
Das Ende der bürgerlichen Stadt?

Stadt ist raumgewordene Gesellschaft. Die soziale Tatsache, die in der europäischen Stadt räumliche Gestalt gewonnen hat, ist die bürgerliche Gesellschaft. Sie ist mit der europäischen Stadt entstanden, sie hat ihre räumlichen und sozialen Strukturen geprägt, und der Stadtbürger ist ihre zentrale Figur. Das Bürgertum hat die europäische Stadt geschaffen. Doch auch die Umkehr dieses Satzes trifft zu: Ohne die europäische Stadt gebe es das Bürgertum nicht. Mit der Gründung einer Stadt war im europäischen Mittelalter ein Schritt in Richtung der politischen und ökonomischen Emanzipation des Bürgers verbunden. Max Weber (1956) hat dies als einen in mehrfacher Hinsicht revolutionären Akt beschrieben: Der Bürger löste sich aus religiösen, verwandtschaftlichen und feudalistischen Abhängigkeiten und als solchermaßen Freier verbrüderte er sich mit anderen durch eine »Schwurgemeinschaft« zur Bürgerschaft der Stadt. Die europäische Stadt ist »autokephal« (Max Weber), unabhängig von Kirche und Feudalherren, sie ist ein politisches Subjekt. Ökonomisch trat der Bürger aus dem »Ganzen Haus« (Otto Brunner), in dem Produktion und Konsumtion in einen geschlossenen Kreislauf eingebunden waren, heraus. Die ökonomischen Beziehungen regelte nun der Markt. Der freie Tausch von Waren und Geld erleichterte die Arbeitsteilung und ermöglichte damit Produktivitätsfortschritte. Mauer, Wall und Graben umschlossen in Europa die Keimzelle einer neuen Gesellschaft der Stadtbürger, der Marktwirtschaft und der demokratischen Selbstverwaltung.

Mit den freien Reichsstädten wird im Mittelalter eine Tradition wiederbelebt, die in der griechischen Antike ihren Ursprung hat. Der Althistoriker Christian Meier (2009, S. 18) hat das historisch Einmalige der griechischen Polis emphatisch auf den Punkt gebracht: »Einmal jedoch lief es ganz anders. Da war es keine Monarchie und kein herrschaftsgeübter Adel, sondern eine relativ breite, über Hunderte von selbständigen Gemeinden sich verteilende Schicht von Freien, von ›Bürgern‹, die sich ihre Welt formte.« Nicht alle Bewohner der Polis waren Bürger, nur eine schmale Schicht männlicher Grundbesitzer und Sklavenhalter kam in den Genuß dieses Privilegs, aber sie unternahmen doch den historisch beispiellosen Versuch »einer Kulturbildung um der Freiheit willen [...], eines Großversuchs gleichsam, unter schwierigen Verhältnissen ein Leben ohne Herrschaft zu führen, und das heißt auch, es zu ermöglichen, zu sichern; also all das hervorzubringen, was man dazu braucht« (ebd., S. 22). In der griechischen Polis ist zum ersten Mal eine andere Logik der Organisation von Gesellschaft erfunden worden, darauf gerichtet, die Freiheit des einzelnen zu sichern, nicht die Stabilität eines Herrschaftssystems. Sophokles hat die Polis mit dieser Logik gleichgesetzt: »Die Stadt, die einem Mann gehört, ist keine Stadt« (Haimon, *Antigone*, zit. n. Mumford 1984 [1961], S. 139). Das Wort »Demokratie« ist nicht ohne Grund griechischen Ursprungs. »Die europäische Kultur ist eine Schöpfung der europäischen Stadt. Demokratie, Philosophie und Wissenschaft – verhandelt als öffentliche Angelegenheiten – verdankt Europa dem öffentlichen Dialog-Raum der griechischen Polis« (Strauch 2000, S. 132). »Die Stadt ist d i e Kulturlandschaft Europas« (ebd., S. 133, Hervorh. i. Orig.).

Max Webers Definition von Stadt als Marktort und als politisches Subjekt mit zumindest partieller Autonomie und Selbstverwaltung ist zum einen historisch spezifisch: Sie gilt für die europäische Stadt des Mittelalters, aber weder für das Augusteische Rom noch für das Babylon Nebukadnezars II., noch für arabische, chinesische oder vormoderne Städte in Südamerika. Zum anderen handelt es sich um eine idealtypische Definition. Weber bietet weder ein normatives Ideal noch eine repräsentative Beschreibung. Wenn die europäische Stadt als Marktort, als revolutionäre Schwurgemeinschaft und als politisches Subjekt definiert ist, dann heißt das nicht, sämtliche Städte seien in einem revolutionären Akt der Selbstbefreiung von Bürgern aus feudaler Abhängigkeit entstanden. Kennzeichnend sind gerade umfangreiche Gründungskampagnen durch Feudalherrscher wie dem schwäbischen Fürstengeschlecht der Zähringer. Es heißt auch nicht, alle Städte Europas im Mittelalter seien freie Reichsstädte gewesen. Es gab außerordentlich große Unterschiede (vgl. Hohenberg/Lees 1996, S. 27ff.) je nach den Machtverhältnissen zwischen Stadt und Feudalherren – die Stadtrepubliken in Italien und die freien Reichsstädte in Deutschland sind Ausnahmeerscheinungen im Meer unbedeutender Kleinststädte. Differenzen gab es auch hinsichtlich der ökonomischen Funktion – Pilgerstädte entlang des Jakobswegs, Residenzstädte, Handelsstädte, Bergbaustädte –, der Größe – Köln, die größte deutsche Stadt im Mittelalter, hatte 50 000 Einwohner, die meisten anderen weniger als 2000 – und nicht zuletzt der Architektur und des Städtebaus – man vergleiche nur Venedig mit einer deutschen Fachwerkstadt wie Quedlinburg am Harz. Weber handhabt den Idealtypus als ein heuristisches Instrument: Er wollte jene Besonderheiten herausarbeiten, die die europäische Stadt neben dem Protestantismus zur zweiten Quelle des europäischen Sonderwegs gemacht haben.

Die europäische Stadt des Mittelalters war eine ständisch gegliederte Gesellschaft, wie in der griechischen Polis besaßen keineswegs alle Einwohner die Rechte eines Stadtbürgers. Aber ihre Organisation folgte einer anderen Logik als das feudalistisch organisierte Land. Auch waren sie handlungsfähige Akteure. Die freien Reichsstädte waren souveräne, staatsähnliche Gebilde, Athen nach den Perserkriegen für kurze Zeit sogar eine »Weltmacht« (Meier 2009).

Die Kennzeichen der europäischen Stadt sind die in einem langen historischen Prozeß entstandenen Merkmale einer spezifischen historischen Formation, eben der Stadt der bürgerlichen Gesellschaft. Mit deren Verschwinden verschwinden auch sie. Zurück bleiben Fassaden, hinter denen sich eine ganz andere soziale Realität breitmacht. Die ständische Gliederung der mittelalterlichen Stadt und die Klassengesellschaft des 19. Jahrhunderts, wie sie Engels (1974) am Beispiel Englands eindrucksvoll beschrieben hat, existieren nicht mehr. Letztere könnte allenfalls in gewandelter Gestalt wiederkehren, als sozial gespaltene und ausgrenzende Stadt, wie sie sich heute als Drohung abzeichnet (vgl. Kronauer/Siebel 2013). Die Polarität von Öffentlichkeit und Privatheit verschwimmt, der Stadtbürger ist keine relevante Figur mehr und die Stadt nicht mehr Subjekt ihrer eigenen Entwicklung.

1.1 Die Aushöhlung der kommunalen Selbstverwaltung oder das Ende der europäischen Stadt als politisches Subjekt

Mit dem Aufkommen der absolutistischen Territorialstaaten verschwinden bis auf wenige Ausnahmen die freien Reichsstädte. Als eine der letzten verlor Frankfurt am Main 1866 seine Selbständigkeit. Nur einige Hansestädte konnten sie länger bewahren. Lübeck wurde erst 1937 in das Land Schleswig-

Holstein eingegliedert. Heute erinnern lediglich noch Hamburg und Bremen an die Tradition der europäischen Städte als staatsähnliche Gebilde. 1808 hatte Preußen im Zuge der Stein-Hardenberg-Reformen die Selbstverwaltung der Städte wiederbelebt, ein Zugeständnis an das erstarkende Bürgertum, um es nach der Niederlage gegen Napoleon stärker an den preußischen Staat zu binden. Den Bürgern wurde das Stadtregiment überlassen, während Staatsverwaltung und Militär weiterhin in der Hand der Aristokratie blieben. Die kommunale Demokratie war eine besitzbürgerliche Demokratie, das nach Hauseigentum und Einkommen gestufte Wahlrecht sicherte die Dominanz der (männlichen) Bodeneigentümer, Kaufleute und Handwerker in den kommunalen Parlamenten. Trotz dieser Machtverhältnisse konnte in der zweiten Hälfte des 19. Jahrhunderts eine städtische Armuts-, Gesundheits-, Wohnungs-, Planungs- und Infrastrukturpolitik etabliert werden, die mehr als nur die unmittelbaren Interessen der ökonomisch und politisch einflußreichen Stadtbürger im Auge hatte. Dabei spielte die moralische Empörung von Christen über die unmenschlichen Lebensbedingungen der Unterschichten in den Industriestädten ebenso eine Rolle wie die Angst der Wohlhabenden vor den möglichen gesundheitlichen und politischen Folgen des Elends. Choleraepidemien und revolutionäre Arbeiterbewegungen waren gleichermaßen überzeugende Argumente gegen die Ideologie eines Laisser-faire-Liberalismus. All das hat dazu beigetragen, die Traditionen städtischer Sozialpolitik zu reaktivieren, die sich schon im Mittelalter in Gestalt zuerst kirchlicher, später städtischer Armenfürsorge, Hospize und Krankenhäuser herausgebildet hatten. Es wurden Bauordnungen und erste (»Fluchtlinien«-) Pläne erlassen, um die gänzlich unkontrollierte Bautätigkeit zu regulieren. Die Städte erwarben systematisch Grund und

Boden und versuchten sich mit Ansätzen eines sozialen Wohnungsbaus, um als Akteure auf den Immobilienmärkten eingreifen zu können. Vor allem aber bot der Bau städtischer Infrastrukturen für Transport, Wasser, Abwasser, Müllentsorgung und Energie den Kommunen vielfältige Gelegenheiten für weitreichende wirtschaftliche Betätigung. Private Unternehmer versagten oft bei diesen Aufgaben, also übernahmen die Städte sie in öffentlicher Regie und wurden so zu bedeutenden wirtschaftlichen Akteuren. Sie nutzten die gewonnenen Handlungsspielräume nicht nur, um Profite zu erzielen, sondern verstanden ihr wirtschaftliches Engagement auch als »öffentliche«, dem Gemeinwohl verpflichtete Aufgabe. Sie bemühten sich, annähernd gleiche Versorgungsstandards in allen Quartieren und für alle Stadtbewohner durchzusetzen. Von konservativer Seite hat ihnen das den Vorwurf des »Munizipalsozialismus« eingebracht.

Die in den Stein-Hardenberg-Reformen geschaffene Institution der kommunalen Selbstverwaltung ist in Art. 28 des Grundgesetzes der Bundesrepublik bekräftigt worden. Allerdings hat Edgar Salin bereits vor über 50 Jahren in seinem Vortrag über Urbanität auf dem Deutschen Städtetag 1960 in Augsburg in Zweifel gezogen, ob dieser Begriff noch gerechtfertigt sei. Salin definierte Urbanität politisch als »Mitwirkung der Bürger am Stadtregiment«. Mitwirkung ergibt nur Sinn, wenn das Stadtregiment über relevante Handlungsspielräume verfügt. Diese Bedingung sah Salin ausschließlich in der griechischen Polis und den freien Reichsstädten gegeben, weshalb er den Begriff der Urbanität für heutige Städte ausschloß. Nun setzt die Souveränität der freien Reichsstädte für die Städte der modernen Gesellschaft einen unrealistischen Maßstab. Trotzdem ist die Frage berechtigt, ob angesichts der rechtlichen, finanziellen und politischen Aushöhlung der Handlungsspielräume der Städte überhaupt noch von kommunaler Selbstverwaltung (KSV) die Rede sein kann.

Die »Strukturkrise der städtischen Finanzen« (Elsner 1969, S. 40) wird seit langem diskutiert. Um nur einige der Ursachen für diese Krise zu nennen: Die Städte haben in den Zeiten der Fülle eine allzu großzügige Ausgabenpolitik betrieben, deren Folgekosten sie jetzt belasten. Die Finanzhoheit der Gemeinden ist sehr beschränkt, so daß sie kaum Möglichkeiten haben, Einnahmen und Ausgaben einander anzupassen. Zwischen Bund, Ländern und Kommunen hat sich eine »hierarchische Arbeitsteilung« (Siebel 1974, S. 30) herausgebildet, die es den staatlichen Oberverbänden erlaubt, die Folgekosten zentraler Politiken den Gemeinden zuzuschieben, ohne sie mit den entsprechenden Mitteln auszustatten. Mit dem in Artikel 104a, Absatz 1 des Grundgesetzes festgeschriebenen sogenannten »Konnexitätsprinzip«, dem zufolge »der Bund und die Länder [...] gesondert die Ausgaben [tragen], die sich aus der Wahrnehmung ihrer Aufgaben ergeben« (Art. 104a, Abs. 1 GG), sollte diese Praxis unterbunden werden. Aber dieses Prinzip gilt lediglich für die Übertragung »neuer« Aufgaben, und die Frage, ob es sich um eine neue Aufgabe handelt oder nur um die Präzisierung oder Erweiterung einer alten, öffnet Bund und Ländern weite Spielräume für kostensparende Interpretationen. Die kommunale Finanzverfassung bindet die Einnahmen der Städte an die Bevölkerungszahl. Wenn sie sinkt, verliert die Kommune einwohnergebundene Zuweisungen und Einkommenssteueranteile. Ein Bevölkerungsrückgang, sei es durch demographische Entwicklungen, sei es durch Abwanderung, hat deshalb einschneidende negative Folgen für die finanzielle Handlungsfähigkeit einer Stadt. Die Schätzungen schwanken: Am höchsten sind die Verluste in den Stadtstaaten. Bremen rechnet mit Mindereinnahmen in

Höhe von 3300 Euro jährlich pro Abwanderungsfall, gleich, ob es sich um einen Säugling handelt oder einen gut verdienenden Berufstätigen. Für andere Städte werden die Verluste auf durchschnittlich 1500 Euro pro Jahr geschätzt (vgl. Göschel 2007a, S. 35). Da die Abwanderer weiterhin die zentralörtlichen Einrichtungen der Kernstadt nutzen, nehmen die Ausgaben der Kommunen nicht entsprechend ab. Wanderungen sind fast immer sozial selektiv: Abgesehen von erzwungenen Umzügen können nur die Mobilitätsfähigen abwandern, und das sind in erster Linie die jüngeren, einkommensstärkeren, politisch und sozial aktiven Bewohner der Stadt. Die Risikogruppen bleiben zurück, eine der Ursachen für eine, aus der Sicht der Kernstadt, negative soziale Arbeitsteilung zwischen Suburbia und Kernstadt, bei der sich die Problemgruppen in der Stadt konzentrieren: die Stadt als Armenhaus, das Umland als Speckgürtel. Der Anteil der Sozialausgaben an den kommunalen Ausgaben hat sich in den alten Bundesländern zwischen 1980 und 2004 von knapp 12 Prozent auf fast 22 Prozent annähernd verdoppelt, während sich der Anteil der Sachinvestitionen von 30,4 Prozent auf 13 Prozent mehr als halbiert hat (vgl. Deutscher Städtetag 2004, S. 83). Dieser Trend hat sich im vereinten Deutschland fortgesetzt. 1996 summierten sich die Sozialausgaben aller Kommunen (ohne Stadtstaaten) auf (umgerechnet) knapp unter 30 Mrd. Euro, die Investitionen auf knapp über 25 Mrd. Euro. Bis zum Jahr 2014 hat sich der Abstand mehr als verfünffacht: Bei Gesamtausgaben von 202,4 Mrd. Euro gaben die Kommunen 48,7 Mrd. Euro für Soziales aus, für Investitionen weniger als die Hälfte, nämlich 21,6 Mrd. Euro (vgl. Deutscher Städtetag 2014). Die Globalisierung hat die Finanzautonomie der Kommunen weiter untergraben. In die unkalkulierbaren Krisen des Finanzmarkts sind die kreditabhängigen Kommunen mehr und mehr eingebunden, auch weil sie selbst Fehler begangen haben: Viele von ihnen hatten (im Zuge sogenannter Cross-Border-Leasing-Geschäfte) Teile ihrer Infrastruktur an amerikanische Investoren verkauft, wodurch sie nach 2008 in die Finanzmarktkrise hineingerissen wurden.

Parallel zur Konzentration der manövrierbaren Finanzmasse beim Bund werden die politischen Entscheidungsspielräume der Kommunen eingeengt. Das hängt zunächst mit technisch-funktionalen Erfordernissen zusammen, die eine überkommunale Organisation kommunaler Aufgaben notwendig machen. Die Versorgung mit Wasser und Energie, die Entsorgung von Abwasser und Müll, der öffentliche Personennahverkehr und andere infrastrukturelle Leistungen sind nicht mehr in den engen Grenzen einer Kommune zu erbringen. Die dafür gegründeten regionalen Zweckverbände verkleinern die Entscheidungsspielräume der Mitgliedskommunen erheblich. Darüber hinaus wird seit langem ein Trend zur zentralen »legislatorischen Programmsteuerung« (Laux 1970, S. 221) und Verwaltungsregulierung beobachtet. Die Normsetzungen durch die Europäische Union, den Bund und die Länder haben mittlerweile eine Regelungsdichte geschaffen, »die den ›Wesenskern‹ des Instituts der kommunalen Selbstverwaltung [...] gefährdet« (Wollmann 2013b, S. 181).

Seit einiger Zeit drängt eine neoliberale Ideologie die Kommunen dazu, so viel wie möglich zu privatisieren. Mittlerweile werden über die Hälfte der kommunalen Finanzmittel außerhalb der öffentlichen Kommunalverwaltungen verausgabt. Viele Aufgaben wurden an teilprivatisierte und rein privatrechtlich organisierte Einrichtungen abgegeben, die aber noch Eigentum der Kommune sind, an Öffentlich-private-Partnerschaften und an privatwirtschaftliche Unternehmen. Wie problematisch für die Handlungsmöglichkeiten der Kommunen die Privatisierung ihrer Vermögen sein kann, zeigt sich, wenn gemeinnützige Wohnungsbestände verkauft werden. Dadurch gehen die wichtigsten Partner einer sozial verantwortlichen Stadtpolitik verloren. Schließlich fanden die benachteiligten Stadtquartiere und ihre Bewohner bislang einflußreiche Fürsprecher in den Trägern der gemeinnützigen Wohnungsbestände. In diesen Organisationen sind die Traditionen der solidarischen Stadt institutionalisiert. Sie engagieren sich aber auch im eigenen Interesse für eine soziale Kommunalpolitik. Weil ihre Bestände häufig in den Vierteln konzentriert sind, in denen sich die Prozesse des sozialen Niedergangs und der Ausgrenzung abspielen, werden gerade diese durch den Niedergang eines Quartiers entwertet. Also setzen sich die Träger für Erneuerungsmaßnahmen in den Stadtteilen ein, in denen eine benachteiligte Bevölkerung lebt. Nach einer Studie über private Zweit- und Dritterwerber ehemals gemeinnütziger Wohnungen hat dagegen die Mehrheit dieser Käufer keinerlei Interesse, sich an wohnungs- oder stadtentwicklungspolitischen Maßnahmen der Kommune zu beteiligen (vgl. Bundesinstitut für Bau-, Stadt- und Raumforschung im Bundesamt für Bauwesen und Raumordnung 2011, S. 4).

Die Stadt wandelt sich vom politischen Subjekt zum Objekt überlokal determinierter Prozesse und Politiken. Sie kann ihre Entwicklung nur noch in begrenztem Maß selbst steuern. Staatsrechtler konstatierten bereits 1963 einen »Trend der Verwandlung des Rathauses in eine Ortsbehörde« (Köttgen 1963, S. 47). Diese Befürchtung ist seitdem immer wieder bekräftigt worden (vgl. Siebel 1974, S. 11 ff.; Deutscher Städtetag 2014; Wollmann 2013b). Eine immer dichtere Regelung kommunalen Handelns, die kommunale Finanzmisere und der Verlust wichtiger Alliierter einer sozial verantwortlichen Stadtpolitik schränken die Handlungsspielräume vieler Städte in einer Weise ein, daß von kommunaler Selbstverwaltung als einem »Auslaufmodell« (Wollmann 2002) gesprochen wird.

Auf kommunaler Ebene geschieht immer mehr, aber die kommunale Politik hat immer weniger Einfluß darauf. Die KSV ist rechtlich ausgehöhlt und finanziell schwach. Aber sie existiert immer noch. Es zeichnen sich sogar Gegentendenzen ab, die die KSV wieder stärken könnten. In einer international vergleichenden Studie (vgl. Kazepov 2013) über die relative Bedeutung der nationalen, der regionalen und der lokalen Ebene in Polen, Finnland, Italien und Frankreich zeigten sich gänzlich unterschiedliche Tendenzen bis auf eine: Die lokale Ebene gewinnt in allen vier Ländern an Bedeutung. Eine pessimistische Erklärung wird die »Mülleimerfunktion« (Claus Offe) der Städte betonen. Kommunalisierung einer staatlichen Aufgabe beinhaltet danach ihre indirekte Abwertung, indem sie in die Arena mit den schwächsten Akteuren und der geringsten politischen Aufmerksamkeit verschoben wird. Angesichts der schleichenden Aushöhlung der KSV dürfte die pessimistische Erklärung leider nicht ohne Realitätsgehalt sein. Eine optimistische Erklärung könnte darauf verweisen, daß die lokalen Verwaltungen näher an den Problemen sind, daß ihre Vielzahl zu differenzierten Politikansätzen führt, daß sie offener sind für bürgerschaftliche Mitwirkung und aufgrund all dessen auf der lokalen Ebene bessere Problembearbeitung und mehr Innovation zu erwarten sind. Zu dieser optimistischen Einschätzung paßt auch die Tendenz der »Rekommunalisierung« im Feld der Daseinsvorsorge, die seit einigen Jahren in mehreren europäischen Ländern beobachtet wird. Sie betrifft bisher nicht die Wohnungs-, aber die Wasser- und Energieversorgung sowie die Abfallbeseitigung. Dabei scheint es sich nicht nur um eine durch die günstige Zinssituation motivierte vorübergehende Politik zu handeln. Eine Rolle spielt auch die Rückbesinnung auf die Daseinsvorsorge als einer öffentlichen Aufgabe, die nicht ohne weiteres mit privatwirtschaftlichen Handlungslogiken vereinbar ist (vgl. Wollmann 2013a).

Dafür, daß die KSV nicht gänzlich zur leeren Hülle wird, die allein nur aufgrund der Existenzgarantie durch das Grundgesetz noch aufrechterhalten wird, sprechen die immer noch lebendigen Traditionen einer am Gemeinwohl orientierten Kommunalpolitik und die Vorteile dezentralisierter Problembearbeitung angesichts zunehmend differenzierter und individualisierter Aufgabenstellungen (vgl. Siebel 2004, S. 48f.). Vor allem aber werden normative, demokratietheoretische Gründe vorgetragen: die kommunale Selbstverwaltung als »das lokale Schlüsselelement des demokratischen Verfassungsstaats« (Wollmann 2013b, S. 181). Daher ist die vielleicht bedrohlichste Entwicklung für die KSV die schwindende politische Basis kommunaler Politik.

1.2 Das Verschwinden des Stadtbürgers

Die Tradition der kommunalen Selbstverwaltung ruht auf der Figur des Stadtbürgers. Der Stadtbürger nutzt die Stadt nicht nur, er besitzt dort Grund und Boden, er sieht sein privates wie sein berufliches Geschick mit dem der Stadt verbunden, weshalb er ein existentielles Interesse am Wohlergehen seiner Stadt hat. Doch Thomas Manns Senator Buddenbrook, für den das Schicksal Lübecks aufs engste mit seinem eigenen verknüpft war, ist keine relevante Figur mehr. Sie ist mit dem Auftritt der industriellen Gesellschaft verschwunden. Trotz des teilweise heftigen Widerstands des städtischen Patriziats gegen die Ansiedlung von Industrie in der Stadt – was dazu beitrug, daß die Fabriken oft jenseits der Stadtgrenzen entstanden –, wurden die Organisationen der Arbeiter und die großen Kapitaleigentümer bestimmend für das ökonomische und politische Schicksal der Stadt. Heute dominieren abwesende Investoren mit entsprechend überlokalen Orientierungen.

Die Figur des Stadtbürgers ist eine idealtypische Konstruktion, die immer nur auf eine kleine Minderheit der Stadtbewohner zutraf. Noch Mitte des 19. Jahrhunderts zählten »nur etwa 2-3 % zu den urbanen Wirtschaftsbürgern«, die Steuern zahlten und deshalb auch wählen durften (Schäfers 2006, S. 274). Daran gemessen ist die kommunale Selbstverwaltung heute ungleich besser in der Bürgerschaft verankert. Doch wächst seit längerem die Zahl derer, die aus den unterschiedlichsten Gründen kein Interesse an der kommunalen Politik haben, ablesbar an der sinkenden Beteiligung an Kommunalwahlen vor allem in den großen Städten (vgl. Preteceille 2000). An der Spitze der sozialen Skala sind das die Angehörigen international orientierter Eliten. Für sie hat die Stadt Hotelfunktion, und welcher Gast möchte während seines Aufenthalts mit den Problemen des Hotelmanagements belästigt werden? Auch die transitorischen Migranten halten sich nur vorübergehend in der Stadt auf, und wenn sie keine EU-Bürger sind, haben sie auch kein Wahlrecht. Ähnlich desinteressiert an einem Engagement in der Lokalpolitik sind viele junge Menschen, die wie Studenten oder Berufsanfänger in einer Phase der Orientierung und des Experiments von anderen Interessen absorbiert sind, obendrein im Zuge ihrer beruflichen Karriere häufig die Stadt wieder verlassen. Auch wächst die Zahl der Städter mit multilokalen Lebensstilen: Fernpendler, die werktags woanders leben als am Wochenende, transnationale Migranten, die saisonal in ihr Heimatland zurückkehren, Menschen mit Zweitwohnungen in Feriengebieten, Familien und Partnerschaften, deren Mitglieder in verschiedenen Gemeinden wohnen (*living apart together*). Sie alle dürften nur geringes Engagement für lokale Politik aufbringen, schon weil ihnen »die durch die multilokale Situation bedingten, subjektiven Kosten der Beteiligung an Parteien oder Bürgerinitiativen schlichtweg zu hoch« sind (Petzold 2011, S. 163).

Am Ende der sozialen Hierarchie schließlich steigt die Zahl der von Ausgrenzung Bedrohten. Zu den politisch Ausgegrenzten zählen Migranten, die sich zwar dauerhaft in einer Stadt niedergelassen und dort auch ihren Lebensmittelpunkt haben, aber nicht die EU-Bürgerschaft besitzen und also auch kein kommunales Wahlrecht. Ihre Situation ähnelt politisch der des Proletariats in den großen Städten im 19. Jahrhundert, dem ebenfalls politische Rechte weitgehend verwehrt wurden. Es wurde zwar ökonomisch ausgebeutet, war aber doch in die städtische Ökonomie integriert. Demgegenüber werden Langzeitarbeitslose nicht einmal ausgebeutet, sie sind schlicht überflüssig. Wenn sie auch subjektiv für sich keine Chancen mehr in dieser Gesellschaft erkennen können, glauben sie, ihr nichts schuldig zu sein. Sie reagieren mit Apathie und gelegentlich mit Gewaltausbrüchen. Wenn sie überhaupt zur Wahl gehen, geben sie ihre Stimme oft rechtsradikalen Splitterparteien, weshalb deren Stimmanteil in den Wohnvierteln dieser sozialen Gruppen zunimmt. Nach einer Studie von Ulrich Podszuweit und Wolfgang Schütte (vgl. 1997, S. 32) summierten sich in St. Pauli Wahlenthaltung, fehlendes Wahlrecht und Stimmen für rechtsradikale Parteien auf 70-80 Prozent, d. h., nur 20-30 Prozent der erwachsenen Bevölkerung dieses Stadtteils waren zum damaligen Zeitpunkt in der Bürgerschaft vertreten. Und die Wahlbeteiligung von Menschen mit geringem Einkommen und niedrigen Bildungsabschlüssen ist weiter kontinuierlich und überdurchschnittlich gefallen (vgl. Merkel/Petring 2011; Faas 2014). Gerade jene Gruppen bzw. Stadtteile, die am meisten der politischen Aufmerksamkeit bedürften, sind am wenigsten in der Stadtpolitik präsent. Viele Bewohner der benachteiligten Stadtteile begreifen sich als außerhalb der städtischen Normalität und werden von vielen auch so gesehen. Wen, außer die Kommunalverwaltungen, in denen die Tradition sozialer Verantwortung vielfach noch wirksam ist, kümmern die Lebensbedingungen von Menschen, deren Stimmen kaum ins Gewicht fallen, und die sich auch sonst im öffentlichen Raum der Stadt kaum bemerkbar machen, und wenn, dann auf eher unerfreuliche Weise?

Schließlich löst sich auch die Bindung des seßhaften Bürgers an eine Stadt. Weil kommunale Grenzen immer seltener mit dem Alltagsleben der Bewohner übereinstimmen, wird die Identifikation der Bürger mit einer Stadt schwächer (vgl. Preteceille 2000, S. 93). Mehr und mehr Menschen organisieren ihr Leben regional (vgl. Siebel 2004, S. 23). Sie wohnen in einer anderen Gemeinde als der, in der sie arbeiten, sie versorgen sich im Einkaufszentrum einer dritten, andere kennen sie wiederum nur vom Durchfahren. Diese arbeitsteilige Organisation des Alltags über verschiedene Gemeinden hinweg ist durch eine funktionalistische Planung gefördert worden, die verschiedenen Orten verschiedene Nutzungen zugewiesen hat. Innerhalb der solchermaßen homogenisierten Räume, in denen man nur wohnt oder nur arbeitet oder nur einkauft oder die man nur vom Durchfahren kennt, sind die Konflikte zwischen den städtischen Funktionen Arbeiten, Erholen, Wohnen und Verkehr nicht mehr erfahrbar. Ihre Nutzer verhalten sich als Kunden, die die jeweilige Gemeinde als ein Dienstleistungsunternehmen betrachten, von dem sie optimalen Service für ihre speziellen Bedürfnisse verlangen. Das traditionelle Stadtbürgertum, das die Konflikte zwischen den städtischen Funktionen täglich an sich selbst erleben konnte, weil die Stadt die Einheit ihres Alltags war, verschwindet. In der Folge geht die politische Basis für die Kernaufgabe kommunaler Politik verloren, nämlich Kompromisse zwischen konfligierenden Anforderungen an die Stadt zu finden und durchzusetzen.

Seit einiger Zeit nimmt allerdings die Zahl derer wieder zu, die innerhalb der Städte ihren Alltag zu organisieren versuchen (Kap. 2.3). Dabei handelt es sich einerseits um Arme, Studenten und Zuwanderer, die immer schon in den Städten gewohnt haben, nur sind sie heute zahlreicher. Andererseits sind es einkommensstarke, Ein- und Zweipersonenhaushalte, die die Innenstädte brauchen, um ihr berufszentriertes Leben regeln zu können. Für sie alle ist die Stadt die Einheit ihres Alltags, aber sie richten unvereinbare Erwartungen an sie. Erstere brauchen billige Wohnungen, letztere fragen besonders hochwertige Wohnungen nach. In den Innenstädten ergeben sich aber nicht nur ökonomische, sondern aufgrund der zunehmenden Differenzierung von Milieus und Lebensweisen auch kulturelle Konflikte. Zuwanderer, Studenten, Arbeitslose und Arme leben in anderen Zeitstrukturen und oft auch nach anderen Normen als die karriere- und berufszentrierten Arbeitskräfte in den oberen Etagen der Dienstleistungsgesellschaft. Der Wunsch, in einer Stadt nicht nur Wohnung und Arbeit zu finden, sondern auch einen Ort, an dem man nach seiner Fasson glücklich werden kann, kann zu Konflikten führen, bei denen es um mehr geht als materielle Interessen, nämlich um Fragen der Identität. Städtische Wohnquartiere müssen z. B. sehr verschiedenen Vorstellungen von Heimat gerecht werden. In der Stadt als Heimat will man sich auskennen, man möchte seine Nachbarn kennen und von ihnen gekannt werden. Die Stadt als Heimat soll auch ein Stück der eigenen Geschichte sein. Die eigene Identität soll in ihr bestätigt werden. Für viele Menschen, die schon sehr lange an einem Ort seßhaft sind, ist das Realität. Aber der Wunsch, eine Heimat zu finden, dominiert auch bei vielen Zuwanderern, nur suchen diese eine andere Heimat. In dem Maße, wie die importierten Heimaten der Migranten in den Städten sichtbar werden, verlieren die Alteingesessenen die ihre.

Von der Stadt als einem demokratisch legitimierten und handlungsfähigen Subjekt ihrer eigenen Entwicklung kann, so scheint es, kaum noch die Rede sein. Allein schon bezüglich der bisherigen Praxis der Privatisierung kommunaler Aufgaben melden Staatsrechtler »Zweifel an, ob die vom Grundgesetz gewollte kommunale Selbstverwaltung überhaupt noch bestehen kann, weil sie bereits so ausgehöhlt [sei], dass [Art. 28 GG] Abs. 2 [der den Gemeinden das Recht auf Selbstverwaltung garantiert] auf sie nicht mehr passt« (Sterzel 2010, S. 277, Anm. 810). Solche Zweifel sind um so berechtigter, wenn die politische Basis kommunaler Politik zwischen den kompromißlos eingeforderten Leistungswünschen verschiedener Kundengruppen und den schwer vereinbaren Leitbilder vom richtigen Leben, die die Bewohner im dichten Nebeneinander innerhalb der Städte zu verwirklichen suchen, zerrieben wird. Angesichts ihrer Finanzmisere, der Einengung ihrer politischen Gestaltungsspielräume und sinkender politischer Legitimation, droht die kommunale Selbstverwaltung zur leeren Hülle zu werden.

1.3 Die Erosion der Polarität von Öffentlichkeit und Privatheit

1.3.1 Ende des öffentlichen Raums?

Die soziale Struktur der bürgerlichen Gesellschaft und die räumliche Struktur der europäischen Stadt stehen in enger Wechselbeziehung. Daher spiegelt sich ein zentrales Element der bürgerlichen Gesellschaft, die Polarität von Öffentlichkeit und Privatheit, auch in der Struktur der Stadt als Polarität öffentlicher und privater Räume. Hans Paul Bahrdt hat das zum Angelpunkt seiner Definition von Stadt gemacht:

> »Eine Stadt ist eine Ansiedlung, in der das gesamte, also auch das alltägliche Leben die Tendenz zeigt, sich zu polarisieren, d. h., entweder im sozialen Aggregatzustand der Öffentlichkeit oder in dem der Privatheit stattzufinden. Es bilden sich eine öffentliche und eine private Sphäre, die in engem Wechselverhältnis stehen, ohne daß die Polarität verlorengeht. [...] Je stärker Polarität und Wechselbeziehung zwischen öffentlicher und privater Sphäre sich ausprägen, ›desto städtischer‹ ist, soziologisch gesehen, das Leben einer Ansiedlung« (Bahrdt 1998, S. 83f.).

Diese Definition ist nicht verallgemeinerbar. Bahrdt hatte einen Sonderfall von Stadt vor Augen, nämlich die europäische Stadt als Produkt und Produzent der bürgerlichen Gesellschaft: »In der Tat ist es das Bürgertum, das die Stadt zu dem gemacht hat, was wir heute als Stadt bezeichnen. Ebenso muß man das Bürgertum als eine Gesellschaftsschicht betrachten [...], die ihr Dasein der Stadtbildung verdankt« (Bahrdt 1998, S. 106). Wo sich keine bürgerliche Gesellschaft entwikkelt hat, da gibt es auch keinen öffentlichen Raum der Stadt. Das läßt sich an der Stadtgestalt anderer Kulturen belegen.

Die vormoderne islamische Stadt bildet einen besonders plastischen Kontrast zur europäischen. Sie kennt keine Polarität öffentlicher und privater Räume. Ihre Keimzelle war zwar das private Haus, doch fehlte diesem die Wechselbeziehung zum öffentlichen Raum, es wandte sich von der Straße ab, seine Bauweise war introvertiert. Die Gebäude waren nach innen auf einen Hof oder Garten orientiert, Licht und Luft wurden möglichst nicht von der Straße, sondern über einen Innenhof oder Garten bezogen. Was beim europäischen Bürgerhaus die einem Publikum zugewandte Fassade war, das war beim islamischen Haus die Innenarchitektur: Fenster und dekorierte Schauseiten gingen auf den Innenhof (vgl. Bianca 1979, S. 42 ff.), der Straße wurden die fensterlosen Rückseiten zugewandt. Wenn die Außenmauern überhaupt Fenster aufwiesen, waren diese durch dichte Gitter verschlossen. Das hatte auch klimatische Gründe und solche der Sicherheit, entscheidend aber war das Prinzip der sozialen Abschließung nach außen, insbesondere die völlige Abschottung der Frauen gegen jeden unkontrollierten Kontakt. Um die größtmögliche Abgeschlossenheit zu gewährleisten, durften Fenster und begehbare Dächer auch den Nachbarn keinerlei Einblick gewähren. Haustore sollten einander nicht gegenüberliegen, um keinen Blick ins Innere des anderen Hauses zu gewähren, wenn zufällig die Tore beider Häuser gleichzeitig geöffnet wurden.

Bahrdt nennt es ein Charakteristikum der europäischen Stadt, mittels spezifischer Arrangements unter Aufrechterhaltung von Distanz Kontakt zu ermöglichen. Die islamische Stadt folgte dem gegenteiligen Prinzip. Hier wurde alles darangesetzt, Kontakte zu vermeiden. Das Prinzip der Abschließung nach außen setzte sich auf der Ebene der Stadtstruktur fort. Clans und Sippen wurden durch Häusergruppen, die zuweilen nur durch ein gemeinsames Tor von außen zugänglich waren, voneinander getrennt. Die Häusergruppen wurden durch Sackgassen erschlossen, die kein Teil eines öffentlichen

Wegenetzes waren, sondern die Fortsetzung interner Erschließungsgänge. Bei Gefahr konnten sie verriegelt und leicht verteidigt werden. Die Wohnviertel waren nach Stämmen oder religiösen Gemeinschaften separiert, die oft ihre eigenen Moscheen, Bäder und Märkte hatten und sich mit Mauern gegeneinander abgrenzten. Die Tore wurden nachts geschlossen wegen der endlosen »Feindseligkeiten der Stadtviertel untereinander« (Grunebaum 1955, S. 146). »Von Fes [der drittgrößten Stadt Marokkos] ist überliefert, daß bis ins 18. Jahrhundert hinein jedes Quartier über eigene Tore und über eine eigene Schutztruppe verfügte [...], so daß es nachts verschlossen werden konnte und ein nächtliches Durchqueren der Stadt mit größten Schwierigkeiten verbunden war« (Bianca 1979, S. 106). Freie Plätze waren äußerst selten, die Straßen von erdrückender Enge, teilweise durch vorkragende Obergeschosse auch nach oben geschlossen. Öffentlicher Raum existierte demzufolge nicht einmal als physische Möglichkeit. Allein die Moschee bot Raum für Versammlungen.

Die räumliche Organisation der Stadt spiegelte ihre politische Organisation wider. Der Stadtbewohner war seiner Familie, seinem Stamm und seiner religiösen Gemeinde verpflichtet. Die Stadt war ihm notwendig, um sein religiöses Leben korrekt zu führen. Es gab keine öffentlichen Angelegenheiten und dementsprechend auch keinerlei Planung der Stadt, sie entwickelte sich informell, gesteuert nur durch die gegenseitigen Rechte der Nachbarn. Die Stadtobrigkeit beschränkte sich auf Schlichtung von Nachbarschaftsstreitigkeiten sowie »eine bloße Überwachung des Bauwesens« zur Gefahrenabwehr und um Durchgangsmöglichkeiten freizuhalten (ebd., S. 98). Die Stadt hatte im islamischen Recht keinen eigenen Status. Das islamische Recht kannte nur die unteilbare Einheit der Gläubigen. Die Stadt war eine Untereinheit zentralistischer Verwaltung und Ort der Religionsausübung. Sie war weder rechtlich noch durch verliehene Privilegien vom Land unterschieden, verfügte über keinen eigenen Verwaltungsapparat und schon gar nicht ein Rathaus.

In der traditionellen islamischen Stadt gab es keine Bürger, nur Bewohner. Sie war kein auf eine stadtbürgerliche Öffentlichkeit gestütztes politisches Subjekt. Wo es aber keine demokratisch verfaßte Politik und keine bürgerliche Gesellschaft gibt, da gibt es auch keinen öffentlichen Raum, allenfalls den Raum einer »repräsentativen Öffentlichkeit«, bei der »das Volk die Kulisse [bildet], vor der die Herrschaftsstände, Adelige, kirchliche Würdenträger, Könige usw. sich selbst und ihren Status darstellen« (Habermas 1990, S. 17). Einzige Mittelpunkte der traditionellen islamischen Stadt waren die Hauptmoschee und der Sitz des vom Herrscher eingesetzten Stadtvogts. Dort versammelten sich die Stadtbewohner, »um die Verlautbarungen der Obrigkeit zu vernehmen«. Sie kannten weder Debatte noch Abstimmung, allenfalls »lärmenden Protest« oder »Nichterscheinen« (Grunebaum 1955, S. 143).

Die Polarität von Öffentlichkeit und Privatheit ist historisch nicht voraussetzungslos. Der Markt ist eine spezielle Organisationsform des Ökonomischen. Märkte entstehen mit der Herauslösung ökonomisch relevanter Tätigkeiten aus den geschlossenen Kreisläufen des »Ganzen Hauses« und damit aus verwandtschaftlich, nachbarschaftlich und machtförmig strukturierten Arbeits- und Versorgungsverhältnissen. Mit der Herausbildung einer eigenständigen Sphäre ökonomischen Handelns, entwickelt sich eine zunächst nur ökonomische Form des Privaten. Später dann mit der räumlichen und zeitlichen Trennung von beruflicher Arbeit und Leben, wird die Familie und deren Wohnung im wörtlichen und übertragenen Sinn zu einem geschützten Raum, in dem sich eine von ökonomischen Notwendigkeiten entlastete private Sphäre emotionaler und körperlicher Intimität entfalten kann (vgl. Häußermann/Siebel 1996, S. 22). Und wie sich die bürgerliche Privatsphäre erst allmählich in einem langen Prozeß des sozialen Wandels herausgebildet hat, so auch die Öffentlichkeit (Habermas 1990).

Bahrdt hat mit der Polarität von Öffentlichkeit und Privatheit eine idealtypische Definition eines Sonderfalls von Stadt vorgelegt: Die öffentliche Sphäre marktförmig organisierter Ökonomie und demokratisch verfaßter Politik und als ihr Gegenüber die private Sphäre familialer Intimität und selbständiger Warenproduktion sind die idealtypischen Merkmale der bürgerlichen Gesellschaften in Europa. Diese soziale Polarität zweier gesellschaftlicher Sphären hat in der Polarität öffentlicher und privater Räume physische Gestalt gewonnen. Wie die europäische bürgerliche Gesellschaft ein historisch spezifisches Phänomen ist, so sind auch die Polarität einer öffentlichen und einer privaten Sphäre und ihr physisches Pendant, die Polarität öffentlicher und privater Räume, historisch spezifische Merkmale von Stadt. Was jeweils als öffentlich oder privat gilt, unterliegt historischem Wandel, und die Grenzen zwischen beiden Sphären sind fließend. Dementsprechend verschiebt sich auch das Verhältnis von öffentlichen und privaten Räumen ständig sowohl hinsichtlich der Inhalte wie der Personen, die den privaten resp. öffentlichen Räumen zugeordnet sind, und diese Verschiebungen weisen keineswegs nur in eine Richtung.

Bahrdt beschreibt die stadttypische Polarität des Alltagslebens in Verhaltenskategorien. In öffentlichen Räumen seien Verhaltensweisen zulässig, wie sie typischerweise auf Märkten beobachtbar sind. Damit bezieht sich Bahrdt auf eine Definition von Max Weber, nach der Stadt als eine Siedlung zu charakterisieren ist, deren Bewohner ihre Bedürfnisse durch den Kauf von Gütern auf Märkten befriedigen. Marktbeziehungen sind hochspezialisierte Beziehungen, bei denen die Beteiligten nur in zwei der ihnen zur Verfügung stehenden Rollen agieren, nämlich in der des Kunden und in der des Verkäufers. Der öffentliche Raum der Stadt ist ähnlich wie der Markt ein Ort, an dem es dem Individuum innerhalb bestimmter Grenzen freigestellt ist, ob es überhaupt Kontakte aufnimmt, und wenn ja, mit wem und zu welchem Zweck. Bahrdt (1998, S. 86) bezeichnet die Stadt deshalb als ein System »unvollständiger Integration«. Die Sozialbeziehungen erfassen hier nicht die Person als Ganze, sondern immer nur einen Ausschnitt. Wen man auf der Straße nach der Uhrzeit fragt, ist unabhängig davon, ob er guter Christ, treuer Ehemann oder kritischer Soziologe ist; es interessiert nicht und darf auch gar nicht interessieren, will man dem anderen nicht auf befremdliche Weise zu nahe treten. Städtische Sozialbeziehungen schaffen kein geschlossenes System wie das Dorf, in dem jeder (fast) alles von (fast) jedem weiß.

Daß in der Stadt ein festes und lückenloses Sozialsystem fehlt, innerhalb dessen jeder verortbar und die Beziehungen unter den Individuen vordefiniert sind, ist die Bedingung für Individualisierung. Gerade das, was Konservative an der Großstadt kritisieren, daß nämlich keiner den anderen kennt, ist die Voraussetzung für die persönlichen Freiheiten, die viele mit der Stadt verbinden: Man kann hoffen, mit dem Umzug in eine fremde Stadt sein Leben neu zu beginnen, eben weil man dort auf niemanden trifft, der einen auf die alte Identität verpflichten könnte. Anonymität erlaubt, sich in jedem neuen Kontakt neu zu definieren. Man kann selbst darüber entscheiden, welchen Ausschnitt der eigenen Persönlichkeit man zeigt und was man verbirgt.

Man kann Bahrdts Stadt-Definition sozialpsychologisch nennen, da sie sich auf Verhaltensweisen von Individuen stützt. Doch die Polarisierung des städtischen Alltags spielt sich nicht nur in der Dimension sozialen Verhaltens ab, sie hat auch funktionale, juristische und symbolische Dimensionen (vgl. dazu ausführlich Siebel 2000). In der sozialen Dimension ist der öffentliche Raum die Bühne einer hochstilisierten Selbstdarstellung. Dort begegnet man einander als Unbekannte, man hält Distanz und nimmt nur gelegentlich und dann sehr spezialisierte Kontakte auf. Privater Raum dagegen ist ein Ort der Intimität, Emotionalität und Körperlichkeit im Falle der privaten Wohnung und im Falle des privaten Betriebs Ort eindeutig definierter, arbeitsteiliger und hierarchisierter Beziehungen. In der funktionalen Dimension sind dem öffentlichen Raum Markt und Politik zugeordnet, dem privaten Raum die Funktionen der Produktion (Betrieb) und Reproduktion (Wohnung). Juristisch sind öffentliche Räume Eigentum der öffentlichen Hand und ihre Nutzung ist nach öffentlichem Recht geregelt. Private Räume haben private Eigentümer und ihre Nutzung unterliegt dem Hausrecht. In der symbolischen Dimension bestimmt eine Fülle von architektonischen und städtebaulichen Mitteln über die Qualität eines Raums als öffentlich oder privat, indem sie Offenheit oder Geschlossenheit, Exklusivität oder Zugänglichkeit signalisieren. Erst in der Verschränkung der sozialen, funktionalen, juristischen und symbolischen Dimension entsteht die qualitative Differenz von öffentlichen und privaten Räumen. Doch verschwimmen die Grenzen der für die sozialräumliche Struktur der europäischen Stadt konstitutiven Polarität von öffentlichen und privaten Räumen. In allen vier Dimensionen lassen sich Veränderungen beobachten, die diese Polarität aushöhlen.

Mit der sozialen Polarisierung in öffentliche und private

Räume ging der Kodex öffentlichkeitsfähiger Verhaltensweisen einher und solcher, die man besser vor dem Blick des anonymen Anderen verbirgt: Ausscheidungen, Sexualität, Liebe oder Haß. Diese sozialen Differenzierungen von Öffentlichkeit und Privatheit verwischen. Beispielsweise war es lange Zeit nicht üblich, seinen Körper im öffentlichen Raum zu präsentieren. Körperlichkeit hatte ihren Ort in der Abgeschiedenheit der privaten Wohnung und außerhalb allenfalls an spezialisierten Orten wie Badestränden und Turnhallen. Der Körper mußte mit Ausnahme von Händen und Gesicht im öffentlichen Raum der Stadt sorgfältig bedeckt werden. Heute stellen Jogger, Inlineskater und normale Fußgänger ihren Körper kaum verhüllt in der Öffentlichkeit zur Schau (vgl. Alkemeyer 2005, S. 4), Handynutzer lassen jeden, ob er will oder nicht, an ihren Geschäfts- und Familienangelegenheiten teilnehmen, und Obdachlose essen, trinken und schlafen in den Parkanlagen. Damit werden Verhaltensweisen in die Öffentlichkeit getragen, die der bürgerliche Städter in einem langen Prozeß der Zivilisation hinter den Mauern der Privatheit zu verbergen gelernt hatte. Ein Beispiel für neue Raumtypen, die sich im Zuge der Entdifferenzierung von öffentlicher und privater Sphäre bilden, ist die von Silke Steets (vgl. 2008, S. 193 ff.) beschriebene großstädtische Clubkultur, die das Schema des bürgerlichen Wohnzimmers mit Elementen des Öffentlichen vermischt.

Besonders deutlich wird der Wandel am Funktionsverlust des öffentlichen Raums. Die Agora der griechischen Polis war ein multifunktionaler Raum der Männer. Sie diente als Gerichtsraum wie für politische Versammlungen, für zwanglose Begegnungen wie für Markt und Vergnügungen. Sie hatte aber auch dramatische Funktionen: Militärische Aufmärsche fanden hier statt, man hielt Ritterturniere ab, organisierte Kampfsportereignisse oder Pferderennen. »In Athen bekommt man alles an demselben Orte zu kaufen: Feigen, Zeugen für gerichtliche Vorladungen, Trauben, Rüben, Birnen, Äpfel, Denunzianten, Rosen, Mispeln, Haferflocken, Honigwaben, Kichererbsen, Prozesse [...], Lotteriemaschinen, Schwertlilien, Laternen, Wasseruhren, Gesetze und Anklagen« (Eubolus, zit. n. Mumford 1984, S. 177f.).

Heute dominiert der Verkehr die Straßen und Plätze der Stadt. Andere Nutzungen sind an spezialisierte Orte verdrängt: Vergnügungen in die Themenparks, Sport in immer spezialisiertere Stadien, die Rechtsprechung in die Gerichtssäle. Recht wird auch nicht mehr in aller Öffentlichkeit vollstreckt. Früher wurde auf den Plätzen der Städte gehenkt, und die Guillotine, mit der Ludwig XVI. enthauptet worden ist, stand auf der Place de la Révolution, die Baron Haussmann später zur Place de la Concorde umgestaltete. Heute wird zumindest in Demokratien unter Ausschluß der Öffentlichkeit gehenkt, erschossen, vergiftet oder auf den elektrischen Stuhl geschnallt.

Die Politik hat sich schon lange aus den Straßen und Plätzen zurückgezogen in die Parlamente, Lobbys und Hinterzimmer, in die Versammlungsräume von Parteien, Verbänden, Interessengruppen und in die Medien. Seit dem Ende der Athener Agora sind die Plätze der Städte nur noch in Ausnahmefällen Orte, an denen politische Entscheidungen gefällt werden. Philipp Scheidemann hat am Ende des Ersten Weltkriegs in einer revolutionären Situation von einem Balkon des Reichstagsgebäudes in Berlin die Republik ausgerufen. Heute müßte seine Rede im Fernsehen übertragen werden, wenn sie folgenreich sein soll. Wer sein Anliegen auf die Plätze der Stadt hinaustragen muß, vertritt in der Regel schwache Interessen, die keinen Zugang zu den etablierten Medien politischer Auseinandersetzung haben. Der öffentliche Raum dient dazu, Themen, die in den Medien nicht präsent sind, sichtbar zu machen, also Diskussionen anzustoßen, die aber dann nicht auf den Straßen und Plätzen der Stadt stattfinden, sondern in den Medien und Parlamenten. Der öffentliche Raum der Städte ist ein Raum des Protests.[1]

Die Shopping-Mall ist ein besonders gewichtiges Beispiel für den Funktionsverlust des öffentlichen Raums, weil diese neue Organisationsform des Kaufens und Verkaufens die Gründungsfunktion der europäischen Stadt betrifft: den Markt (vgl. Siebel 2006). Dessen Einhausung begann schon vor 1900 mit den großen Passagen und Kaufhäusern. Die Geschäftsstraße wurde überdacht, ihre Zugänge konnten abgeschlossen werden, und in den Kaufhäusern wurde die Vielfalt der Waren ohne die Vielfalt der Geschäfte angeboten. Dieser Prozeß hat heute mit den großen Malls und Urban Entertainment Centers eine neue Qualität erreicht: Alles, was der Kunde an Gütern, Dienstleistungen und Unterhaltung nachfragen

1 Sandra Huning (2006) beschreibt in ihrer instruktiven Studie über politisches Handeln in öffentlichen Räumen zwei Sonderfälle, bei denen Demonstrationen politisch folgenreich gewesen sind. Die Montagsdemonstrationen in Leipzig haben wesentlich zum Sturz des DDR-Regimes beigetragen. Die Proteste anläßlich des G8-Gipfels in Genua 2001 hatten im Bewußtsein der Beteiligten und Teilen der Öffentlichkeit Folgen, wenn auch weniger greifbare – sieht man davon ab, daß G8-Gipfel seitdem nicht mehr in Städten, sondern an abgelegenen Orten wie Schloß Elmau oder Heiligendamm stattfinden. Entscheidend für ihre Wirkung waren Kontinuität und Dauer dieser Demonstrationen sowie ihre Einbettung in eine Vielzahl von Diskussionen, die ihre Räume abseits der Straßen und Plätze von Leipzig und Genua in Kirchen, Theatern, Universitäten oder im Internet fanden, und von dort den Weg wieder zurück in die Demonstrationen und den öffentlichen Raum der Stadt nahmen.

könnte, soll er möglichst unter einem Dach finden. Damit machen sich die modernen Betriebsformen des Einzelhandels und der Freizeitindustrie unabhängig von einer urbanen Umgebung, was wiederum die Voraussetzung dafür ist, daß sie ihre Standorte allein nach Gesichtspunkten der Erreichbarkeit und der verfügbaren Flächen wählen können. In den Shopping-Malls werden die städtebauliche Gestalt der Geschäftsstraße und der Markt mit seiner Vielfalt an Geschäften nachgeahmt. Die avanciertesten unter ihnen können als Versuche beschrieben werden, Stadt selbst einzuhausen. Sie sind perfektionierte Nachbildungen der städtischen Einkaufsstraße, nur ohne deren negative Begleiterscheinungen: ohne Schmutz, ohne Bettler und ohne schlechtes Wetter.

Damit geht eine Verschiebung von Funktionen aus Räumen einher, die dem öffentlichen Recht unterliegen, in solche, in denen Privatrecht gilt. Es entwickeln sich vielfältige juristische Zwischenzonen: von der privaten Nutzung formell öffentlicher Räume durch Kaffeehaustische oder Verkaufsstände über dauerhafte vertragliche Regelungen in Public Private Partnerships bis zu den Business Improvement Districts (BID). Sharon Zukin (vgl. 1995, S. 29ff.) hat die Rolle von BIDs bei der Privatisierung des öffentlichen Raums am Beispiel New York ausführlich beschrieben. Mittlerweile hat dieses Instrument auch in Deutschland Einzug gehalten. Bei der Etablierung eines BID wird privaten Vereinigungen, meist von Geschäftsleuten und Immobilienbesitzern, ein Teil des öffentlichen Raums zur Verwaltung übertragen, häufig mit dem Recht, Gebühren von Anliegern und Nutzern zu erheben. Mit der Ausdehnung von Räumen, in denen öffentliche Nutzungen unter privatem Recht organisiert sind, wie in Bahnhöfen, Malls oder den Plazas in den Erdgeschossen von Hochhäusern, werden auch die Bereiche größer, in denen privatrechtliche Normen in der Form von Hausordnungen Zugang, Nutzung und zulässige Verhaltensweisen bis hin zu »angemessener Kleidung« detailliert regeln. »Am Potsdamer Platz gibt es keinen öffentlichen Platz mehr, sondern nur noch Privat-Plätze. Eine Demonstration ist keine Frage der Grundrechtsausübung, sondern eine Frage des Hausrechts und des Hausfriedensbruches« (Strauch 2000, S. 139).

Oft wird im Zusammenhang mit der These von der Privatisierung des öffentlichen Raums auf die wachsende Bedeutung von Sicherheit in der Kommunalpolitik und auf den damit einhergehenden Wandel der Kontrolltechniken verwiesen. Zukin spricht von einer »Politik der Furcht« (1995, S. 39ff.). Unter dem Stichwort der kommunalen Kriminalprävention haben die deutschen Städte seit Beginn der neunziger Jahre die Sicherheit im öffentlichen Raum zu einem zentralen Thema ihrer Politik erklärt. Dies hat zu neuen Formen der »Machtintervention im urbanen Raum« (De Marinis 2000) in den Dimensionen Recht, Organisation, Technik und städtebauliche Gestaltung beigetragen (vgl. Wehrheim 2006). Sicherheits- und Ordnungsgesetze wurden novelliert, um den Zugang und die Nutzung öffentlicher Räume mittels Videoüberwachung, verdachtsunabhängiger Personenkontrollen, Platzverweise und Aufenthaltsverbote genauer reglementieren zu können. Das hat auch Konsequenzen für die Architektur und den Städtebau. Sie spielen in den Konzepten des *defensible space* (Newman 1973) und der *crime prevention through environmental design* (Crowe 1991) eine wichtige Rolle. Neben den buchstäblich »verteidigbaren« privaten Räumen soll der öffentliche Raums so gestaltet werden, daß er von möglichst wenigen Kameras möglichst lückenlos überwacht werden kann, also ohne Sichthindernisse wie Büsche und Nischen und gut ausgeleuchtet.

Mit den juristischen Verschiebungen aus dem Herrschaftsbereich des öffentlichen Rechts in den der privaten Eigentümer, treten neue Akteure der Kontrolle auf. Der öffentliche Raum wird nicht mehr informell durch die gegenseitigen Beobachtungen seiner Nutzer und formell durch die Polizei kontrolliert. Kontrolle wird zunehmend privatwirtschaftlich organisiert. Sicherheit wird zu einer von privaten Sicherheitsfirmen produzierten Ware. Deren Zahl hat sich allein von 1992 bis 2002 auf ca. 3000 Betriebe mit 145 000 Beschäftigten mehr als verdoppelt (vgl. Wehrheim 2006, S. 65). Daneben entstehen diverse Mischformen privater und öffentlicher, formeller und informeller Kontrollen in Gestalt der *neighbourhood watch*, des *community policing*, der Sicherheitswachten (wie in Bayern) oder der kommunalen Sicherheitspartnerschaften (wie in Brandenburg) (vgl. Wurtzbacher 2004).

Schließlich vollzieht sich auch in der vierten Dimension, in der öffentliche und private Räume sich differenzieren, der symbolischen, ein Wandel. Zu den »Akteuren«, die bei der Definition von öffentlichen und privaten Räumen eine Rolle spielen, zählen Pflanzen und Bäume, Videokameras, Verbotsschilder, die Einkleidung der Fassaden, die Art der Pflasterung, Denkmäler und die Qualität der Geschäftsauslagen. Städtische Räume werden im Wortsinne exklusiv. Um die Innenstädte für eine zahlungskräftige Kundschaft attraktiv zu machen, werden sie gestalterisch aufgerüstet. Die neuen Konsumtempel tragen ihren Namen nicht ohne Grund. Marmor, verspiegelte Glasflächen, goldfarbene Einfassungen, Palmen und andere elitäre Zeichen wirken als stumme, aber effektive soziale Filter: Den einen signalisieren sie Zugehörigkeit, den anderen, daß sie hier nicht hingehören. Die Kunsthistorikerin Monika Wagner hat auf die Übernahme von Elementen sakraler Architektur in die Gestaltung der Indoor-Plazas großer Verwaltungs- und Geschäftshäuser, der Eingangshallen von Hotels und gehobener Shopping-Malls hingewiesen. Zusammen mit Wachleuten, verengten Eingängen, luxuriösen Materialien und den Preisen der dort feilgebotenen Waren sorgt das für eine »Abschottung nach unten« (Wagner 1999, S. 66).

Die Metapher vom öffentlichen Raum der Stadt als einer Bühne, auf der sich jeder präsentiert und jeder jeden beobachtet, (vgl. Mumford 1961; Goffman 2003) ist längst in die Feuilletons vorgedrungen:

> »Ob Star oder Statist: der Platz verteilt die Rollen, das Schauspiel variiert. Ein Rollstuhlvirtuose, eben noch im Zentrum der Aufmerksamkeit, verliert die Blicke des Publikums an ein blondes Wesen, das zwei überaus lange Beine in einer überaus kurzen Hose spazieren führt. Diese Bühne hat ihre eigenen Gesetze. Es gibt keine Darsteller, aber alle stellen sich dar. Es gibt keine Zuschauer, aber alle schauen zu. Wem? Den anderen! [...] Wer in den Zauberkreis der Rotonda tritt, verwandelt sich, sein Schritt verlangsamt, die Augen schweifen schneller. Jeder steht im Mittelpunkt des Interesses der anderen, einzig, weil er auf der Piazza steht« (FAZ Nr. 191/1988, zit. n. Bette 1999, S. 206).

Die Stadt ist ein Ort des Theaters, bei dem die Anwesenden Schauspieler, Statisten und Zuschauer zugleich sind. Aber nicht alle sind anwesend. Wenn sich die Verhaltensweisen, Funktionen, Rechtsregeln und Symbole im öffentlichen resp. im privaten Raum wandeln, so hat das Konsequenzen für die Personen, die diesen Räumen zugeordnet werden. Die Stadt bietet nicht jedem eine Bühne. Das Image eines Raums und die Regeln des Verhaltens im öffentlichen Raum sind alles andere als sozial neutral. Dahinter stehen lange Auseinandersetzungen, die auch mit den Mitteln architektonischen Designs, also mit Symbolen geführt werden. Dabei geht es um sehr viel. Wer das Bild eines Raums und die Regeln, die darin gelten, bestimmt, der entscheidet auch darüber, wer zu diesem Raum zugelassen wird, womit mehr gemeint ist als die Möglichkeit, physisch anwesend zu sein. Zugänglichkeit wäre nicht schon dadurch gewährleistet, daß jeder die Bühne des öffentlichen Raums der Stadt betreten könnte. Entscheidend ist auch, was dort aufgeführt werden darf. Wenn der Besuch einer Mall an die Auflage gebunden ist, sich anständig anzuziehen, nicht zu betteln und keine politischen Plakate hochzuhalten, dann ist es kein freier Zugang.

Was präsentiert werden darf, unterliegt auch im juristisch öffentlichen Raum strengen Regeln (vgl. Bahrdt 1998, S. 86ff.). Wie alle Regeln der urbanen Lebensweise dienen sie der Aufrechterhaltung von Distanz. So ist der Kanon der Themen, über die man mit Fremden im öffentlichen Raum sprechen kann, beschränkt. Man darf nach dem Weg fragen, aber es wäre ungehörig, sich anschließend nach dem Ergehen der verehrten Frau Gemahlin zu erkundigen; man mischt sich auch nicht in die Gespräche anderer Leute ein, im Gegenteil: Man hört demonstrativ weg. Die Grundregel ist, den anderen nicht zu belästigen, also weder wie Diogenes im öffentlichen Raum zu masturbieren noch wie Sokrates jedermann mit seinen Fragen auf den Leib zu rücken. Wobei die politischen Belästigungen durch Sokrates offenkundig mehr störten als die Verletzungen von Sitte und Anstand durch Diogenes. Diogenes wurde nur mißbilligt, Sokrates zum Tode verurteilt.

Die Verhaltensregeln im öffentlichen Raum sind aufs engste mit den Strukturen sozialer Diskriminierung verwoben. Raymond Geuss (2013, S. 35) spricht vom »Prinzip der Nichtbeachtbarkeit«. Danach sollen Ekel oder anstoßerregende Merkmale und Verhaltensweisen aus dem öffentlichen Raum herausgehalten werden. Es handelt sich um ein Prinzip mit hohem Diskriminierungspotential, denn Menschen können auf zwei Weisen gegen es verstoßen: Erstens wenn sie unter bestimmten Stigmata leiden, etwa natürliche Merkmale außerhalb der Verfügung des Subjekts, wie körperliche Behinderungen und Hautfarbe, oder als Träger sozialer Merkmale, auf die sie ebenfalls keinen Einfluß haben, etwa »falsche«, also fremd klingende Namen. Zum anderen kann das Prinzip der Nichtbeachtbarkeit durch »Kompetenzversagen« (Geuss 2013, S. 35) verletzt werden, also durch Verstöße, die auf Unwissenheit, mangelnder Fähigkeit, vorsätzlicher Unterlassung etc. beruhen. Über die entsprechenden Kompetenzen zu verfügen ist aber nicht unabhängig von sozialer Schichtzugehörigkeit.

Neben der sozialen Exklusivität des öffentlichen Raums gab es schon immer eine geschlechtsspezifische. Die Historikerin Mary Ryan (1990) hat auf die unterschiedliche Bewertung des Worts »öffentlich« im Englischen aufmerksam gemacht, wenn es sich auf Männer bzw. Frauen bezieht: *public man* ist eine durch und durch respektable Figur, *public woman* aber das Gegenteil (vgl. Frank 2003, S. 113, Anm. 127). »Eine Frau an einem öffentlichen Ort [wurde] für eine der bezeichnenderweise *filles publiques* genannten Prostituierten gehalten« (Wagner 1999, S. 66). Über lange Zeiten waren Frauen im öffentlichen Raum der Städte gar nicht, nur verschleiert oder ausschließlich in männlicher Begleitung zugelassen. Die Polarität öffentlicher und privater Räume war immer auch eine vermachtete Polarität der Geschlechter. Erst die ab 1980 einsetzende Forschung zum weiblichen Blick auf die Stadt hat hervorgehoben, wie sehr die Polarität von Öffentlichkeit und Privatheit auch eine Polarität von Mann und Frau widerspiegelt (vgl. Stratikagos 2012, S. 281; Terlinden 2002; Breckner/Sturm 2002). Von Anfang an existierte eine geschlechtliche Codierung: das (Eigen-)Heim und Suburbia als Reich der domestizierten Frau, der öffentliche Raum und die Stadt als Reich des Mannes.

Die Codes, die öffentliches und privates Verhalten unterscheiden, sind diffus geworden. Markt und Politik ziehen sich aus dem öffentlichen Raum zurück. Immer mehr Flächen unterliegen dem Hausrecht privater Eigentümer. Die sich ausweitende Überwachung hebt die für den öffentlichen Raum konstitutive Anonymität auf. Eine durchgreifende Ästhetisierung der Stadt signalisiert Exklusion – in der Summe liefe das darauf hinaus, dass das Wesensmerkmal des öffentlichen Raums, seine freie Zugänglichkeit, beseitigt wird. Kann man nur noch eine Verfallsgeschichte des öffentlichen Raums erzählen?

Mall und Fußgängerzone werden sich mehr und mehr gegenseitig zu Vorbildern. Wo Business Improvement Districts etabliert wurden, sind diese Tendenzen wechselseitiger Angleichung besonders ausgeprägt. Mit Bezug darauf spricht William Mallett (1994, S. 282) von der »Verwandlung der Innenstadt in eine Mall«. Und doch bleibt ein entscheidender Unterschied, nämlich die Art und Weise, wie diese Räume produziert und verwaltet werden, also die Herrschaftsstruktur, in die sie jeweils eingebunden sind. Der internationale Wirtschaftsverband der Einkaufszentren, der International Council of Shopping Centers, definiert die Mall als »eine Gruppe von Handels- oder anderer kommerzieller Einrichtungen, die von einem einzigen Eigentümer geplant und verwaltet werden« (zit. n. Falk 1998, S. 15). Die Mall hat einen Eigentümer, der Planung, Bau und Management bestimmt und das widerspruchsfreie Ziel der Profitmaximierung verfolgt. Sie ist eine potentiell vollständig kontrollierte Umwelt, aus der die sozialen und physischen Unannehmlichkeiten des öffentlichen Raums ferngehalten werden können. Aber in dem Maße, in dem das gelingt, droht ihr das Schlimmste, was einem Ort des Konsums drohen kann: die Langeweile. Das wissen die zuständigen Manager, weshalb sie vorübergehend wohlkontrollierte Unordnung inszenieren; orientalische Basare werden an sorgfältig eingezäunten Orten veranstaltet, italienische Dörfer nachgebaut, Bänkelsänger und Spaßmacher treten auf, vor allem: Die ganze Mall wird in regelmäßigen Abständen umgebaut und neu dekoriert. So wird ihr der Reiz des Neuen verliehen, der aber nicht lange vorhält, weswegen diese Strategien immer wieder eingesetzt werden müssen. Das geschieht aber auf Kosten einer anderen Qualität des öffentlichen Raums: altern zu können und persönliche und kollektive Erinnerungen an sich zu binden und damit zu einem Ort der Identifikation zu werden. Die Mall ist sicher, sie ist sauber und es regnet nie hinein, aber sie ist ein Ort ohne Geschichte und damit kein identifizierbarer und zur Identifikation einladender Ort, weder öffentlicher noch privater Raum: ein Unort.

Im Unterschied dazu wird die Entwicklung der Innenstadt von einer Vielzahl von Akteuren bestimmt, die auf Basis unterschiedlicher Informationen mit unterschiedlichen Mitteln unterschiedliche oder sogar widersprüchliche Interessen durchzusetzen versuchen: die Verkehrsplanung, der Denkmalschutz, die Stadtplanung, die städtischen Betriebe, die Liegenschaftsverwaltung, lokale und überlokale Instanzen etc. Allein schon die Abstimmung unter den öffentlichen Akteuren kann Monate dauern. Hinzu kommen die Immobilieneigentümer, die Geschäftsinhaber, die Investoren, die Architekten, die Bewohner, die Parteien und von Fall zu Fall auch schlagkräftige Bürgerinitiativen. Gerade was oft als die Schwäche der Planung kritisiert wird, nämlich daß sie sich durch das Gestrüpp der Interessen nur mühselig hindurchwursteln kann, ist Garant dafür, daß aus den Innenstädten keine cleanen Räume einer Shopping-Mall werden. Die Städte würden sich auch nichts Gutes tun, wollten sie werden wie eine Mall.

Das kann ein Developer im Zweifelsfall immer besser. Die Innenstädte werden als Standorte des Einzelhandels nur dann auf Dauer konkurrenzfähig bleiben, wenn sie mehr bieten als Geschäfte, Cafés und Parkhäuser, nämlich öffentlichen Raum, d. h. Orte der Kultur, der politischen Auseinandersetzung, der Überraschung, der Begegnung mit Fremdheit (vgl. Kap. 5.1).

»Die bürgerliche Öffentlichkeit steht und fällt mit dem Prinzip des allgemeinen Zugangs. Eine Öffentlichkeit, von der angebbare Gruppen eo ipso ausgeschlossen wären, ist nicht etwa nur unvollständig, sie ist vielmehr gar keine Öffentlichkeit« (Habermas 1990, S. 156). Niemals jedoch haben »die ökonomischen und sozialen Bedingungen jedermann gleiche Chancen« (ebd., S. 157) auf Öffentlichkeitsteilhabe eingeräumt. Habermas verweist auf den Ausschluß nichtbürgerlicher Gruppen aus der bürgerlichen Öffentlichkeit, der in einer radikalen Form die völlige Abwesenheit der Unterschichten und der Frauen in der Öffentlichkeit bewirken kann oder milder das Nebeneinander verschiedener Arenen für eine bürgerliche und eine »›plebejische‹ Öffentlichkeit« (ebd., S. 16).

Was für die politische Öffentlichkeit gilt, gilt ebenso für den physischen Raum der Stadt. Öffentlicher Raum, als jederzeit für jedermann ohne jede Einschränkung zugänglicher Raum, hat niemals in irgendeiner Stadt existiert. Die Selektivität des städtischen Raums kann nach Kriterien des Geschlechts, der Ethnie, der Religion, des Einkommens, der politischen Orientierung oder bestimmter Verhaltensweisen organisiert sein. Sie kann vermittelt werden über Symbole, harte, materielle Hindernisse, Hausordnungen, Polizei, technische Überwachungseinrichtungen, ablehnende Gesten und andere informelle Kontrollen durch Passanten, Anlieger und Nachbarn. In jedem Fall ist die empirische Realität des öffentlichen Raums der Stadt mehr oder weniger weit entfernt vom Ideal allgemeiner Zugänglichkeit. Sie ähnelt eher dem »Modell Zoo« (Klamt 2012, S. 800): Unterschiedliche Gruppen sind in verschiedenen Gehegen untergebracht.

Begriffe wie »Privatisierung« suggerieren einen fortschreitenden Verlust an öffentlichen Räumen. Aus der Tatsache, daß die Zugänglichkeit des öffentlichen städtischen Raums auch heute eingeschränkt ist, läßt sich jedoch nicht der Schluß ziehen, früher sei es besser gewesen. Es wandelt sich, wer aus welchen Räumen der Stadt auf welche Art und Weise ferngehalten wird, nicht aber die Tatsache des Ausschlusses. Früher waren es die Frauen, heute sind es Gruppen ausländisch wirkender männlicher Jugendlicher, Arme und Drogenabhängige. Zur Agora in der griechischen Polis waren Fremde und Sklaven nicht zugelassen und Frauen nur in für sie reservierten Teilräumen. Im Mittelalter gab es detaillierte Vorschriften für Juden und Fremde, wann sie sich wo in welcher Kleidung zu welcher Zeit aufhalten durften (Kap. 4.2). Friedrich Engels hat die »verlogene Bauweise« Manchesters geschildert, in der man sein Leben verbringen könne, ohne jemals das Elend des Proletariats wahrnehmen zu müssen. Nimmt man allein das Kriterium der Zugänglichkeit, so dürften die Straßen und Plätze der Städte heute in höherem Maße öffentlicher Raum sein als zu jeder anderen Epoche in der Geschichte der europäischen Stadt. Selbst die Kundschaft einer durchschnittlichen Mall ist wahrscheinlich repräsentativer für die Bevölkerung der Stadt, als es die Nutzer der Boulevards im Paris des 19. Jahrhunderts gewesen sind und erst recht als die zur Agora Zugelassenen im antiken Athen. Darin, daß heute die Anwesenheit von Migranten, von Frauen und Angehörigen nichtbürgerlicher Schichten im öffentlichen Raum der Stadt selbstverständlich geworden ist, zeigen sich die Erfolge im Kampf für die Gleichberechtigung der Frauen, für die allgemeinen Bürgerrechte und gegen jede Form der Diskriminierung.

Die These vom Verlust des öffentlichen Raums ist empirisch falsch, wenn damit die Behauptung verbunden ist, früher sei der Zugang zu den Räumen der Stadt weniger selektiv beschränkt gewesen. Das Gegenteil ist der Fall. Sie ist zumindest zu korrigieren, wenn darunter eine negative Flächenbilanz verstanden wird. Eine vollständige Bilanz hätte die Verluste an öffentlichem Raum durch Privatisierung mit den Gewinnen zu verrechnen, die durch die Ver-Öffentlichung von vorher unzugänglichen Räumen entstanden sind. Der Rückzug von Industrie und Militär aus den Städten hat Kasernengelände, Hafenanlagen und große Industrieflächen wieder geöffnet. Aus verbotenen Zonen wurden Teile der Stadt: Parkanlagen, Erholungsgebiete, Wohnquartiere und neue, stadtverträglichere Arbeitsstätten. Andere Argumente, die für die These vom Verlust des öffentlichen Raums angeführt werden, sind theoretisch zu relativieren: Kontrolle bedroht die Anonymität des öffentlichen Raums, sie kann dazu führen, daß unliebsame Gruppen von sich aus fernbleiben oder ausgeschlossen werden. Aber ein Mindestmaß an Kontrolle ist unabdingbare Voraussetzung für öffentlichen Raum. Parkanlagen, in denen Frauen fürchten müssen, vergewaltigt zu werden, verlieren für sie ihre Zugänglichkeit. Angsträume sind keine öffentlichen Räume.

Die Thesen vom Funktionsverlust des öffentlichen Raums wiederum sind historisch zu relativieren. Die gesellschaftlichen Verhältnisse müssen berücksichtigt werden, unter denen sich der öffentliche Raum der Stadt herstellt. Funktional ist der öffentliche Raum in der Tat ärmer geworden. Es dominieren Verkehr und Konsum. Verglichen mit der griechischen Agora hat er politische und ökonomische Funktionen verloren. Aber das hat objektive Gründe. Die Produktivität moderner Ökonomien beruht auf einer globalisierten Arbeitsteilung, die sich städtischen Zusammenhängen längst entzogen hat.

Ähnliches gilt auch für die Politik. Die Vorstellung, der öffentliche Raum der Stadt könne wie die Agora Athens der Ort sein, an dem sich die Bürger über das allgemeine Wohl der Stadt verständigen, ist naiv. Das müßte allein schon aufgrund der Einwohnerzahl heutiger Städte scheitern. Aristoteles, für den die Polis mit einer solchen Form direkter Demokratie identisch war, hat für eine strikte Begrenzung der Zahl der Bürger plädiert. »Sollen aber die Bürger eines Staates richten und Ämter nach Verdienst verteilen, so müssen sie gegenseitig ihren Charakter kennen, wo sie solches Wissen nicht haben, werden die Wahlen zu den Ämtern und die Entscheidung von Rechtsstreitigkeiten fehlschlagen« (zit. n. Mumford 1984, S. 119). Stieg die Bevölkerungszahl, so wurde die griechische Polis in der Regel nicht erweitert, sondern es wurde eine neue gegründet.

Was für die politischen und ökonomischen Funktionen des öffentlichen Raums gilt, trifft auch auf seine juristischen und symbolischen Merkmale zu: Sie müssen im Kontext der historisch gegebenen gesellschaftlichen Verhältnisse analysiert werden. Dieselben juristischen und architektonischen Merkmale, aufgrund derer die Mall heute als Einschränkung der Öffentlichkeit städtischer Räume zu kritisieren ist, waren Ende des 19. Jahrhunderts Voraussetzung für erste selbständige Schritte von Frauen heraus aus der Privatsphäre in den städtischen Raum. Die damals entstehenden Passagen und Warenhäuser waren überdacht, abschließbar, sie unterlagen dem Hausrecht der Eigentümer und dienten allein dem Konsum. Aber als Orte des Konsums fielen sie in den Kompetenzbereich der Frauen, und als quasiprivate, juristisch und architektonisch gegen den öffentlichen Raum der Stadt abgegrenzte Räume, boten sie sichere Übergangszonen aus der geschützten Sphäre des Privaten in die gefährliche Stadt.[2] Einhausung und Privatisierung können zugängliche Bereiche für jene schaffen, die im öffentlichen Raum der Stadt diskriminiert oder bedroht werden. Opfer von Gewalt sind besonders häufig Jugendliche, eben deshalb sind Malls bei diesen als Treffpunkte beliebt, da sie dort vor Anpöbeleien und gewalttätigen Übergriffen geschützt sind.

Eine Kritik des öffentlichen Raums kann sich nicht auf eine bessere Vergangenheit berufen. Der Öffentlichkeitscharakter des städtischen Raums ist heute anders bedroht als früher. Aber daß er auch stärker bedroht ist, läßt sich nicht belegen. Maßstab der Kritik sind nicht vergangene, bessere Zustände, sondern die normativen Ansprüche, die mit der Entwicklung der bürgerlichen Gesellschaft ausformuliert worden sind. Öffentlichkeit und Privatheit als Grundkategorien der bürgerlichen Gesellschaft sind mehr als heuristische Instrumente soziologischer Analyse. Sie sind normativ aufgeladene Begriffe. Öffentlichkeit steht für die Hoffnungen auf gleiche Teilhabe aller an den sozialen, ökonomischen und politischen Institutionen der Gesellschaft. Demgegenüber steht die private Sphäre selbständiger Warenproduktion und der bürgerlichen Familie für die Hoffnungen auf Autonomie und für die Glücksversprechen gegenseitiger Anerkennung in lebenslanger Solidarität und Liebe. Diesen normativen Gehalt der Polarität von Öffentlichkeit und Privatheit verkennt eine radikalisierte feministische Kritik. Ihre empirisch basierte Kritik an der geschlechtlichen Selektivität öffentlicher und privater

2 Zu einer eindringlichen Beschreibung der ersten Warenhäuser als öffentliche Räume für Frauen siehe Stratigakos 2012, S. 300ff.

Räume ist berechtigt. Aber wo sie zu einer grundsätzlichen Kritik der Polarität von Öffentlichkeit und Privatheit radikalisiert wird, verwirft sie mit der schlechten Realität dieser Polarität auch deren emanzipatorisches Potential. Man muß nicht gleich die private Sphäre abschaffen, um die repressive Beschränkung von Frauen auf Haus und Herd zu überwinden. Die Aufhebung der Arbeitsteilung zwischen Mann und Frau wäre auch denkbar, ohne die Polarität von Öffentlichkeit und Privatheit als zwei Bereiche, in denen die Individuen sich gegenseitig als gleichberechtigte Subjekte anerkennen, zu verabschieden.

Bahrdts Polarität von Öffentlichkeit und Privatheit und Habermas' Begriff der bürgerlichen Öffentlichkeit zielen auf den emanzipatorischen Kern der bürgerlichen Gesellschaft als einer Gesellschaft autonomer Individuen. Darin sind sie kritische Begriffe. So wie auch die scheinbar wertfreie Definition von John Dewey (1966), wonach Öffentlichkeit jenen Bereich bezeichnet, in dem Handlungen über den Kreis der direkt an ihnen beteiligten Personen hinaus Dritte betreffen. Geuss (vgl. 2013, S. 104 f.) hat auf die kontrafaktischen Voraussetzungen dieser Definition hingewiesen. Eine durch ihre Handlungsfolgen für Dritte bestimmte Öffentlichkeit setze vollständige Information über mögliche Handlungsfolgen voraus. Auch müsse klar sein, was als Folge gelten soll, und schließlich sei es eine Frage von Wertungen, welche Folgen kontrolliert werden sollen. In der Realität wird auf Basis sehr unterschiedlichen Wissens und divergierender Wertungen darüber entschieden, was als öffentlich und was als privat angesehen wird. Bis zur Aufklärung war Häresie in Europa ein öffentliches Vergehen, »wodurch einer gantzen Republick, oder Stadt und anderen Gemeine geschadet [wird]. Dergleichen sind z. E. alle Arten der Ketzereyen, Aufruhr, Mord, Todschlag, Ehebruch, Hurerey, Diebstahl u. a.« (Johann Heinrich Zedler 1740, zit. n. Geuss 2013, S. 102, Anm. 5).

In westlichen Gesellschaften sind religiöse Überzeugungen für viele Menschen heutzutage eine private, in anderen dagegen eine öffentliche Angelegenheit. Auch gibt es religiöse Auffassungen, die sich nicht als privat definieren lassen. Wenn es zur religiösen Überzeugung gehört, andere mehr oder weniger zwangsweise zu bekehren oder gar aus der Welt zu schaffen, wenn sie auf ihrem Unglauben beharren, so nutzt es wenig, das als private Angelegenheit zu erklären, denn damit sind durchaus Konsequenzen für andere verbunden. Folgt man Deweys Definition von Öffentlichkeit, so existiert je nach Wissensstand und normativer Orientierung eine Vielzahl unterschiedlicher Öffentlichkeiten, die sich obendrein überschneiden können. Sie alle wären gemäß des Deweyschen Begriffs von Öffentlichkeit zu kritisieren, weil sie aufgrund ihrer nicht universalisierbaren normativen Grundlagen und der Beschränkungen ihrer Informationsbasis notwendig Belange Dritter unberücksichtigt lassen.

Eine Kritik des öffentlichen Raums kann ihre Maßstäbe nicht aus einer scheinbar besseren Vergangenheit beziehen. Sie muß ihre Normen auch nicht aus einem Himmel abstrakter Ideale herabholen, um sie dann von außen an die gesellschaftlichen Verhältnisse heranzutragen. Die Maßstäbe der Kritik der gesellschaftlichen Verhältnisse sind vielmehr aus diesen selbst zu gewinnen. Axel Honneth (2011) hat den Nachweis dafür in einer Analyse der Normen geführt, die den drei zentralen Institutionen der bürgerlichen Gesellschaft Familie, Markt und Demokratie immanent sind. Die Ansprüche auf Chancengleichheit am Markt, Auflösung von Herrschaft in der demokratischen Willensbildung selbstbestimmter Bürger und auf Selbstverwirklichung in vertrauensvollen Beziehungen, bilden die Funktionslogik dieser Institutionen. Exklusion von Produzenten und Konsumenten aus dem Markt, versagter Zugang zur Öffentlichkeit und die Instrumentalisierung von auf Liebe und Vertrauen gegründeter Beziehungen, schränken ihre Funktionsfähigkeit ein bis hin zur Zerstörung. Markt und Demokratie sind offene Systeme, die auf Inklusion angewiesen sind, mehr noch, sie sind darauf angelegt, daß die Mitglieder ihre eigenen Interessen an politischer und ökonomischer Teilhabe um so besser realisieren können, je mehr sie die Verwirklichung der analogen Interessen der anderen befördern. Honneth nennt das die soziale Dimension der Freiheit, die in Familie, Demokratie und Markt institutionalisiert ist, weil in diesen Institutionen das Subjekt durch die Förderung der Interessen der anderen die eigenen Interessen verwirklicht.

Die Kritik an den Defiziten des öffentlichen Raums kann nur als eine Kritik wirksam werden, die darauf besteht, daß die den Institutionen der bürgerlichen Gesellschaft immanenten Normen realisiert werden. Zu diesen Normen gehört die freie Zugänglichkeit des öffentlichen Raums. Die europäische Stadt ist der Geburtsort von Demokratie und Markt und damit auch der Ort, wo die diesen Institutionen inhärenten Normen entfaltet wurden. Die historische Assoziation der europäischen Stadt mit Markt und Demokratie ist der Grund, weshalb mit dem Kriterium der allgemeinen Zugänglichkeit des öffentlichen Raums die Inklusivität von Markt und Demokratie auf die Stadt übertragen wird.

Zugänglichkeit im Sinne gleicher Chancen auf Teilhabe an den gesellschaftlichen Systemen von Politik, Ökonomie und sozialen Beziehungen kann nicht umstandslos in räumliche Strukturen übersetzt werden, als gleiche Präsenz aller in allen öffentlichen Räumen der Stadt. Die segregierte Stadt, in der verschiedene Teilräume von unterschiedlichen Gruppen dominiert werden, ist ein universelles Phänomen. Sie ist mehr als nur die Folge von ökonomischem Zwang und Diskriminierung. Segregation hilft, städtische Konflikte einzuhegen und kulturelle Differenz zu entfalten (Kap. 4.6). In der segregierten Stadt hat es wenig Sinn, die Öffentlichkeit städtischer Räume statistisch zu definieren, indem man angibt, inwieweit die jeweils Anwesenden repräsentativ für alle Gruppen der Stadtbevölkerung sind. Auf den Straßen und Plätzen von Chinatown sind die Chinesen überrepräsentiert und in den Vierteln der Homosexuellen die Schwulen. Nicht jeder Heterosexuelle fühlt sich in einer Schwulenbar wohl und umgekehrt nicht jeder Schwule bei einem heterosexuellen Tanztee. Die Angehörigen der verschiedenen kulturellen Milieus einer Stadt haben je eigene Interessen und Bedürfnisse und dementsprechend mehr oder weniger Anlaß, bestimmte Räume der Stadt aufzusuchen. Die Öffentlichkeit von städtischen Räumen bemißt sich an der grundsätzlichen Zugänglichkeit kulturell homogener Orte auch für Nicht-Zugehörige, nicht am Grad der Mischung sozialer Gruppen an jedem Ort zu jeder Zeit. Öffentlichkeit der Stadt setzt die Möglichkeit voraus, sich, wenn man möchte, jederzeit frei durch fremde Orte bewegen zu können, ungehindert von Zäunen und ohne Angst vor »Haßblicken« (Erving Goffman) und Anpöbeleien. Dieses Minimum prinzipieller Zugänglichkeit muß gewährleistet sein, wenn von öffentlichem Raum die Rede ist, nicht aber statische Repräsentativität der Nutzer jedes Orts der Stadt.

Die Qualität öffentlicher und privater Räume, welches Verhalten in der Öffentlichkeit akzeptiert wird, für wen der öffentliche Raum zugänglich ist, und wer und was privaten Räumen zugewiesen bleibt, all das ist von den gesellschaftlichen Verhältnissen bestimmt, die in diesen Räumen ihre Orte und ihren symbolischen Ausdruck gefunden haben. Mit der

Integration der ehemals freien Reichsstädte in absolutistisch regierte Territorialstaaten, wandelten sich Funktion und Erscheinungsform von Straßen und Plätzen. Die Stadt war immer noch eine Bühne, aber statt bürgerlichen Theaters wurden nun »Wachablösung, Drill und Paraden« (Mumford 1984, S. 422) für Untertanen aufgeführt. 1740 waren knapp ein Viertel der Gesamtbevölkerung Berlins Militärpersonen. Sie benötigten andere Räume als die Bürger. Die barocken Stadtpläne machten aus öffentlichen Räumen der Stadt Erweiterungen des absolutistischen Hofs und des Exerzierplatzes. Die Kaserne wurde fast so wichtig wie das Kloster, und der Paradeplatz fast so wichtig wie der Markt. Von Alberti über Palladio bis zu Haussmann wurden Stadtstraßen vor allem als Paradier- und Aufmarschstraßen geplant. Die Pariser Boulevards, die heute das Glück des Flaneurs sind, verdanken sich einer Kombination aus den Interessen an Immobilienspekulation und militärischer Machtdemonstration. In gewundenen Straßen ist es schwer, imposante Paraden aufzuführen. Dafür müssen sie gerade und breit sein, um die Heeresmacht eindrucksvoll vor den Untertanen vorbeiziehen zu lassen. »Der Zuschauer steht still. Das Leben marschiert an ihm vorüber – ohne seine Zustimmung, ohne sein Zutun. Er darf seine Augen gebrauchen, will er aber den Mund auftun oder seinen Platz verlassen, sollte er lieber vorher um Erlaubnis fragen« (Mumford 1984, S. 431).

Nach 1933 wurde in Deutschland aus dem öffentlichen Raum der Städte wieder ein Raum der Aufmärsche und der Propaganda. Wer zwischen 1933 und 1945 gegen das Regime zu demonstrieren versuchte, der sah sich sehr schnell an einen sehr unöffentlichen Ort verbracht. Auch zu Zeiten der DDR war es nicht viel anders. Die Plätze und breiten Boulevards ostdeutscher Städte waren für die Aufmärsche des Regimes gedacht, ansonsten für Notwendigkeiten: zur Arbeit fahren oder zum Einkaufen, nicht fürs Flanieren oder Eckenstehen. Auf den Straßen des real existierenden Sozialismus war der Flaneur ein bourgeoiser Nichtsnutz und der Eckensteher ein Asozialer. Mit Bezug auf West-Deutschland hatte Bahrdt schon 1961 in den riesigen Administrationen moderner Staaten und den sich global organisierenden privaten Unternehmen eine Aushöhlung der Polarität von Öffentlichkeit und Privatheit erkannt. Öffentlicher Raum verfalle, wenn Großbürokratien an die Stelle der Selbstverwaltung einer zivilen Gesellschaft treten, und die private Sphäre verkomme zum »Glück im Winkel«, wenn sich die Individuen resigniert oder gezwungen aus Politik und Markt zurückziehen (vgl. Bahrdt 1998, S. 140ff.).

Private Verfügung und nichtdemokratisch legitimierte Politik bedingen einschneidende Beschränkungen der Öffentlichkeit eines Raums. Umgekehrt ist freie Zugänglichkeit noch kein Garant für die Realisierung der Normen von Demokratie und Markt. Eine Shopping-Mall ist kein offener Markt, auch wenn das sorgfältig arrangierte Gemisch von Branchen, Geschäftstypen und Preisklassen das perfektionierte Bild bunten Marktgeschehens bietet, einschließlich gelegentlich auftretender Marktschreier und eigens geschaffener Basar-Atmosphäre. Es fehlt die entscheidende Voraussetzung des Markts: die Konkurrenz. Selbst wenn wirklich jeder Zutritt hätte, wäre die Monopolsituation der in der Mall präsenten Anbieter nicht in Konkurrenz verwandelt. Unter den Bedingungen einer politischen Diktatur kann es erst recht keine öffentlichen Räume geben. Auf der Stalinallee, der heutigen Karl-Marx-Allee, konnte jeder anwesend sein, aber ohne das Recht auf freie Rede. Der diskriminierungsfreie Zugang aller zum öffentlichen Raum der Stadt, wenn er denn je erreicht würde, wäre noch kein hinreichender Beleg für demokratische Verhältnisse. Solange über die Fragen, wer und was auf der Bühne des öffentlichen Raums sichtbar werden darf, nicht nach den Regeln der Demokratie entschieden wird, sondern nach den Kalkülen privater Eigentümer oder eines autoritären Regimes, so lange gibt es keinen öffentlichen Raum im Sinne eines emphatischen Begriffs von Öffentlichkeit.

Damit aber erhalten die Straßen und Plätze der Städte eine eminent politische Funktion als Räume, in denen symbolische Kämpfe um soziale Anerkennung und um politische Macht ausgetragen werden. Jedes Sichtbarwerden von Personen und Verhaltensweisen, die einem Regime nicht genehm sind, ist ein symbolischer Angriff auf seine Herrschaft. Wer und was auf der Bühne des öffentlichen Raums der Stadt selbstverständlich ist, ist gesellschaftlich anerkannt. Darin, und nicht als Ort der Verständigung unter räsonierenden Bürgern, liegt die politische Bedeutung des öffentlichen Raums der Stadt. Die Auseinandersetzungen um die Höhe eines Minaretts und die Demonstrationen von Lesben und Schwulen sind Kämpfe um die Sichtbarkeit der eigenen Besonderheit im öffentlichen Raum und damit um gesellschaftliche Anerkennung. Occupy und Pegida nutzen den öffentlichen Raum, um ihren, vom Mainstream der öffentlichen Meinung abweichenden, politischen Auffassungen Aufmerksamkeit zu verschaffen. Die Montagsumzüge in Leipzig und die Besetzung des Maidan in Kiew waren Kämpfe um die Macht. Sie haben Revolutionen ausgelöst, indem sie den Regimen eine symbolische Niederlage beibrachten, weil es diesen nicht gelang, die Straßen und Plätze zu räumen.

Der öffentliche Raum der Stadt ist nicht nur dann ein politischer Raum, wenn in ihm symbolische Kämpfe um Anerkennung und um politische Macht ausgetragen werden. Er ist es auch, wenn seine alltägliche Nutzung umkämpft ist. Hanno Rauterberg (vgl. 2013, S. 10ff.) beschreibt, was er »Urbanismus von unten« nennt, eine Mischung aus Spiel, Sport, Kunst und politischer Aktion, mit der die Bürger die Stadt für sich zurückerobern, indem sie städtische Räume umnutzen, neu definieren, ironisch verfremden und lesbar machen. Die Stadt wird mit Sofas und Stühlen möbliert (Chair Bombing), Parkuhren und Bäume werden umstrickt (Guerilla Knitting), Blumenbeete angelegt (Guerilla Gardening), Werbung wird übermalt (Adbusting). Plätze werden zu Partyzonen erklärt (Outdoor Clubbing) und alles und jedes mit Kunst und Graffiti überzogen. In New York haben Künstler ein Projekt namens »Yellow Arrow« initiiert (Rauterberg 2013, S. 67), bei dem kleine gelbe Pfeile im öffentlichen Raum plaziert werden. Die Pfeile tragen einen Code, mittels dessen über SMS oder Internet die Botschaften entschlüsselt werden können, die derjenige, der den Pfeil angebracht hat, mit diesem Raum verbindet. In der Bundesrepublik sind solche anarchischen Initiativen mit Ausnahme von Graffiti wenig verbreitet. Am ehesten kommen dem hier die neuen urbanen Sportarten nahe (Kap. 4.8).

Freie Zugänglichkeit und die von Bahrdt genannten Verhaltensregeln sind notwendige, aber nicht hinreichende Gründe für Öffentlichkeit. Wenn sich soziale Ungleichheit zur Spaltung der Gesellschaft vertieft, weil die Arbeitsmärkte nicht funktionieren, und wenn politische Konflikte nicht mehr demokratisch verhandelbar sind, weil Minderheiten keinen Zugang zum politischen System gewinnen, dann läßt das die Qualität des öffentlichen Raums nicht unberührt. Wenn Demokratie und Markt als Systeme der Inklusion versagen, so ist das die eigentliche Bedrohung des öffentlichen Raums. Deshalb entscheiden über die Qualität des öffentlichen Raums der europäischen Stadt nicht allein sein Rechtsstatus, seine Erreichbarkeit, seine Nutzungsvielfalt, die Qualität seiner architektonischen und städtebaulichen Gestaltung, das Verhalten seiner Nutzer sowie eine gelungene Balance zwischen Verunsicherung und sozialer Kontrolle. Entscheidend sind vielmehr die Funktionsfähigkeit der Märkte und der demokratische Charakter der politischen Strukturen, in die sie eingebunden sind. Der von politischer oder ökonomischer Macht nicht überformte Tausch und durchgesetzte Demokratie sind die Vorbedingungen für die Entfaltung der für die europäische Stadt typischen Polarität einer öffentlichen und einer privaten Sphäre und der mit diesen assoziierten Verhaltensweisen.

Die Stadt ist eine Bühne, aber sie bestimmt nicht, was gespielt wird. Sie stellt die Kulissen für ein Theaterstück, das vom ökonomischen System verfaßt, vom politischen System inszeniert und von den Bürgern aufgeführt wird. Wenn die Bürger die urbanen Verhaltensweisen nicht gelernt haben, die Politik undemokratisch und der Markt vermachtet sind, dann macht auch das schönste Bühnenbild daraus kein gutes Theater.

1.3.2 Virtueller öffentlicher Raum?

Das Internet könnte als der bessere öffentliche Raum erscheinen. Es etabliert eine Öffentlichkeit, die die Beschränkungen des physischen Raums der Stadt überwindet. Online kann man Kontakte weit über den eigenen Gesichtskreis hinaus schließen und binnen kurzer Zeit eine große Zahl von Gleichgesinnten mobilisieren. Viele politische Bewegungen sind über das Internet vorbereitet worden. Der Protest findet zwar immer noch auf den Straßen statt, aber ohne das Internet könnte er nicht so eindrucksvoll auftreten (vgl. Rauterberg 2002; Huning 2006). Potentiell jeder hat Zugang zu jeder Zeit, von jedem Ort aus, noch wichtiger: Man kann seinen Auftritt so weit kontrollieren, daß man von den »Haßblicken« verschont bleibt, die sich am sichtbaren Äußeren (Kleidung, Hautfarbe) festmachen. Soweit man sich nicht hörbar macht, spielt auch die Sprache als Merkmal der Zugehörigkeit zu diskriminierten Gruppen eine untergeordnete Rolle. Man muß nur lesen und schreiben können. Das Internet erlaubt eine Selbstpräsentation, die jene Diskriminierungen vermeidet, die im physischen Raum zum Ausschluß aus der Kommunikation führen können. Der einzelne mag sogar glauben, dass er im Web gegenüber seinem Kommunikationspartner vollständig anonym ist, schließlich unterliegt es seiner eigenen Kontrolle, sich zu erkennen zu geben. Online kann man sich mehrere Identitäten zulegen, sie erproben und mit ihnen spielen. Das World Wide Web befreit von den Beschränkungen menschlicher Erfahrung. Es erlaubt eine vermeintlich grenzenlose Verfügung über Informationen. Mit dem Telephon hatte sich die alltägliche Kommunikation vom Raum lösen können, mit dem Internet löst sie sich auch von der Zeit. Erfahrung wird gegenüber Zeit und Raum abstrakt. Noch vor ein paar Jahren behauptete Luc Boltanski, jede Erfahrung sei radikal individualisiert, da jeder Mensch über einen Körper verfüge, der »zeitlich und räumlich auf einen Punkt gestellt ist, von dem aus sich ihm die Ereignisse darbieten« (2010, S. 95). Doch nun macht das Internet Informationen jederzeit an jedem Ort für prinzipiell jeden verfügbar, und Kontakte können unabhängig von Zeit und Raum intensiviert werden.

Die fast vollständige Kontrolle, die der einzelne online über seine Kommunikation hat, erlaubt auch, Überraschungen zu vermeiden. Alles, was unliebsam ist, was nicht den eigenen Interessen und Vorlieben entspricht, kann aus der Wahrnehmung ausgeklammert werden. Das Internet hebt die physische

Gebundenheit menschlicher Wahrnehmung auf, aber nicht ihre soziale Gebundenheit. Auf Blogs, Nachrichtenseiten und in sozialen Medien kann jeder den Interessen und Präferenzen folgen, die seinen Erfahrungen und seiner sozialen Position entsprechen. Die beliebige Verfügbarkeit von Informationen macht es leicht, sich in den eigenen Vorurteilen überzeugungsfest einzurichten. Das globale Netz bietet viele Optionen. So können das speziellste Interesse und die abwegigste politische Überzeugung Bestätigung in einer passenden »Öffentlichkeit« finden. Alles Störende, Widersprechende wird einfach nicht aufgerufen, tritt daher auch nicht mehr in den Horizont der Wahrnehmung. Wenn alle Informationen zugänglich sind, dann kann sich der einzelne reich mit Bestätigungen versehen ins Ghetto der eigenen Meinung zurückziehen, indem er nur das an sich heranläßt, was in sein Weltbild paßt und alles wegklickt, was es in Frage stellen könnte.

Doch nicht nur der selbst bewirkte Rückzug beschränkt die technisch gesehen unendlichen Informationsmöglichkeiten des Internets. Die Algorithmen von Google und Amazon verstärken die Selektivität der Wahrnehmung. Sie leiten den Nutzer bevorzugt auf Seiten weiter, die seine Interessen und Bedürfnisse ansprechen. Die großen Anbieter füttern die Nutzer mit solchen Informationen, von denen sie annehmen, daß sie ihnen zusagen, und je mehr die User online aktiv waren, desto präziser bewahrt solche Vorselektion vor Überraschungen. Der Nutzer trägt seine eigenen Scheuklappen. Die Algorithmen stellen sicher, daß in einem solchermaßen bereits eingeengten Gesichtsfeld nicht durch Zufall doch noch etwas auftaucht, was irritieren könnte. Unternehmen wie Amazon erstellen ein Profil jedes Kunden auf der Basis einer systematischen Auswertung aller ihnen zugänglichen Daten. Die Person wird so genau wie möglich in ihren persönlichen Umständen, ökonomischen Verhältnissen, Freizeitaktivitäten, Interessen und politischen Einstellungen porträtiert. Entsprechend diesem Profil werden die dem Nutzer präsentierten Angebote vorselektiert. Es ist die Logik des Verkaufens, die dem Kunden das anbietet, was er wünscht, und alles beiseite räumt, was ihn stören könnte. Der Google-Nutzer oder Amazon-Kunde begegnet auf seiner Suche im Netz einer Welt, die bereits nach seinen Wünschen für ihn geformt wurde, bis es in solchen Kreisläufen nur noch eine Welt nach Wunsch und Vorurteil gibt. Und selbst bei diesen Kreisläufen bewegt sich der einzelne nicht mehr ungesteuert im Internet. Google schaltet die Links zu anderen Seiten nach der Häufigkeit der Nachfrage, so daß Informationen, die öfter nachgefragt werden, automatisch leichter erreichbar sind. Die so bewirkte Häufung von Klicks auf bestimmten Seiten erlaubt wiederum, höhere Preise für die dort geschaltete Werbung zu erzielen. Die Angebote im Netz werden hierarchisiert. Der User glaubt, allein seinen Prioritäten zu folgen, aber seine Suche wird unmerklich auf bestimmte Pfade gelenkt. Das Internet schließt sich selber nach der Logik zielgruppenorientierter Reklame.

Das ist das Gegenteil eines öffentlichen Raums. Auf Dauer bedroht eine solchermaßen selbst- und fremdgesteuerte Selektion von Informationen die Demokratie. Wer nur noch mit sich selbst redet, hat bald niemandem mehr etwas zu sagen, und wer nur noch mit Gleichgesinnten kommuniziert, für den verkommt jede Diskussion mit Andersgesinnten zum Schlagabtausch. Die dogmatischen Verhärtungen in der amerikanischen Innenpolitik sind u. a. mit den Veränderungen in der Medienlandschaft der USA zu erklären. Die privatisierten Medien, ihrer nachfrageorientierten Logik folgend, bieten ihrer Kundschaft vorwiegend solche Informationen, die auf Zustimmung stoßen. Nachrichtensender wie CNN, die sich einer objektiven Berichterstattung verpflichtet fühlen, verlieren Zuschauer und damit Werbeeinnahmen. An ihrer Stelle expandieren Sender wie Fox News, die sich darauf spezialisiert haben, ein rechtes (oder linkes) Milieu mit jenen Informationen zu bedienen, die in seinen Horizont passen. So verfestigen sich abgeschottete und zugleich überzeugungsfeste Milieus. Damit einher geht eine Polarisierung der Parteienlandschaft. Im schlimmsten Fall stehen sich die politischen Lager irgendwann unversöhnlich gegenüber.

In der virtuellen Welt werden nicht nur überraschende Erfahrungen immer seltener, die konkrete Handlungswelt, Körperlichkeit und sinnliche Erfahrung selber werden fremd. Die andauernde Erreichbarkeit, das ständige Kommunizieren, die ununterbrochene Verbindung mit einer Vielzahl von anderen, trockne – so Jürgen Mittelstraß – die Möglichkeiten zu eigenem Nachdenken aus:

> »Das Internet schafft eine seltsame Mischung aus Nähe und Ferne. Einerseits wird Alles nah und gegenwärtig; jeder ist jederzeit über Chatrooms, Facebook, YouTube, Twitter erreichbar. Andererseits hat diese Nähe eine neue Qualität: Sie wird in gewissem Sinne belanglos. Wer ständig mit vielen in Verbindung steht, verliert den einzelnen und sich selbst aus dem Auge. Wer ständig und gleichzeitig durch fremde Welten streift, kommt nirgendwo richtig an, wird niemals mit einer Aufgabe wirklich fertig« (Mittelstraß, zit. n. FAZ, Nr. 170/2011, S. 7).

Die grenzenlose Freiheit des Internets ist längst Illusion. Weil die Übertragungskapazitäten beschränkt sind, muß man sich bei der Wahl von Dauerangeboten wie Film- und Musikportalen für bestimmte Angebote entscheiden. Solche technischen Schranken könnten in Zukunft an Bedeutung verlieren. Schwieriger dürfte es schon sein, die sozialen Schranken der Internetnutzung zu überwinden: Um sich die benötigten Informationen zu verschaffen, sind Qualifikationen nötig, die über Lesen und Schreiben hinausgehen und über die nicht jeder verfügt. Da man für immer mehr online verfügbare Informationen zahlen muss, wachsen auch die ökonomischen Hürden des Informationszugangs im Internet. Es ergeben sich neue »Trennlinien zwischen den ›Have‹ und ›Have-Not‹« (Eckardt 2011, S. 184). Die eigentliche Gefahr der Schließung droht von der privatwirtschaftlichen Verfaßtheit des Internets und den für den Nutzer kaum merklichen Konsequenzen seiner kommerziellen Nutzung. Das World Wide Web ist, rein technisch gesehen, ein quasiöffentlicher Raum, der für jeden jederzeit zugänglich ist, unabhängig von Standort, Staatsbürgerschaft und sozialem Status. Aber die gesamte technische Infrastruktur, von den Kabeln über die Server bis zu vielen Routern in den Haushalten, ebenso die meisten Websites sind Eigentum privater Unternehmen (vgl. Boie 2014). Diese können prinzipiell darüber bestimmen, wer was in welcher Form und mit welcher Geschwindigkeit im Internet präsentiert. Darin liegt der entscheidende Unterschied zwischen einer Internetplattform und dem öffentlichen Raum der Stadt. Kein öffentliches Gericht und keine demokratisch legitimierte Regierung entscheiden über die Nutzungsmöglichkeiten des Internets. Wie in der Shopping-Mall sind es private Eigentümer, die hier quasi über ein Hausrecht verfügen.

Im Vergleich zum Netz erscheint die Stadt als extrem reduzierter Informationsraum. Hier ist Erfahrung an physische Präsenz und damit an räumliche Nähe und Gleichzeitigkeit gebunden. Die Verinselung der Stadt in Bankenviertel, Konsumzonen, Wohnquartiere etc. läßt die städtische Umwelt ästhetisch und informationell verarmen. Privatisierung und funktionale Entleerung des öffentlichen Raums der Stadt tun ein übriges, um das zu beschränken, was der Städter im

Gang durch die Straßen wahrnehmen kann. Die Einengung der Lebensräume verschiedener sozialer Gruppen auf unterschiedliche Territorien »leistet eine [...] zartfühlende Verhüllung alles dessen, was das Auge und die Nerven der Bourgeoisie beleidigen könnte« (Engels 1970, S. 72). Und schließlich schottet sich der Städter mit urbaner Indifferenz gegen die Reize der Großstadt ab. Und doch zeichnet ein prinzipielles Moment den städtischen Erfahrungsraum gegenüber dem Internet aus: die Unwillkürlichkeit städtischer Erfahrungen. Die Stadt ist ein Raum des Abenteuers. Hier werden Erfahrungen gemacht, die man nicht gesucht hat. Und diese Erfahrungen lassen sich auch nicht so leicht wieder ausblenden. Die physische Präsenz verhindert, dass jede Kommunikation jederzeit und ohne weiteres wieder abgebrochen werden kann. Auch in der segregierten Stadt kann man die Identität wechseln, es genügt ein Gang auf die andere Straßenseite (Robert Ezra Park). Aber der Gang über die Straße führt in eine Realität, mit der man sich unweigerlich auseinandersetzen muß. Auf die andere Seite der Straße zu wechseln ist etwas grundsätzlich anderes, als im Internet eine andere Seite aufzurufen. Der städtische Erfahrungsraum mag hinsichtlich der Fülle der Informationen, die er bereithält, dem Internet weit unterlegen sein. Aber die Erfahrungen, die hier gemacht werden, konfrontieren mit dem Fremden, mit dem Nicht-Gesuchten und Überraschendem, und diese Erfahrungen werden in Situationen gemacht, die prinzipiell Auseinandersetzung und damit neue Interpretationen erlauben. Bei aller Beschränkung liegt darin die qualitative Differenz zwischen der Stadt und dem Internet: Die Stadt bietet die Möglichkeit, ungewollte und zugleich produktive Erfahrungen zu machen (Teil 4).

1.4 Die Illusion der Privatheit

Die Zugänglichkeit des öffentlichen Raums ist heute zumindest nicht stärker bedroht als in früheren Epochen. Die Plätze und Straßen der Städte sind als Orte politisch relevanter Kämpfe nicht durch virtuelle Räume ersetzt worden, vielmehr lassen sich diese Kämpfe über das Internet nun besser organisieren. Die für die bürgerliche Stadt konstitutive Polarität von Öffentlichkeit und Privatheit ist, so scheint es, auf dem Pol der Privatheit direkter bedroht, als auf dem der Öffentlichkeit, denn die umfassende Digitalisierung fast aller Lebensbereiche eröffnet Kontrollmöglichkeiten, die eine geschützte Privatsphäre des einzelnen zur Illusion werden lassen.

Ist schon die Autonomie der eigenen Wahrnehmung im Internet eine Illusion, so ist es erst recht illusionär zu glauben, man könne im Zeitalter der Digitalisierung anonym bleiben. Was man einmal ins Internet gestellt hat, verschwindet daraus nicht mehr, es löst sich von Zeit und Raum und gewinnt eine eigene Objektivität gegenüber seinem Autor und jedem, der davon Kenntnis nimmt. Dieser Verselbständigung von Informationen sollte mit dem vom Bundesverfassungsgericht in seinem Urteil zur Volkszählung 1983 geschaffenen und vom Europäischen Gerichtshof 2014 gestärkten Recht auf informationelle Selbstbestimmung entgegengewirkt werden. Dem einzelnen wurde »die Befugnis [zugesprochen], grundsätzlich selbst über die Preisgabe und Verwendung seiner persönlichen Daten zu bestimmen« (BVerG, 15.12.1983). Aber die Folgen gehen weit über die Verletzung eines Grundrechts hinaus. Das Internet, die modernen Kommunikationsmittel und die wachsende Digitalisierung der Alltagswelt haben die Möglichkeiten der Überwachung jedes einzelnen in einem Maße gesteigert, daß das entscheidende Element liberaler Gesellschaften, die Unterscheidung von Öffentlichkeit und Privatheit, zu verschwinden droht. Die Entwicklungen in der Informations- und Kommunikationstechnologie haben früher unvorstellbare Möglichkeiten der Information und der Kommunikation für jeden einzelnen geschaffen und damit zugleich früher unvorstellbare Möglichkeiten der Kontrolle jedes einzelnen. Wenn bisher politisch regulierend in das Internet eingegriffen wurde, dann um seine kritisch-emanzipatorischen Potentiale zu beschneiden. In den westlichen Demokratien besteht zumindest die Hoffnung auf politische Regulierung zum Schutz der Privatsphäre. Allerdings haben die Enthüllungen Edward Snowdens über die Aktivitäten des US-amerikanischen Geheimdienstes National Security Agency (NSA) und des britischen Geheimdienstes Government Communications Headquarters (GCHQ) erstaunlich wenig politischen Druck in diese Richtung erzeugt. Dabei dürfte die Janusgesichtigkeit des Internets die entscheidende Rolle spielen: Das Internet ist außerordentlich hilfreich. Das macht es so attraktiv, aber eben auch so gefährlich und so schwer politisch zu regulieren. Die Nutzer produzieren, indem sie sich der Möglichkeiten der neuen digitalen Welt bedienen, in Verfolgung ihrer eigenen Interessen die Daten, durch die sie kontrolliert werden. So erscheint ihnen eine Regulierung des Internets und der Datensammelei durch private Unternehmen und öffentliche Institutionen immer auch als gegen ihre eigenen Interessen gerichtet. Der Schutz der Privatsphäre gegen unmerkliche Überwachung ist etwas sehr Abstraktes, Kommunikation per Smartphone und E-Mail, die Bestellung bei Amazon oder die Suchanfrage bei Google bieten dagegen jederzeit sehr konkret erfahrbare Bequemlichkeiten.

Anonymität, ein Wesensmerkmal des öffentlichen Raums,

und Distanziertheit, die Grundregel urbanen Verhaltens, dienen dem Schutz der Privatsphäre. Moderne Überwachungsmethoden durchbrechen diesen Schutz. Im öffentlichen Raum spielt Videoüberwachung bisher eine dominante Rolle. Da hier besonders viele private Betreiber aktiv sind, ist eine Schätzung der Zahl der Überwachungskameras in deutschen Städten schwierig. Rolf Gössner (vgl. 2000, S. 6) bezifferte sie bereits vor der Jahrtausendwende auf 500 000, heute dürften es weit mehr sein. Die Kameras können auf Bewegungsmuster, Objektgrößen und Geschwindigkeiten programmiert werden. Seit langem wird z. B. im Rahmen des Europäischen Indect-Programms (kurz für Intelligent Information System Supporting Observation, Searching and Detection for Security of Citizens in Urban Environment) mit Systemen experimentiert, die automatisch Gesichter in einer Passantenmenge identifizieren. Neben optischer Überwachung wird die Registrierung von Geräuschen und sogar Gerüchen immer wichtiger (vgl. Wehrheim 2006, S. 80ff.). Die so erhobenen Informationen sind technisch gesehen überall hin transportierbar und beliebig lagerbar. Die US-amerikanische Firma Sensity Systems arbeitet an Techniken, um die weltweit ca. 3 Milliarden Straßenlampen für die Überwachung des öffentlichen Raums aufzurüsten. »Ein solches globales Datennetzwerk hat es bisher noch nicht gegeben. Und seine Möglichkeiten sind potentiell viel größer als alles, was die NSA mit Programmen wie Prism und XKeyscore kann. Ein Netz von smarten Lampen, die Audio- und Videoaufzeichnungen liefern, die von Apps mit Gesichtserkennungstechnik analysiert werden können, das hat durchaus Orwellsche Dimensionen« (so Hugh Martin, CEO von Sensity Systems, zit. n. Galison 2014, S. 9).

Automatische Gesichts- und Spracherkennung, die Analyse von Mimik, Verhaltens- und Sprechweisen, Photos, biometrische und andere zur Identifizierung von Personen nötige Daten können automatisiert erfaßt werden. Kontobewegungen, Informationen über den Verbrauch von Strom, Wasser und Gas sind jederzeit verfügbar. In der Automobilindustrie werden schon heute Techniken eingesetzt, die Gefühlsregungen und Übermüdung erkennen können. Was aber irgendwo technisch aufgezeichnet wird, kann auch von Dritten gelesen werden. Damit werden in Zukunft sogar die Gefühlsregungen der Menschen registrier- und auswertbar. Jegliche Kommunikation, egal, wo und wie sie stattfindet, kann abgehört und mitgelesen werden. Bewegungsprofile, Konsummuster, Freizeitverhalten, die Abneigungen und Vorlieben, politische Überzeugungen und Gewohnheiten eines Menschen werden gesammelt und in einen systematischen Zusammenhang gebracht.

Diese Fähigkeiten werden nicht auf den »großen Bruder« beschränkt bleiben: »Bald, in einigen wenigen Jahren, wird es technisch möglich sein, daß man durch die Straßen läuft und dank automatischer Gesichtserkennung die Namen der Passanten in der Brille aufleuchten sieht. Und dazu dann auch noch das Alter, Geburtsdatum, die Facebook-Freunde, Interessen, ob jemand Single ist oder nicht, was er gestern gekauft hat, und welche Kinofilme er mag« (Morgenroth 2013). Damit wäre der Schutz der Privatsphäre beseitigt. Die Großstadt verlöre eines ihrer wichtigsten Merkmale: »In volkreichen, großen Städten kann man am Unbemerktesten und ganz nach seiner Neigung leben; da fallen eine Menge kleiner Rücksichten weg; man wird nicht ausgespähet, kontrolliert, beobachtet; [...] man wandelt unbemerkt [...], besorgt seine Geschäfte und wählt sich eine Lebensart, wie man sie für zweckmäßig hält« (Knigge 2008, S. 72). Die Freiheiten städtischer Anonymität, die der Freiherr von Knigge noch preisen konnte, sind angesichts der heutigen Überwachungsmöglichkeiten zu einer sehr alteuropäischen Träumerei geworden.

Eine gegen den Blick des Herrn Jedermann und gegen jegliches physische Eindringen von außen geschützte Privatsphäre ist der Kern der bürgerlichen Existenz. Zu ihr zählen das Privateigentum, persönliche Beziehungen, Intimität und Körperlichkeit, aber auch normative Orientierungen und Überzeugungen des Individuums. Ihr Arkanum ist die private Wohnung. Zu ihrem Schutz genügten lange das Grundrecht auf Unverletzlichkeit der Wohnung, die Eigentumsgarantie sowie Vorhänge und Türschlösser. Gedanken waren so oder so nur zu erraten, solange man sie für sich behielt. Wer in die Privatsphäre eines anderen eindringen wollte, mußte physische Grenzen überwinden. In vordigitalen Zeiten stieß die Überwachung des Privatlebens deshalb schnell an Grenzen. Man benötigte sehr viel Personal mit Einbruchswerkzeug, um Wanzen anzubringen, und viel Präsenz an den Abhörgeräten, ganz zu schweigen vom Aufwand der Observierung im öffentlichen Raum. Diese physischen und ökonomischen Schranken sind gefallen. Der moderne Geheimdienstler trägt weder Schlapphut noch langen Mantel. Er ist ein Computerprogramm. Er muß sich auch nicht gewaltsam Zugang zur Wohnung verschaffen, seine Informanten sind längst drinnen: Jeder Fernseher, jeder PC, jedes intelligente Haushaltsgerät kann ihm Informationen verschaffen. Fernsehapparate und Spielgeräte, die Gesichter und Stimmen erkennen, können auch darüber informieren, wer sich gerade in der Wohnung aufhält und was gesprochen wird. Man muß auch niemandem hinterherfahren. Handy und Auto geben sehr viel zuverlässiger und sehr viel billiger Auskunft.

Im Vergleich zu den Möglichkeiten heutiger Geheimdienste erscheint selbst die Stasi ziemlich harmlos. Wofür sie über

1 Mio. hauptamtliche und informelle Mitarbeiter benötigte, ohne jemals ihre Bevölkerung vollständig kontrollieren zu können, schaffen die Spionageprogramme Prism und Tempora von NSA und GCHQ automatisiert und in Echtzeit per Mausklick.

Wer im Rahmen einer von Sozialwissenschaftlern durchgeführten empirischen Studie befragt oder beobachtet wird, der weiß in der Regel um seinen Status als Forschungsobjekt. Hinterläßt man hingegen seine Datenspuren im Internet, rechnet man nicht damit, daß jeder der eigenen Schritte verfolgt wird. Das ist einer der Gründe, weshalb mit diesen Daten menschliches Verhalten sehr viel genauer beschrieben werden kann als mit den Methoden der empirischen Sozialforschung. Angesichts der Individualisierbarkeit, Vollständigkeit, Repräsentativität, ständigen Verfügbarkeit, Zuverlässigkeit und Gültigkeit von Big Data sind die aufwendigen Instrumente der empirischen Sozialforschung von geradezu mitleiderregender Unzulänglichkeit. Die Erkenntnisse, die durch Big Data ermöglicht werden, können technisch für beliebig lange Zeit für jeden Interessenten verfügbar gehalten werden. Was man mit 17 gesagt oder getan hat, kann einem mit 30 bei der Bewerbung um eine Stelle die Einladung zum Vorstellungsgespräch kosten. Über 90 Prozent der amerikanischen Unternehmen beauftragen private Firmen wie HireRight oder LexisNexis, die Datenprofile von Bewerbern zu durchleuchten. Zeigt sich ein als negativ bewertetes Verhalten, sei es ein Ladendiebstahl im jugendlichen Alter, früherer Drogenmißbrauch, ausgefallene politische Meinungen oder Zweifel an der Bonität, wird der Bewerber gar nicht erst eingeladen, ohne daß er erführe, warum.

Sich mittels digitaler Askese dagegen schützen zu wollen wird zunehmend illusionär. Der Verzicht auf E-Mail, Handy,

Internet etc. hätte soziale und berufliche Nachteile, die wohl nur die wenigsten tragen wollten oder auch nur könnten. Abgesehen davon kann es teuer werden. Als erste Krankenkasse in Europa bietet der italienische Versicherungskonzern Generali niedrigere Tarife an, wenn man bereit ist, im Gegenzug laufend Daten über Lebensführung und Körperzustand zur Verfügung zu stellen (vgl. Maak 2014, S. 11). Wer nicht nachweisen kann, regelmäßig Sport zu treiben, nicht zu viel Kalorien und Alkohol zu sich zu nehmen und ordentlich zu schlafen, muß dafür höhere Tarife zahlen oder wird gar nicht versichert. Die körperliche Intimsphäre wird Objekt der Kontrolle durch private Unternehmen, die für ihre Kunden ökonomisch folgenreich definieren, wie sie ihr Leben zu führen haben. Derselben Logik folgend bieten Autoversicherer günstigere Konditionen, wenn man bereit ist, Fahrtenschreiber zu akzeptieren, die die Versicherung über Fahrer, Fahrverhalten, Gemütszustand, Ermüdungserscheinungen, Wegstrecken etc. informieren. In den USA und England gibt es solche Rabatte schon länger, in Deutschland bietet die Versicherung S-Direkt seit Beginn des Jahres 2014 einen entsprechenden Tarif an (vgl. dpa 2013). Und für Geheimdienste macht sich jeder, der kein Handy hat, mittels Brieftauben statt per E-Mail kommuniziert und sich niemals im Internet bewegt, nur verdächtig. Er wird Objekt um so intensiverer Beobachtungsbemühungen, gegen die ihn die rigoroseste digitale Askese nicht schützt, es sei denn, er verzichtet auf Teilnahme am normalen Leben. Eine Unmenge Gerätschaften des täglichen Gebrauchs wie Fernseher, Rauchmelder, intelligente Heizsysteme und GPS produzieren Daten, die abgegriffen werden können, Aktivitäten wie der Kauf einer Fahrkarte, der Einsatz einer Kreditkarte und der Besuch beim Arzt desgleichen. Kommunikation, Begegnungen, beinahe jedes Verhalten bezieht direkt oder indirekt andere Menschen ein. Die Daten, die bei diesen Aktivitäten anfallen, betreffen also nicht nur das Individuum, sondern ebenso seine Kommunikations- und Interaktionspartner. Wer unter dem Radar bleiben möchte, müßte also auch auf Kontakte mit all den Menschen verzichten, die sich keiner digitalen Askese unterworfen haben. Die umfassende Beobachtung ist unentrinnbar geworden.

Die gesammelten Daten werden es in Zukunft, das ist die beängstigendste Dimension dieser technologisch eröffneten Möglichkeit umfassender Kontrolle, erlauben, Verhaltensweisen vorherzusagen. Man denke an den Science-Fiction-Thriller *Minority Report*. Dabei hinkt dieser der Realität noch hinterher, da im Film noch die prognostischen Fähigkeiten personifizierter Medien in Anspruch genommen werden, nicht die Überwachungstechnologien der NSA. Das amerikanische Next Generation Identification Project, das europäische Indect-Forschungsprojekt und das chinesische Hainan-Projekt dienen dazu, Techniken zur Vorhersage von Verhaltensweisen zu entwickeln. Das geschieht auf Basis von Persönlichkeitsprofilen, die wiederum gewonnen werden, indem man verschiedenste Datenquellen auswertet und zusammenführt (vgl. Kloiber/Welchering 2013). Mit Hilfe solcher Profile wird es möglich, individuelles Verhalten, das von »normalen« Verhaltensmustern abweicht, zu identifizieren und dadurch genauere Beobachtung oder direkte Eingriffe auszulösen. Und von da ist es dann nur noch ein kleiner Schritt hin zu einer Politik gezielter Tötungen. Bernhard Koch etwa spricht von der »Rastertötung« durch Drohnen im Rahmen von *signature strikes*: »Aufgrund von bestimmten Verhaltensmustern – den Signaturen – wird eine Person unter der Vermutung, an aufständischen Aktionen beteiligt zu sein, mit potentiell tödlicher Gewalt angegriffen. Das Raster beruht auf allgemeinen Merkmalen, die die vorgebliche – in vielen Fällen wohl auch tatsächliche – Gefährlichkeit einer Person andeuten sollen« (Koch 2014).

Die Existenz dieser Kontrollapparate könnte in Zukunft erhebliche verhaltenssteuernde Wirkungen entfalten. Einmal, weil dem einzelnen entsprechend seinem politischen Profil oder seinen Konsumgewohnheiten Informationen, Dienstleistungen und Waren angeboten bzw. nicht angeboten werden. Zum anderen kann das Wissen um die eigene Beobachtbarkeit Normalitätszwänge nach sich ziehen. Man wird sein Verhalten kontrollieren und Auffälligkeiten vermeiden, überlegt sich, mit wem man besser keinen Kontakt haben, welche Worte man in E-Mails besser vermeiden und mit welchen Themen man sich vielleicht besser nicht beschäftigen sollte. Die bloße Existenz umfassender Überwachungsapparate kann Konformitätsdruck und Selbstkontrollen des Denkens bewirken, die demokratische Prozesse aushöhlen. Schon wer das Leseverhalten eines anderen kennt, weiß über dessen wissenschaftliche, literarische, politische und persönliche Interessen und Meinungen Bescheid. Die Kooperation deutscher Bibliotheken mit Google und anderen Internetfirmen verschafft diesen Zugang zu den Nutzerdaten der Bibliotheken. Was allein das bedeuten kann, hat der Oberste Gerichtshof der Vereinigten Staaten in seiner Urteilsbegründung im Fall United States v. Rumely vor über 60 Jahren geradezu prophetisch formuliert. Der Arzt und Verleger Edward Rumely hatte politische Bücher verkauft, in denen er Franklin D. Roosevelts Plan kritisierte, die Zahl der Richter am Obersten Gerichtshof zu erhöhen, um so den Widerstand der Judikative gegen einige seiner Reformen auszuschalten. Als ein Kongressausschuß von ihm verlangte, die Käufer seiner Bücher zu nennen, weigerte er sich und wurde zunächst wegen Mißachtung des Kongresses verurteilt. Der Oberste Gerichtshof hob das Urteil auf. In ihrer Begründung schrieben die Richter:

> »Wenn erst einmal die Regierung von einem Verleger die Namen der Käufer seiner Publikationen verlangen kann, wird die freie Presse, wie wir sie kennen, verschwinden. Dann wird das Gespenst eines Beauftragten über die Schulter von jedem schauen, der liest. Der Kauf eines Buches oder einer Streitschrift heute, kann morgen zu einer Vorladung führen. Furcht vor Repressalien geht mit jeder Person an den Bücherstand. Die subtilen, unschätzbaren Druckmittel des Orthodoxen greifen. Einige werden sich davor fürchten, etwas zu lesen, was nicht gängig ist, was die Machthaber nicht gerne sehen. Wenn jeder Student, jeder Lehrer überwacht wird, wird die freie Forschung entmutigt« (zit. n. Reuß 2013).

Die von Koch so bezeichnete Rastertötung ist möglich, und sie wird bereits praktiziert, bisher noch in weiter Ferne in Pakistan und Afghanistan. Die Rasterfahndung ist einmal in der Bundesrepublik heftig kritisiert worden. Die viel brisanteren Enthüllungen Snowdens haben im Vergleich dazu relativ wenig Reaktionen in der Bevölkerung ausgelöst. Eine Erklärung ist womöglich in dem Umstand zu sehen, daß man die Aktivitäten der NSA nur bemerkt, wenn man aufwendig nach ihnen sucht. Die Verletzungen der Persönlichkeitsrechte geschehen in Abstraktion von Zeit und Raum und damit von physisch gebundener Erfahrung. Der Einbruch in die eigene Wohnung und der Diebstahl von Tagebuch und Terminkalender empören die Betroffenen. Wenn aber unvergleichlich viel umfassendere Informationen über einen Menschen online erfaßt werden, bleiben vergleichbare Reaktionen aus. Unsere Empörungsbereitschaft ist noch an die sinnliche Erfahrung gebunden. Die im virtuellen Raum begangenen Verletzungen der Privatsphäre kümmern uns kaum im Vergleich zu denen, die im physischen Raum oder gegen den Körper begangen werden, obwohl erstere weit tiefer greifend sein können.

Das Benthamsche Panoptikum war ein zentralisierter und geschlossener physischer Raum, und der Wächter mußte anwesend sein. An seine Stelle könnte eine allgegenwärtige, automatisierte Überwachung treten, beruhend auf hoch flexiblen und ubiquitären Kontrolltechniken, die jede Regung eines Subjekts dokumentiert. Gilles Deleuze sprach deshalb von der Kontrollgesellschaft, die die Foucaultsche Disziplingesellschaft abgelöst habe (vgl. Frank/Steets 2010, S. 290).

Von der Stadt als demokratisch kontrolliertem, handlungsfähigem Subjekt ihrer eigenen Entwicklung kann immer weniger die Rede sein. Der Stadtbürger, der Verantwortung für das Wohlergehen der Stadt übernimmt, weil er damit auch sein eigenes Wohlergehen sichert, ist eine Ausnahmeerscheinung geworden. Die Polarität von Öffentlichkeit und Privatheit, die Bahrdt noch zur Basis seiner Stadtdefinition gemacht hatte, ist ausgehöhlt. Der öffentliche Raum ist heute zwar weniger exklusiv als in früheren historischen Epochen, aber er hat wichtige Funktionen an spezialisierte Räume verloren. Die Eingangstür der privaten Wohnung kann zwar verschlossen und der Blick Außenstehender ins Innere durch Vorhänge abgewehrt werden, aber die Hoffnung, so die eigene Privatsphäre bewahren zu können, ist reine Illusion. Der freie Raum der Straßen und Plätze ist kein öffentlicher Raum im emphatischen Sinne bürgerlicher Öffentlichkeit, und der private Raum der Wohnungen verliert seine Funktion als geschütztes Arkanum einer privaten Sphäre. Angesichts der Kontrollapparaturen, die privatwirtschaftlich tätige Konzerne wie Google, Amazon und Facebook und staatliche Geheimdienste wie NSA und GCHQ entwickeln, wird die Begrifflichkeit von Öffentlichkeit und Privatheit zur leeren Formel, tauglich allenfalls für nostalgische Erinnerungen an die bürgerliche Gesellschaft.

So erscheint es geradezu als Ironie, wenn die Elemente des bürgerlichen Städtebaus wieder en vogue sind: Der Baublock, die Korridorstraße, geschlossene Platzwände, verzierte, der Straße zugewandte Fassaden, niedrig umzäunte Vorgärten und sorgfältig gestaltete Eingangssituationen simulieren eine Polarität von öffentlichen und privaten Räumen, der ihr gesellschaftlicher Gehalt abhanden zu kommen droht. Mit den Mitteln von Architektur und Städtebau ist die bürgerliche Stadt nicht wiederzubeleben. Wenn der Erosion der kommunalen Selbstverwaltung, den Tendenzen der Privatisierung des öffentlichen Raums und der Aushöhlung des Privaten nicht Einhalt geboten wird, noch schlimmer: Wenn die technischen Möglichkeiten totaler Überwachung realisiert sein sollten, dann werden die so gebauten Städte Potemkinschen Dörfern gleichen, hinter deren Fassaden ein sehr anderes Gesellschaftsspiel abläuft. Die Gesten der bürgerlichen Stadt würden noch vorgezeigt, es sind schöne Gesten, sie erinnern an die großen Zeiten der europäischen Stadt, aber sie wären hohl geworden.

Edgar Salin und Hans Paul Bahrdt hatten die europäische Stadt als die Stadt der bürgerlichen Gesellschaft, geprägt durch Selbstverwaltung und die Polarität von Öffentlichkeit und Privatheit, bestimmt. Angesichts der beschriebenen Entwicklungen sind beide Auffassungen überholt. Die bürgerliche Stadt ist zu einer historischen Formation geworden. Heute muß das Besondere der Stadt in etwas anderem gesucht werden. Im 2. Teil wird die Funktion der Stadt als einer Apparatur zur Entlastung von Arbeitsmühen und Verantwortung als erste Besonderheit von Stadt herausgearbeitet.

2. Teil: Die Stadt als Maschine zur Entlastung von Arbeit und Verpflichtungen

»Ich verlange von einer Stadt, in der ich leben soll: Asphalt, Straßenspülung, Haustorschlüssel, Luftheizung, Warmwasserleitung. Gemütlich bin ich selbst« (Kraus 1990, S. 37). Karl Kraus hat mit diesem Aphorismus auf den Punkt gebracht, was die Stadt von ihren ersten Anfängen an als einen besonderen Ort charakterisiert: Die Stadt macht das Leben leichter, sie entlastet von Mühen, lästigen Arbeiten und den Unannehmlichkeiten der Natur. Dabei handelt es sich zunächst einmal um Banalitäten: Die Mauern der Stadt schützen vor wilden Tieren und vor weit gefährlicheren menschlichen Feinden. Der Städter muß nicht im Dreck waten und im Winter frierend vor einem rauchenden Feuer hocken. Die großen urbanen Leistungen Roms waren gepflasterte Straßen, Aquädukte und die Cloaca Maxima, die noch heute in Gebrauch ist. Befestigte Wege gab es in Paris schon 1185 und 1339 war ganz Florenz gepflastert (vgl. Mumford 1984, S. 360). Die gebaute Substanz einer Stadt, einschließlich ihrer technischen Infrastrukturen, dient zunächst einmal dazu, sich von der Natur unabhängig zu machen. Asphalt, Wände, Dach und Zentralheizung schützen den Städter vor den Unbilden der Natur; Passagen, Kaufhäuser und Shopping-Malls befreien den Einkaufsbummel von Schnee und Regen, Hitze und Kälte. Dank Elektrizität und Straßenlaternen kann jeder, der möchte, die Nacht zum Tag machen. Wer eine Vorstellung vom Schmutz und Gestank vormoderner Städte hat, der wird nicht nur Bürgersteige, sondern auch die städtische Kanalisation und die Müllabfuhr für urbane Errungenschaften halten. Oder Straßenbahnen und Polizei: Niemand will gezwungen sein, stundenlang zu Fuß zu laufen, und wer einmal in Johannesburg oder Mexiko-Stadt gewesen ist, wird das Privileg zu schätzen wissen, in einer deutschen Stadt nachts ohne Angst das Haus verlassen zu können. Eine urbane Stadt ist eine Stadt mit funktionierender Infrastruktur, in der man sich ohne Angst bewegen kann.

Wie Demokratie und Markt blieben auch diese Errungenschaften nicht auf die Stadt beschränkt. Dörfer wurden an Versorgungsnetze und Kläranlagen angeschlossen, und selbst die Zufahrten zu den Äckern sind heute asphaltiert. Die gleichsam technischen Vorzüge des städtischen Lebens sind ubiquitär geworden. Aber daß in der Stadt die Unabhängigkeit von der Natur gelebt werden kann, gilt noch in einem grundsätzlicheren Sinn als dem, in der Stadt vor Dreck und schlechtem Wetter geschützt zu sein. Der Aphorismus von Kraus umschreibt das älteste Versprechen der Stadtkultur: die Befreiung von notwendiger Arbeit. Auf Basis eines landwirtschaftlichen Mehrprodukts bilden sich Städte, in denen die Menschen frei sind, sich mit anderem als dem Landbau zu beschäftigen. In der Stadt wird zum ersten Mal ein Leben möglich, das mehr beinhaltet als nur die eigene Reproduktion. Die Ausgliederung aus der landwirtschaftlichen Produktion vollzieht sich schrittweise und allmählich. Fluchtburgen und Sakralbauten wurden zunächst nur gelegentlich aufgesucht. In der Landwirtschaft nützliches Wissen, z. B. zur Wasserregulierung und zur Lagerung von Lebensmitteln, entwickelte sich über lange Zeiträume und verdichtete sich nur langsam zu gesonderten Berufen. Stadt im sozialen Sinn als ein Ort, an dem Menschen leben, die nicht direkt in die landwirtschaftliche Produktion eingebunden sind, entsteht, wenn sich Gewaltanwendung, Gottesdienst und Verwaltung zu den Berufen des Kriegers, Priesters und Verwaltungsbeamten verstetigt haben.

Heute erfüllen moderne Dienstleistungsstädte die alte Hoffnung auf Entlastung von notwendigen Arbeiten jedem, der über Geld und die einschlägigen Informationen verfügt. In New York, Paris oder Berlin findet man rund um die Uhr öffentlich und privat angebotene Güter und Dienstleistungen für jedes Bedürfnis. Man benötigt keine Küche, um Essen zuzubereiten, dafür gibt es Bars, Restaurants, Kantinen, Schnellimbisse und Pizzaservice. Seine Wäsche gibt man in die Wäscherei, die Kinder in die Kinderkrippe, später in die Ganztagsschule, und für die Alten und Kranken sorgen privat oder öffentlich organisierte Einrichtungen. Noch für die intimsten physischen und psychischen Bedürfnisse finden sich vielfältige Dienstleistungsangebote in den hochdifferenzierten Märkten der Prostitution und der Psychotherapie. Die Stadt als Maschine zur Entlastung von Arbeit und Verpflichtungen ist das erste Besondere der Stadt. In der modernen Dienstleistungsstadt ist sie fast zur Volllkommenheit entfaltet.

Die Stadtmaschine ist kein Perpetuum mobile. Sie braucht Arbeit und Investitionen, um zu funktionieren. Indem ihre Produktionsmittel immer rationaler eingesetzt werden, steigt die Produktivität und damit die Effizienz und die Effektivität, mit der sie ihre Entlastungsfunktionen erfüllt. Doch wird diese Entlastung nicht genutzt, um dem Städter wieder die Muße griechischer Sklavenbesitzer zu verschaffen, im Gegenteil: In dem Maße, in dem der Städter von Mühen und Zwängen befreit wird, liefert er sich immer ausschließlicher den Anforderungen der beruflichen Arbeit aus. Die Entlastung von äußeren Zwängen wird erkauft mit der Verinnerlichung neuer Zwänge. Diese Zwiespältigkeit der Urbanisierung als ein Prozeß fortschreitender Emanzipation und Disziplinierung ist die eine These, die die Nacherzählung der Urbanisierung im folgenden leitet. Die andere bezieht sich auf die damit einhergehende Entgrenzung von Arbeit und Leben. Die Stadt entlastet zunächst von der unmittelbaren Arbeit in und an der Natur, dann mehr und mehr von Arbeiten, die zur Reproduktion der Arbeitskraft nötig sind. Manuel Castells (1976) hat die Stadt deshalb als die Einheit der Reproduktion definiert und damit als das Gegenüber der Produktion. Hier wird die These vertreten, daß Produktion und Reproduktion immer weniger als getrennte gesellschaftliche Sphären zu konzipieren sind. Die Stadtmaschine organisiert mehr als die Entlastung von Naturzwängen und Reproduktionsarbeiten. Die Stadt wird zu einer neuen Einheit des Alltags, in der die zeitlichen, räumlichen und inhaltlichen Trennungen von Arbeit und Leben aufgehoben sind, wie vor Beginn der industriellen Urbanisierung im vormodernen »Ganzen Haus«.

»Verstädterung« und »Urbanisierung« bezeichnen zwei Dimensionen des langen historischen Prozesses, in dessen Verlauf die moderne Dienstleistungsstadt als eine Apparatur umfassender Versorgung entstanden ist. Verstädterung betont den Wandel der Siedlungsstrukturen. Dabei stehen drei Aspekte im Mittelpunkt. Erstens das wachsende Gewicht der Städte gegenüber dem Land: Immer mehr Menschen leben in Städten. Dieser Prozeß wird überwiegend von Wanderungen der Landbevölkerung in die Städte getragen. Zweitens das zunehmende Gewicht der Großstädte innerhalb des Stadtsystems: In der Phase rapider Verstädterung, die mit der Industrialisierung eingesetzt hatte, stieg in Deutschland der Anteil der Großstädter an der Gesamtbevölkerung von annähernden 5 Prozent im Jahr 1871 auf knapp über 20 Prozent im Jahr 1910 (vgl. Reulecke 2000, S. 68). Während die deutsche Bevölkerung zwischen 1875 und 1900 um 25 Prozent zunahm, konnten die Großstädte im selben Zeitraum ihre Einwohnerzahlen mehr als verdoppeln. Die größten Städte profitierten besonders. Berlin hat seine Bevölkerung zwischen 1860 und 1900 sogar annähernd verfünffacht. Auch andere europäische Hauptstädte wie Wien, Paris und London wuchsen damals ähnlich schnell wie heute die Megacitys in einigen Entwicklungsländern. Drittens spricht man auch von Verstädterung, wenn sich die Gewichte innerhalb einer Stadtregion zugunsten der Kernstadt verschieben. Das war um 1900 der Fall, als die meisten Zuwanderer in die Städte aus dem Umland kamen. Auch heute wächst der Anteil vieler Kernstädte an der Gesamtbevölkerung ihrer Region wieder, allerdings aus anderen Gründen (Abschn. 2.3.2).

Der Begriff Verstädterung zielt auf quantitativ meßbare, demographische Veränderungen, der der Urbanisierung bezeichnet dagegen qualitative, kulturelle Veränderungen der Lebensweisen. »Urbanisierung« geht auf das lateinische *urbs* (»Stadt«) zurück und bezieht sich auf die tiefgreifenden Veränderungen im Alltagsleben, die mit dem Wandel von einem ländlich-agrarisch geprägten Leben zur städtischen Lebensweise verbunden waren (vgl. Häußermann/Siebel 2004, S. 11 ff.): Veränderungen im Zusammenleben, in den Mentalitäten, den Arbeits- und Wohnformen, der Versorgung, dem Freizeitverhalten. Die vom Land in die Städte ziehenden Menschen mußten sich an die Bedingungen der städtischen Siedlungsweise anpassen. Aber mit dem Begriff der Urbanisierung verbindet sich mehr als bloße Anpassung, nämlich die Verfeinerung der Lebensweise. Die Lebensbedingungen in der Stadt ermöglichen ein »urbanes« Leben: »gebildet, geistreich; fein; weltgewandt, weltmännisch« (Wissenschaftlicher Rat der Dudenredaktion 1966, S. 740), kurz eine Lebensweise, die sich Menschen leisten können, die harter körperlicher Arbeit enthoben sind. Historisch markiert Urbanisierung den »Übergang der Menschheit von der ländlichen zur urbanen Existenz, von der Schweinezucht zu Picasso, von der Bodenbearbeitung zur Atomspaltung« (Eagleton 2001, S. 7f.).

2.1 Verstädterung

Ein landwirtschaftlicher Überschuß steht am Anfang jeder Stadtbildung. Diese Abhängigkeit von der Entwicklung der landwirtschaftlichen Produktivität ist in allen Phasen der Verstädterung zu beobachten, besonders deutlich im Europa des 11. und 12. Jahrhunderts: Die Einführung der Dreifelderwirtschaft, des Jochs, was den Einsatz von Ochsen als Zugtieren ermöglichte, des Eisenpflugs und des Hufeisens, aber auch die politisch geförderten Rodungen steigerten die Produktion von Lebensmitteln. Der Ausbau der Transportwege erleichterte ihre Verteilung. Beides machte eine Welle von Stadtgründungen möglich, die hauptsächlich als Knotenpunkte von Handel und gewerblicher Produktion dienten. Das entstandene Stadtsystem wuchs zwischen 1200 und 1500 kontinuierlich, aber gebremst durch die nur geringen Zugewinne in der landwirtschaftlichen Produktion. Erst mit der Errichtung absolutistischer Territorialstaaten trat ein qualitativ neuer, politisch begründeter Stadttypus hinzu: die Stadt der Renaissance, später des Barock, eine Mischung aus Residenz, Garnison und Verwaltungszentrum. Das enorme Stadtwachstum im 19. und beginnenden 20. Jahrhundert wiederum ist nicht allein auf die neuen Arbeits- und Lebensmöglichkeiten zurückzuführen, die durch die Industrialisierung eröffnet wurden. Ohne eine gewaltige Steigerung der agrarischen Produktivität (und ohne die Einfuhr landwirtschaftlicher Produkte aus den Kolonien) wären die neuen Stadtbewohner verhungert.

Die Erwirtschaftung eines landwirtschaftlichen Überschusses mußte nicht notwendig zur Gründung von Städten führen. Die Produzenten hätten ihr Mehrprodukt auch verrotten lassen, in Fettleibigkeit investieren oder die höhere Produktivität dazu nutzen können, ihre Arbeitslast zu verringern. Damit Städte entstehen konnten, mußte den Bauern das Mehrprodukt abgenommen werden. Dazu war Macht über die Körper oder über die Seelen nötig, also Religion oder physische Gewalt. Räuber und Priester waren die ersten Städter, die erste Stadt eine Einheit von Festung, Heiligtum und Kornspeicher (vgl. Mumford 1984, S. 42). Die Stadt verdankt sich der Macht und dient ihrer Konzentration. Aber Macht ist eine unsichere Basis für die Aneignung eines Mehrprodukts. Weber nennt Macht die Chance, seinen Willen auch gegen Widerstreben durchzusetzen, d. h., Macht muß sich immer erneut gegen Widerstände bewähren. Herrschaft definiert Weber dagegen als die Chance, für einen Befehl Gehorsam zu erlangen. Sie beruht auf der Bereitschaft der Beherrschten, Befehlen Folge zu leisten. Herrschaft war damit eine sehr viel dauerhaftere Grundlage für die Aneignung des Mehrprodukts, weil die Abgaben als Pflichten in Gestalt von Tribut, Zehntem oder Steuer akzeptiert wurden, ohne daß Widerstände jeweils wieder gewaltförmig hätten gebrochen werden müssen. Die Stadt erreichte solche Akzeptanz, indem die Festung Schutz bot vor Räubern und äußeren Feinden und der Tempel Trost angesichts von Leid und Tod, aber auch und im Verlauf zunehmend durch die Bereitstellung von Wissen und Gütern, die in der Landwirtschaft Anwendung fanden, oder von der landsässigen Bevölkerung, insbesondere vom Adel für gehobenen Konsum benötigt wurden.

Mit den Produktivitätssteigerungen in der Landwirtschaft konnten sich immer mehr Menschen, deren Arbeitskraft nicht von landwirtschaftlichen Tätigkeiten absorbiert war, in Städten niederlassen. Das hat in Europa zu immer differenzierterer Arbeitsteilung geführt und so zu einer immer breiteren Palette städtischer Produkte, die gegen Rohstoffe und Lebensmittel getauscht werden konnten: Waffen, Rüstungen, Tuche, Kleider, Haushaltsgegenstände, Werkzeuge, Möbel, Glas, Druckerzeugnisse etc. Die ursprünglich gewaltförmige Aneignung des Mehrprodukts wurde so allmählich in Gestalt von Tribut- und Steuerpflichten verrechtlicht und dann in ein marktförmig organisiertes Tauschverhältnis überführt.

Werner Sombarts Typologie von Konsumenten- und Produzentenstädten[1] basiert auf der Unterscheidung zweier Aneignungsformen des landwirtschaftlichen Mehrprodukts: rechtlich-politisch oder marktförmig durch Tausch. »Produzentenstädte« stehen in marktförmigen Austauschverhältnissen mit dem Land, dem sie gegen dessen Produkte Dienstleistungen, handwerkliche und industrielle Güter liefern. »Konsumentenstädte« eignen sich das Mehrprodukt mittels Tribut- und Abgabepflichten der ländlichen Bevölkerung an, und sie prosperieren auf der Basis von Einrichtungen zu dessen Konsum. Städte sind nicht nur Orte für Produktion und Handel, sie sind auch Orte, an denen das verdiente Geld ausgegeben wird, Orte des Konsums. Daher die auf den Geschmack und das Geld der Wohlhabenden spezialisierten Geschäfte, die Theater, Museen und Opernhäuser, die Bordelle, Spielhallen und Restaurants. Sombart bezeichnet die überwiegende Zahl der mittelalterlichen Städte als Konsumentenstädte, in denen Adel,

1 Vgl. Sombart 1902, S. 196ff. Mit Bezug auf spätere Epochen des Kapitalismus benutzt Sombart den Begriff der »Industriestadt«.

Klerus, der königliche Hofstaat und die Studentenschaft ihre Renten verzehrten. Handwerk und Handel hätten nur für diese gearbeitet, kaum für die Landbevölkerung, lebten also indirekt auch von der Ausbeutung des Landes durch die stadtsässigen Grundherren. Typische Konsumentenstädte heute sind Touristen- und Rentnerstädte wie Baden-Baden oder Ascona in der Schweiz.

Im weiteren Verlauf differenzierten sich die Funktionen, auf denen die Stadtbildung beruht, immer weiter aus. Grob lassen sich politische (Verwaltung, Herrschaft), ökonomische (Handel, Tausch, Versorgung, Produktion) und kulturelle Funktionen (Wissenschaft, Bildung, Religion, kulturelle Einrichtungen, Unterhaltung) unterscheiden. Auf dieser Basis entwickelten sich ab dem 11. Jahrhundert in Europa Handels- und Marktstädte, die die Produkte aus der umliegenden Region verteilten, aber auch Städte als Orte protoindustrieller Produktion wie die Uhren- und Rüstungsindustrie in Nürnberg oder Finanzzentren wie Augsburg. Residenzstädte wiederum prosperierten dank der Präsenz des Militärs, der Verwaltung und der Luxusbedürfnisse des Hofs. Insbesondere im Zeitalter des Absolutismus gewannen Politik und Verwaltung stadtbildende Funktion. Versailles hatte zu Zeiten Ludwigs XIV. ca. 30 000 Bewohner, die als Dienstboten, Verwaltungsbeamte und Militärs hauptsächlich dem König dienten. 1783 lebten in Berlin 141 283 Menschen. Zwei Fünftel davon waren vom Hof abhängige Militärs, Beamte und Bedienstete. Allein die Garnison (einschließlich der Frauen und Kinder der Soldaten) stellte 23 Prozent der Bevölkerung (Sombart 1902, S. 205). Parallel zur politischen Zentralisierung konzentrierte sich auch die Kultur auf die Residenz- und Hauptstädte. Dort gab es die Räumlichkeiten, Parks und Plätze, wo bildende Künstler sich präsentieren konnten, und ein großes Publikum, das diesen auch unabhängig von der Nachfrage des Hofs Existenzmöglichkeiten verschaffte.

Das Wachstum der Städte mit über 10 000 Einwohnern in Deutschland zwischen 1500, als es gerade 24 waren, und 1800, als man ca. 60 zählen konnte, ist kaum ökonomisch zu erklären. Insbesondere die Blüte der Städte zwischen 1650 und 1800 in Deutschland beruhte auf dem Ausbau der Residenzen einer Vielzahl kleiner und mittlerer Fürsten- und Königtümer (vgl. Hohenberg/Lees 1996, S. 167). Produktionsstädte wie Nürnberg, Augsburg und Ulm fielen hingegen zurück. Nur wenige besonders bedeutende Handelsstädte wie Frankfurt, Leipzig und Hamburg konnten ihre Größe und Unabhängigkeit erhalten. Im 19. Jahrhundert wurde das Wachstum dann in erster Linie von der expandierenden Industrie angetrieben. Hinzu traten Handel, personenbezogene und produktionsorientierte Dienstleistungen, Wissenschaft und Bildung, das Bankenwesen, das Militär, Religion und Kultur, Vergnügungs- und Freizeiteinrichtungen und nicht zuletzt die politischen Administrationen.

Paul Hohenberg und Lynn Lees (vgl. 1996, S. 238 ff.) betonen neben den Funktionen, die eine Stadt tragen, die Stellung einer Stadt im System der Städte als Erklärung für ihre Entwicklung. Sie unterscheiden zwei Theorien städtischer Systembildung: die Zentrale-Orte-Theorie und die Netzwerktheorie. Erstere konzipiert ein System von Städten, das im wesentlichen auf den Markt- und Verwaltungsfunktionen sowie auf den Kultureinrichtungen einer Stadt beruht. Je seltener die Güter, je spezialisierter die Verwaltungsleistungen und je differenzierter die kulturellen Aktivitäten, die eine Stadt anbietet, desto größer das Hinterland, das diese Stadt bedient, und desto höherrangiger ihre Position im System der Städte. Das Zentrale-Orte-System ist statisch gedacht und strikt hierarchisch organisiert bis hin zur Spitze der nationalen Hauptstadt. Die Netzwerktheorie betont dagegen die Funktion der Stadt als Knotenpunkt in einem System des Austauschs von Waren, Menschen und Informationen. Bedeutungsunterschiede zwischen Städten hängen hier weniger mit der Größe zusammen als mit der Relevanz der Funktionen, die eine Stadt im Geflecht mit den anderen Städten erfüllt. Dabei sind Kontrolle und Innovation die wichtigsten. Die Netzwerktheorie ist im Vergleich zur Theorie zentraler Orte besser geeignet, Veränderungen zu erfassen, beispielsweise die Gewichtsverlagerung vom Mittelmeer zur Nord- und Ostsee und später zum Atlantik. Diese Veränderungen gingen einher mit einem Bedeutungsverlust italienischer Städte zugunsten holländischer und der Hansestädte an der Ostsee und später zugunsten von London. »Das Wachstum einer Stadt hängt also von verschiedenen Faktoren ab, insbesondere von den in der Stadt angesiedelten Funktionen, der Größe, dem geographischen Standort und ihrer Rolle im System der Städte« (Hohenberg/Lees 1996, S. 244).

Die Entwicklung der europäischen Städte folgte keineswegs einem kontinuierlichen Wachstumspfad. Hunger und Krieg, vor allem aber die Pestepidemien im 14. und 15. Jahrhundert konnten die Bevölkerung einer Stadt halbieren. Noch im Jahr 1656 fiel in Genua und Neapel die Hälfte der Bevölkerung der Pest zum Opfer. Die Verlagerung der Handelswege in den Ostseeraum und der Aufstieg des Osmanischen Reichs waren wesentlich für die Stagnation Venedigs. Die Zentralisierung der Macht in den Hauptstädten der neu entstandenen Territorialstaaten schwächte die bestehenden, auf Handel und protoindustrieller Produktion beruhenden Städte. Schon früher spielten auch Prozesse der Deindustrialisierung eine Rolle, etwa der Niedergang der Tuchindustrie im 19. Jahrhundert in Irland und Flandern. Schrumpfen ist keineswegs ein Phänomen, das zum ersten Mal in der zweiten Hälfte des 20. Jahrhunderts im Ruhrgebiet und nach der Wiedervereinigung in den neuen Bundesländern zu beobachten war (vgl. Häußermann/Siebel 1987). In Lübeck, das im 14. Jahrhundert noch 24000 Einwohner hatte, wohnten Mitte des 18. nur noch 17000. Die antike Millionenmetropole Rom war im Mittelalter zur Kleinstadt geschrumpft. Und jedes Mal ging der Rückgang der Bevölkerung mit einem politischen und wirtschaftlichen Bedeutungsverlust einher.

Dennoch kann von einer erstaunlichen Kontinuität des europäischen Stadtsystems gesprochen werden. Das in den europäischen Städten im wahrsten Sinne des Wortes materialisierte Gewicht der Vergangenheit hat dazu geführt, daß seit dem 16. Jahrhundert selbst große Katastrophen (Pest, Dreißigjähriger Krieg) die enormen politischen (Etablierung absolutistischer Territorialstaaten, Revolutionen, Gründung von Nationalstaaten) und ökonomischen Umwälzungen (Industrialisierung) nur geringe Veränderungen des Stadtsystems (Karlsruhe und andere Residenzstädte, Ruhrgebiet, der Aufstieg Berlins) zur Folge hatten (vgl. Hohenberg/Lees 1996, S. 232f.; Siebel 2004, S. 41ff.). Stadt, so scheint es, ist ein eigenständiger Produktionsfaktor, dessen Bedeutung mit der Größe und Vielfalt der Funktionen und mit dem schieren Alter steigt, und diese Tatsache ist einer der Gründe für die Überlebensfähigkeit der Stadt angesichts auch schwerster politischer und ökonomischer Krisen und Kriegszerstörungen.

2.2 *Urbanisierung*

Wer von landwirtschaftlicher Arbeit freigestellt wird, hängt von der Gesellschaft ab, in der sich eine Stadt bildet. In der asiatischen Stadt waren es Beamte und Priester, in der antiken Polis eine kriegerische Schicht von Sklavenhaltern, in der mittelalterlichen europäischen Stadt Kaufleute und Handwerker. Der Ausbildung gesonderter Rollen von Kriegern und Priestern als den »ersten Städtern« lag eine Kombination von Bedürfnissen nach physischem und seelischem Schutz und individueller Begabung zugrunde. Aber wieso war es überhaupt attraktiv, Krieger oder Priester zu werden? Mumford offeriert dafür eine naheliegende Erklärung: »Die ersten wirklich städtischen Spezialisten waren [...] wahrscheinlich die Angehörigen bewaffneter Jägerbanden, die es ablehnten, täglich mit ihren Händen zu arbeiten, und die Hüter des Heiligtums, die wahrscheinlich von körperlicher Schufterei befreit waren« (Mumford 1984, S. 122). Die Attraktivität der städtischen Lebensweise beruht auf der ältesten Hoffnung der Menschheit: die Entlastung von notwendiger Arbeit. Stadtbildung war der erste Schritt in das Reich der Freiheit jenseits des Reichs der Notwendigkeit, wie Marx die Befreiung vom Fluch der Arbeit umschrieben hat. Stadtkultur ist von Anfang an mit der Hoffnung auf ein Leben ohne Arbeitszwänge verknüpft.

In der griechischen Antike war eine stadtsässige, männliche Aristokratie dieser Utopie recht nahegekommen. Dank der Arbeit von Frauen und Sklaven von allen notwendigen Arbeiten befreit, konnte sie sich einem »müßigen« Leben im Dienst der öffentlichen Angelegenheiten und der eigenen geistigen und körperlichen Vervollkommnung widmen. Die Muße der Griechen muß ziemlich aufreibend gewesen sein: Wehrübungen, Gerichtsverhandlungen, Politik, Theateraufführungen – allein 2000 Athener sollen pro Jahr den Text eines Chors oder anderer Rollen für Theateraufführungen auswendig gelernt haben (vgl. Mumford 1984, S. 198). Aber es handelte sich dabei nicht um Arbeit im Sinne der Erledigung von Notwendigkeiten. Nützliches, »Not wendendes« Tun war ein Stigma. »Im Sinne der Griechen konnten weder Arbeiten noch Herstellen überhaupt einen bios bilden, das heißt eine Lebensweise, die eines freien Mannes würdig ist und in der sich Freiheit manifestiert; da sie dazu dienten, das Notwendige herbeizuschaffen und das Nützliche zu produzieren, waren sie unfrei, nämlich gezwungen von den Nöten und Wünschen der Menschen« (Arendt 1983, S. 19). Die Griechen achten »jene geringer [...] als ihre Mitbürger, die ein Handwerk erlernen [...], aber solche für vornehm [...], die auf Handarbeit verzichten« (Herodot, zit. n. Mumford 1984, S. 178). Piraterie dagegen galt als ehrenhafte Beschäftigung für einen Bürger Athens, ebenso der Kriegsdienst. Die gewaltsamen Ursprünge der Stadt waren in der griechischen Polis noch gegenwärtig. Frei war der, der sich von den Notwendigkeiten des Lebens befreit hatte. Doch das war nur durch Unterdrückung und Gewalt möglich, weshalb Sklaverei als selbstverständliche Voraussetzung der freien Lebensweise eines Athener Bürgers gerechtfertigt war. Das griechische Wort für Sklave, ανδράποδον, ist ein Neutrum und bedeutet wörtlich »Männergefüß«. Der Sklave ist weder Mann noch Frau – er ist ein zum bloßen Instrument reduziertes Wesen. Im Wort spiegelt sich, was seine Rolle ist, nämlich die Zwänge des Lebens auf sich zu nehmen.

Aristoteles zählte alle (lebens-)notwendigen Tätigkeiten zu den unfreien, weil einer Notwendigkeit unterworfenen Tätigkeiten. Sie waren Sache der Sklaven und der Frauen. Ihnen und den dauerhaft anwesenden Fremden, den Metöken, blieben die Bürgerrechte verwehrt. Letztere konnten keinen Grundbesitz erwerben, und wenn sie Barbaren, also keine Griechen waren, konnten sie auch nicht in die Bürgerschaft einheiraten. Ort aller lebensnotwendigen Tätigkeiten war der Oikos, eine Sphäre des Privaten, der die Frauen und Sklaven zugehörten. Das lateinische *privatus* bedeutet die Zugehörigkeit zu einem Herrschaftsbereich, weiter gefaßt: der Lebensmöglichkeiten eines Freien beraubt zu sein. Frauen und erst recht Sklaven war, weil sie sich um die Notwendigkeiten des Lebens zu kümmern hatten, die Teilnahme am öffentlichen Leben der Polis versagt. Auf der Agora der griechischen Polis hatten nur Männer Zutritt, da dieser nur den von allen »Notdürften des Lebens« (Arendt 1967, S. 19) Befreiten vorbehalten war.

Die griechische Polis war attraktiv als ein Ort aristokratischer Muße, gemäß dem Ideal des καλὸς κἀγαθός, des schönen und tugendhaften Lebens jenseits von Arbeitszwängen. Das Christentum hat dagegen die Arbeit geadelt, daher die Regel des Benediktinerordens *ora et labora*, bete und arbeite. Handwerk und Handel, für Aristoteles »verächtlich und der Tugend abträglich«, wurden zum Inbegriff ehrbarer Stadtbürgerschaft. Damit verschob sich das, was städtisches Leben erstrebenswert erscheinen ließ, ins Politische. Stadtluft befreite aus den persönlichen Abhängigkeitsverhältnissen des Feudalismus. Wer sich der städtischen Schwurgemeinschaft anschloß, wurde politisch freier Bürger, Citoyen. Der Schritt in die städtische Bürgergemeinschaft war zugleich ein Schritt ökonomischer Emanzipation. Als Bürger der Stadt löste sich der einzelne aus den geschlossenen Kreisläufen von Produktion und Konsum des ländlichen »Ganzen Hauses«, er wird zum Bourgeois, der als Produzent und als Konsument ökonomisch frei ist. Er versorgt sich über den Markt, nicht innerhalb eines patriarchal organisierten Haushalts, und er verkauft seine Produkte auf dem Markt, statt sie den Haushaltsmitgliedern oder einem Feudalherrn überlassen zu müssen.

2.2.1 Urbanisierung und Wandel der Lebensweise

Im 19. Jahrhundert entstand die moderne Großstadt. Dieser neuerliche Wandel wurde mit der Schleifung der Stadtbefestigungen faktisch eingeleitet und symbolisch überhöht:

> »Die Stadt, die sich bisher im wahrsten Sinne des Wortes durch ihre Ummauerung ›definiert‹ und so deutlich vom Umland abgetrennt hatte, [...] vollzog dadurch – gemessen an der gesamten bisherigen abendländischen Stadtgeschichte – eine geradezu revolutionäre Hinwendung in eine völlig neue Richtung. Nicht die Geschlossenheit war von nun ab ihr Charakteristikum, sondern ihre Offenheit; aus der [...] erstarrten Stadt wurde in kurzer Zeit die ›offene Bürgerstadt‹« (Reulecke 2000, S. 15).

Diese physische Öffnung der Stadt wurde möglich, weil der politische und ökonomische Gegensatz zwischen Stadt und Land aufgehoben wurde. Eine durch Mauern, Wächter und Zölle markierte Unterscheidung von drinnen und draußen erübrigt sich, wenn überall dasselbe gesellschaftliche System existiert.

Die von der Industrialisierung getriebene Verstädterung brachte einen radikalen Urbanisierungsschub mit sich. »Großstadt« ist eine viel zu schwache Bezeichnung für das quantitativ Überwältigende, qualitativ Präzedenzlose und zutiefst Beunruhigende, das mit der industriellen Großstadt in die Welt kam. Ferdinand Tönnies hat den Schock auf die Begriffe »Gemeinschaft« und »Gesellschaft« gebracht. Er sah in der Großstadt den Auftritt einer neuen und ganz anderen Welt.

Seine Dichotomie ist jenseits des Unterschieds von Stadt und Land angesiedelt, er verband damit vielmehr eine historische Entwicklungslinie: Haus, Dorf und Stadt seien »Gemeinschaft«, »lebendige Organismen«, beruhend auf gefühlsmäßigen Bindungen und den Gemeinsamkeiten »der Sprache, der Sitte, des Glaubens« (Tönnies 1979, S. 4). Die Großstadt sei hingegen »Gesellschaft«, ein »mechanischer« Zusammenhang, in dem die reine Rationalität von Markt, Geld und Wissenschaft alle Beziehungen dominiere. Mit dem Auftritt der Großstadt werde die Gemeinschaft absterben, die ganze Welt tendiere dahin, »einer einzigen Großstadt ähnlich zu werden« (Tönnies 1979, S. 211).

Ab Mitte des 19. Jahrhunderts wandelte sich die städtische Lebensweise so grundsätzlich und so befremdlich, daß Stadtluft viele Zeitgenossen nun nicht mehr frei, sondern in einem umfassenden Sinne krank zu machen schien. Als Reaktion entstand eine wirkmächtige Kritik, die in der Großstadt nur Unordnung, Sittenverfall und »das Grab des Menschengeschlechts« (Spengler 1922) erkennen konnte. Die moderne Großstadt galt ihren konservativen Kritikern als die Wiederkehr Babylons. Das Land stilisierten sie zum Gegenbild einer in jeder Hinsicht gesunden Gemeinschaft. Dieses Gegenüber von Gut und Böse war so selbstverständlich, daß zum Beleg nur die städtischen Statistiken über Verbrechensraten, physische und psychische Erkrankungen zitiert wurden, ohne genauer nach den Ursachen zu fragen oder auch nur Vergleichszahlen für das Land beizubringen. Die Nachwirkungen dieser Kritik sind bei vielen Stadtreformern, den Vertretern des Neuen Bauens nach dem Ersten Weltkrieg und noch in den Plänen für den Wiederaufbau nach 1945 erkennbar (vgl. Berndt 1968). Fixiert auf hygienische und technische Probleme und blind für die Stadt als sozialen Tatbestand, orientierten sie sich bei ihren Entwürfen an Windrichtung, Sonneneinstrahlung und den Anforderungen des Verkehrs. Die Stadt nach »Gesetzen der Natur« und technischen Erfordernissen, statt nach sozialen Zusammenhängen zu planen hat dazu beigetragen, die Polarität öffentlicher und privater Räume aufzulösen. Einflüsse der konservativen Stadtkritik zeigten sich auch bei den ersten Soziologen, die sich mit dem so gänzlich neuen Phänomen der Großstadt auseinandersetzten (vgl. Park 1928; Wirth 1974): Die Stadt verursache Einsamkeit, eine Zunahme außerehelicher Geburten, psychische Erkrankungen, Kriminalität, generell abweichende Verhaltensweisen und soziale Desorganisation.

Die simplen Argumentationsmuster der konservativen Stadtkritik sind in aller Ausführlichkeit widerlegt worden (vgl. Bahrdt 1998, S. 57ff.; Hohenberg/Lees 1996, S. 264f.). Ein kausaler Zusammenhang zwischen Verstädterung und abweichendem Verhalten ließ sich damals wie heute statistisch nicht nachweisen. Die Suizidrate lag in den Kleinstädten höher als in Großstädten. Der Anstieg der Kriminalität war sowohl absolut wie relativ gering, und bei den Eigentumsdelikten erzielten die ländlichen Regionen Ostpreußens sogar die höchsten Werte (vgl. Wehler 1995, S. 521f.). Auch das so gängige Bild vom vereinsamten Stadtbewohner hatte schon damals mit der Wirklichkeit nur wenig zu tun. Im 19. Jahrhundert lebten junge, unverheiratete Arbeiter und weibliche Dienstboten selten allein, schon aus ökonomischen Gründen: Dienstboten wohnten im Haushalt ihrer Herrschaft, alleinstehende Arbeiter kamen als Schlafgänger, die nur ein Bett gemietet hatten, oder als Untermieter in Arbeiterhaushalten unter. Kinder wohnten nach dem Auszug aus dem elterlichen Haushalt und viele auch noch als Verheiratete in räumlicher Nähe zu ihren Eltern. Wer heute in der amtlichen Statistik als Single gezählt wird, lebt deswegen noch lange nicht allein. Vielleicht teilt er sich mit anderen Singles eine Wohnung oder mit seinem Partner, ohne mit ihm oder ihr verheiratet zu sein, oder die Partner haben eigene Wohnungen, führen aber eine seit Jahren stabile Beziehung. Und wer wirklich alleine und ohne festen Partner lebt, ist deswegen noch lange nicht sozial isoliert. Der bedauernswerte Junggeselle oder die vertrocknete alte Jungfer heißen heute Yuppie (*young urban professional*) oder Woopie (*well-off older people*) und genießen ein selbständiges und selbst gewähltes Leben. Sogar erst kürzlich eingewanderte Migranten sind selten isoliert. Sie ziehen – das Phänomen der Kettenwanderung – dorthin, wo sie Verwandte, Nachbarn und Freunde haben, in deren Nachbarschaft sie Unterkunft, soziale Kontakte und Hilfen finden.

Die Furcht, mit der großen Stadt werde die Menschheit aussterben, machte sich am Sterbeüberschuß der Stadtbevölkerung fest, die These vom Sittenverfall an der Zahl außerehelicher Geburten. In der Stadt werden in der Regel weniger Kinder geboren als Menschen sterben. Daher ist die Stadt auf anhaltenden Zuzug angewiesen. Diese historisch durchgängige Tatsache mußte im 19. Jahrhundert um so mehr auffallen, als damals die Stadtbevölkerung aufgrund des hohen Zuzugs junger Menschen jünger war als die Bevölkerung auf dem Land. Aber die trotz ihrer jungen Bevölkerung geringere Geburtenhäufigkeit in Städten hat nur wenig mit der Siedlungsform Stadt zu tun. Dafür sind in erster Linie soziale Gründe verantwortlich. Geburtenkontrolle setzt Information voraus. Es sind deshalb zunächst die oberen Schichten in den Städten, die Geburtenkontrolle betreiben. Die entsprechenden Informationen erreichen die Angehörigen unterer Schichten und die Bevölkerung auf dem Land nur verzögert, weshalb dort die Zahl der Geburten erst später sinkt. Auch wurden Kinder auf dem Land als Arbeitskräfte und zur Sicherung des eigenen Lebensabends benötigt. Erst mit dem Ausbau der Sozialversicherungssysteme und der Einführung der Schulpflicht traten die Kosten der Kinderaufzucht in den Vordergrund: Wer Kinder hat, der braucht eine größere Wohnung. Da die Kosten der Wohnfläche mit der Größe der Stadt steigen, könnte das als eine großstadtspezifische Ursache für sinkende Kinderzahlen angeführt werden, auch wenn diese Erklärung nur von geringer Reichweite ist: Kinder waren in Arbeiterhaushalten nur in Ausnahmefällen Anlaß, eine größere Wohnung anzumieten, im Gegenteil, häufig wurden nach der Geburt von Kindern Untermieter und Schlafgänger in die Wohnung aufgenommen, um die zusätzlichen Kosten, die Kinder verursachen, aufzufangen (vgl. Niethammer/Brüggemeier 1976, S. 118). Heute ist die geringere Geburtenrate auch darauf zurückzuführen, daß junge Familien ins Umland abwandern, um jenseits der Stadtgrenzen in der Ruhe des Einfamilienhauses ihre Kinder großzuziehen. Damit werden immer mehr Kinder außerhalb der Zählbezirke der städtischen Statistik geboren. Dagegen hängt die höhere Rate an außerehelichen Geburten etwas enger mit den Lebensbedingungen in der Großstadt zusammen. Die Altersstruktur der Stadtbevölkerung und ihre Lebensweise (viele junge, unverheiratete Männer und Frauen), die geringeren sozialen Kontrollen und die Existenz von Krankenhäusern und Waisenheimen erleichtern sexuelle Kontakte und illegitime Geburten. Einrichtungen zur Kinderbetreuung in den Städten führen auch dazu, daß schwangere Frauen in die Stadt kommen, um dort ihren Nachwuchs zur Welt zu bringen.

Die konservativen Kritiker haben das, was mit der industriellen Großstadt in die Welt gekommen war, in polemisch zugespitzten Formulierungen verurteilt. Aber auch dort, wo sie das Neue der großen Stadt zutreffend beschrieben, haben sie allein die Siedlungsform Großstadt dafür verantwortlich gemacht, statt die zugrundeliegenden gesellschaftlichen Veränderungen zu thematisieren. Auch Louis Wirth und andere Soziologen der Chicagoer Schule sind dieser Logik gefolgt, indem sie die in den Städten sichtbar werdenden Veränderungen der Lebensweise als Reaktion auf Größe, Dichte und Heterogenität der Großstadt erklärten. Aber wenn neue Lebensweisen in den großen Städten zuerst auftreten, so sind sie doch nicht in den Siedlungsbedingungen der Großstadt hinreichend begründet. Es sind allgemeine Kennzeichen der Moderne, die im Zusammenspiel von Geldwirtschaft, Markt und rationaler Verwaltung mit Größe, Dichte und Heterogenität der Bevölkerung in der Großstadt intensiviert werden. Urbanisierung ist aufs engste verwoben mit dem Prozeß der Zivilisation (Elias 1976), d. h. mit fortschreitender Rationalisierung der sozialen Beziehungen und dem Ersatz formeller, äußerer Kontrollen durch verinnerlichte Normen. Urbanisierung ist ohne die Zivilisierung des Menschen nicht zu denken, wie umgekehrt diese nicht ohne Urbanisierung. Die Entwicklung der Stadtmaschine und damit die Befreiung von äußeren Notwendigkeiten, wären ohne die Verinnerlichung von Zwängen nicht möglich. Die Veränderungen der räumlichen Strukturen der Städte und der Wandel der städtischen Lebensweisen reflektieren die Domestizierung des Menschen und treiben sie voran.

Georg Simmel war einer der ersten, der die Ambivalenzen der modernen Großstadterfahrung herausgearbeitet und aus den Wechselwirkungen von Siedlungsstruktur und gesellschaftlichen Veränderungen erklärt hat. Das unerhört Neue der Großstadt war für ihn die Geschwindigkeit und die Fülle der Reize, die auf den einzelnen einstürzen. Beides begründe einen Wandel der Mentalitäten. Der gelernte Großstädter verhalte sich distanziert, blasiert, gleichgültig und intellektualisiert. Simmel erklärt diesen Verhaltensmodus in einem ersten Schritt als »Selbstpanzerung« gegen die Überwältigung des Subjekts durch die Großstadt. Zum zweiten – und das bezieht sich vor allem auf Intellektualität – erforderten Größe und Dichte der Stadt eine rationale Organisation von Zeit und Raum. Anders könne eine »Anhäufung von zu vielen Menschen mit so differenzierten Interessen« (Simmel 1993, S. 195) gar nicht funktionieren. Die rationale Organisation von Zeit und Raum in der Großstadt ermögliche und erzwinge ihrerseits ein rationales Verhalten des Großstädters. Schließlich sei drittens die große Stadt Sitz der Geldwirtschaft und der Marktökonomie, die beide zu einer Versachlichung der Beziehungen zwischen den Menschen beitrügen. Diese begegneten sich nicht mehr als ganze Personen, sondern nur in ihren Rollen als Anbieter und Käufer.

Im Zuge der Urbanisierung treten Arbeitsteilung, Marktbeziehungen und bürokratische Strukturen an die Stelle personaler Abhängigkeiten. Das kirchliche, später städtische Armenrecht, noch später der moderne Wohlfahrtsstaat ersetzen persönliche Fürsorge. Produziert werden Tauschwerte für einen anonymen Käufer auf dem Markt, nicht Gebrauchswerte für den eigenen Bedarf. Aus den Wechselwirkungen dieser Bedingungen erwachsen die Charakteristika der urbanen Lebensweise. Es sind versachlichte und verrechtlichte Beziehungen, die in der modernen Großstadt das Zusammenleben regulieren, nicht die Bindungen von Freundschaft und Verwandtschaft oder die personalisierten Abhängigkeitsverhältnisse in feudalistischen und Klientelsystemen.

Viele Künstler des beginnenden 20. Jahrhunderts haben die moderne Großstadt in ähnlicher Weise wahrgenommen. Die ersten Seiten von Alfred Döblins *Berlin Alexanderplatz* lesen sich wie eine literarische Illustration zu Simmels Thesen von der Reizüberflutung in der Großstadt. Die Bilder Ernst Ludwig Kirchners zeigen »die Nervosität, die Hektik, die Motorik, die Dynamik, das rhythmische Staccato« (Roters 1987, S. 39), ähnlich der 1927 entstandene Film *Berlin – Die Sinfonie der Großstadt* von Walther Ruttmann. Aber was hier als typisch für die ganze Großstadt dargestellt wird, verdankt sich einem dreifach verengten Blick.

Die Wahrnehmung ist erstens an einen historischen Moment gebunden: Die Großstadt ist noch neu, ungewohnt und unerhört. Das Neue und Beunruhigende drängt sich dem Beobachter auf: Hektik, Nervosität, Geschwindigkeit, Reizüberflutung und eben jene Distanz, die das großstadttypische Verhalten so auffallend von der persönlichen Zugewandtheit dörflicher und kleinstädtischer »Gemeinschaft« unterscheidet. Es ist eine Wahrnehmung, die das geruhsame Leben des Dorfplatzes mit dem hektischen Geschehen im öffentlichen Raum der Großstadt kontrastiert. Es dominiert der Blick des Neuankömmlings, der zum ersten Mal mit dem Leben in der großen Stadt konfrontiert wird.

Zweitens handelt es sich um den Blick des bürgerlichen Städters und damit um eine sozial gebundene Wahrnehmung. Nur der sozial und ökonomisch integrierte Bürger kann sich Simmels urbane Indifferenz leisten. In einem Arbeiterquartier in Ost-London spielte sich noch in den fünfziger Jahren des vorigen Jahrhunderts das Alltagsleben in einem erweiterten Familiensystem ab, das über mehrere Wohnungen arbeitsteilig organsiert war (vgl. Young/Willmott 1986). Herbert Gans (1962) hat das Leben der *urban villagers* in einem Italiener-Viertel im Bostoner West End als eine Welt der warmen Nester beschrieben, der quasidörflichen Gemeinschaften. Die Lebensweisen in den ethnischen Kolonien von Einwanderungsstädten gleichen auch heute noch mehr dem des »städtischen Dörflers« als dem des gelernten Simmelschen Großstädters.

Schließlich drittens, gerät nur ein enger Ausschnitt des Stadtraums in den Blick. Die Wahrnehmung beschränkt sich auf das, was sich auf den Straßen der großen Städte abspielt. Was hinter den Fassaden der Wohnhäuser, Verwaltungsgebäude und Fabriken geschieht, bleibt verborgen. Diese Perspektive auf die Großstadt war Sache der Sozialisten und der liberalen Reformer. Aber auch sie haben nicht thematisiert, wie tiefgreifend die industrielle Urbanisierung über das materielle Elend hinaus die Menschen nicht nur in der Art und Weise, wie sie arbeiten und leben, sondern auch in ihrem Innern verändert hat.

Im Prozess der industriellen Urbanisierung löste sich ökonomisch relevantes Handeln aus dem Oikos, dem Haushalt, und ging bis auf Reste der Selbstversorgung in einer Nationalökonomie auf. Außerhäusliche Berufsarbeit wurde zur Normalität. Es entstand der städtische »Vergabehaushalt«, zusammen mit den komplexen Systemen der öffentlichen Infrastruktur und den differenzierten Märkten zur Versorgung mit haushaltsbezogenen Dienstleistungen, Lebensmitteln und sonstigen Gütern. Die industrielle Urbanisierung revolutionierte den gesamten Alltag. Die privaten Haushalte verloren fast alle ihre produktiven Funktionen an öffentliche und private Dienstleistungsanbieter und die Industrie. Sie wurden immer fester in die komplexen Versorgungssysteme von Markt und öffentlichen Infrastrukturen eingebunden. Diese Vergesellschaftung von Produktion und Reproduktion ging mit einem Schub im Prozeß immer strengerer und umfassenderer Selbstdisziplinierung einher.

Städtische Infrastrukturen, die rationale Organisation von Zeit und Raum, die berufliche, betriebliche und lohnförmige Organisation produktiver Arbeit und die Trennung einer privaten und einer öffentlichen Sphäre haben eine lange Geschichte, die nicht erst mit der Industrialisierung im 19. Jahrhundert beginnt. Die Millionenstadt Rom wäre ohne hochkomplexe Infrastrukturen zur Ver- und Entsorgung ebensowenig bewohnbar gewesen wie heutige Großstädte. In den größeren Städten der Niederlande, Frankreichs und Italiens wurden schon im frühen 14. Jahrhundert Uhrtürme errichtet, so daß die Signale rationaler Zeiteinteilung jeden erreichen konnten. Aber es dauerte lange, bis das rationale Zeitregime sich durchgesetzt hatte.

Dasselbe gilt für die rationale Organisation von Raum. Systeme zur exakten Verortung von Adressen haben sich erst spät entwickelt. Bevor technische Infrastrukturen und die Zivilisierung des Städters eine Vielfalt von Aktivitäten und Dingen aus dem öffentlichen Raum entfernt hatten, herrschte ein im Vergleich zu heute schwer vorstellbares Durcheinander von Menschen, Tieren, Dingen und Verrichtungen. Viele der heute mit Scham- und Peinlichkeitsschwellen geschützten Aktivitäten waren noch nicht hinter die Mauern des Privaten zurückgenommen. Der öffentliche Raum diente dazu, sich Wasser zu beschaffen und seine Abfälle zu entsorgen, man aß und trank auf den Straßen, arbeitete, diskutierte, tauschte Nachrichten aus, kaufte und verkaufte. In den herumliegenden Abfällen wühlten die Schweine, Gewalttätigkeiten, Bestrafungen und Erziehung fanden unter aller Augen statt. Die psychisch und physisch Kranken waren noch nicht in spezialisierten Institutionen untergebracht, die Alten und die Kinder ebensowenig.

Die Herauslösung produktiver Tätigkeiten aus dem Alltagsleben ist ein entscheidender Schritt in der Durchsetzung einer rationalen Lebensweise. Sie begann mit dem mittelalterlichen Verlagswesen, bei dem zwar noch innerhalb des Haushalts beruflich gearbeitet wurde, aber die Produkte vom Verleger auf Märkten abgesetzt wurden. Mit der Ausbreitung des Systems der Heimarbeit im 16. Jahrhundert wurden immer mehr häusliche Arbeiten, statt für den eigenen Bedarf, für den Markt gegen Lohnzahlung erbracht und zumindest partiell einer industriellen Disziplin unterworfen (vgl. Egner 1976, S. 284ff.). Mit der Industrialisierung im 19. Jahrhundert erfaßte dieser Prozeß die Masse der Stadtbevölkerung. Die Erwerbsarbeit wurde räumlich und zeitlich getrennt vom Alltagsleben im Betrieb organisiert.[2] Produktion und Reproduktion wurden auf verschiedene Orte und verschiedene Zeiten aufgeteilt. So entstanden die Freizeit als das Gegenüber der Arbeit und die Wohnung als das Gegenüber des Betriebs. Was noch an Arbeit im Haushalt verblieb, war überwiegend den Frauen überlassen. Der Begriff der Arbeit verengte sich auf betrieblich organisierte, berufliche Lohnarbeit. Die informelle Haushaltsarbeit wurde aus der Wahrnehmung gleichsam ausgeklammert.

Ein beträchtlicher Teil moderner Dienstleistungsberufe ist dadurch entstanden, daß die zunächst noch innerhalb der privaten Haushalte verbliebenen Arbeiten der Hausfrau ausgelagert und privatwirtschaftlich oder als soziale Infrastrukturen öffentlich organisiert worden sind. Dazu zählen Gesundheit, Pflege, Bildung und Erziehung sowie haushaltsbezogene Dienstleistungen wie Waschen, Reinigen und Essenszubereitung. Die moderne Dienstleistungsstadt verdankt sich nicht zuletzt einem Prozeß der Vergesellschaftung der informellen, weiblichen »Hausarbeit« (vgl. Häußermann/Siebel 1995, S. 74ff.). Die Frauen wurden zusammen mit ihren »typisch weiblichen« Tätigkeiten der Versorgung und Pflege in die Sy-

2 Vgl. ausführlich dazu: Häußermann/Siebel 1996, S. 22ff.

steme von Markt und Staat integriert. Damit verbunden war die Unterwerfung auch dieser Tätigkeiten unter die Prinzipien betriebswirtschaftlicher Rationalität.

Mit der industriellen Urbanisierung kamen den Haushalten die räumlichen, technischen und sozialen Voraussetzungen abhanden, die unter ländlichen Bedingungen heute noch Produktion für den Eigenbedarf und Selbsthilfe in beträchtlichem Umfang ermöglichen: Bei Arbeiterhaushalten auf dem Land gibt es noch eine »produktive Lebensweise«, die es ihnen erlaubt, sich ein Vermögen im Gegenwert von zwei bis vier Jahreseinkommen zu erarbeiten – meist in Gestalt eines eigenen Hauses (vgl. Jessen/Siebel et al. 1987). Ihren Berufskollegen in der Stadt gelingt das nicht. Dort verbieten Hausordnungen und Mietvertrag Arbeiten in und an der Wohnung, es fehlen der Platz für eine Werkstatt und der Garten, um Gemüse anzubauen, ebenso die Nachbarn und Verwandten, mit denen zusammen man in einem System von Helfen und Zurückhelfen größere Vorhaben bewältigen könnte. So setzt sich in der Stadt eine »konsumtive Lebensweise« durch: Haushalte müssen einen Großteil ihres Bedarfs durch den Kauf von Gütern und Dienstleistungen auf Märkten decken oder durch die Inanspruchnahme öffentlich bereitgestellter sozialer und technischer Infrastrukturen. Ein »Konsumentenhaushalt« heute hat die Produktion von Lebensmitteln, Kleidung, der Güter des täglichen und des langfristigen Bedarfs sowie einen Großteil personenbezogener Dienstleistungen mehr oder weniger vollständig an den Markt, den Staat und den dritten Sektor gemeinnütziger Organisationen vergeben. Das gilt auch für Vergnügen und Erholung. In den Städten ist ein umfangreicher Sektor von Freizeiteinrichtungen entstanden: Kneipen, Cafés, Tanzsäle, Theater, später Kinos, Parkanlagen, botanische und zoologische Gärten, Badeanstalten und

Sportstadien. Der einzelne verbringt seine Freizeit zwar immer noch großenteils in der eigenen Wohnung, aber die Mittel zu seiner Unterhaltung bezieht er auch hier überwiegend von außen: Zeitungen, Spielgeräte, Radio, Fernsehen und Internet.

Im 17. Jahrhundert schwankte die Selbstversorgungsquote eines ländlichen Großhaushalts zwischen 59 Prozent und 46 Prozent (vgl. Egner 1976, S. 281). Unter den gewandelten Bedingungen des Großstadtlebens ist das unmöglich. Die industrielle Urbanisierung bedingt einen Verlust an »beherrschtem Lebensraum«, was durch eine öffentliche »Daseinsvorsorge« kompensiert werden muß (Forsthoff 1968). Ab der zweiten Hälfte des 19. Jahrhunderts wurden in den europäischen Städten umfangreiche technische Infrastrukturen errichtet (vgl. Lenger 2013, S. 162ff.; Wehler 1995, S. 510ff.; Krabbe 1989, S. 109f.). Mit der Pflasterung der lehmigen Straßen und dem Bau von Bürgersteigen war schon früher begonnen worden. Jetzt folgte der Bau der Eisenbahnen, ab 1880 auch von Straßenbahnen. Gaswerke wurden ab 1850 gegründet, Elektrizitätswerke ab 1880. Kanalsysteme für Wasser gibt es seit 1860, für Abwasser seit 1880. Mit der Einführung eines Kanalsystems mußten Kläranlagen, Müllabfuhr, Mülldeponien und Müllverbrennungsanlagen geschaffen werden. 1869 wurde in Berlin die öffentliche Fleischbeschau eingerichtet, vorher hatte es Hunderte, in London allein über 1000 Schlachthöfe innerhalb der Stadt gegeben.

Mit den Kanalsystemen für Frischwasser und Abwasserentsorgung und den Leitungen für Gas und Elektrizität entstand die unterirdische Stadt. Das geschah großenteils in städtischer Regie. Die Städte erkannten die Möglichkeiten, über Infrastrukturinvestitionen, z.B. in das System des öffentlichen Nahverkehrs, die Stadtentwicklung zu steuern. Fiskalische Interessen spielten dabei ebenfalls eine Rolle, denn viele Stadtwerke warfen beträchtliche Gewinne ab. Hinzu kam die Kritik an der sehr unvollkommenen und hochselektiven Erschließung durch die privaten Bertreiber, die sich vornehmlich um die Viertel zahlungskräftiger Bewohner kümmerten. Seuchen brachen aber zuerst in den Vierteln der Armen aus. Noch 1892 starben in Hamburg 8600 Menschen an Cholera. Vorsorge gegen Epidemien war die entscheidende Triebkraft für den Ausbau insbesondere der technischen Infrastrukturen zur Versorgung mit Frischwasser und Entsorgung von Abwasser und Müll. Parallel dazu wurden die Krankenhäuser zu Einrichtungen professioneller Krankenversorgung ausgebaut, kommunale Entbindungsanstalten und Säuglingsheime geschaffen, flankiert von umfangreichen Beratungsangeboten. Ab 1900 wurden städtische Gesundheitsämter gegründet. Schon vorher hatten die Gemeinden Armen- und Stadtärzte angestellt. Hygienische Überlegungen – neben der Prophylaxe gegen Feuersbrünste – waren auch auslösend für die Entwicklung von Bauvorschriften (Abstandregulierungen) und Planungsinstrumenten (vgl. Rodenstein 1988, S. 67ff.). Die öffentliche Bauleitplanung begann 1862 mit der Verabschiedung des nach seinem Hauptverfasser James Hobrecht benannten Hobrecht-Plans, der die Erweiterungen der Stadt Berlin regulieren sollte.

Mit der Zeit verlagerte sich die Aufmerksamkeit mehr und mehr von der Seuchenbekämpfung auf soziale Probleme (vgl. Lenger 2004, S. 285). Indiz dafür ist der Ausbau der Jugendfürsorge, bedingt durch die Sorge um die Erziehung und Kontrolle der Jugendlichen, die einen hohen Anteil der Stadtbevölkerung stellten. Wichtigstes Ziel der nun eingerichteten Institutionen der Fürsorge, Armenpflege und Gesundheitserziehung – die ersten schulärztlichen Dienste wurden ab 1883 eingerichtet – war die Integration in den Arbeitsmarkt (vgl. Krabbe 1989, S. 100ff.).

Der Umfang der kommunalen Aktivitäten ist um so erstaunlicher, als die kommunalen Parlamente aufgrund eines Wahlrechts, das die Stimmen nach Steuerkraft und Eigentum gewichtete, von den Besitzenden beherrscht wurden. Im Durchschnitt der bayerischen Städte besaßen nur 9 Prozent der Bewohner das kommunale Wahlrecht, und Friedrich Alfred Krupp konnte zwischen 1881 und 1894 allein ein Drittel der Stadtverordneten von Essen bestimmen, da er als einziger der Wahlklasse I angehörte (vgl. Wehler 1995, S. 538). Daß die Kommunen trotz dieser Machtverhältnisse ein derart umfangreiches wirtschafts-, gesundheits- und sozialpolitisches Engagement entwickeln konnten, so daß es ihnen den als Vorwurf gedachten Begriff des »Munizipalsozialismus« einbrachte, lag am schieren Problemdruck und den gesundheitlichen Risiken, aber auch an der Angst vor der damals noch revolutionären Sozialdemokratie. Eine erhebliche Rolle, nach Hans-Ulrich Wehler (vgl. 1995, S. 542) sogar die entscheidende, spielte das städtische Fachbeamtentum, das sich mit der traditionellen Gemeinwohlorientierung der Kommunen identifizierte und mit dem Ausbau der kommunalen Leistungsverwaltung erheblich an Einfluß gewann.

Infrastrukturen sind als hochkomplexe Systeme aus technischen Einrichtungen, Gebäuden, professionellen Eliten, bürokratischen Strukturen und Preissystemen zu begreifen. Als solche sind sie Akteure der Urbanisierung. Ihre politische Rolle bei der Konstruktion administrativer Strukturen ist offenkundig (vgl. Bender 2012, S. 134): Weil beispielweise Wasserversorgungssysteme nicht an kommunalen Grenzen haltmachen, zwingen sie im heutigen Jerusalem wie früher in den Zeiten der Teilung Berlins zu politischen Kooperationen, die in anderen Politikfeldern undenkbar wären. Die Interdependenzen zwischen den verschiedenen Infrastrukturen wachsen. Ein Entwässerungssystem ist auf funktionierende Pumpen und damit auf eine kontinuierliche Stromversorgung angewiesen. Große technische Infrastrukturen sind enorm verwundbar durch Sabotage. All das verschärft das angstvolle Gefühl von Abhängigkeit angesichts der unentrinnbaren Einbindung des Alltags in die technisch-administrativen Großstrukturen der städtischen Maschinerie.

Infrastruktursysteme prägen urbane Praktiken: »Sie formen unsere Gewohnheiten, unsere Arbeit und Freizeit, unsere Wahrnehmungen und Körper, unsere Gefühle und Sehnsüchte. Sie formen unsere Freundschaften, unser Familienleben, unsere Art zu lieben und miteinander zu schlafen« (Höhne 2012, S. 149). Nun muß man den städtischen Infrastrukturen nicht gleich alles anlasten, was sich mit der großstädtischen Lebensweise verbindet. Die Einführung von Kanalisation, Zentralheizung und Telephon hat in der Tat dazu beigetragen, Tätigkeiten, die früher auf der Straße stattfanden, in private Räume zu verlegen, so wie Zeitung, Radio und Fernsehen mit dafür verantwortlich sind, daß der öffentliche Raum als Quelle von Informationen an Bedeutung verlor. Aber die Ahnenreihe der urbanen Lebensweise ist sehr viel komplizierter. Sie ist aus dem Zusammentreffen sehr verschiedener und interdependenter Entwicklungen hervorgegangen: technischen Erfindungen wie der Dampfmaschine und der Elektrizität, einer immer differenzierteren Arbeitsteilung, den Zwängen betrieblicher Herrschaft und industrieller Produktionstechniken, denen immer mehr Menschen, eben auch die Frauen, unterworfen sind, den hygienischen, sozialen und logistischen Problemen, die sich aus der Konzentration großer Menschenmassen auf engem Raum ergeben und schließlich den zunehmend komplexeren Infrastrukturen zur Ver- und Entsorgung einer Großstadt.

Die in die Städte strömenden Zuwanderer mußten ihre unter ländlichen Bedingungen gelernten Verhaltensweisen ablegen und sich eine disziplinierte Lebensführung entsprechend den Erfordernissen des Großstadtlebens und der industriellen Arbeit zu eigen machen. Deshalb war der Bau von Infrastruktureinrichtungen von detaillierten Verhaltensanweisungen begleitet: In Budapest wurden seit 1879 immer wieder das Wegwerfen von Abfall, Urinieren, Töten und Füttern von Tieren ebenso wie Tierkämpfe und Bullenrennen in Parks verboten. Die Anlagen sollten für die körperliche Ertüchtigung genutzt werden, genauso wie die Badeanstalten, in denen mit Bekleidungsvorschriften und Geschlechtertrennung dem »wilden Baden« ein Ende gesetzt werden sollte (vgl. Lenger 2013, S. 171f.). Auch das sprachliche Verhalten wurde der neuen städtischen Disziplin unterworfen. Im 19. Jahrhundert waren in London »Keifen, Kämpfen, Streiten, Verwünschen, Fluchen und jede Form schamloser oder unangemessener Sprechweisen« verboten (zit. n. Lenger 2013, S. 171). Anscheinend hat der Prozeß der Urbanisierung manche Gegenden erst in der zweiten Hälfte des 20. Jahrhunderts erreicht. Sonst hätte es die Gemeinde von Ann Arbor im US-Bundesstaat Michigan nicht noch 1957 für nötig befunden, folgende Aktivitäten im öffentlichen Raum zu untersagen:

> »Betteln, verächtliche, gemeine oder obszöne Sprache, unanständiges, beleidigendes, unmoralisches oder obszönes Verhalten, […] Unruhestiften, Kämpfen oder Streiten, Zusammenrottungen, jegliche Störung des öffentlichen Friedens und der Ruhe durch lautes, heftiges oder vulgäres Verhalten« (Ordinance Code, zit. n. Lofland 1973, S. 70)

Das pädagogische Engagement erklärt sich auch aus den Besorgnissen von Kirche und Bürgern um die Sittlichkeit der

Unterschichten, die sich u. a. am verbreiteten Schlafgängerwesen festmachten. Aber statt die Vermietung von Betten an alleinstehende Männer und Frauen durch eine Reform der Wohnungsversorgung aus der Welt zu schaffen, die den Unterschichten bessere Wohnungen zugänglich gemacht hätte, wurden, was sehr viel billiger kam, die Kontrollen durch die Wohnungsinspektion ausgebaut, die für »eine gute, strenge Hausordnung, gute, energische Hausmeister, Verbot des Schlafburschen- und Aftermietwesens« sorgen sollten (Schmoller 1983, S. 173). Paradigmatisch für die Bemühungen um eine Disziplinierung der städtischen Unterschichten ist das Elberfelder System der Armenfürsorge, das um 1900 von der Mehrheit der städtischen Armenverwaltungen in Deutschland praktiziert wurde (vgl. Lenger 2013, S. 191). Danach mußten kommunale Unterstützungsleistungen alle 14 Tage neu bewilligt werden, wozu die Fürsorgeempfänger in kurzen Zeitabständen überprüft wurden. Diese Prüfungen führten ehrenamtlich tätige Armenpfleger durch, die überwiegend dem Kleinbürgertum angehörten. Die Kehrseite dieser Armenpflege, schreibt der Historiker Friedrich Lenger, »war ohne Zweifel eine radikale Disziplinierung« (ebd.) der Armen durch die Mittelschicht. Aber es blieb nicht bei Verboten und Ermahnungen. Die Stadt selbst wurde zur Agentur der Volkserziehung.

2.2.2 Der sanfte Zwang der gebauten Umwelt

Der Prozeß der Zivilisation ist, so Elias (1976, S. 261), »auf eine immer stärkere und vollkommenere Intimisierung aller körperlichen Funktionen, auf ihre Einklammerung in bestimmten Enklaven, ihre Verlegung ›hinter verschlossene Türen‹« ausgerichtet. Das ist wörtlich zu nehmen.[3] Körperliche Funktionen wie Schlafen, sich Entleeren oder Reinigen fanden bis in die Barockzeit in aller Öffentlichkeit statt. Ludwig XIV. ließ in seiner *chambre* kleine Konzerte aufführen – das Wort Kammermusik stammt daher – und hatte aus seinem Zu-Bett-Gehen wie aus seiner Morgentoilette einen Staatsakt gemacht. Bis zur Mitte des 18. Jahrhunderts gab es weder in Italien noch in Frankreich oder England spezifische Worte für Schlafzimmer – ein Indiz dafür, daß Schlafen und andere Funktionen wie Essen oder Geselligkeit im Alltag nicht räumlich voneinander separiert werden mußten. Die »Affektmauer« (Elias) aus Scham und Peinlichkeit, die heute die Menschen auf Distanz zueinander hält, war noch niedrig. Auch die Empfindlichkeit gegenüber Gerüchen war kaum ausgeprägt. Einem heutigen Stadtbewohner wäre der Gestank unerträglich, der selbst in Schlössern herrschte: In »Versailles [...] mußten [...] trotz aller Nachtstühle und Nachttöpfe, häufig auch Kamine, Treppen, Vorzimmer und Flure, die teilweise mit Stroh ausgelegt waren, das bei großen Festen entfernt wurde, als Aborte herhalten« (Dibie 1989, S. 136). Noch im 19. Jahrhundert war es durchaus üblich, sich seiner Notdurft in aller Öffentlichkeit zu entledigen. Im Zuge der Urbanisierung wurden alle diese Verrichtungen immer strikter verortet: Von den Straßengräben und Hauswänden wanderten sie in die öffentlichen Aborte und die Hinterhöfe der Häuser, dann auf den Treppenabsatz und schließlich in die Wohnungen, wo sie wiederum besonders abgeschotteten Orten zugewiesen wurden. Von dort wurden und werden sie durch

3 Zum folgenden ausführlich: Elias 1976, S. 219-263; Gleichmann 1976 und 1979; Ariès 1988, S. 139f.; Dibie 1989, S. 139f.; Häußermann/Siebel 1996, S. 20-41 und 131-144.

Wasserspülung, Absaugvorrichtungen und Kanalisationssysteme spurlos fortgeschafft.

Die räumliche und zeitliche Differenzierung menschlicher Aktivitäten, ihre Einhausung und immer exaktere Verortung im Gefüge der Stadt bis hinein in jede einzelne Wohnung ist die Basislogik städtischer Entwicklung. Die Geschichte der Stadt kann auch als eine Geschichte der räumlichen Differenzierung von Aktivitäten und Funktionen geschrieben werden (vgl. Bukow 2011, S. 217f.): Dem Schloß und der Kirche wird das Rathaus entgegengestellt, dem Glockenturm mit seiner sakralen Zeiteinteilung der Uhrturm mit der rationalen Zeit, Arbeiten und Wohnen treten auseinander bis zur weiträumigen Trennung von Suburbia und Kernstadt, von Gewerbegebieten, Bankenvierteln, Einkaufszonen und Quartieren des Vergnügens. Im Verlauf der Urbanisierung werden immer mehr Tätigkeiten und Personen in gesonderte Räume verlegt: in Kitas, Schulen, Universitäten, Sportstätten, Fabriken, Büros, Restaurants, Theater, Gefängnisse, Krankenanstalten, Altenheime etc. Das verringert Störungen zwischen unverträglichen Nutzungen und Verhaltensweisen und erhöht die Leistungsfähigkeit. Indem sportliche Aktivitäten aus städtischen Zusammenhängen herausgelöst und in den entsprechend spezialisierten Räumen der Schwimmbäder, Golfplätze, Stadien und Turnhallen verortet werden, können die Athleten besser geschult und ihre Aktivitäten verregelt werden. Verortung, Verregelung und Disziplinierung wiederum machen aus Körperertüchtigung und Spiel eventisierbare und kommodifizierbare Sportereignisse (vgl. Bockrath 2008, S. 158).

Die Differenzierungen und Spezialisierungen städtischer Räume setzen sich fort bis in die Grundrisse und die technische Ausstattung der Wohnungen. Damit dringen sie immer tiefer in die Organisation des Alltags und in psychische Strukturen ein. Der »Verhäuslichung der Vitalfunktionen« (Gleichmann 1976) »entspricht die Schaffung von körperlosen, quasi neutralen, von jeglichen Körpergerüchen und -geräuschen bereinigten Räumen« (Kanacher 1987, S. 254). Der städtische Alltag polarisiert sich in eine öffentliche, entsinnlichte und eine private, intimisierte Sphäre, und diese Polarisierung wird verinnerlicht und zum selbstverständlichen Bestandteil der Identität. »Es scheiden sich [...] im Leben der Menschen selbst mit der fortschreitenden Zivilisation immer stärker [...] ein heimliches Verhalten und öffentliches Verhalten voneinander. Und diese Spaltung wird den Menschen [...] zur zwingenden Gewohnheit, daß sie ihnen selbst kaum noch zu Bewußtsein kommt« (Elias 1976, S. 262). Die zentrale Instanz dieser Konditionierung ist die Kleinfamilie, und die Familienwohnung ist mehr als nur deren Ort: Der Grundriß einer Wohnung, die Art und Weise ihrer Einrichtung und ihrer Nutzung sind Symbol und Mittel der Erziehung zu disziplinierter Lebensführung. Man vergegenwärtige sich nur, was der Vater in Adalbert Stifters Roman *Der Nachsommer* von der Organisation einer Wohnung erwartet:

> »Die gemischten Zimmer, wie er sich ausdrückte, die mehreres zugleich sein können, Schlafzimmer, Spielzimmer und dergleichen, konnte er nicht leiden. Jedes Ding und jeder Mensch, pflegte er zu sagen, könne nur eines sein, dieses aber muß er ganz sein. Dieser Zug strenger Genauigkeit prägte sich bei uns ein, und ließ uns auf die Befehle der Eltern achten, wenn wir sie auch nicht verstanden« (Stifter o. J., S. 2).

Über die moderne, funktionsgetrennte Stadt läßt sich dasselbe sagen, und das nicht nur aufgrund des kontrollierenden Blicks von Nachbarn, Passanten und Videokameras. Ihre Struktur ist mehr als nur der physische Niederschlag durchgesetzter sozialer Normen, sie ist auch deren Vehikel. Die bauliche und funktionale Organisation der Stadt und die städtischen Infrastrukturen, ausgestattet mit Anschlußzwang und Gebührenordnung, fungieren als Agenten der Zivilisierung. Sie fördern die Disziplinierung des Städters, indem sie bestimmte Verhaltensweisen erschweren oder verhindern und andere erleichtern oder nahelegen. Die zeitliche und räumliche Organisation der modernen Stadtmaschine macht entsprechend rationales Verhalten unausweichlich. Im modernen Straßenverkehr kann Unberechenbarkeit mit schweren Verletzungen oder dem Tod bestraft werden, und es kostet Eltern viel angstvolle Aufmerksamkeit und Ermahnungen, bis sie ihren Kindern spontanes Verhalten auf den Straßen abgewöhnt haben. Öffnungszeiten und Fahrpläne lassen jeden unter der eigenen Unpünktlichkeit leiden. Hinzu kommen die Botschaften, die von den symbolischen Strukturen der Stadt ausgesandt werden. Kaum einer ist immun gegen die Aufforderung, sich in der Kirche ruhig zu verhalten, im Stadion zu jubeln, und die luxuriösen Materialien, mit denen die 1-a-Lagen der städtischen Fußgängerzonen ausgestattet sind, vermitteln jedem ärmlich Gekleideten das peinliche Gefühl, fehl am Platz zu sein.

Städte sind Agenturen unwillkürlicher Erziehung. Das haben sich Generationen von Architekten und Städtebauern, Wohnungsreformern und Fabrikherren, Medizinern und neuerdings Ökologen zunutze gemacht. Sie versuchten, Städte- und Wohnungsbau als pädagogische Instrumente einzusetzen, sei es zu einem gottgefälligen Familienleben oder zu disziplinierter, rationaler Lebensführung. Mittels der Wohnung sollte das Volk zu einer »vernunftbeherrschten Lebensgestaltung« (Adelheid von Saldern) erzogen werden. Paternalismus, christliche Moral und Fürsorge, die drängenden Probleme der Seuchenbekämpfung, die Sorge der Fabrikanten um die Fabrikdisziplin und der Militärs um die Wehrfähigkeit, aber auch Einsichten in den Zusammenhang von Gesundheit, Zufriedenheit und Produktivität, schließlich die politische Furcht vor der aufstrebenden Sozialdemokratie, all das verknüpfte die Bemühungen um die »Daseinsvorsorge« (Forsthoff) und um die Ordnung der Stadt aufs engste mit Volkserziehung.

Vor dem Ersten Weltkrieg engagierten sich einige Fabrikanten beim Bau von Werkswohnungen. Sie verfolgten damit einen doppelten Zweck: zum einen die Bindung der Arbeiter an die Fabrik. Die Fluktuation der höher qualifizierten Arbeiter, die auch anderswo ihr Geld verdienen konnten, war schon damals ein Problem; zum anderen die Erziehung zu einer geregelten Lebensführung ohne Saufen in der Kneipe und sozialdemokratische Politisiererei. Alfred Krupp etwa hielt seine Angestellten dazu an, ihre freie Zeit mit der Familie zu verbringen: »Nach gethaner Arbeit verbleibt im Kreise der Eurigen, bei den Eltern, bei der Frau und den Kindern. Da sucht Eure Erholung, sinnt über den Haushalt und die Erziehung. Das und Eure Arbeit sei zunächst und vor Allem Eure Politik« (Alfred Krupp 1877, zit. n. Ritter/Tenfelde 1992, S. 611).

Die quantitativen Effekte dieses Wohnungsbaus blieben bescheiden. Selbst die von vielen Advokaten einer Wohnungsreform beschworene Angst der Bourgeoisie vor einer politischen Radikalisierung brachte keine wesentlichen Veränderungen. Das gelang erst nach 1918 unter den durch Revolution und die Einführung des allgemeinen Wahlrechts geänderten Machtverhältnissen.

Zu Beginn des Ersten Weltkriegs waren gerade 1,27 Prozent des gesamten Wohnungsbestands in der Hand von Genossenschaften und einigen wenigen gemeinnützigen Kapitalgesellschaften (vgl. Jenkis 1991, S. 310). Das änderte sich nach Kriegsende. Die wenigen Jahre der Weimarer Republik waren

»das goldene Zeitalter der Wohnungspolitik« (Häußermann/Siebel 1996, S. 125). Unqualifizierte und Arme kamen zwar nur selten in den Genuß der neuen Wohnungen, sie blieben auf heruntergekommene Altbauten angewiesen. Aber die Wohnsituation der Facharbeiter, der niederen Angestellten und Beamten wurde erheblich verbessert. Zusammen mit dem sozialen Wohnungsbau entstand in der Weimarer Republik ein System aus Bauträgern, Wohnungsgesellschaften, Wohnungsämtern, Finanzierungsinstitutionen, Stadtplanungsämtern und Förderbestimmungen, durch die das Wohnen mehr und mehr reguliert wurde. Die »halboffene Familie« (Niethammer/Brüggemeier 1976) des großstädtischen Proletariats sollte ersetzt werden durch die Kleinfamilie in einer privaten, abgeschlossenen Wohnung, für die regelmäßig Miete gezahlt werden mußte, und für deren Zustand die Bewohner verantwortlich gemacht werden konnten. Die Pflicht, für Weib und Kinder zu sorgen, werde dem Proleten das Saufen und Krakeelen, auch das politische, schon abgewöhnen. Auch ohne den Bezug auf psychoanalytische Sozialisationstheorien sah man in der Zweigenerationenfamilie die Instanz, die eine Verinnerlichung der Normen industrieller Arbeitsdisziplin und rationaler Lebensführung gewährleisten würde. Deshalb baute man abgeschlossene Wohnungen für eine selbständige Haushaltsführung der Kleinfamilie aus Eltern und ihren Kindern.[4]

4 Vor und nach dem Ersten Weltkrieg war die Frage des richtigen Wohnens Gegenstand politischer Diskussionen. Dem bürgerlichen Modell des kleinfamilialen Wohnens wurden sozialistische Modelle gegenübergestellt, bei denen auf haushaltsübergreifende Arbeitsteilung, genossenschaftliches Eigentum und Wohnformen jenseits des Familienhaushalts gesetzt wurde. Einige wenige Projekte wurden auch realisiert. Zu den Gründen, weshalb sie sich nicht durchsetzen konnten, vgl. Häußermann/Siebel 1996, S. 87ff.

Was vor 1914 mit den Mitteln einer rigorosen Wohnungsinspektion durchgesetzt werden sollte, suchte man jetzt durch den sanften Zwang der gebauten Umwelt zu erreichen. Grundrisse und Ausstattung wurden so ausgelegt, daß die Wohnungen ihren Bewohnern unerwünschtes Verhalten erschwerten und erwünschtes aufdrängten. Weiteres leisteten strenge Hausordnungen, die lautes Radio, das Betreten des Rasens, Wäscheaufhängen an Sonntagen und andere Disziplinlosigkeiten verboten.

Das von der Architektur-Avantgarde des funktionalistischen Neuen Bauens favorisierte Modell eines modernen Wohnens verband auf eigentümliche Weise konservative Vorstellungen von Familie und der Rolle der Frau mit den Ideen fordistischer Rationalisierung. Die Familie wurde als die soziale Einheit des Wohnens definiert, die traditionellen Geschlechterrollen nicht in Frage gestellt. Aber das Wohnen und die Hausarbeit der Frau sollten rationalisiert ausgerichtet werden. Dabei orientierte man sich an den Prinzipien der Rationalisierung der industriellen Produktion, die der Ingenieur Frederick W. Taylor 1911 in seinem Buch *The Principles of Scientific Management* (dt.: *Die Grundsätze wissenschaftlicher Betriebsführung*) niedergelegt hatte. Die Architekten des Neuen Bauens und die russische Architektur-Avantgarde waren überzeugt, daß mit diesen Prinzipien die Stadt, ja das ganze menschliche Leben kostengünstig, arbeitssparend und insgesamt rational organisiert und dadurch humanisiert werden könne. Der Architekturhistoriker Sigfried Giedion setzte auf die Titelseite seines Buches *Befreites Wohnen* von 1929 ein Zitat Henry Fords: »Die Häuserform wird sich ebenso schnell ändern, wie die Kleiderform sich geändert hat, und auch die Führung des Haushalts wird einen Umschwung erleben. Es hat lange gebraucht, aber jetzt wird der Fortschritt sehr rasch vor sich gehen.« Und der Fortschritt führte raus aus der Gemütlichkeit und hinein in die »Wohnmaschine« (Le Corbusier). Wohnen als vermischtes Tun und die Wohnküche als dessen räumlicher Ausdruck waren den Vertretern des Neuen Bauens ein Greuel. Sie wollten das Durcheinander von Personen und Tätigkeiten in der Wohnung in Ordnung bringen. Dazu reduzierten sie das Wohnen auf körperliche Verrichtungen plus Familienleben und zerlegten alles in einzelne Funktionen: Kommunizieren (= Familienleben), Schlafen, Nahrungszubereitung und -aufnahme, sich Entleeren und Reinigen. Diese Funktionen wurden spezialisierten Räumen zugewiesen: Küche, Schlafzimmer, Toilette und Bad. Familienleben fand im Wohnzimmer statt, ansonsten wurden Kinder und Eltern sorgfältig getrennt. Die Räume wurden in Grundriß und Ausstattung auf diese Funktionen resp. Personen und nur auf diese hin ausgelegt. So postulierte ein prominenter Vertreter des Neuen Bauens: »daß also ein Wohnzimmer immer zum Wohnen und Schlafkabinen zum Schlafen und für nichts anderes bestimmt sind [...] nach Art eines Ingenieurs, der die Normalfamilie mit drei Kindern als den Betrieb ansieht, für den er die Maschinen und die Fabrik konstruiert« (Bruno Taut, zit. n. Kähler 1988, S. 548).

Zugleich wurde damit die hierarchische Arbeitsteilung zwischen Mann und Frau festgeschrieben und die Arbeit der Frau schon vor ihrer Integration in den Arbeitsmarkt den Maximen betrieblicher Rationalität unterworfen. Die Architektin Margarete Schütte-Lihotzky war bei der Planung der berühmten »Frankfurter Küche« Mitte der zwanziger Jahre diesem Modell fordistischer Rationalisierung der Industriearbeit gefolgt. Sie löste die komplexen Verrichtungen der Hausarbeit aus ihren Verflechtungen mit dem Familienleben heraus, zerlegte die so isolierten Arbeitsvorgänge in einzelne Bewegungselemente, setzte diese unter Gesichtspunkten der Ersparnis von Zeit und Kraft neu zusammen und entwarf die Küche komplett mit allen Einrichtungen exakt abgestimmt auf die so gewonnenen Abläufe hin. Heraus kam eine 6,5 Quadratmeter kleine Küche, in der eine mittelgroße Frau zwar zeit- und kraftsparend kochen, waschen und bügeln konnte, in die aber weder Kinder noch ein helfender Mann hineinpassten. Das effektivste Mittel der Produktivitätssteigerung, die Arbeitsteilung, wurde nicht genutzt. Die geringen Arbeitserleichterungen wurden mit einer im Grundriß der Wohnung und ihrer Einrichtung festgeschriebenen Rollenverteilung von (Haus-)Frau und Mann erkauft. Das Arrangement diente dazu, auch innerhalb der Wohnung die Trennung von Arbeit und Freizeit durchzusetzen und die so isolierte Hausarbeit zu erleichtern. Die Arbeit der Hausfrau wurde in den hintersten und kleinsten Raum abgedrängt, um das Wohnzimmer als Ort von Freizeit und familialer Kommunikation um so großzügiger inszenieren zu können.

Mit der 1933 auf dem IV. Internationalen Kongreß Moderner Architektur erlassenen Charta von Athen übertrugen Architekten und Stadtplaner diese Prinzipien auf die Stadt. Wie Wohnen als vermischtes Tun in einzelne Funktionen aufgespalten wurde, so zerlegten sie die komplexen Prozesse städtischen Lebens in einzelne Funktionen und wiesen diese zu bestimmten Zeiten bestimmten Orten in der Stadt zu. Damit, so hoffte man, könnten die offenkundigen Produktivitätsfortschritte, die durch die fordistische Organisation der industriellen Produktion erreicht worden waren, auch für die Stadtmaschine erzielt werden. Aber die Stadt wurde so zu einem Korsett, das jedem vorschreibt, wann wo was zu tun ist. Man denke nur an Robert Musils Beschreibung der modernen Stadt in *Der Mann ohne Eigenschaften*:

> »Fragen und Antworten klinken ineinander wie Maschinenglieder, jeder Mensch hat nur ganz bestimmte Aufgaben, die Berufe sind an bestimmten Orten in Gruppen zusammengezogen, man ißt während der Bewegung, die Vergnügungen sind in andern Stadtteilen zusammengezogen, und wieder anderswo stehen die Türme, wo man Frau, Familie, Grammophon und Seele findet. Spannung und Abspannung, Tätigkeit und Liebe werden zeitlich genau getrennt und nach gründlicher Laboratoriumserfahrung ausgewogen« (Musil 1952, S. 31 f.).

Die fordistische Stadt ist verräumlichte Disziplin. Sie zerreißt die Einheit des Alltags, indem sie strikt isolierte Tätigkeiten zu getrennten Zeiten getrennten Orten zuweist. In der Wohnküche konnten Mann und Frau sich noch in die Arme nehmen, in Schütte-Lihotzkys Frankfurter Küche war dafür kein Platz. Das Paar hätte einen Termin im Schlafzimmer vereinbaren müssen. Von der Frankfurter Küche über die säuberliche Trennung der städtischen Funktionen bis zur Suburbanisierung herrschten räumliche Ordnungsschemata, die mit dem chaotischen Durcheinander auch Spontaneität und Überraschung aus der Stadt verbannten. In seinen Entwürfen hat Le Corbusier dieses Konzept bis zur Vernichtung der europäischen Stadt radikalisiert. Er plante ein neues Paris, in dem es neben ein paar übriggelassenen Monumenten, die in der leergeräumten Stadt beziehungslos herumstehen, nur Wohnmaschinen, Autobahnen und Grünflächen geben sollte: vollkommen beherrschte Natur und eine tote Stadt. Wäre die DDR nicht gescheitert, sie hätte diese Dystopie einer Stadt ohne Urbanität vielleicht realisiert.

2.3 Reurbanisierung

Bisher wurde dargestellt, wie sich im Verlauf der Urbanisierung die Lebensweisen gewandelt haben. Einen Höhepunkt erreichte diese Entwicklung in der Phase der Industrialisierung im 19. Jahrhundert und in der Hochzeit des Fordismus nach dem Zweiten Weltkrieg. Damals setzte sich eine städtische Lebensweise durch, deren innere Logik auf Rationalisierung, Standardisierung und der traditionellen Arbeitsteilung zwischen den Geschlechtern beruhte: Die Normalbiographie des Mannes war von seiner Berufsrolle bestimmt. In der weiblichen Normalbiographie dominierten familiale Rollen: Ehefrau, Hausfrau und Mutter. Demgegenüber traten Kindheit, Ausbildung und die Zeit als Rentner zurück. Dem entsprach eine Wohnbiographie mit zwei eher kurzen Phasen außerhalb eines Familienhaushalts: vor der Ehe und nach dem Tod des Ehepartners. Die dazu passende »familiengerechte Wohnung« gab es in zwei Ausführungen: als Einfamilienhaus in Suburbia, wie es in den USA von privaten Developern massenhaft hergestellt wurde, und als industriell produzierte Mietwohnung in den Staaten des real existierenden Sozialismus. In der Bundesrepublik findet sich beides nebeneinander: Einfamilienhaussiedlungen und Großsiedlungen des sozialen (Miet-)Wohnungsbaus am Stadtrand.

Der Standardisierung und funktionalen Spezialisierung der Grundrisse und der Ausstattung der Wohnungen, korrespondierte das Stadtmodell des Fordismus. Wie das gemischte Tun der Hausfrau in der Frankfurter Küche in einzelne Bewegungsabläufe zerlegt wurde, so riß der städtebauliche Fordismus das komplexe, vielfältige und widersprüchliche urbane Gewebe in säuberlich getrennte Funktionen auseinander: Arbeiten, Wohnen, Erholung und Verkehr wurden verschiedenen Orten in der Stadt zugeteilt. Darüber legte sich eine ebenso rigide Organisation der Zeit, die sich an den Erfordernissen der industriellen Produktion orientierte, nicht an denen der Organisation des Alltags von Menschen (vgl. Läpple/Thiel 2005). Begeistert von den Erfolgen fordistischer Massenproduktion, glaubten Städtebauer und Architekten, mit nach denselben Prinzipien ausgerichteten Wohnungen und Städten den Mief und die Gemütlichkeit des Kleinbürgertums ebenso austreiben zu können wie das Elend und Chaos der Industriestadt. Aber indem sie Stadt in den Kategorien einer auf Hygiene, Ökonomie und Technik verkürzten Rationalität begriffen, vergaßen sie, daß Stadt eine räumliche Struktur gewordene soziale und kulturelle Tatsache ist. Die alliierten Bomber hatten die bauliche Substanz der europäischen Stadt zerstört, die Vertreter des Neuen Bauens im Bund mit Investoren und das Wohnungsunternehmen Neue Heimat zerstörten ihre städtebauliche Kultur.

In den sechziger Jahren entstand eine zunächst von Intellektuellen getragene kritische Gegenbewegung. Sie polemisierte gegen den städtebaulichen Funktionalismus und das Gartenstadt-Konzept als einer »zweiten Stadtzerstörung«. Jane Jacobs, Kevin Lynch, Lewis Mumford, Wolf Jobst Siedler, Robert Venturi klagten die klassischen Qualitäten der europäischen Stadt ein: die bildhafte, lesbare physische Gestalt, die lebendige Mischung unterschiedlicher Nutzungen, die soziale und kulturelle Heterogenität und die Überlagerung historischer Epochen im Stadtkörper. Besonders einflußreich in der Bundesrepublik wurde *Die Unwirtlichkeit unserer Städte* (Mitscherlich 1965). Alexander Mitscherlich hat sein Buch im Untertitel eine *Anstiftung zum Unfrieden* genannt. Es war ein flammendes Pamphlet gegen einen technokratisch verkürzten Städtebau und gegen die Flucht nach Suburbia. Er forderte ein neues Stadtbürgertum und die Rückkehr in die europäische Stadt. Mitscherlichs auf den ersten Blick rückwärtsgewandte Prinzipien einer wirtlichen Stadt, haben sich im nachhinein als erstaunlich realitätstüchtig erwiesen. Seit den neunziger Jahren bewegt sich die Wirklichkeit in die von ihm erhoffte Richtung. Die Rückgewinnung der Stadt ist zum Thema geworden.

2.3.1 Suburbanisierung, Desurbanisierung, Reurbanisierung

Mit dem rasanten Wachstum der Bevölkerung und der Industrialisierung hatte sich seit Beginn des 19. Jahrhunderts eine enorme städtische Dynamik entfaltet. Ernest Burgess (1974) hat am Beispiel Chicagos ein Modell dieser Dynamik entwikkelt: Die Neuankömmlinge lassen sich zunächst in der Innenstadt nieder und wandern dann im Zuge ihrer Integration in die Stadtgesellschaft allmählich zum Rand der Stadt. Die Stadt dehnt sich in konzentrischen Ringen ins Umland aus. Die Randwanderung der Bevölkerung schafft in der Innenstadt Platz für die nächste Welle der Zuwanderer, während sich um die Kernstadt immer weitere Siedlungsringe anlagern. Burgess' Modell der Stadtentwicklung ähnelt einem Kaskadenbrunnen, bei dem das zuströmende Wasser zunächst die obere Schale füllt, von dort in die zweite, breitere darunter fließt, und wenn diese überläuft, füllt sich die unterste und größte.

Wenn die Randwanderung der Bevölkerung die administrative Grenze der Stadt überschreitet, so daß im Umland liegende Gemeinden wachsen und neue Vorstädte gegründet werden, spricht man von Suburbanisierung. Suburbanisierung war der beherrschende Trend der Stadtentwicklung in westlichen entwickelten Ländern ab dem Ende des Ersten Weltkriegs bis in die siebziger Jahre. Sie hat vielfältige objektive und subjektive Ursachen: Der Platzbedarf moderner Industrieanlagen und die mit wachsendem Wohlstand steigenden Wohnflächenansprüche waren innerhalb der Grenzen der Städte nicht zu befriedigen. Der Ausbau der Massenverkehrsmittel und später die Automobilisierung machten entferntere Standorte erreichbar. Die Politik unterstützte diesen Auszug mit Subventionen für Pendler und für Häuslebauer und durch die systematische verkehrstechnische Erschließung des Umlands. Die Traditionen der Stadtkritik, die seit dem 18. Jahrhundert die Stadt als für Kinder und Frauen verderbliche Umwelt verteufelt hatten, spielten ebenfalls eine Rolle (Fishman 1987), ebenso die Flucht vor Umweltbelastungen und einer allzu nahen Nachbarschaft zu Armen, Ausländern und Arbeitslosen.

Für Deutschland lassen sich drei Phasen unterscheiden: Die industrielle Suburbanisierung vom Ende des Ersten Weltkriegs bis in die siebziger Jahre wurde getragen durch die Randwanderung von Bevölkerung und industriellen Arbeitsplätzen. Die anschließende Phase einer tertiären Suburbanisierung einfacher Büroarbeitsplätze (Back Offices) sowie von Handelsfunktionen (Einkaufszentren) reichte bis in die neunziger Jahre. Danach siedelten sich auch höherwertige, produktionsorientierte Dienstleistungen und große Freizeiteinrichtungen im Umland an. In Suburbia entstanden weitgehend selbständige Gemeinden, die nicht mehr suburban, d. h. nicht mehr funktional abhängig von der Kernstadt, waren.

Die Kernstädte waren die Verlierer dieser Entwicklung. Das hat ein ganzes Bündel von Gründen: Wenn, wie für viele Städte der BRD seit den sechziger Jahren der Fall, die Wanderungsverluste der Kernstädte nicht mehr durch Zuwanderung von außerhalb der Region ausgeglichen werden, geht die Einwohnerzahl der Städte zurück. Da ihre Einnahmen aus Steuern und Zuweisungen großenteils an die Einwohnerzahl gebunden sind, sinkt die Finanzkraft der Städte. Ihre Ausgaben nehmen aber nicht im selben Maße ab, denn die Abgewanderten nutzen weiterhin die zentralen Einrichtungen der Städte, nur jetzt ohne mit ihren Steuern für sie einzustehen. Da die Bewohner des Umlands nach wie vor zur Arbeit in die Stadt pendeln, belasten sie die öffentlichen Verkehrsmittel, die Straßen und die Umweltqualität der Stadt. Noch gravierender wirkt sich die soziale Selektivität der Wanderungsbewegungen aus (vgl. Siebel 2005, S. 135). Zumeist wandern die jüngeren, politisch, sozial und ökonomisch aktiveren Bewohner ab, während die weniger Mobilen, und das sind in der Regel die Armen, die Alten, die Arbeitslosen und die Ausländer, in den Städten bleiben. Durch die Abwanderung wächst deren Anteil an der Stadtbevölkerung. Die Einnahmen gehen zurück, die Sozialhaushalte werden nicht entlastet, und die Abwanderungsgebiete werden sozial destabilisiert, weil sie ihre aktiven Bewohner verlieren. »Unsere Städte veröden vom Zentrum aus«, lautete ein Hilferuf des Deutschen Städtetags Anfang der siebziger Jahre (Deutscher Städtetag 1971).

Ab den siebziger Jahren gab es in den USA, aber auch in einigen europäischen Ländern Anzeichen für dramatische Entwicklungen zu Lasten der Städte. Mit der Deindustrialisierung schrumpfte die ökonomische Basis der Industriestädte. Die Wanderungsbewegungen insbesondere von Bevölkerung, aber auch von Arbeitsplätzen überbrückten immer weitere Distanzen (vgl. Champion 1989; Findlay 1991). Sie beschränkten sich nicht auf die Metropolregionen, sondern reichten bis in abgelegene ländliche Gebiete, die im Gegensatz zu früher hohe, teilweise sogar die höchsten Wachstumsraten aufwiesen (vgl. Bade et al. 1990, S. 14, Abb. 6). In der Folge sank in beinahe allen OECD-Ländern das Gewicht der Agglomerationen gegenüber den Nicht-Agglomerationen (vgl. Jaeger/Dürrenberger 1991, S. 116). An die Stelle der Konzentration der Bevölkerung in immer mehr und immer größeren Städten war ein Prozeß der interregionalen Dekonzentration getreten, der über das innerregionale Nullsummenspiel zwischen Kernstadt und Umland, also über bloße Suburbanisierung hinausging. Brian Berry (1982, S. 76) prägte dafür den Begriff der *counterurbanization*. Auch für die Bundesrepublik wurden Tendenzen einer »Desurbanisierung« (vgl. Gaebe 1987; Jung 1984) festgestellt. Es schien, als habe sich die jahrhundertelange Bewegung in die Städte umgekehrt, als sei aus der Landflucht eine Stadtflucht geworden.

Diese weitreichenden Thesen konnten langfristig nicht bestätigt werden. Die Erklärungen überdehnten vorübergehende Phänomene, und ihre empirische Basis blieb schwach. Am ehesten entspricht dem Modell die auf Freizeitqualitäten orientierte Wanderung von Rentnern (vgl. Fielding 1982). Zwar hatten die peripheren Regionen höhere Wachstumsraten, aber von einer sehr niedrigen Basis aus. Wenn in einer Region mit 1000 Arbeitsplätzen 100 weitere hinzukommen sollen, ist eine Wachstumsrate von 10 Prozent notwendig, eine Region mit 10000 Arbeitsplätzen benötigt für denselben Zuwachs nur eine Rate von 1 Prozent. Es würde also sehr lange dauern, bis die peripheren Regionen auch absolut die Agglomerationen eingeholt oder gar überholt hätten. Doch der Desurbanisierung war nur eine kurze Lebensspanne beschieden.

Nachdem fast zwei Jahrzehnte lang ein »doppelter Dekonzentrationsprozeß« (Hannemann/Läpple 2004, S. V) stattgefunden hatte, wonach die Verdichtungsgebiete hinter die ländlichen Regionen und die Kernstädte hinter das Umland zurückgefallen waren, gab es ab den neunziger Jahren Anzeichen einer Trendwende. Diese »Reurbanisierung« setzte in den USA früher und deutlicher ein. New York, das in den siebziger Jahren stark geschrumpft war, gewann in den neunziger Jahren neue Dynamik (vgl. Fishman 2005). Auch in Deutschland verzeichnen die Verdichtungsgebiete und viele Kernstädte wieder steigende Einwohnerzahlen, einen Zuwachs an Arbeitsplätzen und höhere Steuereinnahmen (vgl. Hannemann/Läpple 2004; Bundesinstitut für Bau-, Stadt- und Raumforschung im Bundesamt für Bauwesen und Raumordnung 2009, S. 4). Allerdings erfaßt die Reurbanisierung nicht alle deutschen Städte. Wachsenden Städten stehen weiterhin schrumpfende in den altindustriellen Regionen des Westens und im Osten Deutschlands gegenüber. In Nordrhein-Westfalen haben sich seit den sechziger Jahren massive Ungleichgewichte zwischen schrumpfenden und wachsenden Regionen herausgebildet. Es wird prognostiziert, daß die Abstände zwischen den prosperierenden und schrumpfenden Städten des Landes bis zum Jahr 2030 weiter zunehmen werden (vgl. Institut für Landes- und Stadtentwicklungsforschung 2014, S. 3).

Für die prosperierenden Regionen kann jedoch von einer Umkehr in der Richtung des Verstädterungsprozesses gesprochen werden. Mit Ausnahme des Ruhrgebiets und Bremens wächst die Bevölkerung in allen westdeutschen Stadtregionen und sogar in einigen Städten der neuen Bundesländer. Seit Ende der neunziger Jahre nimmt auch die Beschäftigung in den Stadtregionen stärker zu als im Durchschnitt der BRD. In den wieder wachsenden Großstädten wird in erheblichem Umfang neu gebaut. Gewerbliche Brachen werden für neue Formen des Wohnens und Arbeitens hergerichtet (vgl. Institut für Landes- und Stadtentwicklungsforschung 2014, S. 1 f.). Die europäische Stadt, so scheint es, erlebt eine Renaissance.[5]

Parallel zur gestiegenen Attraktivität der Stadt für Bewohner und für Unternehmen ändert sich das Image der Städte. An die Stelle der Stadtkritik: laut, schmutzig, teuer und sündhaft, ist das Stadtlob getreten: lebendig, vielfältig, anregend, kreativ. Es wird zwar nicht mehr wie im Mittelalter von Dichtern gesungen, sondern von Marketingfachleuten, aber es ist mehr als Poesie und Werbung. Die neue Attraktivität der Stadt wurde vorbereitet durch eine zunächst von Intellektuellen vorgetragene Kritik, die anprangerte, was im Zuge der Stadtentwicklung des 20. Jahrhunderts verlorengegangen war. Sie wird manifest in Änderungen der Lebensweise, der Parameter ökonomischer Rationalität und der Stadtpolitik. Im Mittelpunkt steht dabei die zunehmende Bedeutung der Kultur der Stadt als einer wesentlichen Ursache dieser Entwicklungen wie als deren Folge. Die Reurbanisierung stärkt die urbanen Qualitäten der Stadt und wird von diesen wiederum vorangetrieben. Die theoretischen Erklärungen dafür lassen vermuten, daß es sich um mehr als ein vorübergehendes und auf wenige Städte beschränktes Phänomen handelt.

Stadtentwicklungsprozesse sind wie alle gesellschaftlichen Phänomene überdeterminiert, sie haben immer mehrere Ursachen. Wenn kleine und mittlere Städte Zugewinne verbuchen können, so spielt dabei der demographische Wandel eine Rolle. Die Bevölkerungszahlen werden insbesondere in den strukturschwachen peripheren Regionen sinken, weil dort

---

5 Läpple 2003; vgl. hierzu das von Johann Jessen und Stefan Siedentop herausgegebene Schwerpunktheft der Zeitschrift *disP – The Planning Review* Nr. 180 1/2010.

zum demographisch bedingten Rückgang der Bevölkerung noch massive Abwanderung hinzutritt. Sehr bald kann eine Schwelle erreicht sein, jenseits derer das ursprünglich im Grundgesetz verankerte, mittlerweile aber abgeschwächte Postulat, gleichwertige Lebensverhältnisse in allen Regionen zu gewährleisten, aufgegeben werden muß. Das privatwirtschaftlich organisierte Angebot an Gütern und Dienstleistungen wird angesichts abnehmender Kaufkraft in den Abwanderungsregionen unrentabel, und die Pro-Kopf-Kosten in den Bildungs-, Gesundheits- und Sicherheitsinfrastrukturen steigen überproportional. Die Folge dürfte eine Reorganisation des Zentrale-Orte-Systems sein, bei der die privat und öffentlich angebotenen Güter und Dienstleistungen auf wenige städtische Zentren konzentriert werden, was einen zumindest relativen Funktionsgewinn mit entsprechenden Arbeitsplatzgewinnen für kleine und mittlere Städte beinhalten würde.

Dagegen nimmt seit einiger Zeit die Zahl der Bewohner sowie die der Arbeitsplätze in den Großstädten und insbesondere ihren Innenstädten relativ zum Umland, aber auch absolut zu. Dafür gibt es soziale und ökonomische Ursachen. Die ökonomischen Ursachen sind im Aufstieg der Dienstleistungs- und Wissensökonomie und der Kulturwirtschaft zu suchen. Diese Wirtschaftszweige expandieren innerhalb der Städte, weil sie dort eine höhere Produktivität erzielen und weil ihre Arbeitskräfte das Leben dort bevorzugen. Unterstützt werden diese Entwicklungen durch eine Stadtpolitik, die sich bemüht, die Innenstädte zu revitalisieren (Teil 3). Die sozialen Ursachen zeigen sich in einer schwindenden Dynamik der Suburbanisierung und einer neuen Nachfrage nach Stadt als Wohnort. Beides beruht auf der wachsenden Zahl typischer Innenstadtbewohner (Migranten, Studenten, Arme, Singles) einerseits und auf der gewandelten Rolle der Frau und den

Veränderungen der Arbeitswelt andererseits. Letzteres hat zur Folge, daß Berufstätige immer stärker auf die Leistungen der Stadtmaschine angewiesen sind, um ihren Alltag zwischen Arbeit und Leben bewältigen zu können.

2.3.2 Die neue Nachfrage nach Stadt

Die Suburbanisierung in der Bundesrepublik war getragen von einer Bevölkerungszunahme insbesondere in den Agglomerationen, von ökonomischem Wachstum mit entsprechend hohen Einkommenssteigerungen, von massiven staatlichen Subventionen und von der »Normalbiographie«: Zuwanderung in die Innenstädte während der Ausbildung, Berufseinstieg, Gründung einer Familie, Erwerb eines Hauses im Umland (vgl. Brake et al. 2001). Diese Faktoren werden schwächer.

Die soziale Basis der Suburbanisierung erodiert. Das Einfamilienhaus im Grünen gilt als die ideale Wohnform für Familien. Randwanderungen sind deshalb eng an die familiale Lebensweise gebunden. Die aber verliert absolut und relativ an Bedeutung. Absolut, weil die sogenannten Babyboomer der sechziger Jahre ab 2025 in Pension gehen. Ihnen rücken zahlenmäßig sehr viel schwächere Generationen nach. Im Zuge des demographischen Wandels werden gerade die Altersjahrgänge der 26- bis 40-Jährigen schwächer, eben das Alter, in dem man normalerweise eine Familie gründet und ein Haus kauft. Obendrein wächst der Anteil derer, die ihr Leben lang kinderlos bleiben, und auch derjenigen, die vorübergehend oder über längere Zeit ohne feste Beziehung leben. Relativ sinkt die Bedeutung der familialen Lebensweise, weil die Menschen wenn überhaupt, dann immer später heiraten, weniger Kinder bekommen und die Eltern nach dem Auszug der Kinder immer länger leben. Die »Postadoleszenz«, die Phase zwischen dem Auszug aus dem elterlichen Haushalt und der Gründung einer eigenen Familie, und die nachelterliche Zeit des »leeren Nests« gewinnen beide an Dauer gegenüber dem Lebensabschnitt, in dem Eltern mit ihren unmündigen Kindern einen Haushalt bilden. Diese »Familienphase« füllte um 1900 noch das halbe Leben aus, im Jahr 2012 nur noch ein Viertel der Lebenszeit des einzelnen (vgl. Nave-Herz 2013, S. 70). Der Suburbanisierung kommen die Menschen abhanden.

Auch die ökonomische Basis der Suburbanisierung wird brüchig. Randwanderungen sind eng verknüpft mit dem Wunsch nach Wohneigentum und mehr Wohnfläche. Größere Wohnungen sind auf den billigeren Grundstücken im Umland der Städte eher erschwinglich. Um Wohneigentum erwerben zu können, muß man kreditwürdig sein. Dazu muß man kein besonders hohes, aber um so mehr ein langfristig gesichertes Einkommen nachweisen können. Deshalb ist die Wohneigentumsquote unter Beamten am höchsten. Angesichts der Veränderungen auf dem Arbeitsmarkt ist diese Voraussetzung aber für immer weniger Menschen gegeben. Hinzu kommt, daß die Subventionen für Wohneigentum und für den Pendlerverkehr gekürzt oder gänzlich abgeschafft worden sind. Immer weniger Menschen können sich ein Haus im Grünen leisten. Es fehlt das Geld für die Suburbanisierung.

Suburbanisierung ist an die fordistische Lebensweise gebunden: an geregelte Arbeitszeiten, die strikte Trennung von Arbeit und Freizeit, von Arbeitsplatz und Wohnung sowie an die traditionelle Arbeitsteilung zwischen den Geschlechtern. Der »Ernährer« hat seine festen Arbeitszeiten außerhalb des Hauses, die »Hausfrau« erledigt die Hausarbeit und betreut die Kinder. Unter diesen Voraussetzungen stellen große Entfernungen zwischen Wohn- und Arbeitsort, wie sie häufig mit suburbanen Wohnstandorten einhergehen, keine größeren Probleme dar. Heute beziehen immer weniger berufstätige Männer einen »Familienlohn«, aber nicht nur deswegen sind mehr und mehr verheiratete Frauen erwerbstätig. Mit der besseren Ausbildung der Frauen steigt auch ihr Interesse an beruflicher Arbeit. In modernen Dienstleistungsberufen verschwimmen die ehemals klar definierten räumlichen und zeitlichen Grenzen von Arbeit und Leben. Also gibt es immer mehr Haushalte, bei denen zwei Erwachsene an verschiedenen Orten zu verschiedenen und nicht genau kalkulierbaren Zeiten berufstätig sind. Das Leben einer vierköpfigen Familie in Suburbia beruht aber auf dem »Hausfrauenmodell«. Die Betreuung der Kinder, die Arbeit in Haus und Garten und die großen Distanzen zwischen Wohnung, Schulen, Freizeiteinrichtungen und Einkaufsmöglichkeiten sind angemessen nur von einer vollen Arbeitskraft zu bewältigen. Die aber steht immer seltener zur Verfügung: Die traditionelle Hausfrau verschwindet und die »neuen Männer«, die sie ersetzen könnten, lassen auf sich warten. So wird das Leben in Suburbia in jeder Hinsicht zu teuer: Es kostet zu viel Zeit, es behindert die berufliche Karriere und erschwert die Organisation des Haushalts.

Die Suburbanisierung wird mit der Schwächung ihrer Voraussetzungen nicht gänzlich aufhören. Junge Familien mit kleinen Kindern werden auch in Zukunft größere, bezahlbare Wohnungen in Nachbarschaft zu Familien in ähnlicher Lebenssituation suchen, idealerweise das Einfamilienhaus im Grünen. Doch es werden weniger sein. Die Dynamik der Suburbanisierung wirkt fort, aber sie wird schwächer.

Die bisher genannten Argumente lassen vermuten, daß der

relative Bedeutungsverlust der Kernstädte als Wohnort langsamer vonstatten geht, aber nicht aufgehalten wird. Gelegentlich wird behauptet, die immer zahlreicheren »neuen Alten« in der Phase des »leeren Nests« würden aus der Abgeschiedenheit von Suburbia zurück in die Kernstädte ziehen. Aber von Reurbanisierung im Sinne einer Rückkehr von ehemals nach Suburbia Ausgewanderten in die Stadt kann kaum die Rede sein. Die Kultur- und Freizeitangebote der großen Städte spielen keine herausragende Rolle bei den Wanderungsentscheidungen älterer Menschen. Der dominante Wohnwunsch alter Menschen ist, in der eigenen Wohnung in der vertrauten Nachbarschaft so lange wie möglich wohnen zu bleiben. Pensionäre, wenn sie überhaupt ihren Wohnsitz wechseln, ziehen meistens in die Nähe ihrer Kinder oder in ländliche Regionen mit hohem Freizeitwert. Die Ursachen der Revitalisierung der Kernstädte sind, zumindest in Deutschland, andere: Die neue Nachfrage nach Innenstadt wird von jungen Menschen (jeder Fünfte ist zwischen 18 und 29 Jahren alt) getragen, von Zuwanderern (jeder Fünfte hat keinen deutschen Paß), von Singles (61 Prozent aller Haushalte sind Einpersonenhaushalte) und von Armen (jeder Achte bezieht Transferzahlungen) (vgl. Bundesinstitut für Bau-, Stadt- und Raumforschung im Bundesamt für Bauwesen und Raumordnung 2009, S. 4f.). Das aber sind von jeher die typischen Bewohner der Innenstädte. Die neue Nachfrage nach Stadt ist zunächst einmal die alte. Es drängen diejenigen in die Innenstädte, die immer schon dort anzutreffen waren, nur daß sie jetzt aus sehr unterschiedlichen Gründen zahlreicher geworden sind. Der Anteil der Armen in der deutschen Bevölkerung nimmt zu. Wer arm ist, kann sich den Umzug ins Umland nicht leisten und die dort neu gebauten Wohnungen schon gar nicht. Der Anteil der Arbeitslosen an der städtischen Bevölkerung steigt, seit die Städte durch die Deindustrialisierung eine beträchtliche Anzahl von Arbeitsplätzen im Gewerbe verloren haben. Wer aber einst sein Geld in der Fabrik verdiente, wird in der neuen Dienstleistungs- und Wissensökonomie der Städte nur schwer wieder Arbeit finden.

Deutschland ist ein Einwanderungsland. Weil Migranten in der Regel zuerst die großen Städte aufsuchen, wächst ihr Anteil an der Stadtbevölkerung. Der neu Zugewanderte trifft in den Städten eher auf Landsleute, die Arbeits- und Wohnungsmärkte sind aufnahmefähiger, und die Anonymität läßt ihn weniger auffällig sein. In den letzten 30 Jahren sind im Durchschnitt pro Jahr per Saldo ca. 184000 Menschen nichtdeutscher Herkunft nach Deutschland eingewandert. Von den im Jahr 2012 per Saldo 368 000 neu nach Deutschland Zugewanderten hat sich fast die Hälfte (49 Prozent) in den Großstädten niedergelassen (vgl. Institut der deutschen Wirtschaft Köln 2015). Von der deutschen Bevölkerung wohnen nur 31 Prozent in Großstädten. Innerhalb der Städte richten sich diese Wanderungen auf die billigeren, nicht modernisierten Altbaugebiete der Kernstadt. Da die Migranten wenn, dann häufig in diesen Gebieten Geschäfte für den täglichen Bedarf eröffnen und Immobilien erwerben, tragen sie auch durch ihre beruflichen Aktivitäten und ihre Investitionen zur Reurbanisierung bei (vgl. Institut für Landes- und Stadtentwicklungsforschung 2011, S. 6).

Im Jahr 2013 waren in Städten wie Nürnberg, Stuttgart und Frankfurt am Main 40 Prozent oder mehr der Bewohner Zugewanderte, bei den Kindern waren es sogar 60 Prozent. Allein durch deren Heranwachsen wird der Anteil der Städter mit Migrationshintergrund weiter steigen. Im Vergleich zum Rest der Republik wird die Bevölkerung der Städte auch jünger (vgl. Geppert/Gornig 2010). Junge Menschen in Ausbildung oder am Berufsanfang sind ebenfalls auf billige Wohnmöglichkeiten angewiesen, sie finden in den Innenstädten passende Einkaufsmöglichkeiten, Freizeiangebote und die meisten Ausbildungseinrichtungen. Der positive Binnenwanderungssaldo bei den 18- bis unter 25jährigen zwischen 1998 und 2008 von Städten wie München, Hamburg, Berlin, Düsseldorf und Nürnberg ist u. a. auf die dortigen Universitäten zurückzuführen. Mit der Expansion des Bildungswesens gibt es mehr Menschen in der Phase der Postadoleszenz, und diese Zwischenphase wird länger, weil die Ausbildung länger dauert, die Etablierung im Beruf schwieriger geworden ist und nicht zuletzt aus diesen Gründen immer später geheiratet wird, wenn überhaupt. Postadoleszenz ist eine Phase des Experimentierens mit verschiedenen Lebensentwürfen. In dieser Phase findet sich die größte Variation der Haushaltstypen: Wohngemeinschaften, Alleinlebende, unverheiratet Zusammenlebende, Kinderlose, Bewohner von (Studenten-, Lehrlings-, Schwestern-)Heimen. Diese Lebensweisen sind in der Regel auf innerstädtische Wohnstandorte ausgerichtet. Die Städte mit ihren vielfältigen Optionen und lockeren sozialen Kontrollen bieten mehr Spielräume für experimentelle Lebensweisen als Dörfer, Kleinstädte und Suburbia. Studien in Deutschland und anderen Ländern stellen deshalb schon seit den achtziger Jahren übereinstimmend eine steigende Nachfrage nach innerstädtischen Wohnstandorten seitens dieser Haushaltstypen fest (vgl. Beauregard 1986; Blasius/Dangschat 1994; Friedrichs 2000).

Daß die Faktoren, die die Suburbanisierung vorangetrieben haben, an Kraft verlieren, begründet noch keine Renaissance der Stadt. Attraktivitätsverlust von Suburbia bedeutet nicht notwendig Attraktivitätsgewinn der Kernstadt. Die Kernstadt profitiert gleichsam passiv von der sinkenden Anziehungskraft des Umlands, ohne daß sie selbst dadurch reizvoller geworden sein müßte. Migranten und Ausbildungswanderer tragen wesentlich zum Wachstum der Städte bei, aber auch das rechtfertigt nicht die These von der Renaissance der Stadt im Sinne einer neuen Attraktivität. Die Attraktivität der Stadt für Zuwanderer und Studenten ist nichts Neues, neu ist nur, daß es gegenwärtig mehr von ihnen gibt. Wenn von einer qualitativ neuen Attraktivität der Stadt als Arbeits- und Lebensort gesprochen werden kann, so resultiert diese aus dem Zusammenspiel dreier Faktoren: einer gewandelten Rolle der Frau, veränderten Arbeitsanforderungen und einer hochentwickelten Stadtmaschine.

Die Frauen haben besonders von der Expansion des höheren Bildungswesens profitiert: Mit besserer Qualifikation gelang ihnen die zunehmende Integration in anspruchsvollere Berufsfelder. Damit aber verschwanden die Hausfrauen, die bis dahin dem Ehemann den Rücken von außerberuflichen Verpflichtungen freigehalten hatten, damit er sich ganz und gar auf seine Karriere und seine Rolle als *male breadwinner* konzentrieren konnte. Heute gibt es bereits mehr Frauen mit einer Berechtigung zum Hochschulstudium als Männer (vgl. Gottschall 2014, S. 13). Hochqualifizierte Frauen finden sich immer weniger mit der Hausfrauenrolle ab, sie wollen Karriere machen und fordern ihrerseits Entlastung von außerberuflichen Pflichten ein. Ray Pahl hat das auf die schöne Formulierung gebracht: »a professional woman needs a wife«.[6] Wenn immer mehr Menschen den Beruf zum Mittelpunkt ih-

6 Anders als das Deutsche erlaubt das Englische, zwischen der sozialen Rolle der Frau (*wife*) und »Frau« als einer Geschlechtsbezeichnung (*woman*) zu unterscheiden. Ins Deutsche übersetzt – »eine berufstätige Frau braucht eine Hausfrau« – verlöre der Satz jeglichen Witz.

res Lebens machen, aber die sozialen Voraussetzungen dafür – ein leistungsfähiger privater Haushalt und die traditionelle Arbeitsteilung der Geschlechter – nicht mehr gegeben sind, dann entsteht ein Dilemma, aus dem nur zwei Wege herausführen: Erstens die radikale Reduktion aller außerberuflichen Verpflichtungen – man rüstet seinen Haushalt mit arbeitssparenden Maschinen auf, beschäftigt Haushaltshilfen und verzichtet auf Kinder. Den zweiten Ausweg eröffnet das Leben in der Kernstadt. Moderne Dienstleistungsstädte sind die Vergesellschaftung der Funktionen des privaten Haushalts. Mit ihren technischen und sozialen Infrastrukturen, privaten und öffentlichen Güter- und Dienstleistungsangeboten versorgen sie jeden, sofern er über genügend Geld, Informationen und die Staatsbürgerrechte verfügt, mit allem, wofür man früher einen privaten Haushalt benötigte. Ohne die Dienstleistungsmaschine Stadt wäre die berufszentrierte Lebensweise des modernen Singles gar nicht möglich. Darauf beruht die wachsende Nachfrage von hochqualifizierten Arbeitskräften nach Innenstadt.

Auch mehr und mehr junge Familien möchten in der Innenstadt wohnen. Sie gehören zur Mittelschicht, sind häufig akademisch gebildet und verdienen genug, um sich Wohneigentum leisten zu können. Ihre Nachfrage hat eine Reihe von Gründen (vgl. Frank 2013, S. 71 ff.). Zunächst das, was die Stadt für sie auch vor der Ehe attraktiv gemacht hatte: die Stadt als Erlebnisraum, als Ort der Anregungen und Überraschungen. Dann der Wunsch, Ehe, Kinder und die Anforderungen der Berufstätigkeit beider Elternteile in Einklang zu bringen: Flexibilisierung und Individualisierung der Arbeitszeiten und die Entgrenzung von Arbeit und Freizeit machen eine größere Nähe von Wohnung und Arbeitsplatz notwendig. Kurze Wege zu Infrastrukturen, Versorgungsangeboten und Dienstleistungen machen das Leben leichter. Das Management des eigenen Alltags setzt möglichst unproblematischen Zugang zur möglichst rund um die Uhr funktionierenden Stadtmaschine voraus. Anders lassen sich Familienleben und berufliche Arbeit nur schwer vereinbaren. Schließlich sucht man die Einbindung in soziale Netze, um informelle Hilfen zu mobilisieren. Wegen der enormen Zeitzwänge sollten diese Hilfen nahe verfügbar sein. Daher wächst die Bedeutung von Nachbarschaft für junge Eltern. Lia Karsten (2003) spricht von *family gentrifiers*, die versuchen, sich in der Stadt eine sozial und kulturell homogene Umwelt als Voraussetzung zu schaffen, um Beruf, Familie und Freizeitinteressen vereinbaren zu können.

Schon in den siebziger und achtziger Jahren hatte es eine Vielzahl von Wohnprojekten gegeben, in denen junge, berufstätige Eltern aus der Mittelschicht haushaltsübergreifende, nachbarschaftliche Hilfsnetze organisierten, um Beruf, Kinder und Haushalt besser unter einen Hut bringen zu können. Auffällig an diesen inszenierten Nachbarschaften war ihre außerordentlich hohe soziale und kulturelle Homogenität. Das hatte gute Gründe: Je mehr man seinen Alltag mit anderen gemeinsam organisiert, desto wichtiger wird, daß diese einander in ihrer sozialen Lage, ihren Interessen, Lebensstilen, normativen Orientierungen und Verhaltensweisen gleichen. Wer sein Kind in die Obhut von Nachbarn gibt, der will sicher sein, daß es dort genauso behandelt wird wie zu Hause, und wer mit anderen ein Stadtauto teilt, der erwartet, es im selben Zustand vorzufinden, wie er es hinterlassen hatte. Nachbarschaftliche Hilfsnetze funktionieren auf der Basis einer sehr feinkörnigen sozialen Segregation (vgl. Schneider 1992; Siebel 2009, S. 11 f.).

Der Wunsch nach einem kontrollierbaren, sozial und kulturell homogenen Umfeld erstreckt sich auch auf den öffentlichen Raum, die Kindergärten und die Schulen. Realisiert wurde er bisher in Suburbia. Heute werden sozial hochselektive Nachbarschaften hingegen nicht mehr nur im Umland gesucht, sondern auch in den Kernstädten. Susanne Frank (2013, S. 74) spricht deshalb von »innerer Suburbanisierung«. Junge Mittelschichtsfamilien drängen in die Innenstädte, um dort die »Familienenklaven« aufzubauen, die ihre Eltern noch in Suburbia gefunden hatten. Aber sie sehnen sich auch nach etwas, das in den Vorstädten nicht mehr möglich ist: die Vereinbarkeit von Karriere und Familie und Schutz vor sozialem Abstieg. Man muß vor Ort sein, dort, wo die Informationen kursieren, wo man die richtigen Leute treffen kann; man muß sich in möglichst viele Netze einbinden, seine Kontakte pflegen, immer auf dem Laufenden sein und jederzeit zur Verfügung stehen, wenn sich irgendwo eine Chance eröffnet. Innere Suburbanisierung bietet beides: das warme Nest in einer abgeschotteten Nachbarschaft mit seinesgleichen und die Einbindung in die vielfältigen Kontakte und Informationen, die Erlebnis- und Konsummöglichkeiten der Stadt drum herum. Man ist draußen und hat die Stadt doch ganz nah. Das Wohnen in der Stadt soll die Quadratur des Kreises ermöglichen: Sicherheit in Zeiten wachsender Verunsicherungen auch für die Mittelschicht,[7] die Hilfen der Stadtmaschine bei der Bewältigung des Alltags und die Anregungen und Verlockungen der Urbanität.

Die wachsende »Statuspanik der Mittelschichten« (Häußermann) äußert sich vor allem in der Angst, die nächste Generation könnte den erreichten Status wieder verlieren. Des-

7 Frank 2013, S. 79, dort auch weiterführende Literatur.

halb bemüht man sich um die beste Bildung für die eigenen Kinder. Eine Schule gilt vielen als um so besser, je mehr die Kinder aus besserem Hause dort unter sich sind. Wenn die lokalen Einrichtungen ihren Ansprüchen nicht genügen, schikken bildungsorientierte Eltern ihren Nachwuchs auf Schulen außerhalb des eigenen Stadtviertels, was dazu geführt hat, daß die soziale und ethnische Segregation in den Schulen in der Regel höher ist als in den Stadtteilen.[8]

Von einer Rückkehr der Mittelschicht in die Städte ist allenfalls im übertragenen Sinne zu sprechen. Die jungen Familien und Singles sind nicht aus dem Umland zurückgekehrt, sie sind vielmehr in der Kernstadt geblieben. Anders als früher verlassen sie mit der Familiengründung nicht mehr die Stadt in Richtung Suburbia, sondern bleiben, wo sie während ihrer Ausbildung und des Berufseinstiegs schon gelebt haben. Dadurch wird die großräumige Trennung von Wohnen, Arbeiten, Versorgung und Erholung, wie sie die fordistische Stadt gekennzeichnet hatte, zurückgenommen. Die Stadt wird wieder zur Einheit des Alltags ihrer Bürger. Und wie während der fordistischen Phase die Organisation der Wohnung ähnlichen Prinzipien folgte wie die Organisation der Stadt, lassen sich auch jetzt Parallelen erkennen.

In der Stadt wie in den Wohnungen verschwinden die strikten Separierungen verschiedener Tätigkeiten. Die fortschreitende Zivilisierung hatte z. B. das Zurschaustellen des Körpers im öffentlichen Raum tabuisiert. Heute ist die Stadt zur Bühne einer »demonstrative[n] Körperlichkeit« (Bette 1999, S. 216) geworden. Das könnte als Indiz für eine Umkehr des Zivilisationsprozesses in Richtung auf weniger rigide Scham-

---

8 Mit Hinweisen auf internationale Studien: Hamnett 2013, S. 114ff.; für Deutschland: Baur 2013, S. 92f.

und Peinlichkeitsgrenzen verstanden werden. Doch dürfte hier dasselbe gelten wie für die Aufhebung der Geschlechtertrennung im Sport. Letztere hat Norbert Elias (1976, S. 257) gerade nicht als Zeichen eines lockereren Umgangs mit Sexualität interpretiert, sondern im Gegenteil als Ausdruck sicher verinnerlichter Zwänge. So auch die neuen urbanen Sportarten: Ein keuchend hinterherhinkender Läufer macht im Stadtmarathon keine gute Figur, ebensowenig der unbeholfene Skateboarder oder Inlineskater. Deshalb trainiert man jenseits der Öffentlichkeit an abgesonderten Orten, und erst, wenn der Körper die nötigen Fähigkeiten in sich aufgenommen hat, wagt man sich in den öffentlichen Raum. Wenn heute hochartifizielle Sportarten den urbanen Raum erobern, dann auf der Basis geleisteter Disziplinierung.

Parallele Entgrenzungen zeigen sich im Wohnen. Seit den siebziger Jahren des vorigen Jahrhunderts werden die Separierungen von Schlafen, Wohnen, Kochen, sich Reinigen und Entleeren wieder aufgehoben. Das verdankt sich einmal den Absaugvorrichtungen, geräuschlosen Maschinen und selbstreinigenden Geräten, welche jeglichen Anlaß für peinliche Belästigungen von Auge, Ohr und Nase aus der Welt schaffen. Zum anderen ist diese Entwicklung Ausdruck sicher verinnerlichter Normen. Die Badewanne stand früher einmal in der Küche. Wenn sie heute das Badezimmer verläßt und als Whirlpool ins Wohnzimmer rückt, so weil der Aufenthalt darin nicht mehr mit der Beseitigung von Schmutz assoziiert wird, sondern mit Wellneß. Wer in den Whirlpool steigt, ist immer schon sauber. Vielleicht werden selbst Miktion und Defäkation, die seit Ende des 19. Jahrhunderts besonders sorgfältig eingehaust worden sind, demnächst wie im alten Rom wieder in Geselligkeit stattfinden, wenn die japanischen Toiletten Standard geworden sind, die Geräusche mit Musik,

Gerüche mit Gegendüften und jegliche Reste mit Wasser und gewärmter Luft beseitigen.

Daß die in den zwanziger Jahren von der Architekten-Avantgarde verpönte Wohnküche jetzt technisch hochgerüstet und gestylt ihre Renaissance erlebt, hat mit einem grundsätzlichen Funktionswandel des Kochens zu tun. Die Stadtmaschine, die täglich alles von der Fertigpizza bis zum Vier-Gänge-Menü bereithält, hat das Kochen in der eigenen Wohnung vom Stigma des Notwendigen befreit. Der Bezug auf Arbeit zur Befriedigung physischer Bedürfnisse ist in den Hintergrund getreten. Im Vordergrund stehen nun ästhetische Reize, nicht die möglichst rationale Zubereitung von Nahrungsmitteln. Die Geschmacksnerven und das Auge sollen erfreut werden, nicht Hunger und Durst gestillt. Unangenehme Gerüche werden durch aufwendige technische Vorkehrungen und den Verzicht auf stark riechende Materialien – Kohlsuppen sind out – vermieden. Die Küche ist zu einer High-Tech-Bühne geworden, auf der vor Gästen und Familie die eigene Kunstfertigkeit aufgeführt wird. Das vielleicht stärkste Indiz dafür, daß es nicht mehr um notwendige Hausarbeit geht, sondern darum, die eigene Kochkunst zu zelebrieren, ist die Tatsache, daß mehr und mehr auch Männer am Herd zu glänzen versuchen. Der Bürger des klassischen Athen verbrachte seine Muße auf der Agora, heute steht er in der Küche.

2.4 Versuch einer Bilanz

Die Urbanisierung mit all ihren den Alltag revolutionierenden Konsequenzen ist den Menschen nicht einfach durch die anonymen Mächte von Markt, Staat und technischen Großsystemen aufgezwungen worden. Es gab gute Gründe, in die

Städte zu ziehen, nicht nur die Flucht vor Hunger und Not, sondern auch das Versprechen auf ein besseres Leben. Dazu zählen ein vor den Blicken anderer geschütztes Privatleben, die vielfältigen Optionen auf den städtischen Arbeits- und Konsumgütermärkten, die Chancen der Individuierung und die Annehmlichkeiten, die die Stadtmaschine all denen verschafft, denen sie zur Verfügung steht.

Die moderne Großstadt ist der Ort, wo die private Wohnung zur Normalität wird. Indem die berufliche Arbeit aus dem Alltag herausgelöst und zeitlich zur reinen Arbeitszeit zusammengedrängt wurde, entstand die Freizeit; indem sie aus dem privaten Haushalt ausgelagert und am gesonderten Ort organisiert wurde, entstand die Wohnung als von beruflicher Arbeit entlastetes Gegenüber des Betriebs. Mit den Arbeiten verließen auch die damit befaßten Arbeitskräfte, die nicht zur engsten Familie gehörten, das Haus. Zurück blieb die Kernfamilie aus Eltern und ihren Kindern. Die Wohnung wurde zum Ort einer emotional aufgeladenen privaten Sphäre der Familie, der Intimität, der Körperlichkeit und der Erholung. Zunächst öffneten sich diese Möglichkeiten nur dem städtischen Bürgertum. Armut, überlange Arbeitszeiten und ein heute kaum vorstellbares Wohnungselend ließen die Kultivierung einer privaten Sphäre im städtischen Proletariat nicht zu. Die private, familiale Lebensweise wurde erst nach 1918 allmählich zur Normalität. Aber daß sie, und nicht die sozialistischen Gegenentwürfe kollektiven Wohnens, zur Normalität wurde, ist neben den Bemühungen von oben, das bürgerliche Modell durchzusetzen (Abschn. 2.2.2), auch auf ihre Attraktivität zurückzuführen: Die Unterschicht wollte so leben wie die, denen es besser ging, und das war das Bürgertum.

Die moderne Großstadt ist Ort der Individualisierung

(Kap. 4.3). Das Zusammenspiel von großstädtischen Lebensbedingungen mit einer entwickelten Marktwirtschaft ermöglicht und erzwingt – durch die Konkurrenz – eine immer differenziertere Arbeitsteilung. Städtische Arbeitsmärkte umfassen ein breites Spektrum an Beschäftigungen: von den Bankern bis zu den Dieben, von den Medizinern bis zu den Prostituierten, von den Ladenschwengeln bis zu den Intellektuellen. Je differenzierter und je verflochtener innerhalb und weit über die Grenzen der Stadt hinaus die städtische Ökonomie, desto wichtiger werden Verwalter, Berater, Finanziers und Manager, die das Zusammenspiel des Heterogenen organisieren. Die Arbeitsteilung etabliert eine ungeheure Spannweite von Positionen, Berufen, Qualifikationen, Geschmäckern und Nachfrage und damit Heterogenität. Sie ist eine positive Voraussetzung individueller Differenzierung.

Die moderne Großstadt ist aber auch eine gleichsam negative Voraussetzung der Individualisierung. Die konservative Kritik hatte gegen die Unüberschaubarkeit der großen Stadt und die Gleichgültigkeit des Großstädters, der sich ostentativ desinteressiert am Schicksal der anderen gibt, nicht ohne gute Gründe polemisiert. Diese Charakteristika des Großstadtlebens haben jedoch auch befreiende Wirkungen: Urbane Indifferenz und Unüberschaubarkeit drängen die informellen sozialen Kontrollen zurück, die in Kleinstädten und dörflichen Nachbarschaften den Ausbruch aus Tradition und Konvention mit scharfen Sanktionen belegen. Im Schutz großstädtischer Anonymität können die Individuen nichtkonforme Verhaltensweisen entwickeln, ohne gleich von Verwandten, Nachbarn oder der Polizei auf den Pfad konventioneller Tugenden zurückgeholt zu werden. Mit der Anonymität in der großen Stadt ist auch die Hoffnung verknüpft, sein Leben noch einmal neu zu beginnen, eben weil einen dort niemand kennt, der einem sagen könnte, wer man vorher war. Anonymität, Unüberschaubarkeit und lockere soziale Kontrollen sind die Voraussetzung gleichermaßen für Anomie und soziale Isolation wie für Individualisierung.

Die gesellschaftliche Organisation vordem im privaten Haushalt erbrachter Güter- und Dienstleistungsproduktionen und in deren Folge der Ausbau öffentlicher Infrastruktursysteme, die Ausdifferenzierung der Arbeitsteilung und die rationale Organisation von Zeit und Raum haben die Produktivität der Arbeit in ungeheurem Maße gesteigert, was wiederum den allgemeinen Wohlstand und damit die Optionen der Individuen gemehrt hat. Der Ausbau der Stadtmaschine hat die Emanzipation der Frauen befördert, weil diese nun den Haushalt verlassen konnten, um beruflich zu arbeiten. Die Natur hat ihre Schrecken verloren, sie ist in der Stadt nur noch als domestizierte erfahrbar. Selbst Regen, Wind und unangenehme Temperaturen kann man vermeiden, wenn man mit dem Auto in die Tiefgarage fährt und sich von dort mit dem Fahrstuhl ins klimatisierte Fitneßstudio oder das Büro transportieren läßt. Die Stadtmaschine befreit von den Unbilden der Natur wie vom biblischen Fluch der Arbeit. Von der Antike bis ins 19. Jahrhundert war Herrschaft Voraussetzung des guten Lebens. Heute ermöglicht die Stadt, eine Muße zu leben, die im antiken Athen nur dem zustanden, der als Herr über Sklaven und über Frauen gebieten konnte.

Doch sind die Segnungen der Stadtmaschine keineswegs jedem zugänglich, sie müssen im Wortsinne erkauft werden. Wenn der Haushalt von den Voraussetzungen landwirtschaftlicher Produktion abgeschnitten ist, muß er Lebensmittel kaufen, für die Behausung muß Miete gezahlt werden und für die Versorgung mit Wasser und Energie Gebühren. Der Konsumentenhaushalt ist gezwungen, sich durch regelmäßige berufliche Arbeit seiner Mitglieder die notwendigen Geldmittel zu verschaffen, um in der Stadt überleben zu können. Darüber hinaus benötigt man das Staatsbürgerrecht und differenzierte Informationen. Auch darüber verfügen nicht alle Stadtbewohner gleichermaßen.

Unter Marktbedingungen ist Einkommensungleichheit eine Voraussetzung für das Funktionieren der Stadtmaschine. Das Heer der Dienstboten ist keineswegs verschwunden. Es erbringt seine Leistungen nur nicht mehr als Mitglied eines Haushalts, sondern in lohnförmiger Arbeit. Märkte für haushalts- und personenbezogene Dienstleistungen entstehen, wenn die Einkommen sehr ungleich verteilt sind (vgl. Häußermann/Siebel 1995, S. 81 ff.). Diese Dienstleistungen sind sehr personalintensiv. Die Möglichkeiten, ihre Produktivität durch Maschineneinsatz und Arbeitsteilung zu steigern, sind begrenzt. Deshalb wird ihr Preis wesentlich von den Löhnen bestimmt. Ist nun der Abstand zwischen den Löhnen der Anbieter von Dienstleistungen und den Einkommen der Nachfrager zu gering, kommt kein Markt zustande. Je schärfer die Einkommensunterschiede, desto eher trifft eine genügend zahlungskräftige Nachfrage nach Entlastung von außerberuflichen Verpflichtungen auf ein genügend billiges Angebot entsprechender Dienstleistungen. Eine solche Spreizung ist auch für deutsche Städte empirisch belegt (vgl. Gornig/Goebel 2013).

Eine weitere Voraussetzung für das Funktionieren der Stadtmaschine ist die sozialräumliche Verinselung der Stadt. Die Arbeiten im Bereich haushalts- und personenbezogener Dienstleistungen sind typischerweise schlecht bezahlt, verlangen keine besonderen Qualifikationen und werden von Frauen erledigt. Die Beschäftigungsverhältnisse sind unsicher und zeitlich hoch flexibel. Das erlaubt keine allzu großen Distanzen zwischen den Wohnorten von Anbietern und Nachfragern. Das dichte Nebeneinander von gentrifizierten Quartieren einkommensstarker Berufstätiger und Wohngebieten der Armen und der Migranten ist insofern funktional, denn es erleichtert das Zusammenkommen von Anbietern und Nachfragern (vgl. Sassen 2004).

Ein großer Teil der haushaltsbezogenen Dienstleistungen ist informell organisiert. Viele, insbesondere irreguläre Migranten sind auf dieses Arbeitsmarktsegment angewiesen. Die Dunkelziffer der verschiedenen Formen illegaler Beschäftigung ist hoch. Nach Schätzungen leben 4 bis 6 Millionen irreguläre Migranten in Europa. Sie stellen in den Städten bis zu 5 Prozent der Bevölkerung. In Berlin wird ihre Zahl auf zwischen 100 000 und 250 000 geschätzt (vgl. Buckel 2011, S. 251). So kann innerhalb der Städte eine »›neue‹ [...] internationale [...] Arbeitsteilung der Frauen« (Rerrich 1993, S. 99) entstehen, bei der Frauen informell oder im Rahmen sogenannter ungeschützter Beschäftigungsverhältnisse anderen Frauen (und Männern) helfen, beruflich Karriere zu machen. Auch deshalb ist nicht zu erwarten, daß irreguläre Migration demnächst, sei es durch Legalisierung, sei es durch effektivere Repression, aus den Städten Europas verschwinden wird. Statt dessen könnte sich jene eigenartige Form lokaler Governance verbreiten, wie sie Simone Buckel (2011) am Beispiel von Den Haag und Barcelona beschrieben hat: In einem Gemenge aus Repression, humanitären Motiven, Laisser-faire und stillen Interessen entwickelt sich ein Zusammenspiel zwischen Staat, Kommunen, Organisationen der Zivilgesellschaft und privaten Haushalten: Staat und Kommune erzeugen die irreguläre Migration, indem sie beispielsweise Migranten nach Abschluß der Ausbildung eine Arbeitserlaubnis oder Wohnung verweigern. Gleichzeitig subventionieren sie zivilgesellschaftliche Akteure, die den irregulären Migranten Gesundheitsversorgung und Rechtsberatung anbieten. Schließlich treten private Haushalte als Nachfrager auf den Plan. So entsteht ein System von privater Nachfrage nach informellen haushalts- und personenbezogenen Dienstleistungen, staatlichen Verboten, kommunalen Kontrollen und den Hilfen seitens zivilgesellschaftlicher Organisationen, in dem die irregulären Migranten in einem prekären Schwebezustand gehalten werden, der es ihnen ermöglicht, zu bleiben, und sie zugleich zwingt, jede Arbeitsbedingung zu akzeptieren.

Die markt- oder staatsförmige Organisation personen- und haushaltsbezogener Dienstleistungen läßt auch deren Qualität nicht unberührt. Es gibt Grenzen der Professionalisierbarkeit und der Warenform von Dienstleistungen. Psychisch gesunde Individuen können weder privatwirtschaftlich noch bürokratisch produziert werden. Um zu funktionieren, benötigen moderne Gesellschaften ein Maß an Autonomie, Qualifikation und verinnerlichten Normen auf seiten ihrer Mitglieder, das anscheinend nur in der geschützten Sphäre der Familie erworben werden kann. Was für die gelingende Sozialisation von Kindern gilt, das gilt ebenso für die Betreuung von Kranken und von alten Menschen. Vieles, was man als alter oder kranker Mensch braucht, kann – und zwar besser als durch Laien – von professionellen Dienstleistern bereitgestellt und gekauft werden. Einiges aber nicht, und dabei handelt es sich um das, was am wichtigsten ist, nämlich Achtung der Person, Vertrauen und Liebe. Im Gegenteil, diese Qualitäten menschlicher Beziehungen werden systematisch ausgeschlossen, wenn Pflegeleistungen in einzelne Module zerlegt und mit strikten Zeitvorgaben versehen werden. Achtung, Vertrauen und liebevolle Zuwendung sind nicht professionalisierbar und nicht gegen Geld verfügbar zu machen. Sie sind unauflöslich an die informellen Beziehungen zwischen Menschen in den Netzen von Verwandtschaft, Freundschaft und Nachbarschaft gebunden. Doch der demographische Wandel zusammen mit veränderten Lebensweisen schwächt gerade das leistungsfähigste dieser Systeme, das Verwandtschaftssystem. In dem Maße, in dem an seine Stelle kommodifizierte und professionalisierte Dienstleistungen treten, schwinden die humanen Qualitäten menschlicher Zuwendung, die denen, die auf die Hilfe anderer angewiesen sind, ein würdiges Leben in der Abhängigkeit gewährleisten. Die Produktivität der modernen Stadtmaschine ist zwar unvergleichlich viel höher als die der informellen sozialen Netze, die sie ersetzt hat, aber sie produziert etwas anderes, nämlich Waren, keine Beziehungen zwischen Menschen.

2.4.1 Das Janusgesicht der Stadtmaschine

Was bisher dargelegt wurde, könnte Anlaß für eine wiederbelebte Auseinandersetzung um das Bild vom richtigen Leben in der Stadt sein (vgl. Siebel 2013a). Im Mai 1968 in Paris war eine solche Auseinandersetzung schon einmal eingefordert worden. Damals erschien an zahlreichen Mauern das Graffito »Métro, boulot, dodo« (»Metro-fahren, arbeiten, schlafen«). Es war der Aufruf für ein Leben, das mehr sein könnte als Arbeiten, Pennen und Pendeln: eine Kritik an der funktionsgetrennten Stadt, in der das Leben zwischen Arbeitsort und Wohnort, Arbeitszeit und Freizeit, Beruf und Familie auseinandergerissen wird. Es ging um eine neue Einheit des Alltags, in der der einzelne selbst über die Inhalte, Orte und Zeiten seines Lebens bestimmen könnte. Der Wandel der Arbeitswelt und die in den Städten beobachtbaren Veränderungen weisen in Richtung dieser Forderungen des Pariser Mai.

Die traditionelle Arbeitsteilung zwischen den Geschlechtern erodiert. Die Arbeitssituationen werden individualisiert und gewähren mehr Autonomie. Luc Boltanski und Ève Chiapello (2013, S. 143 f.) diagnostizieren einen »neuen Geist des Kapitalismus«, in dem die kritischen Ideen der 68er aufgehoben scheinen:[9] »Autonomie, Spontaneität, Mobilität, Disponibilität, Kreativität, Plurikompetenz [...], die Fähigkeit, Netzwerke zu bilden und auf andere zuzugehen, die Offenheit gegenüber Anderem und Neuem, die visionäre Gabe, das Gespür für Unterschiede, die Rücksichtnahme auf die je eigene Geschichte und die Akzeptanz der verschiedenartigen Erfahrungen, die Neigung zum Informellen und das Streben nach zwischenmenschlichem Kontakt.« Das Vokabular der neueren Managementliteratur (vgl. ebd. 2013, S. 112 ff.) ähnelt verblüffend dem des neueren Urbanitätsdiskurses, wobei unklar bleibt, wer von wem mehr profitiert hat: die Theoretiker der *creative city* von den Autoren der Managementliteratur oder umgekehrt. In den Veröffentlichungen beider Gruppen wimmelt es nur so von Aufrufen zur Vernetzung, Vertrauen, Flexibilität, Selbstorganisation und Selbstkontrolle, was alles dazu dienen soll, sich als Unternehmen wie als Stadt unter Bedingungen von Unsicherheit und steigender Komplexität behaupten zu können. Die Netzmetapher, die »Stärke schwacher Bindungen«, die Flexibilität projektbasierter Zusammenarbeit, die entgrenzte Lebensweise beherrschen beide Diskurse. Das Unternehmen wird wie die Stadt als Knotenpunkt

9 Auch das Marketing für Konsumgüter bedient sich beim Ideenvorrat oppositioneller Bewegungen. Von Borries (2012) beschreibt die Strategien des Nike-Konzerns, seine Produkte mit subkulturellen Elementen für Jugendliche attraktiv zu machen bis hin zur Organisation von Anti-Nike-Demonstrationen.

des Informationsaustauschs gepriesen. Wissen und Information sind die ersten Produktionsfaktoren. Das Unternehmen soll wie die städtische Kommunikation offen und projektbezogen statt hierarchisch organisiert sein. Städte wie Unternehmen werden nicht mehr durch vorgegebene, meßbare Standards und direkte Kontrolle gesteuert, sondern indirekt über begeisternde Projekte, Vorbilder und Zielvereinbarungen, die es dem einzelnen überlassen, wann, wo und wie er seine Arbeit erledigt. Folgt man dieser Literatur, so gehören die Berufstätigen allesamt der *creative class* an: Sie sind anpassungsfähig, visionär, humanistisch, inspiriert, generalistisch, fähig, mit Symbolen umzugehen, Daten innovativ zu interpretieren, in kleinen, flexiblen Gruppen über kulturelle, räumliche und soziale Grenzen hinweg zu kooperieren. Das Unternehmen wird zum innovativen Milieu.

Die im Berufsleben geforderten Qualitäten gleichen sich denen im Privatleben an: Allgemeine menschliche Eigenschaften wie Kontaktfähigkeit, Neugier, Einfallsreichtum, emotionales Engagement und Empathie werden hervorgehoben. Was nach den Prinzipien tayloristischer Organisation aus der Arbeit ausgeschieden wurde, wird nun dort geradezu verlangt. Im Fordismus galt der Mensch als bloßes Werkzeug, als Anhängsel der Maschinerie. Das neue Management bietet »jedem die Möglichkeit, anstatt weiter als Instrument zu dienen, seine tief verborgenen Wünsche und sich selbst zu verwirklichen« (Le Saget, zit. n. ebd. 2013, S. 144). Der moderne Kapitalismus, so scheint es, ist ein radikales Programm zur Humanisierung der Arbeit.

Im modernen Kapitalismus verflüssigen sich die Grenzen zwischen Arbeit und Leben, ebenso wie die Grenzen in der fordistischen Stadt. Die großräumige Trennung zwischen Suburbia als Hort gediegener Bürgerlichkeit und Innenstadt als

Auffangbecken für alles andere schwindet und mit ihr die Trennung zwischen Speckgürtel und Armenhaus, zwischen suburbaner und urbaner Lebensweise (vgl. Gans 1974). In der Stadt entsteht wieder ein enges Nebeneinander von Arbeitsstätten, Wohnungen, Kultureinrichtungen, Erholungs- und Einkaufsmöglichkeiten. Eine wiederbelebte europäische Stadtgestalt spiegelt eine wiedergewonnene Einheit des Alltags. Fast mag man den Eindruck gewinnen, als rücke die Utopie eines selbstbestimmten Lebens in greifbare Nähe, die der frühe Marx erst für die ferne Zukunft einer vollendeten kommunistischen Gesellschaft prophezeit hatte: morgens Jäger, mittags Fischer, abends kritischer Kritiker (vgl. Marx/Engels 1969, S. 33).

Aber der neue Geist des Kapitalismus hat, wie die Renaissance der Städte und die Entgrenzungen der modernen Lebensweise, ein Janusgesicht. Die Abkehr vom fordistischen Modell macht beides möglich: die selbstbestimmte Einheit des Alltags wie den Zugriff des Berufs auf die ganze Person, überall und jederzeit. Welches Gesicht nach vorne gekehrt wird, ist eine Machtfrage. Angesichts struktureller Arbeitslosigkeit und der Schwäche der Gewerkschaften, scheint sich die Machbalance zugunsten der zweiten Alternative zu verschieben.

Mit den modernen Kommunikationstechniken und der Computerisierung von Arbeitsvorgängen sind auch die Möglichkeiten der Kontrolle der Arbeitsleistung unabhängig von Ort und Zeit gewachsen. Zusammen mit entgrenzten Lebensweisen beseitigen sie die räumlichen und zeitlichen Nischen, in die man sich vor den Anforderungen des Berufslebens zurückziehen konnte. Der Fordismus hatte Sicherheit gewährt auf Kosten der Autonomie. Die neue Autonomie in der Arbeitswelt beruht auf einem Tausch in die Gegenrichtung: Autonomie auf Kosten der Sicherheit. Unter den Bedingungen unsicherer Arbeitsplätze und ungleicher Machtverhältnisse kehrt sich der Gewinn an Autonomie gegen ihre Träger. Mit der Individualisierung von Arbeitsverträgen und Arbeitssituationen wird die Arbeitslosigkeit zur alltäglichen Drohung. Arbeitgeber und Arbeitnehmer stehen sich unvermittelt gegenüber. Die alten, kollektiven Schutzvorkehrungen versagen, weil die Organisationen der Gewerkschaften und linken Parteien geschwächt sind. Der vereinzelte Arbeitnehmer kann sich nicht auf die Macht einer kollektiven Organisation und auf kollektiv ausgehandelte Rechte (Vertragsdauer, Kündigungsschutz, Gehalt) stützen. Die Individuen müssen sich auf individuelle Strategien verlassen. Die Sicherheit des eigenen Arbeitsplatzes hängt von der eigenen Leistung ab, ohne daß die Kriterien der Leistungsmessung jeweils klar definiert würden (vgl. Boltanski/Chiapello 2013, S. 366ff.). Die Verhandlungsposition des Arbeitnehmers wird allein durch den Grad seiner Ersetzbarkeit bestimmt. Nicht jeder verfügt über unersetzliche Kompetenzen, und Kreativität ist nur in genialen Ausnahmefällen eine unermüdlich sprudelnde Quelle. Vor dem Hintergrund hoher Arbeitslosigkeit schwebt über jedem das Damoklesschwert, jederzeit seine Arbeit verlieren zu können. Wer nicht mithalten kann, dem droht die Ausgrenzung aus dem Arbeitsmarkt und in der Folge aus gesellschaftlicher Teilhabe. Als Gegenwehr bleibt nur, den eigenen Arbeitseinsatz zu erhöhen: Die ganze Person wird für den Beruf mobilisiert. Unter Bedingungen betrieblicher Herrschaft und drohender Arbeitslosigkeit verkehrt sich Autonomie in Unterwerfung unter die Anforderungen beruflicher Arbeit.

Der Künstler ist zum Berufsmodell geworden (vgl. Reckwitz 2012). Motivationen, Fähigkeiten, die Arbeitsabläufe und die Produkte beruflicher Tätigkeit werden nach seinem Modell geformt. Künstler sind Arbeitskräfte, die selten gegen ihre Arbeitsbedingungen protestieren und sich so gut wie nie gewerkschaftlich organisieren. Sie definieren ihre Identität jenseits des schnöden Mammons. Der freie Künstler ist das neoliberale Rollenmodell, das der sozialversicherungspflichtigen, unbefristeten Vollzeitbeschäftigung entgegengestellt wird. Am unteren Ende der Einkommensskala glaubt das Prekariat der Kulturwirtschaft, durch materiellen Verzicht sich die Freiheit des Künstlers erkauft zu haben. Am oberen Ende haben die gut verdienenden Angehörigen der *creative class* die Logik von Markt und Unternehmensinteressen so weit verinnerlicht, daß sie ihnen als ihr eigener Wille erscheint. Die einen verklären ihre prekären materiellen Lebensumstände, die anderen ihre verinnerlichten Zwänge zur selbstgewählten Freiheit einer neuen Boheme.

Der Auszug der beruflichen Arbeit aus dem Haushalt und die Institutionalisierung einer arbeitsfreien Zeit hatten die Möglichkeit für die Kultivierung eines privaten Lebens geschaffen. Nun kehrt der Beruf zurück und nimmt dem Privatleben Raum und Zeit. Das Leben in der Stadt ist eine Strategie, um mit den daraus resultierenden Überforderungen und Unsicherheiten umzugehen. Deshalb bilden die neuen urbanen Mittelschichten ihre Enklaven in den gentrifizierten Altbauvierteln der Innenstädte und vertiefen dadurch die sozialräumlichen Spaltungen der Stadt. Um entgegen diesen Spaltungstendenzen ein Zusammenleben in einer kompakten und sozial gemischten Stadt zu ermöglichen, müßten die sozialen Ungleichheiten abgebaut werden. Doch das Gegenteil ist der Fall: Die Einkommen und Vermögen und in der Folge die Lebenschancen in der Stadt polarisieren sich. Größere Nähe bei wachsenden sozialen Distanzen in der Stadt veranlaßt die verunsicherte Mittelschicht, um so rigidere Grenzen zu ziehen. Angesichts der räumlichen Nähe der »gefährlichen Klassen« sucht sie mit immer schärferer Abschottung, ihre Ängste zu beruhigen. Die Ästhetisierung der Stadt überhöht diese Prozesse. Ausgrenzung, die Klüfte zwischen Arm und Reich, Einheimischen und Zugewanderten sowie die Differenzierungen zwischen verschiedenen Milieus verräumlichen sich zu einer kleinteiligen, inselhaften Stadtstruktur. Unter dem äußeren Bild der wiederauferstandenen vielfältigen und lebendigen europäischen Stadt zeichnen sich weniger sichtbare, aber nicht minder wirksame Grenzziehungen ab.

Von Anfang an wohnte der Urbanisierung als Teil des umfassenden Prozesses der Zivilisierung eine tiefe Ambivalenz zwischen Emanzipation aus dem Naturzustand und Abkehr vom Paradies inne. Sie ist zuerst von Freud in seinem Essay über *Das Unbehagen in der Kultur* formuliert worden: »Es klingt nicht nur wie ein Märchen, es ist direkt die Erfüllung aller – nein, der meisten – Märchenwünsche, was der Mensch durch seine Wissenschaft und Technik auf dieser Erde hergestellt hat« (Freud 1960, S. 366). Der Fortschritt der Kultur werde die Gottähnlichkeit des Menschen immer weiter steigern, aber die Menschen nicht glücklicher machen, denn jeder kulturelle Fortschritt fordere den Verzicht auf unmittelbare Triebbefriedigung. Vor aller Kultur habe der Mensch keine Triebeinschränkung gekannt, nur hätten ihm seine Lebensumstände nicht erlaubt, solches Glück lange zu genießen. Mit dem Fortschritt der Kultur habe der Mensch »ein Stück Glückmöglichkeit gegen ein Stück Sicherheit eingetauscht« (ebd., S. 387).[10]

10 Auf diese Ambivalenz der Kultur beziehen sich Horkheimer und Adorno, wenn sie in der *Dialektik der Aufklärung* (1955, S. 74ff.) den Mythos von Odysseus und den Sirenen als die Urszene des bürger-

Nobert Elias hat mit seinen Arbeiten über den Prozeß der Zivilisation Freuds These bestätigt: »Wenn im Zuge der wachsenden Arbeitsteilung die Verflechtung der Menschen intensiver wird, werden immer stärker alle von allen [...] abhängig. [...] Erst damit schließt sich die Rüstung um das Triebleben bis zu jenem Grade, der den Menschen der demokratisch-industriellen Gesellschaft dann allmählich als selbstverständlich erscheint« (Elias 1976, S. 187). Die Erleichterung der täglichen Mühsal des Menschen geht einher mit der Entwicklung eines neuen Sozialcharakters. An die Stelle der äußeren Zwänge von Natur und Not tritt eine Selbstdisziplin, deren verinnerlichte Kontrollen weit unentrinnbarer sind, auch wenn sie aus Bedingungen herrühren, die als gesellschaftliche prinzipiell in der Verfügung des Menschen stehen. Der lange Prozeß der Zivilisation hat die Menschen eingebunden in vielfältig vermittelte Interdependenzen. Die Vergesellschaftung der Hausarbeit hat die Abhängigkeiten der Menschen von Markt und Staat ausgeweitet. An die Stelle der nackten Not treten die Anforderungen beruflicher Arbeit. Sie sind durch moderne Methoden des Managements und die Kontrollmöglichkeiten, die sich mit der Entwicklung der Kommunikationsmittel eröffnet haben, so weit gesteigert, daß die Unterwerfung der ganzen Person unter die Zwänge der Berufsarbeit unabhängig von Ort und Zeit möglich geworden ist.

---

lichen Individuums nacherzählen. Wer den Gesang der Sirenen hört, muß ihnen verfallen und stirbt daran. Odysseus aber verstopft den Gefährten die Ohren mit Wachs. Er als einziger vernimmt den Gesang der Sirenen und wie jeder, der sie hört, ihrer Verführungskraft erliegen muß, so will auch Odysseus mit aller Macht zu ihnen. Doch er hat sich an den Mast fesseln lassen. Odysseus, »Urbild eben des bürgerlichen Individuums« (ebd., S. 58), kann sich der Lust nur hingeben, weil er Vorkehrungen getroffen hat, die jede Hingebung verhindern.

Im Fortgang der Urbanisierung ist die Stadtmaschine umfassend ausgebaut worden. Gleichzeitig hat sich ihre Funktion geändert. Die Stadtmaschine löst das Versprechen auf Entlastung von Arbeit und Verpflichtung sehr viel effizienter und auf humanere Art ein als die antike Polis. Ihre Leistungen beruhen nicht auf der Unterdrückung von Sklaven und Frauen, sondern auf der ungleich höheren Produktivität von Professionalisierung, Märkten und Infrastrukturen. Aber anders als die Sklaven und Frauen in der antiken Polis dient die Stadtmaschine gegenwärtig nicht dazu, den Bürgern der Stadt Muße zu verschaffen. Im Gegenteil: Ihre Leistungen werden dazu genutzt, die Dominanz des Berufs über den gesamten Alltag des Städters durchzusetzen. Bislang sind solche Tendenzen nur in wenigen höheren Segmenten des Arbeitsmarkts zu beobachten. Den niedrig- und unqualifizierten Beschäftigten droht eher eine Einheit des Alltags außerhalb jeglicher Berufsarbeit. Es ist schwer vorstellbar, daß sich beide Tendenzen durchsetzen können, ohne auf heftigen Widerstand zu treffen. Eine lebendige Stadtkultur könnte sich darin erweisen, in den öffentlichen Räumen und den kulturellen Einrichtungen für die dann stattfindenden Auseinandersetzungen eine Bühne bereitzustellen.

3. Teil: Reurbanisierung und die Rolle der Kulturwirtschaft

Die im 2. Teil beschriebene Veränderung der Lebensweisen ist nur ein Faktor, der für die Renaissance der Städte eine Rolle spielt. Hinzu treten der Strukturwandel der städtischen Ökonomie und ein entsprechender Wandel der Stadtpolitik. Die neue Nachfrage nach Stadt trifft sich mit der von Betrieben der Wissensökonomie und der Kulturwirtschaft. In beiden Branchen dominieren »kreative« Arbeitsformen, weshalb die Unternehmen die Nähe zu den hochqualifizierten Arbeitskräften in der Stadt suchen. Beide Branchen sind zu wichtigen Bestandteilen der lokalen Ökonomie geworden. Der Managementtheoretiker Peter Drucker hatte schon 1986 prognostiziert, die Ökonomie werde mehr und mehr zur Produktion von Symbolen. Daran anknüpfend kann man von einer Kulturalisierung der Ökonomie sprechen, die vor allem in den Städten sichtbar wird. Die Städte reagieren ihrerseits mit einer Kulturalisierung der Stadtpolitik. Wissensökonomie und Kulturwirtschaft werden intensiv gefördert, weil die Betriebe dieser Branchen auf urbane Standorte orientiert sind und als besonders expansiv gelten. Darüber hinaus wird in städtische Kultureinrichtungen und generell in urbane Qualitäten der städtischen Umwelt investiert, weil die Arbeitskräfte dieser Branchen solche Qualitäten nachfragen.

Eigentlich wäre es Zeit, die Träume des Pariser Mai fortzuspinnen. Wie eine Stadt beschaffen sein müßte, in der eine selbstbestimmte Einheit des Alltags gelebt werden kann, könnte Thema einer Auseinandersetzung um die Kultur der Stadt sein, in der die Bürger nicht als Kunden gefordert wären, sondern als Produzenten von Stadtkultur. Es gibt reale Entwicklungen und potentielle Akteure, die solche Träume nicht nur utopisch erscheinen lassen: Die Zahl der Menschen mit stadtaffinen Lebensstilen steigt. Die Wissensökonomie, die Kultur- und Kreativwirtschaft drängen in die Städte, und sie fördern die Entgrenzung von Arbeit und Leben. Die Ökonomie der Stadt wird kulturalisiert, ebenso die Stadtpolitik, und überall wird die dichte Mischung von Menschen, Aktivitäten und Funktionen in der Stadt beschworen. Aber die Anlässe für die neue Debatte um die Kultur der Stadt und die politischen Reaktionen darauf, dämpfen die Hoffnung, daß damit eine Arena für eine Debatte über das gute städtische Leben geschaffen würde.

Der potentielle Luxus frei verfügbarer Zeit wird verschwendet, weil Millionen von der Erwerbsarbeit ausgeschlossen sind. Ähnlich bleiben die Chancen für ein weniger von physischer Enge bestimmtes Leben in der Stadt, die der Rückzug der Industrie und sinkende Bevölkerungszahlen eröffnen, ungenutzt. Alle städtebaulichen Leitbilder des vergangenen Jahrhunderts zielten darauf, dem Städter mehr privaten und öffentlichen Raum zu geben. Bisher, unter den Bedingungen des Wachstums, war das nur im Umland der Städte möglich, d. h. unter Verzicht auf urbane Qualitäten. Schrumpfen könnte den Menschen ein weniger beengtes Leben auch in den Kernstädten gestatten. Aber dort, wo der Rückzug der Industrie Räume für bessere Wohnungen, mehr Grünanlagen und öffentliche Einrichtungen hinterlassen hat, nimmt ein an das Wachstum von Bevölkerung und Arbeitsplätzen gebundenes Finanzsystem den schrumpfenden Städten die Mittel, mit denen sie die räumlich sich öffnenden Chancen wahrnehmen könnten. Und wo prosperierende Städte über die Mittel verfügen, öffnen sich keine Räume. So laufen ganze Regionen leer, während anderswo Wohnungen unbezahlbar werden.

Wenn Stadtpolitiker die Kultur der Stadt ansprechen, so häufig in der Absicht, sie für wirtschaftspolitische Ziele einzusetzen. Das läßt die Kultur der Stadt nicht unberührt. Wenn Stadtkultur unter ökonomischen Gesichtspunkten thematisiert wird, versteht man darunter etwas anderes als die Lebensweise des Städters. Der Fokus ist dann auf die Qualität der städtischen Umwelt, auf die kulturellen Einrichtungen und die Kulturwirtschaft gerichtet. Urbane Qualitäten sind ökonomisch relevant, weil sie das Image einer Stadt prägen und die Wanderungen hochqualifizierter Arbeitskräfte beeinflussen. Beides wiederum sind wichtige Parameter unternehmerischer Investitionsentscheidungen.

Die gewandelte Nachfrage nach Stadt und die neue städtische Ökonomie haben zu einer Stadtpolitik beigetragen, die sich radikal von ihren alten Leitbildern verabschiedet. Von Ebenezer Howards Gartenstadt bis zur gegliederten und aufgelockerten Stadt hatte Stadtentwicklungspolitik die Entdichtung und Erweiterung der Stadt zum Ziel. Suburbia galt als die Stadt der Zukunft. Das seit den neunziger Jahren hochgehaltene Leitbild von der kompakten europäischen Stadt bricht mit dem Städtebau des 20. Jahrhunderts. Die Aufmerksamkeit der Stadtpolitik verlagerte sich vom Stadtrand auf die Innenstädte.

Dieser Bruch wurde durch die erste Wirtschaftskrise der Bundesrepublik in den Jahren 1966/67 eingeleitet. Sie markierte das Ende eines »Traums immerwährender Prosperität« (Lutz 1984). Bis dahin war die westdeutsche Wirtschaft mit hohen Raten gewachsen, indem sie brachliegende Produktionsfaktoren – gut ausgebildete Arbeitslose, freie Flächen und teilzerstörte Produktionsanlagen – mit relativ geringem Aufwand in den Wirtschaftsprozeß (wieder) eingliederte. Diese Phase eines »extensiven« Wachstums endete, als der Wiederaufbau weitgehend abgeschlossen und Vollbeschäftigung erreicht war. Wachstum konnte nun nur noch durch höhere Produktivität erzielt werden, und das hieß, die vorhandenen Produktionsfaktoren mußten intensiver genutzt werden. Diesem Ziel wurde Ende der sechziger Jahre auch die Stadtpolitik dienstbar gemacht: Mittels Flächensanierung wurden weniger profitable Nutzungen an innerstädtischen Standorten durch profitablere, vorwiegend Büronutzungen, ersetzt; eine rabiate Politik, die bald heftige Widerstände von Hauseigentümern und Bürgerinitiativen provozierte. Das und die neue Nachfrage nach Stadt als Arbeits- und Wohnort seitens hochqualifizierter Arbeitskräfte mit hohen Ansprüchen an die Qualität ihrer städtischen Umwelt trugen dazu bei, daß die Stadtpolitik eine Kehrtwende vollzog. An die Stelle der Flächensanierungen traten Innenentwicklung, Revitalisierung und Stadterneuerung als beherrschende Themen der Stadtpolitik (vgl. Bundesministerium für Verkehr, Bau und Stadtentwicklung 2011).

Heute beschränken sich die Strategien der Innenentwicklung nicht auf die Sanierung und Modernisierung des Altbaubestands. In der Innenstadt sollen Wohnqualitäten geschaffen werden, die mit denen des Umlands konkurrieren können. Auf Gewerbebrachen werden geschlossene Siedlungen mit familiengerechten Wohnungen errichtet. Das Wohnumfeld wird mit erheblichen Investitionen aufgewertet: Die wohnungsbezogene Infrastruktur wird ausgebaut, die Kinderbetreuung und die Schulen, die Freiflächen und die Umweltqualität verbessert etc. Die Lücken im Gewebe der Stadt werden beseitigt, Straßen, Plätze und Parkanlagen gesäubert. Es werden Museen und Theater gegründet und die vorhandenen kulturellen Einrichtungen modernisiert, fast überall werden Kulturfestivals veranstaltet, und die Ästhetisierung der Stadt wird vorangetrieben (vgl. Reckwitz 2012, S. 269ff.).

Die Bemühungen um mehr Lebensqualität in den Städten beziehen ihre besondere Schubkraft aus ökonomischen Überlegungen. Stadtpolitiker entdecken Yuppies, Dinks (*double income no kids*) und mehr und mehr auch junge Familien als lohnende Adressaten. Mit ihnen lassen sich aufgegebene Gewerbestandorte neu besiedeln, sie sind gute Kunden für das innerstädtische Güter- und Dienstleistungsangebot und sie zahlen Steuern. Die Attraktivität der Stadt für hochqualifizierte Arbeitskräfte gilt als Standortfaktor in der Konkurrenz um die begehrten Betriebe aus der Wissensökonomie, da diese ihre Standortentscheidungen an der Verfügbarkeit eines breiten Angebots qualifizierter Arbeitskräfte vor Ort ausrichten. In die kulturellen Einrichtungen der Stadt wird auch deshalb investiert, weil sie Attraktoren für den wachsenden Städtetourismus bilden. Der Kulturalisierung der städtischen Ökonomie entspricht eine städtische Wirtschaftspolitik, die die Stadtkultur als wichtiges Handlungsfeld ausgemacht hat.

3.1 Die neue Ökonomie der Stadt

3.1.1 Wissensökonomie

In Deutschland ist der Anteil der Beschäftigten in der wissensintensiven Wirtschaft an der Gesamtheit der Beschäftigten von 28,7 Prozent im Jahr 1999 auf 30,5 Prozent im Jahr 2009 gestiegen. Gleichzeitig konzentrieren sich die wissensintensiven Arbeitsplätze in den Agglomerationsräumen und hier insbesondere in den Kernstädten. Deren Anteil wuchs im selben Zeitraum von 35,2 Prozent auf 36,8 Prozent (vgl. Brandt 2011, S. 164, Abb. 3). Wenn der Anstieg nicht höher ausgefallen ist, so weil die industrielle Basis der Kernstädte schrumpft und mit ihr gewerbliche wissensintensive Arbeitsplätze verlorengehen. Die Anzahl der wissensintensiven Arbeitsplätze im Dienstleistungsbereich hat im selben Zeitraum um 12,8 Prozent zugenommen (ebd., S. 165, Abb. 4).

Auch die alten Griechen produzierten und besaßen Wissen. Wenn im Unterschied dazu heute von Wissensökonomie die Rede ist, so wird damit der Fokus auf »die systematische Erzeugung, Kommerzialisierung und Kommodifizierung von Wissen« (Strambach 2011, S. 25) gelegt. Der Begriff bezieht sich auf die Integration von Wissen in die Produktion von Gütern und Dienstleistungen und damit auf die Ökonomisierung des Wissens als Produktionsfaktor und als handelbare Ware.

Was zur Wissensökonomie rechnet, ist nicht eindeutig definiert. Stefan Krätke (vgl. 2011, S. 113) zählt dazu wissensintensive Dienstleistungen in den Bereichen Kultur, Medien, Bildung und Gesundheit, ferner technologiebezogene Dienstleistungen (Labordienste, Forschung und Entwicklung, EDV) und forschungsintensive Industrien. Peter Hall (vgl. 2011, S. 41) nennt Finanz- und Unternehmensdienstleistungen sowie die Kreativ- und Kulturwirtschaft, darüber hinaus die Tourismusindustrie und Managementfunktionen in Wirtschaft, Politik und Militär. In allen Definitionen spielen die unternehmensorientierten Dienstleistungen (Ingenieurs- und IT-Dienstleistungen, Beratung, Forschung, Entwicklung, Design) eine zentrale Rolle. Sie gelten als wesentliche Faktoren für die Innovationsfähigkeit der Wirtschaft und als Beleg für die besondere Dynamik der Wissensökonomie: Die Zahl der Unternehmen in diesem Bereich ist zwischen 1996 und 2008 dreimal so schnell gewachsen wie die Zahl der Unternehmen aller anderen Wirtschaftszweige (vgl. Strambach 2011, S. 29).

An den unternehmensorientierten Dienstleistungen wird

auch besonders deutlich, daß und wie Wissen in den Wirtschaftsprozeß integriert wird. Innovationen basieren immer häufiger auf der Integration von unternehmensexternem und -internem Wissen. Deshalb werden Innovationen zunehmend arbeitsteilig gewonnen. Die Integration von Wissen vollzieht sich mehr über Kooperation als über Inkorporation. Projektbezogene Formen der Zusammenarbeit, Querverbindungen, Netzwerke, das, was zwischen verschiedenen Sektoren geschieht, ist ein entscheidendes Charakteristikum der Wissensökonomie. Werbeagenturen beispielsweise schaffen Verbindungen zwischen der Kreativwirtschaft und den Kommandozentralen der großen Industrien, juristische Dienstleistungen durchdringen mehr und mehr die finanz- und unternehmensbezogenen Dienstleistungen, universitäre und außeruniversitäre, private und öffentliche Forschungseinrichtungen gehen Verbünde mit der Industrie ein.

Alte Industrieregionen haben schlechte Chancen, sich als Standorte der Wissensökonomie zu etablieren, denn diese bevorzugt unvorbelastete Regionen. In England hat sie sich in den südlichen und dort in ehemals landwirtschaftlich geprägten Landesteilen entwickelt. In Deutschland hat sie sich ebenfalls vorwiegend im Süden angesiedelt, das Ruhrgebiet hinkt hinterher. Allerdings sind die Vorteile der Agglomeration auch für die Wissensökonomie relevant. Die gewünschten Partner für Kooperationen sind leichter in großen Städten zu finden: Universitäten, Einrichtungen für Forschung und Entwicklung, unternehmensbezogene Dienstleistungen und Unternehmen der Kreativwirtschaft. Die Wissensökonomie ist sogar in besonderem Maße auf große Agglomerationen angewiesen, weil die Lebenszyklen ihrer Produkte sehr kurz sind. Wissen veraltet außerordentlich schnell. Deshalb wechseln Kooperationen häufig, sind zeitlich befristet und müssen sehr flexibel gehandhabt werden. Unter solchen Bedingungen ist die räumliche Zusammenballung heterogener Akteure ein wesentlicher Vorteil. Sie erleichtert es, kurzfristig und projektspezifisch das benötigte Wissen zusammenzuführen.

Die wissensintensiven Wirtschaftszweige konzentrieren sich auf die Großstadtregionen und hier wiederum auf herausragende Metropolregionen wie London, Paris, Hamburg, München und die Rheinschiene (vgl. Krätke 2011, S. 115). Diese metropolitanen Regionen sind zunächst einmal groß, d. h., sie bieten viele Menschen und viele Arbeitsplätze. Zweitens verfügen sie über hervorragende technische, kulturelle und soziale Infrastrukturen. Drittens sind sie Zentren politischer und ökonomischer Macht, sie versammeln Regierungsstellen, wichtige Banken und die Zentralen großer Unternehmen. Und viertens bildet sich in metropolitanen Regionen ein System überlappender Netzwerke, in dem all das aufs engste miteinander verbunden ist. Auch in der Wissensökonomie setzt sich der Deibel am liebsten auf den größten Haufen.

Städte waren immer Knotenpunkte für den Informationsaustausch (vgl. Hohenberg/Lees 1996, S. 205). Für die Affinität der Wissensökonomie zur Stadt aber ist die Unterscheidung von Information und Wissen zentral. Sie geht zurück auf Karl Polanyis Unterscheidung zwischen implizitem und explizitem Wissen. Mit explizitem Wissen sind Informationen gemeint, die kodifiziert, gespeichert und übertragen werden können, weshalb sie technisch ubiquitär sind und jederzeit bereitgestellt werden können. Das implizite Wissen dagegen, das als entscheidend für Innovationen angesehen wird, ist nicht allgemein verfügbar. Es ist an Erfahrungen, normative Orientierungen und bestimmte Wahrnehmungsmuster gebunden. Wissen ist immer interpretiertes Wissen. Es ist daher nur schwer codifizier- und übertragbar. Eine weitere Besonderheit der Ware Wissen besteht darin, daß Wissen im Unterschied zu materiellen Gütern durch seine Verwendung nicht verbraucht, sondern im Gegenteil vermehrt wird. Auch das ist ein Grund, weshalb es als nie versiegende Quelle der Produktivitätssteigerung betrachtet wird. Im Unterschied zu Informationen und ebenso zu materiellen Produkten, bei denen der Wert im wesentlichen dem Produkt selber anhaftet, ist der Wert von Wissen kontextabhängig: »Wissen besitzt in unterschiedlichen Situationen einen unterschiedlichen (Markt-) Wert, es ist damit nicht in einem schlichten Sinne ›objektiv‹« (Strambach 2011, S. 27). Was jeweils wissenswert ist, ergibt sich in Interaktionen, in Rede und Gegenrede. Deswegen entsteht Wissen häufig in Face-to-face-Kontakten, ist also an räumliche Nähe gebunden. Nutzung und Übertragung von Wissen setzt Vertrauen voraus, das wiederum vorwiegend in informellen sozialen Kontakten geschaffen wird. Markt (Preise) und Hierarchie (Macht) versagen bei der Koordination von implizitem Wissen. Es wird überwiegend in urbanen Milieus erzeugt, aufbewahrt und übertragen. Dieter Läpple (2003, S. 70) spricht vom »Informations-Paradoxon der Informations- oder Wissensgesellschaft«, andere vom »Standortparadox« (Michael Porter) oder auch von »Glokalisierung« (Roland Robertson), um die eigentümliche Mischung von globaler Verflechtung und Bindung an lokale urbane Milieus zu kennzeichnen, die für Betriebe der Wissensökonomie typisch zu sein scheint.

Die Wissensökonomie ist auch deshalb auf urbane Standorte angewiesen, weil dort ihre Arbeitskräfte leben wollen. Die *New York Times* hatte schon im Jahr 1954 behauptet, daß Manager in New York wegen der Theater, Opern, Nachtklubs etc. leben. Aber erst Richard Florida (2002) hat daraus ein systematisches Argument für die Kultur der Stadt als ausschlaggebendem Standortfaktor gemacht. Seine Argumentation lautet kurzgefaßt: Kreativität ist zur entscheidenden Produktivkraft geworden. Die Betriebe der Wissensökonomie (Technologie) benötigen deshalb hochqualifizierte Arbeitskräfte, die über die Schlüsselqualifikation Kreativität verfügen (Talent). Diese bevorzugen offene, urbane Milieus (Toleranz) als Lebensumwelt. Floridas Dreifaltigkeit von Technologie, Talent und Toleranz als den zentralen Faktoren städtischer Entwicklung unter Bedingungen der Wissensökonomie ist insofern empirisch bestätigt, als sich die Betriebe der Wissensökonomie und gerade die der Kreativwirtschaft in Städten und dort auf die Zentren konzentrieren (vgl. Ebert/Kunzmann 2007, S. 67). Wo sich besonders viele ihrer Arbeitsplätze finden, siedeln sich, so könnte man annehmen, plausiblerweise auch die hochqualifizierten Arbeitskräfte an. Florida kehrt die Kausalität allerdings um: Die Kreativen entscheiden sich für urbane Städte, weil sie dort leben wollen, und weil die Unternehmen der Wissensökonomie auf diese Arbeitskräfte angewiesen sind, müssen sie ihnen dorthin folgen: »Jobs to people, nicht people to jobs«. Was die Kreativen in die Städte, vor allem in bestimmte Städte zieht, ist ein tolerantes, abwechslungsreiches, urbanes Milieu. Die Urbanität einer Stadt, verstanden als ein unverzichtbares Element der gehobenen Konsumansprüche hochqualifizierter Arbeitskräfte, wird zum entscheidenden, weichen Standortfaktor in der Wissensökonomie.

3.1.2 Kultur- und Kreativwirtschaft

In der Debatte über die Standorterfordernisse der Wissensökonomie wird Kultur nicht näher bestimmt. Sie bleibt eine Art Hintergrundmusik, Atmosphäre, von den Kreativen geschätztes Ambiente und Imagefaktor. In der Debatte über die Kultur- und Kreativwirtschaft wird der Kultur dagegen eine aktive Rolle zugesprochen. Sie betritt die ökonomische Bühne als ein Akteur, der bedeutsam ist für Wachstum, Arbeitsplätze und Steueraufkommen und der darüber hinaus die Einstellungen der Menschen und ihr Verhalten beeinflußt. Kultur stärkt die soziale Kohäsion und die Identifizierung der Menschen mit ihrer Stadt (vgl. Kunzmann 2006; Dziembowska-Kowalska et al. 1994, S. 91). Damit tritt sie aus dem Kompetenzbereich der Kulturpolitik heraus, wo sie als ein eigenständiger Bereich des sozialen Lebens gleichsam um ihrer selbst willen gefördert wurde. Sie gerät in den Horizont von Sozial- und Wirtschaftspolitik. In dem Maße, in dem sie zu deren Instrument wird, wird sie auch deren Kriterien unterworfen.

Im Kontext der Frankfurter Schule fungierte der Begriff »Kulturindustrie« als Inbegriff des kapitalistischen Bösen. Seit die Labour Party Anfang der neunziger Jahre die *creative industries* zum Wahlkampfthema gemacht hat, ist sie zum Hoffnungsträger mutiert. Die *cultural* oder *creative industries* gelten als zukunftsträchtiger Wirtschaftszweig und dementsprechend als bevorzugter Gegenstand der Wirtschaftsförderung. Große Investitionen in den Kernstädten kommen in immer höherem Maße den Bereichen Konsum, Freizeit und Unterhaltung zugute. Städtetourismus ist vor allem Kulturtourismus, und die ökonomische Bedeutung des Tourismus wird weiter wachsen. Schließlich sprechen ein steigender Akademisierungsgrad der Bevölkerung und die längere Lebenszeit dafür, daß die Nachfrage nach Kulturangeboten zunehmen wird.

Kultur hat im Wortsinne Konjunktur, und kaum ein Wirtschaftspolitiker oder auch Kulturpolitiker kommt ohne die Begriffe »Kreativität« oder »Innovation« aus. Die UNESCO hat im Jahr 2004 das Programm »Creative Cities« gegründet, das es Städten auf der ganzen Welt ermöglichen soll, sich zu vernetzen und »Erfahrungen, Strategien, Ideen und modellhafte Praxis im Bereich zeitgenössischer Kunst und Kultur, einschließlich der Kulturwirtschaft« auszutauschen (Deutsche UNESCO-Kommission e.V. o.J.) Die Europäische Union hat 2009 das »Europäische Jahr der Kreativität und Innovation« ausgerufen. In Deutschland wurde der erste Kulturwirtschaftsbericht 1992 vom Land Nordrhein-Westfalen vorgelegt. Seitdem haben der Bund, sämtliche Bundesländer mit Ausnahme des Saarlands und viele Städte teilweise mehrere Kulturwirtschaftsberichte oder Kreativwirtschaftsberichte erstellen lassen.

Das ökonomische Gewicht der Kultur- und Kreativwirtschaft (KKW) ist beträchtlich. Der *Creative Economy Report* der Vereinten Nationen aus dem Jahr 2008 beziffert den Gesamtumsatz der *creative industries* auf 424,4 Milliarden US-Dollar im Jahr 2005 bei einer jährlichen Wachstumsrate von 8,7 Prozent (vgl. United Nations 2008, S. 4f.). Mit einer Wachstumsrate von 14,2 Prozent in den Jahren 2000 bis 2005 belegt Deutschland unter den Exporteuren von Gütern aus der Kreativwirtschaft den fünften Rang (ebd., S. 110). Geht man von der Statistischen Systematik der Wirtschaftszweige in der Europäischen Gemeinschaft aus (vgl. Eurostat 2008 und Friedrich-Naumann-Stiftung 2006, S. 13), so entfielen im Jahr 2003 in Deutschland auf die chemische Industrie

44 Mrd. Euro Bruttowertschöpfung (2 Prozent des BIP), auf die KKW 35 Mrd. (1,6 Prozent des BIP), auf die Energiewirtschaft 30 Mrd. (1,4 Prozent des BIP) (vgl. auch Ertel 2006, S. 18). In Berlin erreichten die Umsätze der Kulturwirtschaft schon 2002 mit 11 Prozent der Wirtschaftsleistung das Niveau des verarbeitenden Gewerbes (vgl. Senatsverwaltung für Wirtschaft, Arbeit und Frauen in Berlin/Senatsverwaltung für Wissenschaft, Forschung und Kultur 2005, S. 22). Dem Bericht *Kulturwirtschaft in Berlin* von 2008 (Senatsverwaltung für Wirtschaft, Technologie und Frauen/Der Regierende Bürgermeister von Berlin, Senatskanzlei – Kulturelle Angelegenheiten/Senatsverwaltung für Stadtentwicklung 2008, S. 24) zufolge sollen es 2006 sogar schon 21 Prozent gewesen sein. Auch hinsichtlich der Zahl der Beschäftigten hat die Kulturwirtschaft traditionelle Branchen überflügelt. Nach Angaben des Regionalverbandes Ruhr beschäftigte der Ruhrgebietsbergbau im Jahr 1956 über 470 000 Arbeitskräfte, 2006 nur noch ca. 29 000. Zu diesem Zeitpunkt arbeiteten in der Kulturwirtschaft des Ruhrgebiets 52 000 Menschen (vgl. Belwe 2006; Metropoleruhr 2012). Ausgehend von einer auf der Wirtschaftszweigsystematik des Statistischen Bundesamts (siehe dazu Statistisches Bundesamt 2008) basierenden Abgrenzung der Kulturwirtschaft, schätzt Rainer Ertel (vgl. 2006, S. 17) die Zahl der in diesem Bereich Erwerbstätigen in Deutschland für das Jahr 2004 auf 820 000 (2,2 Prozent aller Erwerbstätigen). Nach der sehr viel weiteren Abgrenzung des *1. Hessischen Kulturwirtschaftsberichts* (Hessisches Ministerium für Wirtschaft, Verkehr und Landesentwicklung/Hessisches Ministerium für Wissenschaft und Kunst 2003) waren schon im Jahr 2000 deutlich mehr, nämlich 1,35 Mio. (4,9 Prozent) sozialversicherungspflichtig in der Kulturwirtschaft beschäftigt.

Auch die Dynamik dieses Wirtschaftszweigs ist hoch. Zwischen 2003 und 2008 stieg die Anzahl der Beschäftigten mit 0,9 Prozent und damit schneller als in der Gesamtwirtschaft (0,4 Prozent). Allerdings trübt sich dieses Bild bei genauer Betrachtung. Ein Teil des Wachstums der KKW ist darauf zurückzuführen, daß große Unternehmen kreative Aufgaben auslagern, wodurch die Umsätze und die damit befaßten Arbeitskräfte plötzlich in Statistiken für die KKW sichtbar werden (vgl. Flögel et al. 2011, S. 86; Ertel 2006, S. 22). Im Teilmarkt Software/Games sind annähernd die Hälfte aller in der KKWAngestellten beschäftigt, und das überdurchschnittliche Wachstum der KKW ist ausschließlich durch die Software-/Gaming-Betriebe bedingt. Rechnet man diese aus der Entwicklung der KKW heraus, so ist sie jährlich um 0,9 Prozent geschrumpft. Für diesen Rückgang ist teilweise auch der Wechsel von sozialversicherungspflichtig Beschäftigten in die Selbständigkeit verantwortlich. Es gibt weniger abhängig Beschäftigte, aber mehr Selbständige.

Damit ist die zentrale Problematik empirischer Aussagen über Umfang und Dynamik der Kreativ- und Kulturwirtschaft angesprochen: Die Ergebnisse sind abhängig davon, was unter Kreativ- und Kulturwirtschaft verstanden wird. Es gibt keine einheitliche Definition. Der Kulturwissenschaftler Andreas Johannes Wiesand (vgl. 2006, S. 11, Anm. 14) erwähnt z.B. eine Salzburger Studie, in der der Bereich der Kunst einschließlich der Künstler nicht zur Kreativwirtschaft gezählt wird. Kultur ist ein weiter Begriff, weshalb die zugehörigen Produkte und Aktivitäten nur schwer statistisch meßfähig einzugrenzen sind. Schon der Name »Department of Culture, Media and Sport« (DCMS), wie das zuständige britische Ministerium seit 1997 heißt, deutet auf eine sehr breite Definition hin. Das DCMS zählt zu den *creative indus-*

tries: »Werbung, Architektur, Kunst und Antiquitätenmärkte, Kunsthandwerk, Design, Modedesign, Film und Video, Interaktive Freizeitsoftware, Musik, darstellende Künste, Verlagswesen, Software und Computer Service, Fernsehen und Radio« (Department for Culture, Media and Sport 2014). Die Enquete-Kommission des Deutschen Bundestages »Kultur in Deutschland« benennt ein ähnlich breites Spektrum wirtschaftlicher Tätigkeiten: Verlage, Filmproduktion, Design, Werbung, Zeitungen, Rundfunk- und Fernsehjournalismus, der gesamte Bereich der Kunstproduktion und die ihm zugerechneten privaten und öffentlichen Infrastruktureinrichtungen wie Museen (Deutscher Bundestag 2007).

Solche enumerativen Definitionen finden sich in der Literatur in verwirrender Fülle. In den Kulturwirtschaftsberichten des Landes Hessen wird eine Systematisierung versucht. Dazu wird der marktorientierte Sektor der Kulturwirtschaft vom öffentlichen und vom ehrenamtlichen unterschieden und ersterer wiederum zu sechs Teilmärkten zusammengefaßt: »Literatur-, Buch- und Pressemarkt; Kunstmarkt (einschließlich Design und Kunsthandwerk); Film-, TV und Videowirtschaft; Kulturelles Erbe, Musikwirtschaft sowie Darstellende Kunst und unterhaltungsbezogene Kunst« (Hessisches Ministerium für Wirtschaft, Verkehr und Landesentwicklung/Hessisches Ministerium für Wissenschaft und Kunst/Schader Stiftung 2008, S. 153, Anm. 119). Viele Autoren rechnen zur Kulturwirtschaft allein die privatwirtschaftlich organisierten Bereiche.[1] Die Enquete-Kommission »Kultur in Deutschland« beschränkt die Kultur- und Kreativwirtschaft zwar auf Betriebe, »welche überwiegend erwerbswirtschaftlich orientiert sind« (Deutscher Bundestag 2007, S. 340), aber in ihrer

1 Belwe 2006; Söndermann 2007; Flögel et al. 2011; Strambach 2011.

Aufzählung sind auch öffentliche Infrastruktureinrichtungen enthalten. Dziembowska-Kowalska et al. (vgl. 1994, S. 94) wählen wiederum eine Systematik nach Kernbereich sowie vor- und nachgelagerten Bereichen.

Neben der Frage, welche konkreten Aktivitäten unter diesen Begriffen subsummiert werden (z. B. auch Finanzdienstleistungen und Computerspiele-Design oder nicht), der Organisationsform (privat/öffentlich, ehrenamtlich/gemeinnützig) und der Position in der Verwertungskette (Kernbereich/vor- und nachgelagerte Bereiche) spielt bei der Definition der KKW noch eine vierte Differenzierung eine Rolle. Man kann sie auf die Formel von Kultur als Produkt und Kultur als Produktionsmittel bringen. Entsprechend dieser Trennlinie differenzieren Läpple et al. (vgl. 2015) in Anlehnung an die Studie *The Economy of Culture in Europe* der Europäischen Kommission genauer zwischen Kulturwirtschaft und Kreativwirtschaft. Danach stellt die Kulturwirtschaft kulturelle Güter und Dienstleistungen her. Im Sinne eines traditionellen Kunstbegriffs umfaßt sie erstens die bildenden (Malerei, ...) und die darstellenden (Theater, ...) Künste sowie die Stätten der Bewahrung von Kulturgütern (Museen, Archive, ...). Neben diesen »Kerngebieten der Kunst« rechnen die Autoren zweitens zur Kulturwirtschaft die »Kulturindustrien«, worunter die Massenproduktion und der Vertrieb von kulturellen Produkten verstanden wird (Video, Musikträger, Bücher, ...). Demgegenüber verwendet die Kreativwirtschaft Kultur als Mittel der Wertschöpfung für die Produktion nichtkultureller Waren. Design, Architektur und Werbung gehören zum Kernbereich der Kreativwirtschaft. Sie nutzen kulturelle Ressourcen als Quelle von Innovationen.

Daß unterschiedliche Definitionen zu weit auseinanderklaffenden Schätzungen der ökonomischen Bedeutung von

Kultur- und/oder Kreativwirtschaft führen müssen, ist unmittelbar einsichtig. Legt man die Statistische Systematik der Wirtschaftszweige in der Europäischen Gemeinschaft zugrunde, dann sind in der deutschen Kulturwirtschaft 450 000 Arbeitskräfte beschäftigt. Wenn, wie in einigen Studien, die Softwareproduktion und Gaming oder auch Finanzdienstleistungen zur KKW gerechnet werden, wie es Floridas Begriff der kreativen Klasse nahelegt, waren in Deutschland im Jahr 2009 knapp 1 Mio. Menschen in der KKW tätig. Ähnlich weit gehen die Angaben zu den Umsätzen auseinander. Der *1. Hessische Kulturwirtschaftsbericht* beziffert sie für das Jahr 2000 auf 204 Mrd. Euro, der Arbeitskreis Kulturstatistik auf nur 83 Mrd. (vgl. Ertel 2006, S. 21). Steets (vgl. 2008, S. 37) nennt für die Umsätze Abweichungen um den Faktor 2,5, für die Zahl der Arbeitsplätze in der deutschen Kulturwirtschaft um den Faktor 3, Ertel (vgl. 2006, S. 21) nennt einen Faktor 2.

Eine allgemein verbindliche Definition kann es nicht geben. Je nach Erkenntnisinteresse muß sie anders ausfallen. Hier soll nur belegt werden, daß die KKW nach Umfang und Dynamik ein wichtiger Wirtschaftszweig ist, ohne deren Bedeutung in Relation zu anderen Wirtschaftszweigen genau zu beziffern. Dafür genügt das jüngste vom Bundeswirtschaftsministerium herausgegebene Bundes-Monitoring der Kreativ- und Kulturwirtschaft zur Zahl der Unternehmen, der Beschäftigten und der Höhe der Umsätze in der KKW. Es beruht auf einer weiten Definition der privatwirtschaftlich organisierten Kulturwirtschaft, schließt also den öffentlichen und den ehrenamtlichen Sektor nicht ein.

Freiberufler und Unternehmen der Kultur- und Kreativwirtschaft nach Teilmärkten in 2013 (*)

	Anzahl	**Durchschnittliche Veränderung 2009-2013 in %**
Musikwirtschaft	13 812	–0,1
Buchmarkt	17 063	1,7
Kunstmarkt	13 032	–1,8
Filmwirtschaft	18 226	–0,2
Rundfunkwirtschaft	18 292	0,8
Markt für darstellende Künste	16 992	4,3
Designwirtschaft	55 729	4,9
Architekturmarkt	41 135	1,0
Pressemarkt	32 722	–1,6
Werbemarkt	32 196	–4,6
Software-/Games-Industrie	33 613	7,6
Sonstige	7943	2,6
Kultur-und Kreativwirtschaft	**248 721**	1,4

(*) Hinweise: Unternehmen: Alle freiberuflichen und selbständigen Unternehmer/innen mit einem steuerbaren Umsatz von mindestens 17 500 Euro im Jahr; vorläufig oder Schätzwerte; einzelne Wirtschaftszweige sind verschiedenen Teilmärkten zugeordnet, in der Endsumme einfach gezählt. Alle Kennzahlen zum Jahr 2013 sind geschätzt bzw. vorläufig.

Quelle: Bundesministerium für Wirtschaft und Energie 2014.

Umsätze der Kultur- und Kreativwirtschaft
nach Teilmärkten in 2013 (*)

	in Mio. €	**Durchschnittliche Veränderung 2009-2013 in %**
Musikwirtschaft	7416	5,5
Buchmarkt	13 908	–2,2
Kunstmarkt	2 413	4,0
Filmwirtschaft	9 285	2,1
Rundfunkwirtschaft	7724	1,2
Markt für darstellende Künste	4 122	7,5
Designwirtschaft	18 931	2,5
Architekturmarkt	9 201	4,9
Pressemarkt	31 545	0,2
Werbemarkt	24 890	–0,8
Software-/Games-Industrie	31 466	9,0
Sonstige	1 659	1,7
Kultur-und Kreativwirtschaft	**145 285**	**2,6**

(*) Hinweise: steuerbare Umsätze = Lieferungen und Leistungen und ohne Umsatzsteuer; vorläufig oder Schätzwerte; einzelne Wirtschaftszweige sind verschiedenen Teilmärkten zugeordnet, in der Endsumme einfach gezählt. Alle Kennzahlen zum Jahr 2013 sind geschätzt bzw. vorläufig.

Quelle: Bundesministerium für Wirtschaft und Energie 2014.

Erwerbstätige in der Kultur- und Kreativwirtschaft
nach Teilmärkten in 2013 (*)

	Anzahl	Durchschnittliche Veränderung 2009-2013 in %
Musikwirtschaft	47495	0,5
Buchmarkt	78410	–0,2
Kunstmarkt	18668	–1,3
Filmwirtschaft	56868	–0,9
Rundfunkwirtschaft	41483	2,2
Markt für darstellende Künste	37013	4,7
Designwirtschaft	135528	2,6
Architekturmarkt	111083	3,5
Pressemarkt	156247	–2,4
Werbemarkt	140611	–0,1
Software-/Games-Industrie	321270	9,6
Sonstige	15662	0,7
Kultur-und Kreativwirtschaft	**1038601**	**2,9**

(*) Hinweise: Erwerbstätige = Selbständige und sozialversicherungspflichtig Beschäftigte ohne geringfügig Beschäftigte; vorläufig oder Schätzwerte; einzelne Wirtschaftszweige sind verschiedenen Teilmärkten zugeordnet, in der Endsumme einfach gezählt. Alle Kennzahlen zum Jahr 2013 sind geschätzt bzw. vorläufig.

Quelle: Bundesministerium für Wirtschaft und Energie 2014.

Abgesehen von unterschiedlichen Definitionen und dementsprechend unterschiedlichen Schätzungen ihres quantitativen Gewichts, herrscht Übereinstimmung hinsichtlich der weiteren Entwicklung der KKW und ihrer qualitativen Merkmale:

Unter der Voraussetzung, daß Lebenszeit, Einkommen, Bildung und Freizeit weiterhin zunehmen, wird die KKW ökonomisch immer wichtiger. Ihr Wachstum wird unter dem der Dienstleistungs- und Wissensökonomie bleiben, aber über dem der gewerblichen Produktion (vgl. Söndermann 2013). Die Verflechtungen zwischen öffentlichem, privatwirtschaftlichem und informellem Sektor sind eng. Es handelt sich um einen sehr schwach strukturierten Bereich mit überwiegend kleinen bis sehr kleinen Betrieben und vergleichsweise sehr geringen Umsätzen pro Beschäftigten. Ohne Software-/Gaming-Industrie, die nach obiger Tabelle fast ein Drittel der Gesamtbeschäftigung auf sich vereint und mit weitem Abstand das höchste Wachstum aufweist, wäre die Beschäftigungsbilanz der KKW sehr viel bescheidener. Der Anteil der KKW an der Gesamtzahl der Unternehmen und Freiberufler beträgt 7,56 Prozent. Ihr Umsatzanteil liegt bei 2,36 Prozent, ein Hinweis auf die kleinbetriebliche Struktur dieser Branche. 97 Prozent der in der KKW tätigen Unternehmen und Freiberufler erwirtschaften jährliche Umsätze von weniger als 2 Mio. Euro, zählen also zu den Klein- und Kleinstbetrieben.

Nach Michael Söndermann (vgl. 2014a, S. 40f.; 2014b) sind in Deutschland 291 000 Künstler (ohne Designer) erwerbstätig. Ihr durchschnittliches Nettoeinkommen liegt beträchtlich unter dem der Ingenieure, aber leicht über dem der Sozialberufe und ist ähnlich ungleich verteilt wie die Einkommen aller Erwerbstätigen. Die 143 000 abhängig beschäftigten Künstler erzielten im Jahr 2010 ein etwas höheres Einkommen (monatlich durchschnittlich 2900 Euro brutto) als die Gesamtheit der Beschäftigten in der BRD (2700 Euro brutto). Das widerspricht auf den ersten Blick den gängigen Vorstellungen von der prekären Situation in den Kulturberufen. Eine differenziertere Darstellung läßt allerdings eine enorme Spannweite der Einkommen der beruflich Tätigen erkennen. Die 87269 Künstler, die ihre Einkünfte überwiegend aus freiberuflicher Tätigkeit bezogen, verdienten im Durchschnitt des Jahres 2007 nur 1885 Euro pro Monat. Das Einkommen der Hälfte dieser Gruppe, 43634 Erwerbstätige, lag sogar unter 719 Euro und damit weit unterhalb der Armutsschwelle.

Das Qualifikationsniveau ist hoch bei überwiegend prekärer Beschäftigungssituation. Ein Drittel aller in der KKW Tätigen sind geringfügig beschäftigt (vgl. Bundesministerium für Wirtschaft und Energie 2014; eigene Berechnungen), Selbständige ohne Mitarbeiter, mithelfende Familienangehörige, viele sind Praktikanten und Volontäre, die Verträge sind oft zeitlich befristet und ihre Einkommen bleiben weit hinter dem Durchschnitt zurück. In einem aber scheint die KKW vorbildhaft: Die Arbeit bietet inhaltliche Freiheiten, sie ist hochqualifiziert, in ihrer Organisation dominieren Projekte, Kooperationen sind häufig, aber schnell wechselnd. Die Arbeit in der KKW, so scheint es, ist das Modell für die Zukunft der Arbeit unter dem »neuen Geist des Kapitalismus« (Boltanski/Chiapello 2013, S. 143f.).

3.2 Schöne neue Welt?

Die Diskussion über Kultur hat schon lange den engen Begriff der Hochkultur von Oper, Konzert, Stadttheater und Kunstmuseum hinter sich gelassen und damit auch die Auffassung von Kultur als dem zweckfrei Schönen. Die Anfang der siebziger Jahre aufkommende Bewegung der Soziokultur hob die sozialen und politischen Funktionen von Kultur hervor. Kultur sollte aus dem Ghetto der »Hochkultur«, wo sie in der bürgerlichen Mittel- und Oberschicht gefangen bleibe, heraustreten als eine »Kultur für alle« (Hilmar Hoffmann), gefordert wurde gar ein »Bürgerrecht Kultur« (Hermann Glaser). Kultur sollte demokratisiert und dezentralisiert werden. In vielen Städten entstanden soziokulturelle Zentren, die sich als Stadtteilzentren verstanden und ihre Aufgaben zumindest in den Gründerjahren auch politisch definierten (vgl. Knopp 2003)

Während die soziokulturellen Zentren noch zum öffentlichen oder zum dritten, gemeinnützigen Sektor zählen, rechnet die Kulturwirtschaft in den meisten Definitionen zum privatwirtschaftlichen Sektor. In ihr ist der früher für den engen Begriff von (Hoch-)Kultur konstitutive und in vielen Fällen polemisch gegen die bürgerliche Gesellschaft gewendete Gegensatz von »Kunst und Kommerz« aufgehoben. Kommerzielle Aktivitäten wie die Film- und Musikindustrie sind für viele heute Teil der Kultur. Das hat den Vorteil, daß auch sie in den Genuß der Kulturförderung kommen. Umgekehrt werden künstlerische Aktivitäten ökonomisch geadelt, indem man ihnen Relevanz für den Arbeitsmarkt und die Produktivität der Industrie zuschreibt.

Mit der Theorie der kreativen Klasse wird der kulturelle Horizont noch einmal beträchtlich erweitert. Die Kulturwirtschaft wird häufig über den Output kultureller Produkte definiert. Demgegenüber setzt die Theorie der kreativen Klasse am Input von Kreativität an, ungeachtet dessen, ob dabei Credit Default Swaps herauskommen oder Gedichte. Florida rechnet zur *creative class* neben einem »kreativen Kern« – Wissenschaftler und Ingenieure, Professoren, Dichter, Schriftsteller, Künstler, Entertainer, Sportler, Schauspieler, Designer, Architekten, Sachbuchautoren, Verleger, Kulturarbeiter, Politikberater, Meinungsmacher und Analysten – die professionellen Arbeitskräfte in einem weiten Bereich von Betrieben des High-Tech-Sektors, des Finanzsystems, des Rechts- und des Gesundheitswesens sowie des Managements. Weil die Erwerbstätigen des Finanzsektors hinzugezählt werden, hat in Deutschland Hessen einen besonders hohen Anteil an Kreativen, nämlich mehr als 19 Prozent aller im Land Beschäftigten (vgl. Berlin-Institut für Bevölkerung und Entwicklung 2007, S. 11). In ganz Deutschland zählen ca. 10 Mio. Beschäftigte zur *creative class*. Dagegen ist in der deutschen Kreativ- und Kulturwirtschaft nur etwas über eine Million Menschen erwerbstätig (vgl. obige Tabelle in Abschn. 3.1.2).

Noch weiter greifen die Thesen von Sharon Zukin (1995) und Allen Scott (2000). Mit dem Rückzug der Industrie, dem Niedergang der Innenstädte und der Expansion des Finanzsektors, der nur noch abstrakte Güter wie Aktien, Anleihen und Immobilienfonds produziere, werde die Organisation des Konsums für das Leben der Menschen mindestens so bedeutsam wie die Organisation der Produktion. Dabei würden die Grenzen zwischen Kultur und Ökonomie verwischt. Zukin spricht von der »symbolischen Ökonomie« der Städte. Kultur sei ein System zur Produktion von Symbolen. Insbesondere die städtische Ökonomie verlagere sich mehr und mehr auf Produktionen, bei denen der Gebrauchswert hinter die symbolische Bedeutung einer Ware als Distinktionsmerkmal zurückgetreten sei. Kulturelles Kapital sei ebenso wirkmächtig in der Gesellschaft wie reale Investitionen (vgl. Zukin 1995, S. IX).

Die postmoderne Diskussion hat diese Argumentation von der urbanen Ökonomie abgelöst und auf die ganze Gesellschaft übertragen. Im »ästhetischen Kapitalismus« definiere nicht mehr die Arbeit, sondern der Konsum die sozialen Verhältnisse. Konsum sei »symbolisches Handeln« (Bormann 2001, S. 51). Konsumiert würden immer weniger Gebrauchswerte, sondern Bilder, Zeichen, Symbole und Lebensstile: Wenn man ißt, dann um Distinktion und Zugehörigkeit zu signalisieren, nicht um den Hunger zu stillen. Damit lösten sich die sozialen Strukturen von den Produktionsverhältnissen. Sie würden kulturalisiert: »An die Stelle herkömmlicher sozialer Klassen sind kollektive Identitäten getreten, neu formiert als Konsum-Konstellationen aus dem globalen Angebot an kulturellen Bildern und Formen« (Bormann 2001, S. 52). Nach Andreas Reckwitz hat seit der zweiten Hälfte des 20. Jahrhunderts die »Kulturalisierung des Ökonomischen« (2012, S. 185) alles erfaßt: die Produkte, die Arbeitsformen und die Konsumtionsweisen. Der ästhetische Kapitalismus sei kulturelle Produktion: Er lebe von der Kreativität und er produziere Symbole. Seine Leitbranchen seien Mode, Design und Werbung.

Wie Florida hält auch Reckwitz (2012) Kreativität für den zentralen Katalysator des wirtschaftlichen Wachstums. Wie Zukin sieht er den Gebrauchswert eines Gutes von seinem Symbolwert dominiert. Die vorrangigen Produkte des ästhetischen Kapitalismus seien »Zeichen, Sinneserleben und positive [...] Affekte« (Reckwitz 2012, S. 190). Der von Max Weber beschriebene epochale Prozeß der Rationalisierung sei durch eine umfassende Ästhetisierung abgelöst worden. Es entwickele sich ein »gesellschaftliche[s] Regime des ästhetisch Neuen« (ebd., S. 20). Ein »wirkungsmächtiges Kreativitätsdispositiv« unterwerfe nahezu alle gesellschaftlichen Bereiche dem Postulat, Neues zu schaffen, so auch die berufliche Arbeit bis hin zur Angleichung aller Tätigkeiten an das Modell des Künstlers.

Schon Schumpeter hatte Innovation – ein mehr der Ökonomie und der Ingenieurskunst verhaftetes Wort für das Neue – zur zentralen Maxime des Kapitalismus erklärt. Reckwitz benutzt nicht ohne Grund den mit dem Bereich der Kunst assoziierten Begriff der Kreativität. Er spricht von einem besonderen Neuen, nämlich dem ästhetisch Neuen. Dabei definiert er das Ästhetische im Anschluß an den griechischen Ursprung des Wortes (άισϑησις = Wahrnehmung) als emotional aufgeladene, sinnliche Wahrnehmung und damit als Gegenbegriff zu Zweckrationalität und Regelhaftigkeit. Die so verstandene Ästhetik sei auch die Triebkraft hinter dem Wandel zum ästhetischen Kapitalismus. Dieser verdanke sich einer kompensatorischen Reaktion auf den »Affekt- und Motivationsmangel« der Moderne, die, wenn überhaupt, dann eher negative Affekte hervorrufe. Das Kreativitätsdispositiv dagegen setze »ausschließlich auf [die] *positive* Affektivität [...] des Gestaltens, Erlebens, Bewunderns und Anregens, des Könnens und Dürfens« (Reckwitz 2012, S. 330, Hervorh. i. Orig.). Markt und Medien stützten die Verbreitung ästhetischer Innovationen wie umgekehrt neue ästhetische Reize den Waren wie den Medien zu mehr Aufmerksamkeit verhülfen. Zwischen Ästhetisierung, Ökonomisierung und Medialisierung ergebe sich eine »Homologie«.

Die durch und durch ästhetisierte Welt des kulturalisierten Kapitalismus hat ihren Ort in der semiotisch reichen, emotional anregenden, schönen Stadt. Die fordistische Zonierung ist aufgehoben zugunsten eines dichten, vielfältigen Nebeneinanders. In der ästhetisierten Stadt ballen sich die Betriebe »der kreativen Ökonomie: Design und Mode, Werbung und Beratung, Musik und Unterhaltung, Film und klassische Hochkultur, Medien und Informationstechnologien, stil- und erlebnisorientierter Konsum und Architektur, Gastronomie und Tourismus, schließlich auch die Kunstbranche« (Reckwitz 2012, S. 294 f.). Ihre Produkte sind immaterielle, symbolische und ästhetische Güter, die ihren Wert im Zusammenhang von Lebensstilen, kulturellen Normen und der Zuweisung von sozialem Status erhalten. Bevölkert wird diese Stadt von einem neuen Menschentypus, dem »schöpferischen und genießenden homo aestheticus« (ebd., S. 356f.), der in seinem Beruf jene symbolischen Güter kreiert, nach denen er als Konsument kenntnisreich verlangt. Eine Allianz aus Wissensökonomie, der Kreativ- und Kulturwirtschaft, dem Immobilienkapital, der Stadtpolitik und den neuen urbanen Mittelschichten schafft die ästhetisierte Stadt, und die neuen Urbaniten führen darin ein Leben, in dem Arbeit und Nicht-Arbeit kaum noch voneinander geschieden sind.

Die Städte sind in der Tat schöner geworden, zu sehen ist das in luxuriös aufgewerteten Vierteln aus der Gründerzeit. Ihre Konsumangebote sind differenzierter, zu erkennen allein schon an der Fülle der Kaffeesorten und der Speisekarte eines durchschnittlichen Restaurants. Es ist eine schöne neue Welt, die mit dem kulturalisierten Kapitalismus angebrochen ist, aber ist es die ganze Welt?

Das Ganze der Wirklichkeit entzieht sich noch der umfassendsten Theorie. Jede Theorie ist zwangsläufig selektiv. Aber was sie in den Blick nimmt, und wovon sie absieht, das entscheidet über ihre Qualität. Auch die These einer umfassenden Ästhetisierung verdankt sich einer selektiven Beobachtung. Aber ist das, was sie in den Blick bekommt, relevant oder typisch für das Ganze? Ist z. B. die Güterproduktion, an deren Ästhetisierung Reckwitz seine Thesen von der Ästhetisierung der Ökonomie belegt, wirklich noch der relevanteste Bereich der Ökonomie? Was ist mit den Dienstleistungen, auf die in modernen Volkswirtschaften ein weit größerer Anteil des Bruttosozialprodukts und der Arbeitsplätze entfällt als auf die industrielle Produktion? Und was ist mit dem Finanzmarkt, dessen Volumen mittlerweile ein Mehrfaches des Bruttoweltprodukts beträgt? Seine Produkte sind neu, aber wohl kaum im Sinne ästhetischer Neuerung, sie sind immateriell, aber sie können höchst materielle Folgen haben, und sie beruhen auf viel Kreativität, aber sie bewirken Zerstörungen, die allenfalls ironisch das Adjektiv kreativ verdienen.

Die Wirklichkeit eines kulturalisierten Kapitalismus kann man anhand einer Fülle von Beispielen aus den Bereichen der Kunst, der Ökonomie und der Formierung von Identitäten plausibel machen. Aber Beispiele lassen sich für beinahe jede These finden. Das läßt sich an der Stadt illustrieren, deren Transformation in ästhetisierte Gebilde durch »spektakuläre Architektur, restaurierte Stadtviertel, neue Kulturinstitutionen« Reckwitz (2013, S. 24) als ein besonders sprechendes Beispiel für den »ästhetischen Kapitalismus« anführt. Das zentrale Dispositiv des kulturalisierten Kapitalismus verlange die dauernde Produktion des ästhetisch Neuen. Aber ließe sich angesichts der äußerst populären Rekonstruktionen in Berlin, Dresden, Frankfurt, Potsdam und anderen Städten sowie der Tendenzen umgreifender »Musealisierung« (Hermann Lübbe), der Aktualität von Heimat oder auch dem Erfolg der Firma Manufactum nicht ebenso von einem Nostalgiedispositiv sprechen? Auch kann solche Vergangenheitsbesessenheit mit ähnlicher Plausibilität als kompensatorische Reaktion erklärt werden, sei es auf die Affektarmut der funktionalistischen Stadt oder auf Überforderung durch die Beschleunigung des sozialen Wandels.

Die Thesen von der ästhetisierten Stadt lassen sich eindrücklich im Hinblick auf die gentrifizierten Altbauquartiere am Rand der Innenstädte bestätigen. Nur muß man dazu die Augen vor den Quartieren der Ausgrenzung und den sich an der Peripherie der Städte breitmachenden Gewerbegebieten verschließen. Ist nicht gerade die Spaltung der Stadt typisch, für Berlin also Prenzlauer Berg *und* Marzahn, für Lissabon die verfallenden innerstädtischen Quartiere *und* das spektakuläre Expo-Gelände, für die Stadtgesellschaft die neuen urbanophilen Mittelschichten *und* die an den Rand von Stadt und Gesellschaft gedrängten Verlierer des Strukturwandels? Das ist eine Frage nach der Perspektive, unter der Gesellschaft untersucht wird. In jeder Gesellschaftstheorie verbirgt sich eine Vorentscheidung darüber, welche Frage zum Kern der heutigen Gesellschaft vordringt – immer noch die nach der Gestalt sozialer Ungleichheit oder die nach kultureller Diversität?

Reckwitz deutet dieses Problem an, wenn er festhält, das Neue sei nie kurzerhand objektiv vorhanden, immer hänge es von häufig umstrittenen Beobachtungs- und Wahrnehmungsschemata ab. Auch soziologische Theorien sind bestreitbare Wahrnehmungsschemata. Damit ist die alte Kontroverse um objektivistische versus konstruktivistische Positionen angesprochen (vgl. die Einleitung). Die objektivistische oder essentialistische Position beharrt darauf, eine objektiv vorhandene Wirklichkeit zu beschreiben. Wenn die Soziologie ihre Begriffe ändert, so sei das einem Wandel der Realität geschuldet, der die alten obsolet gemacht habe. Dagegen betont die konstruktivistische Position die Rolle der Subjekte. Wirklichkeit sei stets wahrgenommene Wirklichkeit. In der radikalen, dekonstruierenden Version des Konstruktivismus ist Wissenschaft auch nur eine Form der Wahrnehmung unter anderen ohne privilegierten Zugang zu irgendeiner Art von Objektivität. Die mit dem Kreativitätsdispositiv behauptete umfassende Kulturalisierung wäre demnach keine der sozialen Wirklichkeit, sondern eine des soziologischen Blicks, der mit dem *cultural turn* in den Sozialwissenschaften die politische Ökonomie ad acta gelegt hat und seitdem, statt überall die

Produktionsverhältnisse am Werk zu sehen, nur noch spielerische Konstruktionen erkennen kann.

Beide Positionen sind unhaltbar. Die eine läßt, da sich ihr zufolge eine wie auch immer geartete Realität prinzipiell der Erkenntnis entzieht (Jean Baudrillard), in der Konsequenz keine empirische Forschung mehr zu, geschweige denn empirisch gehaltvolle Aussagen. Die andere verkennt die interpretierenden Leistungen der Subjekte bei der Konstruktion der Bilder, die sie sich von der Wirklichkeit machen. Also sind zwei kritische Fragen zu stellen. Erstens: Welchen Ausschnitt der Wirklichkeit nimmt die Theorie in den Blick? Das ist die Frage nach der systematischen Selektivität einer Theorie, danach, auf was sie ihr Augenmerk richtet und was sie ausblendet. Mit der zweiten Frage sollen die dahinter stehenden Annahmen über den sozialen Wandel erhellt werden: Inwieweit verdanken sich die Thesen von der Ästhetisierung der Stadt dem Wandel der Wirklichkeit und inwieweit dem *cultural turn* in den Sozialwissenschaften, der Ästhetisches ins Zentrum soziologischer Aufmerksamkeit gerückt hat? Schließlich könnte die These von einer umfassenden Ästhetisierung der Stadt ja statt auf einem Wandel der Wirklichkeit auf einem Fortschritt der Theorie beruhen, der es erlaubt, mit neuen Kategorien an einer unveränderten Wirklichkeit bislang Übersehenes zu entdecken.

Die Ästhetisierung der Stadt ist nichts Neues. Sie hatte bereits in der Renaissance und im Barock eindrucksvolle Höhepunkte. Trotzdem ist mit der These von der Ästhetisierung der Stadt nicht nur auf neue Begriffe gebracht, was schon immer Logik des Städtebaus war. Stadtmarketing, Marken generell, Design, Werbung haben in letzter Zeit meßbar zugenommen und sich durch Computer Aided Design in einem enormen Maß verselbständigen können (Abschn. 3.1.2). Die postmodernen Theorien von der Kulturalisierung und Ästhetisierung der Stadt sind nicht nur einem Wandel des soziologischen Blicks auf die Wirklichkeit geschuldet. Sie erzählen die Geschichte beobachtbarer Veränderungen der Städte, ihrer Gestalt, ihrer Ökonomie und des Alltags ihrer Bewohner. Aber das ist nicht die ganze Geschichte. Das Bild, das diese Theorien zeichnen, erinnert an das Leben der Eloi, wie es H. G. Wells in seinem 1895 erschienenen Roman *Die Zeitmaschine* beschrieben hat: Junge, schöne, weiß gekleidete Menschen, die in einer sonnendurchfluteten Parklandschaft ihre Tage mit Tanz, Gesang und Spiel verbringen. Doch in Wells' Novelle ist das nur die Oberwelt. In Gang gehalten wird diese schöne neue Welt von den Morlocks, die tief unter der Erde eine riesige Maschinerie bedienen, die das Leben der Eloi ermöglicht. Auch diese Unterwelt gibt es im Hier und Jetzt, nur ist sie mittlerweile global organisiert. Die heutigen Morlocks leben in heruntergekommenen Wohnungen an umweltbelasteten Standorten, und die Sweatshops, welche die Boutiquen in den ästhetisierten Städten im Westen beliefern, stehen weit weg in Pakistan, Indien, Bangladesch und Indonesien. Bei Wells kommen die Morlocks in mondlosen Nächten nach oben, um die Eloi zu schlachten und aufzufressen. Das droht der akademischen Mittelschicht in ihren städtischen Enklaven nicht. Die Marginalisierten in deutschen Städten und die Arbeiterinnen in den Billiglohnländern haben keine Macht über die Bewohner der ästhetisierten Stadt. Und doch können diese sich nicht sicher fühlen. Sie ziehen sich in symbolisch abgegrenzte Viertel zurück, in manchen Ländern in physisch befestigte *gated communities*, wo sie Sicherheit unter ihresgleichen suchen. Sie investieren so viel wie möglich in die Bildung ihrer Kinder, damit diese auf den künftigen Arbeitsmärkten eine Chance haben, und sie nutzen ihre Autonomiespielräume, um sich mit einem Maximum an Leistung und ständiger, durch Computer und Smartphones gewährleisteter Verfügbarkeit gegen den drohenden Verlust ihres Arbeitsplatzes und damit ihrer Existenzgrundlage zu schützen.

3.3 Die Stadt als Wechselstube

Die »symbolische Ökonomie« wird von kulturellen Ressourcen bewegt und produziert Symbolisches. Ein Beispiel ist der städtische Immobilienmarkt, der für die soziale und räumliche Entwicklung der Stadt ungleich wichtiger ist, als die gewöhnlich als Leitbranchen der symbolischen Ökonomie erwähnten Bereiche Werbung, Design und Mode. Auf dem Immobilienmarkt können Symbole zu Geld gemacht werden, er ist ein Mechanismus, um ökonomisches, soziales und kulturelles Kapital gegeneinander zu tauschen. Über ökonomisches Kapital verfügt, wer Geld oder geldwerte Besitztümer (Aktien, Immobilien etc.) sein eigen nennt. Soziales Kapital sind Netzwerke, soziale Beziehungen, kurz »Ressourcen, die auf der *Zugehörigkeit zu einer Gruppe* beruhen« (Bourdieu 1983, S. 190f., Hervorh. i. Orig.). Kulturelles Kapital umfaßt einmal das inkorporierte kulturelle Kapital. Das sind weiche Qualifikationen, die eine Person im Verlauf eines familialen Erziehungsprozesses erwirbt, und die in den formellen Ausbildungsprozessen von Schule und Universität nicht vermittelt werden: der richtige Geschmack, gute Umgangsformen, das Wissen, wie man sich in bestimmten Situation zu benehmen hat, Allgemeinbildung usw. Davon zu unterscheiden ist das objektivierte kulturelle Kapital: Kunstwerke, architektonisch herausragende Bauwerke, Theater, aber auch Musikinstrumente oder Bücher. Und schließlich das institutionalisierte kulturelle Kapital, das im wesentlichen mit zertifizierten akademischen Qualifikationen umschrieben ist.

Pierre Bourdieus Übertragung des Kapitalbegriffs aus der Welt der Ökonomie in die der sozialen Beziehungen und der Kultur reflektiert eine reale Entwicklung: die wachsende Instrumentalisierbarkeit von Eigenschaften, deren Kern gerade darin bestand, nicht instrumentalisierbar zu sein. Soziale Beziehungen wie Freundschaft und Verwandtschaft, künstlerische Begabung und kulturelles Wissen können in der Tat verwendet werden, um ökonomische Interessen durchzusetzen. Indem sie als soziales und kulturelles Kapital ökonomisch geadelt werden, wird ihre Vereinnahmung durch den kapitalistischen Verwertungsprozeß auch theoretisch nachvollzogen.

Die Stadt fungiert als Wechselstube, in der soziales und kulturelles Kapital in ökonomisches Kapital und vice versa verwandelt wird. Städtische Räume sind nicht nur ökonomisch, sondern in hohem Maße auch kulturell und sozial definierte Räume: durch ihre Geschichte, ihre städtebauliche Gestalt, die Präsenz eines bekannten Museums, durch besondere Ereignisse, die an bestimmte Orte gebunden sind, den sozialen Status ihrer Bewohner etc. Das gilt vor allem für Wohnlagen. Die gute oder schlechte Adresse einer Wohnung hängt neben Topographie und Verkehrsanbindung wesentlich von kulturellen und sozialen Faktoren ab. Positive und negative Symbole überlagern und relativieren ökonomische Faktoren bei der Strukturierung städtischer Räume. Die symbolisch definierte sozialräumliche Struktur der Stadt geht ein in die Immobilien- und Mietpreise. Deshalb eignen sich städtische Immobilienmärkte hervorragend als Wechselstuben für symbolisches, soziales und ökonomisches Kapital. Sie sind Kampfplätze, auf denen die verschiedenen Kapitalsorten eingesetzt werden, um das eigene Territorium zu verteidigen oder ein anderes zu erobern. Und schließlich sind die Investitionen in städtische Immobilienmärkte nicht unabhängig von Entwicklungen auf den Finanzmärkten, die einen Überhang oder eine Knappheit an anlagesuchendem Kapital zur Folge haben.

Deshalb werden im folgenden Prozesse der Stadtentwicklung unter drei sehr unterschiedlichen Perspektiven behandelt: erstens im Hinblick auf Bourdieus Theorie verschiedener Kapitalsorten als Umwandlung von sozialem und kulturellem in ökonomisches Kapital. Zum zweiten als konflikthafte Auseinandersetzung zwischen sozialen Gruppen um öffentliche Räume, Schulen, Spielplätze, Wohnungen etc. In der multikulturellen Stadt intensivieren sich diese Kämpfe um das Territorium der Stadt. Und schließlich als Kapitalverwertungsprozeß. Erst wenn man alle drei Perspektiven zusammennimmt, ergibt sich ein vollständiges Bild, ohne daß eine von ihnen Dominanz beanspruchen könnte. Der Austausch verschiedener Kapitalsorten, soziale Konflikte und Kapitalverwertung sind eng miteinander verflochten, aber sie stehen nicht in einem hierarchischen Erklärungszusammenhang nach dem Muster: Das Kapital regiert die Stadtentwicklung. Das soll an drei Beispielen erläutert werden: Gentrifizierung, neue, auf kulturelle Interventionen setzende Aufwertungsstrategien und die »Heritage-Industrie«.

3.3.1 Gentrifizierung – die Stadt als Kampfplatz

Der über den Immobilienmarkt vermittelte Austausch von ökonomischem, sozialem und kulturellem Kapital ist eine wesentliche Triebkraft jener Veränderungen der sozialräumlichen Struktur der Stadt, die in der Literatur als Gentrifizierung beschrieben werden. Der Begriff geht auf die Soziologin Ruth Glass (1964) zurück, die damit die physische und soziale Aufwertung des Londoner Stadtteils Islington durch finanzkräftige Bewohner beschrieben hat. Im Zuge von Gentrifizierung werden das Wohnumfeld, die Bausubstanz und die Infrastruktur verbessert, Miet- und Kaufpreise steigen, die Eigentumsverhältnisse und die soziale Struktur ändern sich ebenso wie die Kultur des Stadtteils: Neue Bewohner mit anderen Lebensweisen drängen hinein, Alteingesessene werden verdrängt. Der öffentliche Raum wird anders genutzt, die Fassaden werden verschönert, Geschäfte mit neuen Waren- und Dienstleistungsangeboten, andere Restaurants und Kneipen treten an die Stelle der alten. Gentrifizierung ist ein Prozeß der ökonomischen und physischen Aufwertung und symbolischen Umdeutung eines Stadtquartiers unter Verdrängung der Alteingesessenen (vgl. Zukin 1998; Dangschat 1992). Zukin hat als erste darin einen Prozeß der Umwandlung kulturellen Kapitals in ökonomisches erkannt. Sie nannte es die Transformation kulturellen Kapitals in »reales kulturelles Kapital« (Zukin 1982, S. 47f.).

Gentrifizierung ist ein plastisches Beispiel für die abgedroschene Rede von der Stadt als Prozeß. Städte verändern sich laufend, und im Zuge dessen auch der Zustand und die Funktion der einzelnen Stadtteile. Es wäre falsch und obendrein illusionär, dies aufhalten zu wollen. Menschen machen Karrieren, positive und negative, und wo solche Karrieren sich häufen, steigen Stadtteile auf oder ab. Gentrifizierung ist einer dieser Prozesse, aber ein besonders folgenreicher, denn er beinhaltet, daß Wohnungen aus billigen Marktsegmenten herausgenommen und in teureren angeboten werden. Dadurch wird das Wohnungsangebot für einkommensschwächere Gruppen absolut verknappt, während das Angebot für jene Gruppen, die ohnehin schon über mehr Optionen auf dem Wohnungsmarkt verfügen, erweitert wird.

In Deutschland schützt das Mietrecht statusniedrigere Gruppen weitgehend vor direkter Verdrängung durch statushöhere. Wer seine Rechte kennt, kann sich lange wehren. Zieht aber jemand aus, aus welchen Gründen auch immer, kann die Miete für den Nachfolger drastisch erhöht werden oder die Wohnung wird verkauft. Beides hat den Effekt, daß die Wohnung für Haushalte mit niedrigeren Einkommen unerschwinglich wird. Passiert dies in einem Stadtteil häufiger, steigt allmählich der Anteil der einkommensstarken Haushalte, während die Einkommensschwächeren in die verbliebenen billigen Quartiere der Stadt abgedrängt werden. So entstehen als eine Folge von Gentrifizierung im Extremfall soziale Brennpunkte. Je höher die Mobilität der Bevölkerung, desto schneller verlaufen diese Prozesse.

Von einer sozial verantwortlichen Stadtpolitik wäre zuallererst zu erwarten, daß sie solche Umverteilung nicht auch noch unterstützt. Soziale Stadtpolitik sollte im Gegenteil versuchen, gefährdete Stadtteile zu stabilisieren, und zwar nicht nur gegen den Abstieg, sondern auch gegen eine allzu forcierte Aufwertung. Gentrifizierung ist aber nicht nur von Marktmechanismen getrieben, oft fördern die Städte sie durch Sanierung und Modernisierung. Bei der Gentrifizierung wirken städtische Planungen, öffentliche und private Investitionen in die Bausubstanz und in die Infrastruktur mit Veränderungen der Bewohnerschaft, Wanderungsbewegungen und einem Imagewandel des Quartiers zusammen.

Gentrifizierung erfolgt unter drei Voraussetzungen. Nötig ist erstens die Bereitschaft der Stadtpolitik, private Investitionen mit eigenen Beiträgen zur Aufwertung eines Wohnquartiers zu unterstützen oder zumindest die privaten Maßnahmen nicht so stark zu behindern, daß ihre Rentabilität gefährdet wäre. Angebotsorientierte Theorie-Ansätze zur Gentrifizierung betonen zweitens die Rolle des Immobilienkapitals. Auslöser für Investitionen in die Modernisierung einer Immobilie ist danach eine Lücke zwischen den Erträgen, die beim gegenwärtigen Zustand einer Immobilie erzielt werden können, und den potentiellen Erträgen nach ihrer Modernisierung. Diese »Ertragslücke« (*Rent-gap*-Theory, Smith 1979) veranlaßt die Eigentümer, in die Immobilie zu investieren. Die modernisierten Wohnungen sind besser, aber auch teurer, was dazu führt, daß die ansässige Bevölkerung das Gebiet verlassen muß und besser gestellte Gruppen in das Gebiet ziehen.

Marxistische Autoren wie David Harvey (1996) sehen einen Zusammenhang zwischen den Investitionen in städtische Immobilien und dem enormen Anstieg des anlagesuchenden Kapitals. Die quasi unbegrenzte Verfügbarkeit von Kapital verleite zu riskanten Investitionen und treibe die Immobilienpreise so lange in die Höhe, bis die Blase platzt. In dieser Argumentation haben die sich verselbständigenden Mechanismen des Finanzmarkts die Aufwertung der städtischen Bausubstanz zur Folge, sie können aber auch nur einen Anstieg der Immobilienpreise ohne jede reale Veränderung im Bestand auslösen.

Schließlich werden drittens Modernisierungsinvestitionen in der Regel erst dann getätigt, wenn die begründete Aussicht besteht, daß die aufgewerteten Wohnungen kaufkräftige Nachfrager finden, schließlich würde sonst auch die beste Kapitalverwertungsstrategie irgendwann in die Pleite führen. Weiter oben (in Abschn. 2.3.2) wurden die Gründe dargelegt, weshalb sich die Wohnpräferenzen zahlungskräftiger Haushalte hin zu den Innenstädten verschoben haben. Bisher wurde Gentrifizierung als Prozeß beschrieben, durch den Wohnchancen zugunsten neu zugezogener, kaufkräftiger Haushalte und zu Lasten der kaufkraftärmeren Alteingesessenen umverteilt werden. Aber negative Umverteilungseffekte treffen nicht notwendig alle Ansässigen. Die Bevölkerung aufgewerteter Stadtteile ist niemals völlig homogen. Unter den Alteingesessenen können Wohlhabende und Aufsteiger sein, die von der Gentrifizierung sogar profitieren, da sie ihnen das passende Ambiente verschafft, ohne daß sie ihre gewohnte Umgebung verlassen müßten. Mit Gentrifizierung wird ferner ein systematischer Zusammenhang zwischen der Aufwertung eines Stadtteils und der Abwertung eines anderen behauptet. Die Aufwertung der Bausubstanz und der Sozialstruktur eines Wohnquartiers muß aber nicht immer mit Verdrängung der Eingesessenen in andere, schlechtere Quartiere einhergehen.

Mit dem ökonomischen Strukturwandel weg von der Industrie- zur Dienstleistungs- und Wissensgesellschaft und mit der Ausweitung des Bildungssystems ist die Zahl der Arbeiterhaushalte zurückgegangen: Einige Haushalte sind in die Unterschicht abgerutscht, andere sind in die Mittelschicht aufgestiegen. Diese Entwicklung und deren Folgen für die Sozialstruktur eines vormals von Arbeitern bewohnten Stadtviertels kann man mit einem Beispiel veranschaulichen: Ein Kind aus einer Arbeiterfamilie macht Abitur, studiert und bekommt anschließend einen guten Job, bleibt aber in seinem Kiez, statt in ein besseres Viertel zu ziehen. Tritt das häufiger auf, dann kann sich ein Quartier auf der sozialen Leiter nach oben bewegen, ohne daß Schwächere verdrängt würden (vgl. Hamnett 2003, S. 2419). Auch kann der Erfolg eines Unternehmens seinen Beschäftigten, von denen viele in einem nahe gelegenen Stadtteil wohnen, höhere Einkommen verschaffen.

Die Bewohner des Stadtteils investieren daraufhin in ihre Häuser und Wohnungen, das Quartier fährt gleichsam im Fahrstuhl zusammen mit seinen Bewohnern nach oben (*incumbent gentrification*).

Doch fahren Fahrstühle nicht nur nach oben. Wenn die Zeche, in der ein Großteil der Bewohnerschaft einer Werkssiedlung arbeitet, schließt, dann bewegt sich der Fahrstuhl nach unten: Die Siedlung steigt ab, zusammen mit ihren arbeitslos gewordenen Bewohnern. Die Konzentration von Benachteiligten in heruntergekommenen Wohnquartieren muß also nicht Folge ihrer Verdrängung aus anderen Stadtteilen sein.

Das Kaskadenmodell, mit dem Ernest Burgess die Stadtentwicklung in den USA zu beschreiben versuchte, beruht auf der Annahme eines kollektiven Aufstiegs ohne negative Auswirkungen auf die Verteilung der Wohnchancen. Im Zuge ihrer ökonomischen und sozialen Integration, so stellte es sich Burgess vor, würden die Neuankömmlinge, die zunächst im Ring um den Central Business District Unterkunft gefunden hatten, nach und nach diese *zone of transition* verlassen und sich im nächsten Siedlungsring mit besseren Wohnmöglichkeiten niederlassen. Die dortigen Bewohner zögen weiter an den Stadtrand. Diese Bewegung käme erst zur Ruhe, wenn die Zugewanderten in der (amerikanischen) Mittelklasse in Suburbia angekommen wären, und sie würde mit jeder Welle neuer Zuwanderer wieder von neuem beginnen. Dieses Modell funktioniert nur unter drei Bedingungen: erstens ein kontinuierliches ökonomisches Wachstum, das zweitens allen Stadtbewohnern zugute kommt, und drittens eine ungehinderte Expansion der Stadt ins Umland. Unter diesen Bedingungen können sich Städte verändern, ohne daß es Kämpfe um den städtischen Raum mit eindeutigen Gewinnern und

Verlierern geben müßte.[2] In der Phase des Wiederaufbaus nach dem Zweiten Weltkrieg bis in die sechziger Jahre waren diese Bedingungen in deutschen Städten zwar nicht vollständig, aber doch vergleichsweise annähernd erfüllt.

Gentrifizierungsprozesse dagegen beinhalten Kämpfe innerhalb eines begrenzten Bestands an Wohnraum. Folglich gibt es Gewinner und Verlierer. Diese Kämpfe werden unter Einsatz ökonomischen, sozialen und kulturellen Kapitals ausgetragen und logischerweise von den Schwächeren verloren. Das ist der erste Unterschied zwischen einer Stadtentwicklung nach dem Burgess-Modell und einer von Gentrifizierung geprägten Entwicklung der Stadt: Unter den idealen Voraussetzungen des Burgess-Modells gibt es keine Verlierer.

---

2 Die Filtertheorie des Wohnungsmarkts unterstellt diese Bedingungen. Sie empfiehlt, Wohnungen für die zahlungskräftigste Nachfrage zu bauen. Die guten Wohnungen, die durch den Umzug der wohlhabenden Haushalte in die Neubauten frei gemacht werden, verbilligen sich, so daß sie von der nächst niedrigeren Schicht bezogen werden können, die ihrerseits Wohnungen frei macht und so fort bis zu den ärmsten Haushalten. Am Ende sind alle besser versorgt, ohne daß Subventionen gezahlt wurden. Vorausgesetzt werden eine unbehinderte Expansion der Siedlungsfläche; vollständige Standortneutralität von Angebot und Nachfrage, sonst würden bestimmte Viertel einfach gentrifiziert, anstatt daß neu gebaut wird; ferner daß das Neubauvolumen nicht für eine Expansion des Wohnflächenverbrauchs der Oberschicht genutzt wird; daß die Eigentümer in die Wohnungen, die sie verlassen, nicht investieren, um diese vor dem Absinken in ein billigeres Marktsegment zu bewahren; und schließlich daß es keine Diskriminierung gibt. Nur unter diesen idealen Voraussetzungen eines durch keinerlei räumliche, ökonomische, soziale oder kulturelle Barrieren eingeschränkten, vollständig durchlässigen Wohnungsmarkts würden auch die ärmsten Haushalte von den Neubauten profitieren. Da die Welt nicht so ist, ist der Wohnungsmarkt ein Kampfplatz, dessen desintegrative Wirkungen durch Geld und Gesetze begrenzt werden müssen.

Der zweite Unterschied besteht darin, daß Gentrifizierung eine Invasion von oben ist: Eine statushöhere Gruppe besetzt das Territorium einer statusniedrigeren. Im Modell von Burgess ist es umgekehrt: Eine statusniedrige Gruppe dringt in ein besseres Wohngebiet ein (Invasion) und wird, nachdem die bisherigen Bewohner fortgezogen sind, dort dominant (Sukzession). Was der Chicagoer Soziologe dabei vor Augen hatte, war das Eindringen von Immigranten aus den Wohngebieten ihrer ersten Ankunft in der *zone of transition* in die Wohngebiete der bessergestellten Industriebeschäftigten (*working class homes*) am Rand der Innenstadt. Dramatischer verlief diese Abfolge von Invasion und Sukzession in US-amerikanischen Städten, wenn Schwarze in weiße Wohngebiete einsikkerten. Hatte der Anteil der schwarzen Zuzügler einen bestimmten Prozentsatz erreicht, den *tipping point*, setzte eine Flucht der Weißen ein. Je heftiger die Diskriminierung, desto schneller können solche Prozesse ablaufen. Tim Butler und Garry Robson (2003) haben in einer Studie gezeigt, ein wie geringer Anteil fremdartiger Bewohner schon ausreicht, um ein Gebiet kippen zu lassen.

Die Ursache sind Mechanismen des Immobilienmarkts vor dem Hintergrund ausgeprägter Diskriminierung und eines hohen Anteils von Hauseigentümern, Bedingungen, wie sie in den USA gegeben sind. Beim Zuzug von Angehörigen einer diskriminierten Gruppe fürchten die Eigentümer sinkende Immobilienpreise. Um dem zuvorzukommen, sucht jeder, sein Haus rechtzeitig zu verkaufen, bevor der Preisverfall durch massenhafte Verkäufe eingesetzt hat. Aber sobald erste Verkäufe bekannt werden, geschieht genau das: Eine lawinenartige Verkaufswelle wird ausgelöst, die Preise verfallen, und binnen eines Jahres kann der Prozeß von Invasion und Sukzession durchlaufen sein. Aus einem gehobenen Quartier der weißen Mittelschicht ist ein billiges Wohngebiet der Unterschicht und/oder einer diskriminierten Ethnie geworden.

Damit kommt ein dritter Unterschied zur Gentrifizierung ins Spiel. Gentrifizierung vollzieht sich über Preissteigerungen und kollektive Auf- oder Abstiege. Es handelt sich um einen durch ökonomische Mechanismen verursachten sozialräumlichen Wandel, der in den betreffenden Stadträumen kulturelle Folgen zeitigt: Es ändern sich die Nutzungsarten, die Gestalt des öffentlichen Raums, die Lebensweisen. Bei der Sukzession von unten, wie sie das Burgess-Modell unterstellt, ist es umgekehrt. Die *white flight* hat kulturelle Ursachen, nämlich rassistische Vorurteile und entsprechende Erwartungen an eine gute Wohngegend, was in diesem Fall eine ohne schwarze Nachbarn heißt. Diese kulturellen Orientierungen haben ökonomische Konsequenzen, denn sie führen vermittelt über entsprechende Ängste zum Verfall der Hauspreise. Der einzelne Hausbesitzer muß solche Orientierungen gar nicht teilen. Es genügt, daß er sie bei seinen Nachbarn vermutet, um die Angst vor Preisverfall und entsprechende Reaktionen hervorzurufen. Ein wenig schöner, aber eindrücklicher Beleg für das Thomas-Theorem, dem zufolge das, was Menschen für wirklich halten, in der Wirklichkeit handfeste Konsequenzen hat.

Noch eine vierte Besonderheit unterscheidet die Prozesse einer Invasion und Sukzession von unten von jenen, die mit dem Begriff »Gentrifizierung« bezeichnet werden: Der Austausch der Bewohner verschafft den einen Verluste an ökonomischem Kapital, ohne daß die anderen Gewinner sein müßten. Die Invasion der Schwarzen ist eine Invasion der Schwächeren. Für diese ist sie mit der Hoffnung verbunden, sich in die amerikanische Mittelschicht zu integrieren, indem sie das Ghetto verlassen. Die Weißen suchen, ihre Quartiere gegen die Eindringlinge zu verteidigen. Wenn sie damit scheitern, bleiben ihnen genügend Optionen, um fortzuziehen – mit dem Ergebnis, daß die Invasoren sich wieder in einem schwarzen Ghetto finden, dem sie doch entkommen wollten.

Auch solche Prozesse einer Invasion von unten lassen sich der Wechselstube Stadt zurechnen, die soziales und kulturelles Kapital gegen ökonomisches zu tauschen erlaubt, nur daß in diesem Fall der Mechanismus in umgekehrter Richtung funktioniert: Wie der Zuzug von Menschen, die über hohes ökonomisches, soziales und kulturelles Kapital verfügen, zur Aufwertung eines Quartiers beiträgt und somit zur Wertsteigerung der Immobilien, so kann der Abfluß solcher Kapitalien und der Zuzug von Menschen mit niedrigerer oder – in den Augen von Anwohnern mit rassistischen Vorurteilen – mit negativer Kapitalausstattung die Wohnlage entwerten. Am Ende haben die einen Geld verloren und die anderen keine bessere Adresse gewonnen.

In Deutschland sind rassistische Überzeugungen weniger virulent. Trotzdem sind auch hier ähnliche Mechanismen wirksam. Wenn Migranten und Arme in ein Stadtviertel ziehen, verändert sich dessen Atmosphäre. Die neuen Nachbarn sind zu laut, die Frauen tragen Kopftücher, man muß die eigenen Kinder von ihnen fernhalten, und es stinkt plötzlich nach Knoblauch. Daß die Unterschicht schlecht riecht, ist ein alter Topos für das Unbehagen der besseren Leute an der Nachbarschaft mit Armen. Der Zuzug von Migranten aus dem Osten der Europäischen Union oder die Ankündigung der Stadt, ein Heim für Asylbewerber einzurichten, löst in den betroffenen Stadtteilen zum Teil heftige Abwehrreaktionen aus. Man will das Bild eines »besseren« Wohnviertels aufrechterhalten und damit auch die höheren Immobilienpreise. Aber die deutschen Immobilienmärkte sind nicht so volatil wie die für Einfamilienhäuser in den Vereinigten Staaten. Deshalb sind deutsche Hauseigentümer auch nicht so leicht zu verschrecken. Zwar wehren sie sich gegen Migranten und unerwünschte soziale Einrichtungen in ihrer Nachbarschaft, und sie tun das aus ähnlichen Ängsten wie weiße US-Amerikaner. Trotzdem waren hierzulande bislang keine Fluchtwellen zu beobachten, die mit der *white flight to suburbia* in den USA vergleichbar wären. Am nächsten kommt dem noch der Wegzug von Mittelschichtshaushalten aus einem Quartier, wenn in der örtlichen Schule der Anteil der Kinder aus sogenannten bildungsfernen Familien steigt (vgl. Hamnett 2013; Baur 2013). Dann greift auch hier ein Mechanismus, durch den kulturelles, soziales und ökonomisches Kapital verlustreich ausgetauscht werden: Haushalte mit höherer Kapitalausstattung wandern ab, das Viertel wird symbolisch abgewertet und in der Folge stagnieren oder fallen die Immobilienpreise.

Verdrängung durch Gentrifizierung vollzieht sich vornehmlich über die Preise. Nicht nur die Wohnungen, sondern auch die Güter und Dienstleistungen im Wohnquartier werden teurer, was die ökonomisch schwächeren Haushalte zwingt, das Gebiet zu verlassen. Aber es handelt sich bei dieser klassischen Form von Gentrifizierung, wie bei der Invasion von unten, um mehr als einen rein ökonomisch vermittelten Verdrängungsprozeß: Es verändern sich die Architektur, die Nutzungsweisen, die Einrichtungen, das Image des Stadtteils. Am Ende ist eine neue Kultur des Quartiers entstanden. Mit dem Einzug gut verdienender Kreativer schließen die altbekannten Kneipen. An ihre Stelle rücken Restaurants und Cafés, die ihre Tische, besetzt mit schönen jungen Menschen, auf die Bürgersteige stellen, die Zahl der Friseure nimmt ebenso zu wie die der Bioläden, Boutiquen, und bessere Geschäfte mit anderen Auslagen in den Schaufenstern ziehen ein, das Straßenbild wird ein anderes. Die neuen Bewohner haben einen anderen Geschmack, sie verlangen andere Infrastrukturen und ein anderes Design. Mit der Ästhetisierung des Stadtraums, den neuen Nutzungen und den neuen Nachbarn wandelt sich die Atmosphäre. Die vertrauten Nachbarn sind fort, an ihrer Stelle sind Menschen zugezogen, die man nicht kennt und deren Lebensstil befremdlich ist. So verschwindet allmählich die gewohnte Umwelt, die auf die Bedürfnisse der Eingesessenen zugeschnitten war, und in der neuen findet man sich nicht mehr zurecht. Was ehemals der eigene Kiez war, ist fremd geworden. Man hat sein Zuhause verloren, ohne daß man es verlassen hätte. Wäre man jünger und hätte man mehr Geld, man würde fortziehen.

Gentrifizierungsprozesse sind Prozesse der ökonomischen und baulichen Aufwertung und mehr oder weniger erzwungener Veränderungen der Sozialstruktur eines Viertels. Sie beinhalten Kämpfe um städtische Territorien. In diesen Kämpfen werden alle Kapitalsorten eingesetzt. Auf den städtischen Immobilienmärkten wird ökonomisches Kapital in kulturelles und soziales Kapital umgetauscht und umgekehrt: Hauseigentümer fürchten fallende Immobilienpreise, also ökonomisches Kapital zu verlieren, wenn das soziale und kulturelle Kapital, das in ihrem Wohnviertel investiert ist, durch den Zuzug von Gruppen, die über geringer wertiges kulturelles und soziales Kapital verfügen, entwertet wird. Und diese Furcht setzt Mechanismen in Gang, durch die sie in der Tat Geld verlieren. Ökonomisches Kapital wird wiederum investiert, um sich das kulturelle Kapital urbaner Viertel zu eigen zu machen. Kulturelles und soziales Kapital kann auch eingesetzt werden, um eine privilegierte Wohnsituation gegen Konkurrenten zu verteidigen, die unter Einsatz hohem ökonomischen Kapitals versuchen, in das Gebiet einzudringen. So haben die Bewohner des Zürichbergs, der besten Züricher Wohnlage, ihre politischen und sozialen Beziehungen sehr erfolgreich nutzen können, um ihren privilegierten Status quo zu erhalten. Indem Neubauinvestitionen verhindert wurden, konnten Migranten und Neureiche ferngehalten werden. Zugleich stiegen die Preise für den unvermehrbaren Wohnungsbestand an diesem außerordentlich attraktiven Standort überdurchschnittlich (vgl. Koll-Schretzenmayr et al. 2005, S. 65 f.).

Die Bedeutung sozialen und kulturellen Kapitals im Kampf um Wohnqualitäten wird in den paradoxen Folgen neuer Strategien der behutsamen Stadterneuerung sichtbar. Mit ihnen sollen Luxussanierungen, Gentrifizierung und deren Verdrängungseffekte verhindert werden. Die behutsame Stadterneuerung soll die vorsichtige Modernisierung eines Quartiers mit dem Erhalt seiner Sozialstruktur verbinden. Das kann gelingen, wenn die Maßnahmen ausreichend mit öffentlichen Geldern finanziert werden. Die Stadt Berlin verfügte in den neunziger Jahren nicht über genügend Geld, um einer Verdrängung der ansässigen Bewohner durch die Preiseffekte der Erneuerung entgegenzuwirken. Sie hatte deshalb den Mietern Mitbestimmungsrechte bei einer Modernisierung eingeräumt und zulässige Mietobergrenzen nach einer Modernisierung festgelegt. Baumaßnahmen zur Aufwertung einer Immobilie wurden nur genehmigt, wenn eine Vereinbarung zwischen Mieter und Eigentümer vorgelegt wurde, in der u. a. der Umfang der Modernisierung, ihr Ablauf und die spätere Miethöhe festgeschrieben waren (vgl. Häußermann et al. 2002, S. 127). So sollte eine sozial verträgliche Stadterneuerung erreicht werden, indem anstelle des Einsatzes von Subventionen die Machtverhältnisse zugunsten der Mieter geändert wurden. Die Strategie war insofern erfolgreich, als Luxussanierung und entsprechende Preissteigerungen weitgehend verhindert werden konnten. Und doch sind auch partizipatorische Erneuerungsstrategien selektiv (vgl. Terlinden 1994, S. 72f.). Es handelt sich um die gleiche Selektivität, die bei Bürgerinitiativen nachweisbar ist. Mitbestimmungsrechte setzen die Fähigkeit voraus, sich ihrer effektiv zu bedienen. Dafür sind Artikulations-, Organisations- und Konfliktfähigkeiten nötig. Man muß über juristische, stadtplanerische und architektonisch-technische Kompetenzen verfügen oder sich diese über Geld und soziale Beziehungen verschaffen können. Man muß auch in der Lage sein, seine Interessen rechtzeitig zu erkennen, sie zu formulieren und in Verhandlungen zu vertreten. Diese Voraussetzungen sind bei Studenten und Hochschulabsolventen eher gegeben als bei alten Menschen mit niedrigen Bildungsabschlüssen. In ihrer Studie zur Modernisierung im Berliner Stadtteil Prenzlauer Berg haben Häußermann et al. einen deutlichen »Zusammenhang zwischen Bildung, sozialer Kompetenz und Erfolg im Modernisierungsprozess« (2002, S. 218) nachgewiesen. Auch partizipatorische Erneuerungsstrategien haben Umverteilungseffekte, nur entscheidet jetzt weniger die Kaufkraft darüber, wer gewinnt und wer verliert, als die Verfügung über soziales und kulturelles Kapital.

Gentrifizierungsprozesse sind danach zu unterscheiden, ob der kulturelle Wandel der ökonomischen Aufwertung vorausgeht oder umgekehrt. Angebotsorientierte Erklärungen von Gentrifizierung wie die *Rent-gap*-Theorie, sehen ökonomische Kalküle als Ursache und kulturelle Veränderungen als die Folge. Untersucht man aber den Verlauf von Gentrifizierungsprozessen über längere Zeiträume, so stehen am Anfang häufig kulturelle Veränderungen, ökonomische Aufwertung kommt erst später. Diese Annahme liegt dem von Philip Clay (1979) entwickelten Vier-Phasen-Modell der Gentrifizierung zugrunde. In der ersten Phase ziehen »Pioniere« zu. In der zweiten Phase folgen vorsichtige Immobilieninvestitionen professioneller Investoren. In der dritten Phase beginnen die Bodenpreise zu steigen, und es wird umfassend modernisiert. Haushalte mit mehr ökonomischen Ressourcen richten sich ein, Altmieter und Pioniere, die keine Karriere gemacht haben, beginnen, das Gebiet zu verlassen. In der vierten Phase werden die verbliebenen Pioniere und Altmieter von zahlungskräftigen Haushalten verdrängt, die sich die nun hochpreisigen Wohnungen leisten können. Mittlerweile kann von einer fünften Phase der »Supergentrifizierung« (Holm 2012, S. 678) gesprochen werden, in der die Mittelklasse durch eine noch luxuriösere Aufwertung ihrerseits verdrängt wird. Ihre Träger sind die Eliten des Arbeitsmarkts insbesondere aus der Finanzwelt. Der New Yorker Stadtteil SoHo war der erste, bei dem diese Prozesse beobachtet worden sind. Die Pioniere, die den Stadtteil in den siebziger Jahren entdeckt hatten, haben den Stadtteil ab den neunziger Jahren verlassen. Viele von ihnen zogen in das nahe gelegene Viertel Chelsea. Nun wurde Anfang des neuen Jahrtausends auf Initiative der Bewohner hin die durch Chelsea führende High Line, eine aufgelassene Hochbahntrasse, in einen Park verwandelt. Im Jahr 2014 hatte diese Grünanlage 4,8 Millionen Besucher. Im Immobilienteil der *Frankfurter Allgemeinen Zeitung* wurde sie als »ein Geschenk für die Immobilienbranche« vorgestellt, das eine »Goldgräberstimmung« ausgelöst habe (Lindner 2015, S. 11). Indessen müssen die Galerien, die sich aus SoHo hierher geflüchtet hatten, wieder weiterziehen.

Interessant an Clays Modell ist, daß es den Einsatz kulturellen Kapitals an den Anfang stellt. Die Pioniere verfügen kaum über ökonomisches, dafür aber über soziales und kulturelles Kapital. Das gilt besonders für Studenten und junge Angehörige der Kreativwirtschaft, die häufig unter den Pionieren zu finden sind. Junge Erwachsene sind prädestiniert für die

Rolle als »Raumpioniere«. Weil sie mobiler als andere Gruppen sind, etablierte Verhaltensnormen kritischer betrachten, sich bewußt oder vorbewußt von den Eltern und deren Lebensweisen absetzen und nicht zuletzt weil die Mieten für sie bezahlbar sind, lassen sie sich oft gerade in solchen Räumen nieder, die von den Etablierten gemieden werden. Wenn die Pioniere zuweilen auch »Trüffelschweine« (Hessisches Ministerium für Wirtschaft, Verkehr und Landesentwicklung/ Hessisches Ministerium für Wissenschaft und Kunst/Schader Stiftung 2008, S. 10) genannt werden, so wird das ihrer Rolle nicht ganz gerecht. Die Pioniere wühlen die Trüffel nicht unter dem Pflaster hervor, sie machen sie selbst, indem sie in bislang vernachlässigten Räumen eine Szene schaffen, die diese Räume interessant werden läßt. Unter Einsatz ihres kulturellen Kapitals leisten sie eine zunächst rein symbolische Neudefinition, der dann Investitionen ökonomischen Kapitals, steigende Bodenpreise und im nächsten Schritt auch steigende Mieten folgen.[3]

Damit die Stadt nicht nur als Wechselstube von ökonomischem in soziales und kulturelles Kapital funktioniert, sondern auch in umgekehrter Richtung, müssen bestimmte Voraussetzungen gegeben sein: zunächst einmal anlagesuchendes Kapital und leere resp. untergenutzte Räume/Flächen/Gebäude, z. B. Industriebrachen und leerstehende Gebäude. Auf diese Immobilien sollten sich noch keine konkreten Interessen potenter Investoren richten. Trotzdem sollten die Stand-

3 Mittlerweile gibt es eine Vielzahl von Studien, die die Rolle der Pioniere aus der Jugend- und Kreativszene bei der Gentrifizierung in Städten wie New York (Zukin 1982), Chicago (Lloyd 2006), San Francisco, Singapur und Vancouver (Hutton 2008), London (Pratt 2009), Berlin und Amsterdam (Springer 2007) sowie Wien (Frey 2009) beschreiben.

orte für die später dort erwartete Mittelschicht leicht erreichbar sein. Notwendig ist ferner ein potentielles Publikum, in dem der Samen einer Investition kulturellen Kapitals aufgehen kann. Wenn eine Stadt als Wechselstube von kulturellem Kapital in ökonomisches funktionieren soll, muß sie also Voraussetzungen bieten, die nicht leicht in dieser Kombination zu finden sind, nämlich einerseits entwertete Immobilien und andererseits beträchtliches ökonomisches und kulturelles Kapital. Vor allem weil sich letzteres nicht einfach erzeugen läßt, ist zu erwarten, daß kulturell ausgelöste Gentrifizierung nur in prosperierenden Städten mit einer an urbanen Qualitäten interessierten Mittelschicht und dort auch nur an ausgewählten Standorten stattfindet. Industriebrachen liegen häufig in schrumpfenden alten Industrieregionen ohne eine genügend hohe Anzahl von »Kultursiedlern« und ohne eine hinreichend breite bürgerliche Schicht, die für die nicht selten avantgardistischen oder subkulturellen Impulse offen wäre.

3.3.2 Aufwertung durch Kultur

Wo die nötigen Voraussetzungen gegeben sind, etwa in Großstädten wie Berlin oder Hamburg, kann eine lebendige kulturelle Szene eine attraktive Adresse für Wohnen und Arbeiten entstehen lassen und damit neue Profitmöglichkeiten im örtlichen Immobilienmarkt eröffnen. Diese Zusammenhänge haben sich clevere Developer längst zunutze gemacht (vgl. Zukin 1982; Springer 2007). Sie locken mit allenfalls symbolischen Mieten von einem Euro Künstler und Studenten an Immobilienstandorte, die aus der öffentlichen Wahrnehmung herausgefallen und vergleichsweise wertlos sind. Indem die Kreativen dort eine »Szene« etablieren, rückt der Standort in das Gesichtsfeld der städtischen Öffentlichkeit, es wird schick, dort hinzugehen, später auch, dort zu wohnen und zu arbeiten. Die Preise steigen, man schmeißt die Pioniere, die nicht erfolgreich genug waren, um die neuen Preise zu bezahlen, wieder raus und verkauft mit Gewinn. Unter Bedingungen einer wachsenden Nachfrage kaufkräftiger Gruppen nach einer anregenden urbanen Atmosphäre fungiert die Stadt als Wechselstube, in der kulturelles Kapital in ökonomisches umgewandelt werden kann. Nur daß es sich bei diesem Tausch um Ausbeutung handelt: Die jungen Kreativen schaffen die Gewinnchancen auf den Immobilienmärkten, aber es sind die Immobilieneigentümer und Projektentwickler, die sich die Gewinne aneignen.

Nicht nur private, auch politische Akteure bedienen sich der Kreativen, um städtische Räume in Wert zu setzen. Um drei Beispiele zu nennen: Der *3. Hessische Kulturwirtschaftsbericht* (Hessisches Ministerium für Wirtschaft, Verkehr und Landesentwicklung/Hessisches Ministerium für Wissenschaft und Kunst/Schader Stiftung 2008) beschäftigt sich ausführlich mit der stadtentwicklungspolitischen Rolle von Künstlern, Freiberuflern und Kleinstbetrieben der Kulturwirtschaft. Diese könnten als »Kultursiedler« solche Liegenschaften wieder interessant machen, die aus dem privatwirtschaftlichen Verwertungszyklus herausgefallen sind: Konversionsareale, aufgelassene gewerbliche Gebäude und Infrastrukturen, Stadtquartiere, die sich im Umbruch befinden, aber auch ungenutzte Einzelgebäude. In dem im Auftrag der Hamburger Behörde für Stadtentwicklung und Umwelt erstellten Gutachten (2010) *Kreative Milieus und offene Räume in Hamburg* wird den »urbanen Pionieren« die Funktion zugeschrieben, »urbane Transformationsprozesse« zu befördern, indem sie »neue Aktivitäten in [...] sanierungsbedürftige [...] Stadträume« (ebd., S. 25) brächten, eine besondere Atmosphäre erzeugten und somit zur »Lebendigkeit, Vitalität und Entwicklung der Stadt« (ebd., S. 26) beitrügen. Wenn ihre Aktivitäten »eine kritische Masse« erreichten, könnten sie für eine globale Sichtbarkeit und Anziehungskraft des Standorts sorgen, mit deren Hilfe sogar große Gebiete transformiert würden.

Das dritte Beispiel ist das in der Einleitung erwähnte vom Bund ins Leben gerufene Programm »Soziale Stadt«: Mit dem Ziel, Nachbarschaften zu stärken, wurden leere Wohnungen oder Gewerberäume in ausgewählten Gebieten an Künstler vermittelt und Zwischennutzungen für leerstehende Geschäfte organisiert. Diese Maßnahmen sollten helfen, das Image eines Problemquartiers in das eines trendigen Szeneviertels zu verwandeln und damit seine Aufwertung zu erleichtern.

Im Rahmen von Aufwertungspolitiken dient Kultur als Interimsstrategie, die angewandt wird, wenn in einem städtischen Raum nicht genügend Investitionsdruck herrscht. Dementsprechend müssen die Künstler auch nur als Zwischennutzer herhalten. Die so instrumentalisierten Kreativen schätzen diese Rolle nicht immer. Und wer über kulturelles und soziales Kapital verfügt, der weiß sich zu wehren. Deshalb können Strategien, die das kulturelle und soziale Kapital der »Kultursiedler« nutzen wollen, um vernachlässigte Immobilien und Standorte in den Verwertungskreislauf zurückzuführen, heftigen Widerstand auslösen. So ließen Hamburger Künstler die Stadtvertreter in einem offenen Brief wissen:

> »Wir haben in dieser Stadt immer Orte aufgesucht, die zeitweilig aus dem Markt gefallen waren – weil wir dort freier, autonomer, unabhängiger sein konnten. Wir wollen jetzt nicht helfen, sie in Wert zu setzen. [...] Und deshalb sind wir auch nicht dabei, beim Werbefeldzug für die

›Marke Hamburg‹. Nicht, dass ihr uns freundlich gebeten hättet. Im Gegenteil: Uns ist nicht verborgen geblieben, dass die seit Jahren sinkenden kulturpolitischen Fördermittel für freie künstlerische Arbeit heutzutage auch noch zunehmend nach standortpolitischen Kriterien vergeben werden. Siehe Wilhelmsburg, die Neue Große Bergstraße, siehe Hafencity: Wie der Esel der Karotte sollen bildende Künstler den Fördertöpfen und Zwischennutzungs-Gelegenheiten nachlaufen – dahin, wo es Entwicklungsgebiete zu beleben, Investoren oder neue, zahlungskräftigere Bewohner anzulocken gilt. Ihr haltet es offensichtlich für selbstverständlich, kulturelle Ressourcen ›bewusst für die Stadtentwicklung‹ und ›für das Stadt-Image‹ einzusetzen. Kultur soll zum Ornament einer Art Turbo-Gentrifizierung werden, weil ihr die üblichen, jahrelangen Trockenwohn-Prozesse gar nicht mehr abwarten wollt. Wie die Stadt danach aussehen soll, kann man in St. Pauli und im Schanzenviertel begutachten: Aus ehemaligen Arbeiterstadtteilen, dann ›Szenevierteln‹, werden binnen kürzester Zeit exklusive Wohngegenden mit angeschlossenem Party- und Shopping-Kiez, auf dem Franchising-Gastronomie und Ketten wie H&M die Amüsierhorde abmelken.« (Offener Brief Hamburger Künstler 2009).

In diesen Abwehrkämpfen wird kulturelles und soziales Kapital eingesetzt, um eine Position gegen ökonomisch potente Interessen zu verteidigen, die ironischerweise durch die unbeabsichtigten Nebenfolgen des Einsatzes eben dieses Kapitals überhaupt erst auf den Plan gerufen worden sind. So protestierten in Hamburg die Besetzer der Hafenstraße und die Künstler im Gängeviertel gegen Investitionen, die nicht zuletzt eine Folge ihrer Anwesenheit und ihrer Aktivitäten waren. Ein Beispiel von makaberer Ironie ist die Hamburger Flora, ein altes Theater und Konzerthaus im Schanzenviertel, das abgerissen werden sollte. An seiner Stelle sollten Neubauten entstehen. Daraufhin wurde das Gebäude 1989 in der erklärten Absicht besetzt, es in ein Stadtteilzentrum umzuwandeln, das auf Dauer den Mechanismen kapitalistischer Verwertung entzogen sein sollte. Im Laufe der Zeit wurde die »Rote Flora« zu einer Attraktion. Sie ist nicht die einzige Ursache, doch hat sie dazu beigetragen, daß die Sternschanze, das Stadtviertel, in dem sie liegt, sich verändert hat: »Mittlerweile sind die Straßen um die Rote Flora komplett gentrifiziert, die alten Einzelhandelsgeschäfte sind hippen Kneipen und Cafés gewichen und auf der gegenüber der Flora gelegenen Straßenseite hat sich eine Amüsiermeile entwickelt, die in der öffentlichen Debatte schon mal mit dem Ballermann verglichen wird« (Brunow 2011, S. 38). Die Stadt versucht, den Prozeß aufzuhalten: Seit 2012 dürfen weder neue Gaststätten noch neue Hotels zugelassen werden, die Umwandlung von Miet- in Eigentumswohnungen ist verboten, Sanierungs- und Modernisierungsmaßnahmen sind genehmigungspflichtig und doch: »Egal, was wir tun, wir kommen gegen das Paradox nicht an: Ausgerechnet die Antikapitalisten in der Flora ziehen einen Kapitalismus an, der dieses Flair braucht, um sich zu verorten« (Interview mit dem Bezirksverordneten Altona Mark Classen, zit. n. Parnack 2013).

Die »Kultursiedler« wissen um ihre Funktion als Trüffelschweine im Spiel der Immobilienspekulation und können sich dem doch nicht entziehen: »Seltsam, oder? Wir sind gegen das alles da draußen – und ausgerechnet wir tragen auch zur Aufwertung des Viertels bei [...]. Wir verkommen zur Folklore. Die Leute finden sich geil, weil sie in der hippen Schanze wohnen und denken: die beißen schon nicht« (Hausbesetzer, zit. in Parnack 2013). Widerstand muß trotz solcher Paradoxien nicht immer erfolglos bleiben. In einer günstigen Situation, wenn die zweite Phase der Gentrifizierung gerade erst begonnen hat, und die Pioniere rechtzeitig eine Koalition aus Künstlern sowie politisch und sozial engagierten Eliten bilden, kann es gelingen, weitere Investitionen zu verhindern und die Struktur der Nachbarschaft zu erhalten (vgl. Zukin 1991, S. 116).

Aufwertungsstrategien bedienen sich auch direkt der Kunst[4] und kultureller Großprojekte, um vernachlässigte Räume wieder in den Verwertungszyklus einzubringen. Auch der Einsatz von Kunstwerken als Instrument der Stadtentwicklung soll das Image von Gebäuden und ganzen Quartieren aufbessern. Dies geschieht, wenn Industriebrachen, vernachlässigte Baulücken oder leerstehende Gebäude in Wert gesetzt werden. »Die Kunstszene ist für die moderne – vermeintlich – kreative Stadt keine Marginalie, sondern Speerspitze der symbolischen Transformation von Stadtquartieren wie auch Knotenpunkt einer symbolischen Ökonomie« (Hildebrand 2012, S. 730). Die Internationale Bauausstellung (IBA) Emscher Park in Nordrhein-Westfalen ebenso wie das Programm »Soziale Stadt« haben sich explizit der Künste und der Künstler im Rahmen ihrer Erneuerungs- und Aktivierungsstrategien bedient. Dabei schwanken die künstlerischen Interventionen zwischen bloßem Instrument des Stadtmarketing, kritischen Eingriffen und Versuchen erratischer Distanzierung.

Der Bryant Park in Manhattan ist eines der frühesten Beispiele für die Strategie, durch die Kombination von symbolischen, baulichen und Sicherheitsmaßnahmen unerwünschten Nutzern zu signalisieren, daß sie dort nicht hingehören. In den siebziger Jahren hatten Drogendealer und Zuhälter hier das Sagen. Ende der siebziger, Anfang der achtziger Jahre machte sich zunächst der Parks Council, eine von Privatbürgern getragene Organisation, daran, etwas zu verändern, indem er Bücher- und Blumenmärkte organisierte, Unterhaltungsaktivitäten anbot und die Grünanlagen verschönerte. Kurze Zeit später nahm sich die von reichen New Yorker Bürgern finanzierte Bryant Park Restoration Corporation der Sa-

4 Ausführlich dazu: Springer 2007, S. 57ff.

che an: Der Park wurde gesäubert und verschönert, Kunstwerke wurden gezeigt, private Sicherheitsdienste engagiert und schließlich Zäune aufgestellt. Heute steht an einer Ecke des Parks der Bank of America Tower, der dritthöchste Wolkenkratzer der Stadt. Adresse: One Bryant Park.

Zukin (vgl. 1995, S. 79ff.) beschreibt am Beispiel des Massachusetts Museum of Contemporary Art in der ehemaligen Industriestadt North Adams, wie Kulturbauten zur Wiederbelebung alter Industrieregionen genutzt werden. Diese Strategie ist später unter dem Namen »Bilbao-Strategie« berühmt geworden. Eine Investition in Kultur, z. B. der Bau eines Kunstmuseums, wird durch die Beauftragung eines internationalen Architekturstars – im Fall des Guggenheim-Museums in Bilbao war es Frank Gehry – zu einem kulturellen Leuchtturm, der von weit her betuchte Kunstinteressierte in eine heruntergekommene Industriestadt – Bilbao – lockt und dieser ein neues Image verschafft. Das zahlt sich direkt über Touristen und indirekt über Folgeinvestitionen in der Stadt aus. Die »Bilbao-Strategie« ist auf der ganzen Welt nachgeahmt worden.

Manchmal muß eine Kulturinvestition gar nicht wirklich getätigt werden, ihre Ankündigung allein kann schon als Initialzündung für private Investitionen dienen. Ein eindrucksvolles Beispiel dafür findet sich in der Geschichte des Rockefeller Centers in New York (vgl. Lampugnani 2010, S. 177ff.). Diese beginnt mit der Suche nach einem Bauplatz für die Metropolitan Opera und endet als ein rein kommerzielles Bauvorhaben ganz ohne Oper. Nach einem langen und wechselvollen Hin und Her zwischen architektonischen Ideen, ökonomischen und politischen Interessen war im Zusammenspiel von Großkapital und einer Architektur, die nicht über die Rolle eines Erfüllungsgehilfen wechselnder Interessenlagen hinauskam, aus der Suche nach dem Standort für eine Großinvestition in Kultur das Rockefeller Center geworden.

3.3.3 Die Heritage-Industrie

Ganze Städte wie Görlitz, Quedlinburg und erst recht Venedig fungieren als Museen. Stadttourismus ist überwiegend Kulturtourismus, und viele Städte beziehen ein Gutteil ihrer Einkünfte daraus. Touristen zahlen nicht nur Eintrittsgelder, ökonomisch wichtiger sind ihre Ausgaben in den örtlichen Restaurants, Hotels und Geschäften. Kulturelle Leuchttürme wie die Metropolitan Opera in New York und historisch interessante Städte generieren eine Monopolrente für die ortsansässige Wirtschaft. Der Denkmalschutz läßt sich auch als eine langfristige Strategie zur Akkumulation kulturellen Kapitals verstehen, die sich ähnlich wie das Sammeln von gutem Wein oder alten Autos nach genügend langer Wartezeit auszahlen kann. Vergangenheit, entsprechend hergerichtet, kann genutzt werden, um direkt oder indirekt Profit zu erwirtschaften.

Die Heritage-Industrie (Frank 2009) ist ein Beispiel für die gezielte Aufbereitung historischer Stätten zu kulturellem Kapital und dessen Umwechslung in ökonomisches Kapital: Fast immer wird dafür ein konkreter Ort, ein Gebäude oder Denkmal, also ein stoffliches Gebilde benötigt. Aus der Geschichte dieser historischen Stätte wird mittels musealer Aufbereitung, Marketingstrategien und Tourismuswerbung ein verwertbares Produkt gemacht. Aus einem immateriellen Gut, der Vergangenheit, wird eine Ware. Entscheidend für den Erfolg dieser Strategie ist einmal die richtige Auswahl eines geeigneten materiellen Objekts, eines Monuments, Orts oder

Gebäudes; dann die richtige Auswahl der dazu erzählbaren Geschichten; schließlich die professionelle Herrichtung und Vermarktung des Ganzen entsprechend den Erwartungen der Zielgruppen.[5]

Die subkulturelle Szene im Hamburger Schanzenviertel wirkt gegen ihren Willen als informeller Katalysator, durch den aus einem vernachlässigten Stadtteil ein Quartier mit attraktivem kulturellem Kapital wird, das wiederum über den Immobilienmarkt in ökonomisches Kapital verwandelt werden kann. Die Heritage-Industrie bedient sich derselben Mechanismen mit voller Absicht. Die Vergangenheit eines Orts wird mit professioneller Kompetenz so aufbereitet, daß aus früheren Epochen übriggebliebene, ökonomisch entwertete Orte und Gebäude mit kulturellem Kapital aufgeladen werden, das seinerseits auf dem Tourismusmarkt zu ökonomischem Kapital wird. Mit jedem Eintrittsgeld oder Einkauf, den der Tourist in der Umgebung tätigt, wird immaterielle Geschichte in Gehälter, Profite und Steuern verwandelt. Die Verleihung des Titels Weltkulturerbe ist der Nobelpreis für die kreativen Leistungen der Heritage-Industrie. Die Reliquien der Heiligen Drei Könige in Köln waren einst Anlaß eines frommen Tourismus, der die Stadt als Markt- und Messeort attraktiv machte, und beidem verdankte Köln seine für das deutsche Mittelalter exorbitante Größe.[6] Heute lenkt der Titel Weltkulturerbe Tourismusströme und Investitionen an eine so ausgezeichnete Adresse. Auch kulturelles Kapital kann reichen Zins tragen.

---

5 Vgl. hierzu ausführlich Frank 2009, S. 76ff.; Tunbridge/Ashworth 1996; Graham et al. 2000.

6 Ähnliches erreichte Venedig mit den Gebeinen des heiligen Markus.

3.4 Die Kulturalisierung der Stadtpolitik

Architektur und Städtebau produzieren Gebrauchswerte und zählen zugleich zu den Künsten. Die Stadt war deshalb immer Gegenstand sowohl praktisch-technischer wie ästhetischer Bemühungen. Die Städte der Renaissance und des Barocks, insbesondere Idealstadtgründungen wie Sabbioneta in der Po-Ebene (Confurius 1984) waren Produkte eines diktatorischen ästhetischen Willens, die Fassaden der Gründerzeit waren überzogen mit Verzierungen, und das Bauhaus zielte unter dem Deckmantel der Zweckrationalität auf eine geradezu totalitäre Durchgestaltung der Umwelt bis hin in den letzten Winkel der Frankfurter Küche. Das heutige Urban Design betreibt insofern nichts grundsätzlich Neues. Auch der Einsatz von Kunst, Künstlern und kulturellen Leuchttürmen als Instrumenten der Stadtentwicklung ist nicht neu (vgl. Springer 2007, S. 61).

Wenn hier von einer »Kulturalisierung« der Stadt- und Regionalpolitik als einem neuen Phänomen gesprochen wird,[7] dann ist mehr gemeint als die ästhetische Aufwertung der Stadtgestalt. Es geht, wie Karl Ganser, der ehemalige Geschäftsführer der IBA Emscher Park, behauptete, um nichts Geringeres als die »Veränderung von Mentalitäten«. Architekten, Wohnungsbauer und Stadtplaner wollten schon immer mehr, als nur die gebaute Umwelt zu verändern. Die Wohnungsreformer des 19. Jahrhunderts sahen in der Wohnung, neben Schule und Fabrik, ein drittes Instrument für die Volkserziehung. Wohnungsbau sollte zu einer gott- und arbeitgebergefälligen, familialen Lebensweise hinführen, später dann

7 Vgl. dazu Häußermann/Siebel 1993a, b; Häußermann et al. 2008, S. 248f.; Reckwitz 2012.

beim Neuen Bauen der zwanziger Jahre ging es um Gesundheit, Schönheitssinn und Askese (vgl. Abschn. 2.2.2). Die Stadt- und Regionalplanung heute geht jedoch noch einen Schritt weiter: Sie will nicht nur bestimmte Standards, etwa des ökologischen Bauens und einer umweltverträglichen Lebensweise durchsetzen, sondern weit allgemeiner Identifikation mit einer Region, einer Stadt oder einem Stadtteil und praktisches Engagement für deren Zukunft wecken. Mit visionären Leitbildern sollen Zustimmung erzeugt und Diskussionen in Gang gesetzt werden, die als verläßliche Basis bei der Durchführung von Planungen fungieren können. Motive, Werthaltungen und Einstellungen sind damit zugleich Gegenstand wie Mittel der Planung, und diese Planung will die Bewohner und mehr noch die wichtigen Akteure, also die Investoren, Wohnungsbaugesellschaften, Kommunalverwaltungen und Politiker beeinflussen.

Lernprozesse kann man nicht befehlen (vgl. Siebel et al. 2001). Dazu braucht es Projekte, die zum Mitmachen anregen, Verfahren, in denen die Akteure die Chance erhalten, ihre Interessen einzubringen, also Verhandlung, Beteiligung, Kooperation, es braucht visionäre Bilder und Projekte, die begeistern – die »Verführung durch das Projekt« (Karl Ganser). Wer verführen will, muß Verführerisches bieten, z.B. Konzerthallen, Museen, spektakuläre Hoteltürme, deren Symbolwirkung oftmals bedeutsamer ist als ihre direkten ökonomischen Effekte. Produziert werden emotional aufladbare Images, Symbole, mit denen sich Räume ebenso prägen lassen wie mit Investitionen in Steine, daher der Begriff der »symbolischen Ökonomie der Stadt« (vgl. Zukin 1995, S. 269). Gregor Betz et al. (2011, S. 11) sprechen von einer »Aufmerksamkeitsökonomie«, um den Inszenierungscharakter solcher Strategien zu betonen.

Die Kulturalisierung der Regional- und Stadtpolitik kann sich auf eine Kulturalisierung der Regional- und Stadttheorie berufen. Sie knüpft an die berühmte Untersuchung über die *Protestantische Ethik und den Geist des Kapitalismus* an, in der Weber die Unterschiede in der gesellschaftlichen Entwicklung auf kulturelle Faktoren – den »Geist des Kapitalismus« – zurückführte. Danach hat die protestantische Ethik eine rationale Lebensführung begründet, die wiederum den ökonomischen Aufstieg der protestantischen Länder im Norden Europas erklärt. Die Regionaltheorie hat dieses Argumentationsmuster aufgenommen, indem sie neben den harten Standortfaktoren und der Qualifikation des Humankapitals auch sozialen und kulturellen Faktoren eine wichtige Rolle für den Erfolg oder Mißerfolg eines Raums zugeschrieben hat. Zu diesen Faktoren zählen die Denkweisen, normativen Orientierungen und Lebensweisen der Menschen, ihre Rollenbilder und Identifikationen, die Politikstile und die Verfaßtheit der politischen Institutionen.

Der *cultural turn* in der Theorie und die Hinwendung der Planung zu kulturellen Faktoren laufen parallel zu einem *cultural turn* in den praktischen Problemstellungen. Änderungen werden der Planung durch den Wandel der Realität auch aufgezwungen. Das gilt ebenso für sozialwissenschaftliche Theorien. Anders als die Naturwissenschaften haben die Sozialwissenschaften keinen konstanten Forschungsgegenstand, den sie durch Schärfung ihrer Methoden und Begriffe allmählich zu durchdringen hoffen könnten. Die Strukturen einer Stadt sind wie die der Gesellschaft in ständigem Fluß. Dadurch entziehen sie sich immer aufs neue den Begriffen und Erklärungen, mit denen die Soziologie sie zu greifen, und den Instrumenten, mit denen die Planung sie zu steuern sucht. Stadt ist ein Gegenstand, der, weil sich ständig wandelnd, der Stadtplanung wie der Stadttheorie immer neue Anpassungen abverlangt. Auch der jetzige Schub theoretischer und praktischer Neuerungen ist durch verschiedene Entwicklungen ausgelöst worden: Die Bindungen der Stadtbewohner an eine Stadt haben sich gelockert; der ökonomische Strukturwandel hat zu schweren Krisen in alten Industrieregionen geführt; soziokulturelle Milieus sind als wichtige Gegenstände der Planung entdeckt worden; Teile der Bevölkerung werden aus der Stadtgesellschaft ausgegrenzt.

Ein Anlaß für den Bau spektakulärer Kultureinrichtungen ist die Verflüssigung des Raumbezugs der Bürger. Ihre Interessenbindungen an einen bestimmten Ort werden immer lockerer. Die Gründe wurden in Kapitel 1.2 ausgeführt: die Trennung von Einwohnerschaft und politischen Bürgerrechten, multilokale Lebensstile, Wanderer auf Zeit und die überkommunale Organisation des Alltags. Die kulturellen Leuchttürme sollen nicht nur potentielle Touristen und Investoren auf die Stadt aufmerksam machen. Ihr Licht soll auch die eigenen Bürger erreichen und ihre Identifikation mit der eigenen Stadt stärken.

Ein weiterer Grund ist der Wandel von der Industrie- zur Dienstleistungsgesellschaft.[8] In den goldenen Jahren des Fordismus bis in die siebziger Jahre hatte die Raumplanung nicht viel mehr zu leisten, als Platz zu schaffen für neue Fabriken, bessere Infrastrukturen und größere Wohnungen. Dazu reichte eine ingenieurtechnische Planung. Mit der Krise alter

---

8 Im folgenden wird auf Ergebnisse des DFG-Forschungsprojekts »Die Organisation von Innovationen« zurückgegriffen, in dem aus dem Vergleich der Planungsstrategien der IBA Emscher Park und der Expo 2000 in Hannover Elemente innovationsorientierter Planung entwickelt worden sind. Die Ergebnisse sind publiziert u. a. in: Mayer/Siebel 1998; Siebel et al. 2001; Ibert 2003.

Industrieregionen wie dem Ruhrgebiet drängte sich eine andere Aufgabe in den Vordergrund. Strukturpolitik hatte hier nicht die vorhandenen Strukturen zu stärken und zu erweitern, sie mußten vielmehr grundlegend umgebaut werden. Schumpeter (1964) hat Innovation »schöpferische Zerstörung« genannt. Soziale Innovation bedeutet, daß gesellschaftliche Strukturen verändert werden müssen. An gesellschaftliche Strukturen sind psychische Strukturen und gesellschaftliche Interessen gebunden. Deshalb stößt soziale Innovation auf härtere Widerstände als rein technische und ökonomische Innovationen, denn hier verletzt die »schöpferische Zerstörung« Interessen und Identitäten. Auch klassische Umverteilungspolitik sieht sich mit Widerständen konfrontiert, aber sie hat erkennbare Gewinner. Bei Innovationen ist der Ertrag dagegen ungewiß, wenn überhaupt, so wird er erst Jahre später sichtbar, und wer davon profitiert, ist im voraus nicht absehbar. Und schließlich: Der Staat ist dort gefordert, wo die private Wirtschaft versagt. Innovative Milieus brauchen keine staatliche Intervention. Anders ist das, wenn »sklerotische Milieus«, etwa der berüchtigte Filz im Ruhrgebiet, Innovationen blockieren. Wenn der Staat gerufen ist, um Innovation zu organisieren, dann vornehmlich in innovationsfeindlichen Milieus und gegen erhebliche Widerstände. Wie ist unter solchen Bedingungen Innovation zu organisieren?

Schumpeter hat das Problem mit einem Deus ex machina gelöst, indem er die Aufgabe der Innovation der Figur des Unternehmers zuschrieb. Der Unternehmer ist begabt zur Führerschaft, er verfügt über das, was Max Weber Charisma genannt hat. Begabungen kann man nicht planend erzeugen. Aber das Konzept Charisma enthält Elemente, wie sie auch das Fest charakterisieren: Charisma begeistert, es weckt Identifikationsbereitschaft und persönlichen Einsatz. Ebendas gilt auch für das Fest. Charisma zieht, wie große Feste, Aufmerksamkeit auf sich. In der Geltungssphäre des Charismas sind Verhaltensnormen, Routinen und Zuständigkeiten aufgehoben, erst recht die Regeln haushälterischen Wirtschaftens. So auch bei großen Festen: Sie sind ebenfalls außernormale Zustände, in denen das Über-die-Stränge-Schlagen geradezu erwartet wird. Charisma und Fest sind außeralltägliche Ereignisse. Innovationen finden in außeralltäglichen Situationen statt. Deshalb sind Festivalisierungsstrategien geeignet, um Strukturen aufzulösen, Widerstände zu überwinden, Routinen außer Kraft zu setzen und so die Chancen für das Auftreten von Innovationen zu erhöhen. Die Notwendigkeit, in nichtinnovativen Milieus mittels Planung Innovationen anzustoßen, ist einer der Gründe für die »Festivalisierung der Stadtpolitik« (Häußermann/Siebel 1993b).

»Milieu« ist zu einer Schlüsselkategorie in der Stadtpolitik geworden. Einerseits als eine anregende urbane Umwelt, wie sie von den Angehörigen kreativer Berufe nachgefragt wird. Andererseits als Produktionsfaktor in der Kultur- und Kreativwirtschaft: Mit letzterem ist mehr gemeint als die bloße Summe aus harten Standortfaktoren, Humankapital und protestantischer Ethik, nämlich die dichte Vermittlung eines komplexen Sets von ökonomischen, sozialen, kulturellen und physischen Faktoren innerhalb einer räumlichen Einheit. Ein Milieu umfaßt Infrastrukturen, materielle und finanzielle Ressourcen, ein dichtes Netz von Akteuren, gemeinsame Orientierungen, Interaktionsregeln und, was am wichtigsten ist: gegenseitiges Vertrauen (Abschn. 4.4.1).

Auch die neuen Sanierungspolitiken zielen darauf, ortsgebundene Milieus zu verändern, nur wird hier Milieu nicht als produktiver Faktor betrachtet, sondern im Gegenteil als Hemmnis für den sozialen Aufstieg. Gemeint sind ortsgebundene Milieus der Armen, der Arbeitslosen und der Zuwanderer, die es den Bewohnern erschweren, sich in die Normalität einer Mittelschichtsgesellschaft zu integrieren. Menschen, die in Armutsmilieus gefangen sind, hilft man mit Wohnungsbaumaßnahmen nur wenig. Die Ausgrenzung aus dem Arbeitsmarkt, den Freizeit- und Konsumgütermärkten ist nur partiell mit Infrastrukturinvestitionen zu mildern. Der Wunsch alter Menschen, in der gewohnten Umgebung mit den vertrauten Nachbarn alt zu werden, verlangt mehr als barrierefreie Wohnungen. Ob die Integration von Zuwanderern gelingt oder nicht, hat wenig mit der Qualität von Bebauungsplänen zu tun.

Menschen hilft man in erster Linie mit Menschen, selten mit Backsteinen. Notwendig sind Quartiersmanager, die Aktivierung der Bevölkerung, der Aufbau sozialer Netze, die Schaffung von Arbeitsplätzen, die Verbesserung von Bildung und Ausbildung, kurz: eine kulturalisierte und soziale Planung. Die Aufgabe, innovative Milieus zu fördern oder Armutsmilieus aufzubrechen, übersteigt die Möglichkeiten der Bauleitplanung und die der traditionellen Wirtschaftsförderung.

Die Kulturalisierung der Stadtpolitik beinhaltet einen tiefgreifenden Wandel in den Mitteln, den Gegenständen und Zielen der Stadt und Regionalpolitik. Sie setzt nicht länger nur auf Autobahnanschlüsse und Gewerbeflächen. Sie unterstützt Existenzgründer, möchte durch phantasievolle Kunstaktionen mediale Aufmerksamkeit wecken und mit spektakulären Projekten ungenutzte Ressourcen und Mitwirkungsbereitschaft mobilisieren. Wenn gebaut wird, ist das Gebaute weniger Selbstzweck als Vehikel zum eigentlichen Ziel, die Begabungen und endogenen Potentiale einer Region auf neue Ziele zu lenken und hinderliche Institutionen und Akteure in den Hintergrund zu drängen. Indem die Strategien einer kulturalisierten Stadtpolitik die Lebensqualität, die Kommunikationsnetze und Kooperationsstrukturen in einer Region fördern und normative Orientierungen, Mentalitäten, Identifikationen und Verhaltensweisen zu beeinflussen suchen, zielen sie gleichsam auf den sozialen und kulturellen Intimbereich von Gesellschaft.

Die IBA Emscher Park ist das eindrücklichste Beispiel in Deutschland für eine derart umfassend kulturalisierte Stadt- und Regionalpolitik. Sie folgte explizit einer Strategie der Festivalisierung. Die Erneuerung des Ruhrgebiets inszenierte sie als Großereignis, in dessen Rahmen wiederum viele kleine Feste gefeiert wurden. Jedes einzelne Projekt wurde zum besonderen Ereignis stilisiert. Das sollte die Akteure der Region aus ihren Routinen und Interessenbindungen lösen. Im Zuge der IBA Emscher Park wurden ca. 5 Mrd. DM investiert. Mit einem Teil des Geldes wurden neue Gebäude errichtet. Aber die eigentliche Leistung lag nicht in der Veränderung der materiellen Lebensbedingungen in der Region. Dazu wären sehr viel mehr Geld und sehr viel mehr Zeit nötig gewesen. Die IBA hat Lernprozesse organisiert, in denen ein anderes Problemverständnis und andere Vorstellungen von guter Arbeit und vom guten Leben entwickelt wurden, als sie bis dahin in dieser von der Schwerindustrie geprägten Region dominierten. Ihre eigentliche Leistung lag auf kultureller Ebene. Die IBA Emscher Park hat andere Bilder von der ehemaligen Stahl- und Bergbauregion geschaffen und in den Köpfen der Menschen inner- und außerhalb des Ruhrgebiets verankert, und mit den anderen Bildern auch ein anderes Selbstverständnis etabliert. Seinen Aufschwung erlebte die Region mit der Industriegesellschaft, sie hatte sich stets über ihre Modernität definiert, nicht über ihre Geschichte. Mit dem Rückzug der Industriegesellschaft brach dieses Selbstbild zusammen. Aber das eröffnete für das Ruhrgebiet auch die Chance, in der Auseinandersetzung mit der Hinterlassenschaft von 150 Jahren Industriegesellschaft eine historisch vermittelte und nur ihm eigene Identität auszubilden. Ein solches Denken war vielen in der Region fremd. Altes war immer nur im Weg gewesen. Wenn etwas seine produktive Funktion verloren hatte, wurde es abgeräumt, um Platz zu machen für die neueste Produktionsanlage. Es ist eine der großen Leistungen der IBA, diese Mentalität geändert zu haben. Sie hat, um das zu erreichen, im Rahmen spektakulärer Kunstprojekte auch Neues bauen lassen: etwa die Installation von Hermann EsRichter und Klaus Noculak auf der kunstvoll als Stufenpyramide geschütteten Halde Rungenberg oder den »Tetraeder« in Bottrop. Aber ihre wirksamsten Symbole sind nicht durch Neubauten, sondern durch Umdefinition des Vorhandenen entstanden. Das, was vielen als nutzlose Überbleibsel einer überholten gesellschaftlichen Formation erschien, wurde zu gewaltigen Zeugnissen einer großen Vergangenheit inszeniert. Der Gasometer Oberhausen war eine riesige, unförmige Blechdose, die abgerissen werden sollte. Heute ist er ein phantastischer Ausstellungsraum. Für diese Wandlung mußte der Blick von außen nach innen gelenkt werden. Dafür hat die IBA als erstes einem bildenden Künstler im Innern des Gasometers ein Atelier eingerichtet. Das hat Menschen, die diesen Gasbehälter ihr Leben lang nur von außen hatten sehen können, Anlaß geboten, ihn zu betreten und sich von seinem ungeheuren, fast sakralen Innenraum überwältigen zu lassen. Die erste darin durchgeführte Ausstellung – *Feuer und Flamme*, eine Schau über die Geschichte des Ruhrgebiets – war die erfolgreichste Ausstellung des Jahres 1994 in Deutschland. Seitdem haben Aktionen wie die große Installation *The Wall* von Christo und Jeanne-

Claude im Jahr 1999 den Gasometer zum Wahrzeichen des neuen Ruhrgebiets gemacht. Zusammen mit dem Weltkulturerbe Zeche Zollverein in Essen-Katernberg, der von einem Riesenrad durchschnittenen dortigen Kokerei und dem von dem Lichtkünstler Jonathan Park nächtlich inszenierten Hüttenwerk in Duisburg-Meiderich gehört er zu den Ikonen des Ruhrgebiets. Sie sind die sichtbarsten Symbole eines neuen Typs von Kulturlandschaft, die nicht von den ästhetischen Leistungen der Vergangenheit lebt, die auch nicht durch Abriß einer häßlichen und Neubau einer schöneren Welt geschaffen wurde, sondern durch Akte kulturalisierter Stadtpolitik: durch die ästhetisierende, auch romantisierende Umdefinition von Relikten der Schwerindustrie zu Monumenten der Industriekultur.

3.4.1 Stadtkronenpolitik

Mit der Kulturalisierung der Stadtpolitik ändern sich die Planungsformate. An die Stelle einer normsetzenden Planung mittels verbindlicher Flächennutzungs- und Bebauungspläne tritt, wie Lutz Niethammer es mit Bezug auf die IBA Emscher Park genannt hat, »Überredungsdirigismus«. Der Planer agiert nicht mehr hoheitlich, er verhandelt, moderiert, regt an, seine Mittel sind Geld und die Überzeugungskraft modellhafter Projekte. Ihre ausgeprägteste Gestalt gewinnt diese informelle Planung als »Stadtkronenpolitik« (Siebel 2013a). Gemeint ist eine Politik, die ihre verfügbaren Ressourcen auf international konkurrenzfähige Höhepunkte konzentriert, um so ein weithin sichtbares Ereignis zu schaffen. Dazu gehören »Leuchtturm-Projekte« wie das Guggenheim-Museum in Bilbao, große Festivals wie die Ruhrtriennale und »Festivalisierungsstrategien« (Häußermann/Siebel 1993c;) wie Internationale Bauausstellungen.

Stadtkronenpolitik ist zunächst eine besondere Steuerungsform. Sie lenkt nicht hierarchisch mittels Masterplänen, sondern betreibt durch vorbildhafte Projekte eine Propaganda der guten Tat. Mit Projekten werden Probleme nicht gelöst, es wird nur gezeigt, wie eine Lösung aussehen könnte. Darüber hinaus verschieben sich mit einer Stadtkronenpolitik die inhaltlichen Schwerpunkte auf kulturelle Themen: Museen, Konzertsäle, Industriedenkmäler und Kulturfestivals. Die Stadt präsentiert sich als kulturelles Subjekt, sie macht Politik mittels Kultur.

Stadtkronenpolitik setzt auf große Projekte, auf die beträchtliche personelle, finanzielle und Marketingressourcen konzentriert werden. Sie können groß sein, weil im Zuge der Deindustrialisierung große Flächen in manchmal zentraler Lage verfügbar geworden sind. Sie müssen groß sein, weil nur so in einer globalisierten Konkurrenz die Aufmerksamkeit einer internationalen Öffentlichkeit zu erringen ist. Der Leuchtturm soll auch aus weiter Ferne noch gesehen werden. Eine Stadt wie Hannover muß alle Energien bündeln, um wenigstens für die Zeit einer Weltausstellung so hell zu leuchten, daß sie dem Investor im fernen China ins Auge fällt. Mit den großen Projekten sollen aber auch Wirkungen nach innen erzielt werden: Sie dokumentieren politische Handlungsfähigkeit und Tatkraft, sie bieten Anlässe für Stolz auf die eigene Stadt.

Das Interesse der Stadtpolitik an Kultur wurde in den vorangegangenen Abschnitten damit begründet, daß der Kultur sozialintegrative und ökonomische Effekte zugeschrieben werden. Kultur- oder Kreativwirtschaft ist zum Inbegriff all dessen geworden, was sich eine Stadt nur wünschen kann: Bürgerstolz, Umsätze, Arbeitsplätze und höhere Steueraufkommen. Für die ökonomische Bedeutung von Kultur wurden fünf Argumente angeführt: Erstens ist die Kultur- und Kreativwirtschaft ein wichtiger Zweig der städtischen Wirtschaft mit weiter Ausstrahlung in andere Branchen (vgl. Läpple et al. 2015). Zweitens ist Kultur ein Tourismusmagnet, und der Städtetourismus wird zu einem immer bedeutsameren Zweig der städtischen Ökonomie. Drittens gilt Kultur als ein Produktionsfaktor: Ein differenziertes Kulturangebot fördere Lernfähigkeit und Kreativität und damit indirekt das Wachstum der städtischen Ökonomie. Viertens ist Kultur ein weicher Standortfaktor, und weiche Standortfaktoren werden immer wichtiger, weil die harten ubiquitär verfügbar sind, weil die Wissensökonomie auf hochqualifizierte Arbeitskräfte angewiesen ist, und diese von ihrem Wohn- und Arbeitsort ein anregendes urbanes Milieu erwarten. Fünftens schließlich wird die Ökonomie selber kulturalisiert. Schlagworte dafür sind die »symbolische Ökonomie« (Zukin 1995), die »Ökonomie der Aufmerksamkeit« (Franck 1998) oder der »ästhetische Kapitalismus« (Reckwitz 2012).

Nun wäre gegen einen zum ästhetischen Projekt gewandelten Kapitalismus, der mit kunsttheoretischen Kategorien statt mit denen der Marxschen Theorie zu begreifen ist, zunächst einmal wenig einzuwenden. Wie schön, daß Stadtpolitik wieder Großes unternimmt; noch schöner, wenn Kultur sich auch auszahlt; und Feste zu feiern ist grundsätzlich etwas Schönes. Nur leider laufen Strategien, die sich unkritisch auf diese schöne neue Welt einlassen, erhebliche Risiken und produzieren negative Nebenfolgen. Die Stadtpolitik kann sich nicht auf die selektiven Bilder einer städtischen Wirklichkeit verlassen, in denen die Unterwelt der Stadtmaschine ebenso ausgeblendet bleibt wie die möglichen sozialen und psychischen

Kosten entgrenzter Lebensweisen. Und die Kulturpolitik sollte über die Freude angesichts der Anerkennung, die ihrem Wirkungskreis auch von Ökonomen entgegengebracht wird, nicht die Gefahren einer Indienstnahme der Kultur durch die Wirtschaftspolitik vergessen. Die Kultur verlöre dadurch nicht nur an kritischem, sondern grundsätzlicher noch auch an kreativem Potential.

3.4.2 Die Politik der großen Ereignisse

Flagschiff- oder Leuchtturmprojekte setzen auf die Strahlkraft eines großen Projekts, Festivalisierungsstrategien auf die Zugkraft großer Ereignisse, um die Entwicklung einer Stadt voranzutreiben. Diese Strategien sind Sonderfälle einer projektorientierten Planung. Projekt kann vieles sein: die Umnutzung einer Industriebrache, der Bau eines spektakulären Museums, aber auch die Veranstaltung einer Weltausstellung. Gemeinsam ist ihnen erstens, daß sich die Planung auf ein inhaltlich, zeitlich und räumlich eng umschriebenes Vorhaben, eben das Projekt, konzentriert, und zweitens, daß die klassische Trennung von staatlicher Rahmensetzung und privater Durchführung aufgehoben ist. An ihre Stelle treten vielfältige Kooperationsformen zwischen öffentlichen und privaten Akteuren. Damit sollen zwei Ziele erreicht werden: Man will verkrustete Strukturen aufbrechen, neue Denkweisen anregen und private sowie öffentliche Akteure für ein gemeinsames Vorhaben mobilisieren, kurz: Innovationen organisieren. Und man will die Realisierung des Geplanten sicherstellen. Bei der projektorientierten Planung engagiert sich die öffentliche Hand auch bei der Umsetzung wie umgekehrt die privaten Akteure an der Formulierung der Ziele beteiligt werden. Dafür wird der Anspruch aufgegeben, die Entwicklung der ganzen Stadt oder Region verbindlich zu steuern. Projektorientierte Planung zieht sich auf punktuelle Interventionen zurück, sie ist räumlich begrenzt, zeitlich befristet und thematisch auf ein klar definiertes Vorhaben ausgerichtet. Anders gesagt: Als Ergänzung der traditionellen flächendeckenden und normsetzenden Planung sind Projekte ein Gewinn, als Ersatz passen sie in das neoliberale Denkschema der Deregulierung. Die Risiken und negativen Auswirkungen dieser Strategien sind ausführlich untersucht worden.[9] Die Kritik läßt sich in fünf Punkten zusammenfassen.

Erstens, es wird viel zu viel gefeiert. Feste wirken, weil sie Ausnahmesituationen schaffen. Ausnahmesituationen geben Raum für Neues, für Kreativität und Innovationen. Aber zu lange Feste machen nicht kreativ, sondern müde. Es muß immer auch einen Aschermittwoch geben. Man kann nicht andauernd auf einer Bühne stehen, und kaum einer ist bis ins Rentenalter innovativ. Das Ganze muß irgendwann auch ein Ende haben, damit die Ausnahmen und die besonderen Anstrengungen, die das große Ereignis erfordern, überhaupt akzeptiert werden. Die Adressaten wollen schließlich irgendwann wieder ihre Ruhe haben. Deshalb ist der bewußte Umgang mit Zeit für innovationsorientierte Planung typisch. Festivals sind auf ein unverrückbares Datum hin organisiert. Dadurch entsteht Zeitdruck. Innovationsorientierte Planung braucht Zeitdruck, um besondere Kräfte zu mobilisieren, um Einwände und unliebsame Beteiligungsforderungen abwehren zu können.

Es darf auch nicht zu oft gefeiert werden. Der Erfolg die-

---

9 Vgl. Häußermann/Siebel 1993c; Mayer/Siebel 1998; Müller/Selle 2002; Siebel 2011b und 2013a.

ser Strategien verleitet dazu, sie häufiger einzusetzen: Von 1950 bis 2000 wurden 3 Internationale Bauausstellungen in Deutschland durchgeführt. Zwischen 2000 und 2015 laufen bereits 6. Hinzu kommen Weltausstellungen, Olympische Spiele, Fußballeuropa- und -weltmeisterschaften, Bundesgartenschauen, nicht gerechnet die unzähligen Theater-, Musik-, Film- und Tanzfestivals. Allzu viele Feste nehmen sich gegenseitig die Wirkung. Je seltener und außeralltäglicher das Fest, desto kraftvoller ist seine Wirkung. Innovationsorientierte Planung wird um so erfolgreicher sein, je seltener sie versucht wird.

Zweitens, wer ein Fest ausrichtet, darf nicht knausern. Der Anspruch an eine IBA ist immer höher geschraubt worden, die Mittelausstattung aber wurde immer bescheidener. Seit Internationale Bauausstellungen veranstaltet werden, hat sich ihr Gegenstandsbereich inhaltlich und räumlich ausgeweitet: von reinen Bau(kunst)ausstellungen (Darmstadt Mathildenhöhe) über exemplarischen Wohnungsbau (Berlin Hansaviertel) zur umfassenden Erneuerung eines Stadtteils (Altbau-IBA Berlin) und einem Strukturprogramm für eine ganze Region (IBA Emscher Park). Die IBA Basel übergreift sogar drei nationale Grenzen. Während der Gegenstandsbereich größer, die Problemdefinitionen umfassender und die Rahmenbedingungen komplexer wurden, sind die IBA selber finanziell kleiner und politisch schwächer geworden. Die IBA Emscher Park hatte die volle Unterstützung der Landesregierung und konnte noch 3 Mrd. DM an öffentlichen und 2 Mrd. DM an (semi-)privaten Mitteln ausgeben. Die IBA Hamburg verfügte nur über einen Etat von 100 Mio. Euro und stand im Schatten der größeren und spektakuläreren Planungen der HafenCity. Allein die bis 2014 aufgelaufenen, nicht kalkulierten Mehrkosten für die Elbphilharmonie betrugen ein Mehrfaches des Etats der Hamburger IBA. Bei größeren Aufgaben sinken die finanzielle Ausstattung und – was noch gravierender zu sein scheint – die politische Unterstützung. Bei einigen der neueren Internationalen Bauausstellungen handelt es sich womöglich um Initiativen von Planern, die mit der Ankündigung einer IBA überhaupt erst einmal politisches Interesse für Aufgaben der Stadt- und Regionalentwicklung wecken wollen.

Drittens, große Ereignisse sind äußerst riskant. Ihre Komplexität und ihre langen Realisierungszeiten machen sie politisch wie finanziell schwer kalkulierbar. Die endgültigen Kosten des Sueskanals betrugen das Zwanzigfache des ursprünglich Veranschlagten, beim Opernhaus in Sydney war es das Fünfzehnfache. Demgegenüber nehmen sich die Kostensteigerungen bei der Elbphilharmonie auf das Vierfache gegenüber den Planungen von 2004 (Stand 2015) fast bescheiden aus. Dabei handelt es sich anscheinend um eine Art Gesetzmäßigkeit. In einer Untersuchung von 258 großen Verkehrsinfrastrukturprojekten – für die die Kosten einfacher zu kalkulieren sein dürften als für eine Weltausstellung – konnten Bent Flyvbjerg et al. feststellen, daß in 86 Prozent der Fälle die ursprünglichen Kostenschätzungen übertroffen wurden (vgl. Flyvbjerg et al. 2003). Wären dafür allein die Komplexität der Aufgabe und methodische Schwierigkeiten verantwortlich, so müßten sich in der Menge der Fälle Unterschreitungen und Überschreitungen ungefähr die Waage halten. Das ist aber nicht der Fall. Die Autoren weisen »die These, dass Überschätzungen und Unterschätzungen gleich verteilt sind, mit überwältigender Signifikanz zurück [...]. die Verzerrung beruht auf einer systematischen Unterschätzung« (ebd.). Außerdem müßte sich aus methodischen und theoretischen Fehlern lernen lassen, die Fehlerquote im Zeitablauf also sinken. Doch auch das ist nicht der Fall. Die Autoren sprechen von »Lügen« oder höflicher von einer Tendenz zur »strategischen Missinterpretation« der Daten, eine hochplausible Erklärung, denn ohne solche »Missinterpretationen« wäre manches Großereignis von vornherein politisch nicht durchsetzbar gewesen.

Obwohl am Ende fast immer Defizite zu verbuchen sind, können sich Großereignisse, insbesondere wenn sie von internationaler Bedeutung sind, für die austragende Stadt finanziell lohnen. Was aus der Welt der Wirtschaft bekannt ist, die Externalisierung der Kosten, kann hier der Stadt gelingen. Wenn es um ein Ereignis geht, dessen Zustandekommen wie im Fall einer Weltausstellung oder Olympischer Spiele zu einer Frage des nationalen Prestige gemacht werden kann, dann fungiert der Event als Mechanismus zur Umlenkung von Subventionen zugunsten des Veranstaltungsorts. Das Problem der Opportunitätskosten, also die Frage, ob die Gelder anderswo, zu einem anderen Zeitpunkt oder in einem anderen Kontext eingesetzt, wirtschaftlich, sozial und ökologisch mehr Nutzen hätten stiften können, interessiert die Veranstalter nicht.

Bei Leuchtturm- oder Flagschiffprojekten ist die Externalisierung der Kosten weniger einfach. Deshalb sind ihre ökonomischen Effekte auch für die Stadt äußerst unsicher. Beim Guggenheim-Museum in Bilbao haben sich die Investitionen für die öffentliche Hand letztlich ausgezahlt, zwar nicht innerhalb von 6 Jahren, wie von der Stadt zu Beginn des Projekts behauptet, sondern erst nach 17, aber immerhin (Plaza 2006). Andere Museumsprojekte waren weniger erfolgreich. Das National Centre for Popular Music in Sheffield, Großbritannien, das 1999 eröffnet wurde und 400 000 Besucher pro Jahr anziehen sollte, kam innerhalb der ersten 7 Monate nur auf

100 000 Besucher. Das Museum war bereits im Eröffnungsjahr bankrott. Das 2003 eröffnete Stadtmuseum von Washington, D. C., mußte wegen ausbleibender Besucher wieder geschlossen werden. Auch die ostwestfälische Kleinstadt Herford (65 000 Einwohner) wollte sich den Bilbao-Effekt zunutze machen und beauftragte Frank Gehry, ein Museum für Kunst, Design und Architektur zu bauen. Für den Aufbau der Sammlungen wurde der ehemalige Kurator der Kasseler Documenta Jan Hoet eingestellt, der aber schon nach 3 Jahren das Museum wieder verließ. Das Museum stürzte daraufhin in eine Krise.[10]

Viertens, manche Großereignisse haben hochambivalente Folgen für die politische Kultur einer Stadt. Weltausstellungen, Olympische Spiele oder Fußballweltmeisterschaften werden nicht veranstaltet, um der ausrichtenden Stadt bei ihren Entwicklungsproblemen zu helfen (vgl. Siebel 2011, S. 56). Lokale Prioritäten werden systematisch in den Hintergrund gedrängt. Die ökonomischen und sportlichen Fähigkeiten von Nationen sollen der Weltöffentlichkeit vorgeführt werden. Dazu muß ein geeigneter Austragungsort gefunden und hergerichtet werden. Welche Folgen das für eine Stadt hat, ist für die Veranstalter allenfalls insoweit wichtig, wie daraus kritische Presseberichte entstehen können. In einer vom Hannoveraner Expo-Büro verfaßten Informationsschrift wurde explizit darauf hingewiesen: »dass das B. I. E. [das Bureau International des Expositions, der internationale Ausschuß zur Ausschreibung und Gestaltung von Weltausstellungen] die

10 Diesen Hinweis verdanke ich der Manuskriptfassung der Dissertation von Konstanze Klotz (2013, S. 31 f., S. 32 Anm. 42). Die entsprechende Passage ist in der Druckfassung (Klotz 2014) nicht mehr enthalten.

Interessen der Aussteller im Auge hat und ihm ausschließlich an dem Gelingen einer repräsentativen Weltausstellung gelegen ist, nicht aber an dem Wohl der Stadt Hannover« (zit. n. Selle 2002, S. 195). Großereignisse erlauben, Vorhaben durchzusetzen, die sonst im Dickicht widerstreitender Interessen steckenbleiben würden. Die *checks and balances* des demokratischen Prozesses werden weitgehend außer Kraft gesetzt. Einmal in Gang gekommen, entfalten große Ereignisse eine Eigenlogik, die spätere Korrekturen oder gar den Abbruch erschweren oder gänzlich unmöglich machen. Würde man die Planung einer Weltausstellung oder eines anderen Großereignisses als Prozeß mit wirklich offenem Ausgang organisieren, also fehlerfreundlich, revidierbar und beteiligungsoffen, so würde die betreffende Stadt aller Voraussicht nach gar nicht erst den Zuschlag erhalten. Seit sich 2013 in einem Referendum eine Mehrheit gegen Olympische Winterspiele in Garmisch-Partenkirchen ausgesprochen hat, ist fraglich geworden, ob solche Großereignisse in demokratischen Staaten überhaupt noch durchgeführt werden können. Große Ereignisse als Vehikel der Stadtentwicklung nutzen zu wollen gleicht einem Ritt auf dem Tiger. Es ist keineswegs sicher, daß es der austragenden Stadt dabei besser ergeht als jener Lady in einem Limerick: »There was a young lady of Niger, / Who smiled as she rode on a tiger. / They returned from the ride / With the lady inside / And the smile on the face of the tiger.«[11]

Fünftens, große Events sind strukturell selektiv: Räume,

11 Deutsche Übersetzung: »Ein blutjunges Mädchen aus Niger / Ritt lächelnd mal auf einem Tiger. / Zurück kam sie auch / Doch in seinem Bauch / Der Lächelnde war nun der Tiger.« Übersetzung von Heinz Hermann Michels.

soziale Gruppen und Themen, die nicht medial sichtbar gemacht werden können und deshalb auch keine positiven Imageeffekte haben, geraten ins Abseits. Ein negatives Image kann Investoren abschrecken und die Abwanderung mobilitätsfähiger Mittelschichtshaushalte auslösen, ein positives gegenteilige Effekte. Je höher die Mobilität von Menschen und Kapital, desto höher auch der Einfluß der Bilder, die von einem Raum kursieren. Kulturelle Großprojekte sind um so erfolgreicher, je international sichtbarer und erreichbarer der Standort ist, an dem sie veranstaltet werden. Sie konzentrieren sich deshalb auf die Zentren der bereits etablierten großen Städte – es sind Stadtkronenpolitiken – und auf solche Inhalte, die ausstellungsfähig und medial vermittelbar sind. Architektur, Kunst und Spektakel haben da bessere Chancen, ins Programm aufgenommen zu werden, als die Einrichtung eines Stadtteilmanagements. Auch kann nicht alles, was in einer Stadt ansteht, in der knappen Zeitspanne der Planung und Durchführung von Olympischen Spielen bearbeitet werden. Große Ereignisse entwickeln Oaseneffekte: In ihrem Glanz verschwindet alles andere im Dunkeln.

Marketingstrategien sind keineswegs als bloße Reklame abzutun. Ein nachhaltiger Imagewechsel läßt sich mit Werbung allein nicht erzielen. Er muß sich auf Veränderungen stützen können, die dem Bild objektiven Gehalt verleihen. Marketing beansprucht ebendas: die Verbindung von materiellen Änderungen mit Public Relations: »Tu Gutes und rede darüber.« Entscheidend ist, was zuerst kommt: Sind bei der Auswahl und Durchführung der Projekte die ortsspezifischen Notwendigkeiten dominant oder Gesichtspunkte der Aufmerksamkeitsgewinnung?

Die »Aufmerksamkeitsökonomie« der großen Ereignisse läuft Gefahr, das zu privilegieren, was leichter in die Medien zu bringen ist. Aber nicht alles, was mediale Aufmerksamkeit gewinnt, ist stadtentwicklungspolitisch geboten. Renzo Lecardanes (2003) Untersuchung zur Expo 98 in Lissabon begründet erhebliche Zweifel an der Eignung von Festivalisierungsstrategien als Mittel der Stadtentwicklung. Die Expo habe, so sein Resümee, bei der Aufgabe versagt, eine positive Umstrukturierung der Stadt einzuleiten. Ein neueres Beispiel für die räumliche und soziale Selektivität der Politik großer Ereignisse liefert die französische Stadt Marseille, 2013 die Kulturhauptstadt Europas: Von den 52 Großbaustellen, die im Rahmen dieser Kampagne eingerichtet worden waren, entfielen ganze 3 auf den Norden von Marseille, wo zwar jeder dritte Marseiller wohnt, aber eben nicht die obere Mittelschicht, sondern sozial schwächere Gruppen.

Festivalisierungsstrategien können danach beurteilt werden, inwieweit sie Raum lassen für demokratisch formulierte lokale Interessen. Klaus Selle (2002, S. 214ff.) hat dafür drei Kriterien entwickelt: das »Nutzenkriterium«: Nutzt das Vorhaben direkt und nachhaltig den Bewohnern? Das »Prioritätskriterium«: Würden die im Rahmen des Events realisierten Projekte auch unabhängig von dem Event Priorität genießen? Das »Souveränitätskriterium«: Ist die Stadt frei, ihre eigenen Ziele zu formulieren und die notwendigen Mittel dafür einzusetzen? Anhand dieser Kriterien läßt sich eine Rangreihe von Großveranstaltungen unter dem Gesichtspunkt ihrer Eignung als Vehikel einer den lokalen Interessen verantwortlichen Stadtentwicklung aufstellen.

Die geringsten Chancen für eine Entwicklung der Stadt im Interesse ihrer Bürger eröffnen Ereignisse vom Typ Olympische Spiele. Derart große Sportveranstaltungen sind mit umfassenden und detaillierten Anforderungen an die Austragungsorte verbunden, die von der lokalen Politik nur in städtebaulichen und architektonischen Details modifiziert werden können. Das Ereignis ist auf zwei Wochen beschränkt und findet in hochspezialisierten Stadien statt. Der konkrete Ort dient allenfalls als mehr oder weniger folkloristische Staffage. Weltausstellungen benötigen hingegen ein Ausstellungsgelände und laufen ein Jahr. Innerhalb dieser Vorgaben haben die teilnehmenden Nationen weitgehend freie Hand, sich zu präsentieren. Das Spektrum dessen, was im Rahmen einer Weltausstellung veranstaltet wird, ist dementsprechend sehr viel breiter als bei Olympischen Spielen. Aber die Stadt hat auf die Auswahl der Teilnehmer keinen und auf deren Präsentationen nur marginalen Einfluß. Andererseits sind mit einer Weltausstellung wie mit Olympischen Spielen erhebliche Anforderungen an die Infrastruktur des Veranstaltungsortes verbunden, wenn auch nicht dermaßen zeitlich komprimiert wie bei diesen.

Auch die Kampagne für die Kulturhauptstadt Europas ist zeitlich auf ein Jahr beschränkt, doch hinsichtlich der Räume, die bespielt werden, gibt es kaum Vorgaben. Vor allem aber unterscheidet sich dieses Großereignis von den ersten beiden Typen dadurch, daß hier ein nur in groben Umrissen vorgegebenes Programm erfüllt werden muß. Es geht um Kultur in einem sehr weit interpretierbaren Sinn, und die Vorgaben der Europäischen Kommission haben mehr den Charakter von Anregungen. Kern der Idee ist es gerade, den eigenständigen Beitrag der Stadt zur europäischen (Stadt-)Kultur herauszustellen. Die Stadt ist gehalten, ihre Besonderheit und Einmaligkeit zu präsentieren. Diese Freiheiten können aber nicht dazu genutzt werden, ausschließlich das zu organisieren, was sich nachhaltig positiv für die Stadt auswirkt. Es geht auch hier um internationale Sichtbarkeit. Und schließlich finden auch Veranstaltungen statt, in denen einfach nur gefeiert wird, ohne daß dem viel Nachhaltigkeit beschieden wäre; ein Fest ist eben auch ein Fest.

Nach dem Souveränitätskriterium sind Internationale Bauausstellungen die mit Abstand günstigsten Festivalisierungsstrategien. Die IBA ist ein gänzlich informelles Planungsformat ohne inhaltliche Vorgaben und ohne Auswahlverfahren. Jede Stadt kann eine IBA ausrichten, es gibt weder Bewerbungsverfahren noch verbindliche Vorgaben irgendwelcher Art. Die einzigen Instanzen, vor denen sich eine IBA bewähren muß, sind die politische und die fachliche Öffentlichkeit. Seine Informalität ist eine der Voraussetzungen für die Innovationskraft des Formats, aber auch eine Gefahr, denn gerade sie hat die Inflationierung von IBAs ermöglicht. Ein Instrument, das wie sonst kein Planungsformat auf das Charisma des Außeralltäglichen setzt, wird aber durch seine Häufung veralltäglicht und damit systematisch geschwächt.

3.5 Die Indienstnahme der Kultur

In einer Rede vor dem Übersee-Club sprach der damalige Hamburger Bürgermeister Klaus von Dohnanyi 1983 vom »Unternehmen Hamburg«. Seitdem ist das Schlagwort vom »Unternehmen Stadt« populär. Es ist ein folgenreiches Schlagwort. Hamburg z. B. betreibt eine massive Stadtkronenpolitik. Es konzentriert seine Investitionen auf weltweit sichtbare Höhepunkte wie die HafenCity und die Elbphilharmonie, die für die *high potentials* von Interesse sein könnten.

Die Priorität der Wirtschaftspolitik und der international wettbewerbsfähigen Höhepunkte der Stadt gilt auch für solche Städte, die sich das Schlagwort von der *creative city* aufs Panier geschrieben haben. Nach der international vergleichenden Studie »Creative Spaces« des Cities Institute der London Metropolitan University und der University of Toronto (vgl. Cities Institute 2005; Klotz 2014, S. 60) über kreativitätsbasierte Entwicklungskonzepte in den Jahren 2004 bis 2006 dominierten in den 230 untersuchten europäischen und nordamerikanischen Städten wirtschaftspolitische Ziele: An erster Stelle standen ökonomische Entwicklung und Beschäftigung. Es folgten in dieser Reihung: Infrastruktur, Revitalisierung, Bildung und Ausbildung, Tourismus/Events, Stadtmarketing. Und auf den drei letzten Plätzen: Soziales/Teilhabe, Aufenthalts-/Lebensqualität, kulturelles Erbe.

Die Industriegesellschaft hat neue Städte geschaffen, beispielsweise im nördlichen Ruhrgebiet. Sie hat große Areale im Umland bestehender Städte erschlossen oder aus der Stadt herausgeschnitten, eingezäunt und auf dem so isolierten Gelände ihre Produktionsstätten nach Gesichtspunkten technischer und ökonomischer Rationalität errichtet. Die übrige Stadt blieb davon zunächst weitgehend unberührt. Die Ökonomisierung der Stadtpolitik droht nun, die ganze Stadt zum Objekt unternehmerischen Kalküls zu machen. Vom Image der Stadt über ihre Architektur bis zu den Theatern und Grünanlagen, ihren Infrastrukturen und Wohnungsangeboten, ihren Milieus und Lebensweisen – alles würde dann nach seinem Beitrag zur ökonomischen Entwicklung behandelt. Die qualitativen Differenzen in den Zielen, Mitteln und Handlungsweisen zwischen einem privaten Unternehmen und einer Stadt wären beseitigt. Die Stadt würde zum Investitionsvorhaben wie die neu gegründeten Städte in Südkorea, am Arabischen Golf und in China. Damit verschwände die europäische Stadt als ein dem Gemeinwohl verpflichtetes, öffentliches Gut.

Unter dem Eindruck wachsender Haushaltsschwierigkeiten der Kommunen und einer neoliberalen Ideologie wurden ab Mitte der siebziger Jahre der soziale Wohnungsbau massiv eingeschränkt, die Investitionen in die Infrastruktur zurückgenommen und kommunale Dienstleistungen privatisiert. Was unter kommunaler Administration verblieb, wurde mehr und mehr ökonomischen Maximen unterworfen. Man kann von einer doppelten Ökonomisierung der Stadtpolitik sprechen: Die Städte stellen ihre Maßnahmen nicht nur unter das Oberziel der Wirtschaftsförderung, auch ihr Handeln richten sie nach den Prinzipien kommerzieller Leistungserbringung aus. Letzteres unterschlägt die qualitative Differenz zwischen öffentlicher und privater Bereitstellung eines Gutes sowie die zwischen Bürgern und Kunden. Öffentlich bereitgestellte Güter sind allgemein zugänglich. Soweit der Zugang zu ihnen beschränkt ist, wird nach Bedürftigkeit und nicht nach Zahlungsfähigkeit differenziert. Anders als Kunden artikulieren Bürger ihre Interessen und Bedürfnisse in öffentlicher Diskussion und politischer Auseinandersetzung, nicht durch anonyme und individualisierte Kaufentscheidungen. Spätestens ab dem 19. Jahrhundert wurde Kultur als Gegenwelt zur Welt der Ökonomie verstanden. Damals setzten sich Vorstellungen von der Autonomie der Kunst durch, an denen gemessen die heutigen Formen ihrer Instrumentalisierung als Zweckentfremdung erscheinen. Die Kunst wird deshalb durch die doppelte Ökonomisierung kommunaler Politik – ihrer Ziele und ihrer Handlungsweisen – besonders getroffen.

Die Indienstnahme von Kunst und Kultur für ökonomische und politische Interessen ist nichts Neues. Herrscher nutzten sie schon immer für die Demonstration ihrer Macht. Die barocke Kunst diente der Gegenreformation als prachtvolles Propagandamittel des wahren katholischen Glaubens gegen die Askese des Protestantismus. Im Rahmen von Stadtpolitik fungieren Kunst und Kultur heute als Allzweckwaffe: zur Förderung des Tourismus und damit der lokalen Wirtschaft, für Imagekampagnen, als Magnet für Investoren und Kreative und als Speerspitze bei den Bemühungen, heruntergekommene Standorte aufzuwerten.

Die Erneuerung des Times Square in New York und der anliegenden Straßenzüge ist eines der prominentesten Beispiele für (Unterhaltungs-)Kultur als Entwicklungsmotor und für den Einsatz von Symbolen zur Produktion von städtischem Raum durch eine Koalition von Politik und Wirtschaftsinteressen. Sie war zwischen Anliegern und Nutzern, den Immobilienspekulanten, der Stadt und dem Staat New York, dem Disney-Konzern und Bürgervereinen lange und heftig umkämpft (vgl. dazu ausführlich Roost 2000, S. 42ff.). Das Quartier war seit der Ansiedlung des ersten Pornokinos im ehemaligen Victory Theater am Times Square zu einem von billigen Läden, Peepshows und anderen Einrichtungen des Sexbusineß dominierten Tourismus- und Vergnügungsviertel heruntergekommen. Die Erneuerungsstrategie der Stadt setzte auf Verdrängung und Änderung dieser schmuddeligen Strukturen. Dazu enteigneten Stadt und Staat New York die Eigentümer und kündigten anschließend unliebsamen Nutzern. Gleichzeitig organisierte der Times Square Business Improvement District, ein Zusammenschluß von Stadtpolitikern und Geschäftsleuten, eine strikte Überwachung durch private Sicherheitsdienste und gründete zusammen mit den Behörden ein örtliches Schnellgericht, das vor allem auf Wirksamkeit in der städtischen Öffentlichkeit hin organisiert war: Die gefaßten Delinquenten wurden in öffentlicher Verhandlung verurteilt, und zwar möglichst zu öffentlich vollziehbaren, gemeinschaftsdienlichen Strafen wie Straßenkehren auf dem Times Square.

Trotz dieser sichtbar inszenierten Flurbereinigungen wurden Pläne für hochverdichtete Bürokomplexe nicht realisiert. Die Krise der New Yorker Finanzwirtschaft in der Folge des Börsencrashs von 1987 hatte die Nachfrage nach Büroflächen drastisch einbrechen lassen. Das Gebiet war weitgehend ungenutzt, aber auch weniger anstößig. Und es besaß als traditionsreiches Vergnügungsviertel ein für die nun auf den Plan tretenden Investoren unschätzbares historisches Kapital. An die Stelle der Immobilienspekulation traten Anfang der neunziger Jahre die Tourismus- und Unterhaltungsindustrie. Deren Planung suchte, gezielt das kulturelle Kapital des Platzes zu mobilisieren. Die Planer griffen bei ihrer Neugestaltung des Viertels bewußt auf wesentliche städtebauliche Merkmale des alten Times Square zurück, insbesondere die großflächigen Neonreklamen und die von hohen und niedrigen Gebäuden geprägte Silhouette des Platzes. Sie renovierten die alten Theater und schufen neue touristische Attraktionen. Unter Führung des Disney-Konzerns wurde aus einem abgewirtschafteten Sexquartier ein sauberes Vergnügungsviertel mit gehobenen Hotels, Restaurants, Theatern, Cafés, Musikgeschäften und Souvenirläden, »Tourist Super Stores« und anderen touristischen Nutzungen, geplant, organisiert, finanziert und betrieben von der Kulturwirtschaft.

Kultur fungiert auch als Instrument der Sozialpolitik. Die seit Ende der sechziger Jahre in vielen Städten gegründeten soziokulturellen Zentren suchten, der bürgerlichen Hochkultur ferner stehende Bevölkerungsgruppen zu erreichen. Nicht zuletzt sollte diese Form einer Kulturpolitik von unten die Integration von Jugendlichen unterstützen (vgl. Göschel 1999; Knopp 2003). Kultur kann aber auch dem Gegenteil dienen, der Exklusion. Städtische Räume werden mittels Symbolen sozial definiert. Die Art der Gestaltung eines Raums und die dabei verwendeten Materialien codieren soziale Bedeutungen. Verspiegeltes Glas, poliertes Metall, Marmor und Granit signalisieren der gehobenen Mittelschicht Zugehörigkeit. Ästhetisierung ist Kontrolle des städtischen Raums. Sie grenzt unerwünschte Gruppen aus und beruhigt so die Angst vor den »gefährlichen Klassen«. Die Ästhetisierung eines Raums ist Mittel der Demonstration von Status. Indem sie soziale Unterschiede räumlich fixiert und symbolisch überhöht, entlastet sie von Statusängsten. Sie errichtet schöne, schwer zu überwindende Schranken zwischen den sozialen Gruppen, denn Symbole sind ein häufig vorbewußt bleibendes und gerade dadurch sehr wirksames Mittel der Distinktion. Mit den symbolischen Mitteln der Kultur werden soziale Unterschiede bestätigt, unerwünschte Gruppen ferngehalten und die Furcht vor dem sozialen Abstieg in den Hintergrund gedrängt.

Eine in Dienst genommene Kultur, gleich ob im Interesse der Wirtschaftsförderung, der Integration oder der sozialen Distinktion, bleibt davon nicht unberührt. Man möchte Investoren von außerhalb der Region gewinnen und ein überregional mobiles Publikum in die Stadt locken, also müssen überregional, noch besser international bedeutsame Kulturereignisse an gut erreichbaren Standorten inszeniert werden. Ein normaler Theaterbesucher gibt nur halb so viel Geld im Zusammenhang seines Theaterbesuchs aus wie der Besucher eines Festivals. Ökonomisch gesehen, müßten also mehr Festspiele veranstaltet werden zu Lasten der Angebote für das ortsansässige Publikum. Mobil ist vor allem die obere Mittelschicht. Also muß man sich an ihrem Geschmack orientieren. Um das Publikum außerhalb der Region anzusprechen, braucht es Starauftritte. Das »Starprinzip« (Albrecht Göschel) führt dazu, daß wenigen international bekannten Künstlern extrem hohe Honorare gezahlt werden. Für das Personal der lokalen Kultureinrichtungen bleibt kaum etwas übrig. Da die alltäglichen Kulturproduktionen gemessen an den Starauftritten als provinziell erscheinen, können sie dementsprechend schlechter bezahlt werden. In der Konsequenz wird die kulturelle Infrastruktur einer Stadt vernachlässigt.

Die soziale Selektivität der Stadtpolitik ist durch die Thesen Richard Floridas gestärkt worden. Florida (2002) hat Erkenntnisse popularisiert, die von Daniel Bell (1979) und in der Wertewandelforschung schon vor langer Zeit formuliert worden waren. Florida begreift Stadtkultur als ein unverzichtbares Element der Konsumansprüche hochqualifizierter Arbeitskräfte. Da diese die Träger der in der Wissensökonomie entscheidenden Produktivkraft Kreativität seien, empfiehlt er, solche Qualitäten urbaner Milieus zu stärken, die geeignet sind, das scheue Wild der Kreativen auf den eigenen Acker zu locken (vgl. dazu ausführlich Siebel 2011a).

Der Erfolg seiner Argumentation ist wohl nicht zuletzt aus seiner vagen Begrifflichkeit und sozialen Blindheit zu erklären. Angesichts der äußerst großzügigen Definition der kreativen Klasse kann sich jeder, der eine höhere Schulbildung genossen hat, zu den Kreativen rechnen, und wer täte das nicht gern, erst recht, wenn daraus folgt, daß die Stadtpolitik in erster Linie seinen Interessen und Bedürfnissen entsprechen müsse. Und dem Stadtpolitiker werden praktische Empfehlungen geboten, die innerhalb des Handlungsspielraums städtischer Politiken umgesetzt werden können, eine wahlentscheidende Mittelschicht begünstigen und scheinbar keine negativen Nebenfolgen haben.

Das Konzept der kreativen Klasse eignet sich hervorragend dazu, die Maßnahmen neoliberaler Wirtschaftsförderung »kulturell zu adeln« (Göschel 2008, S. 286). Das pathetische Beschwören der Selbststeuerung einer zivilen Gesellschaft, der endogenen Potentiale und der »Bottom up«- und »Grass root«-Strategien vertragen sich gut mit neoliberalen Ideen, und diese Affinität dürfte ein Grund für die breite Akzeptanz dieser Sprache in der Stadtpolitik sein. Empfohlen werden eine Angebotspolitik, die sich an andere Adressaten richtet, nicht mehr primär an die Investoren, sondern an bestimmte Typen von Arbeitskräften, und andere Lockmittel, nicht mehr harte, sondern weiche Standortfaktoren wie Jazzkeller und urbane Toleranz. Aber diese Angebote begünstigen, wie alle angebotsorientierte Politik, jene, die sich Mobilität leisten können und die Alternativen auf dem Markt finden, insbesondere die berufszentriert lebenden, hochqualifizierten Arbeitskräfte, die die Renaissance der Städte tragen.

Vernachlässigt werden dabei die negativen Folgen gegenwärtiger Entwicklungen in den Städten (vgl. Peck 2005), insbesondere die komplementäre Zunahme von schlechtbezahlten, niedrigqualifizierten und unsicheren Arbeitsplätzen in den personenbezogenen Dienstleistungen, durch die erst die Voraussetzungen für den aufwendigen Lebensstil der Kreativen geschaffen werden. Die Konzepte der *creative class* (Florida 2002) und der *creative city* (Landry 2000) legitimieren eine Stadtpolitik, die Prozesse in Gang setzt und unterstützt, an deren Ende Aufwertung, Verdrängung und die Spaltung der Stadtgesellschaft stehen. Angesichts der sich auch in Deutschland abzeichnenden Veränderungen der Strukturen sozialer Ungleichheit können sich daraus schwerwiegende Folgen für die Städte ergeben.

Herkömmlicherweise wird soziale Ungleichheit mit Bezug auf die Theorie sozialer Schichtung diskutiert. Danach ist die Gesellschaft in hierarchisch einander über- bzw. untergeordnete soziale Schichten gegliedert. Die Distanz zwischen der

Ober- und der Unterschicht sowie die Anzahl möglicher Zwischenschichten ergeben das Maß sozialer Ungleichheit. Im Hinblick auf das Modell sozialer Schichtung als einer stufenförmig differenzierten Hierarchie wurde die deutsche Gesellschaft als Mittelschichtsgesellschaft mit schmaler Ober- und Unterschicht und einer breiten mittleren Lage beschrieben. Doch die soziale Ungleichheit in der Bundesrepublik hat zugenommen. 1991 verfügten die untersten 10 Prozent der deutschen Bevölkerung über 4,1 Prozent des gesamten Nettoeinkommens, die obersten 10 Prozent über 20,5 Prozent, also das Fünffache. Dieser Abstand hat sich auf das Sechsfache vergrößert. Im Jahr 2010 war der Anteil des untersten Dezils auf 3,7 Prozent gesunken, der des obersten auf 23,1 Prozent gestiegen (vgl. Bundeszentrale für politische Bildung 2013a). Ähnliche Entwicklungen zeigen sich in den meisten OECD-Staaten. Peter Hall (2011, S. 37) behauptet sogar, die Großstädte Großbritanniens, in denen die Wissensökonomie dominiert, seien heute durch größere Einkommensunterschiede geprägt als in der zweiten Hälfte des 19. Jahrhunderts auf dem Höhepunkt der industriellen Revolution: auf der einen Seite die hochqualifizierten Beschäftigten der Wissensökonomie insbesondere in den Medien und den Finanzdienstleistungen, auf der anderen unqualifizierte, häufig zugewanderte Arbeitskräfte in einfachen Dienstleistungen.

Seit den neunziger Jahren wird in den entwickelten Ländern des Westens eine neue Dynamik in der Struktur sozialer Ungleichheit beobachtet: weg vom Modell der Mittelschichtsgesellschaft hin zu einer Sozialstruktur, die Ähnlichkeiten zum Marxschen Klassenmodell mit seinem Dualismus von Proletariat und Kapitaleigentümern aufweist (vgl. Kronauer/Siebel 2013). Man spricht von einer Tendenz der Polarisierung: Die Bevölkerung konzentriert sich auf einen Pol oberhalb und einen unterhalb der Mitte der Einkommensverteilung, während die Mittelschicht zahlenmäßig schrumpft.[12]

Ein wachsender Abstand zwischen den Personen und Gruppen oben und denen unten auf der Einkommensskala schlägt sich nicht notwendig in vermehrter Segregation nieder: Zwar werden die armen Quartiere ärmer und die wohlhabenden reicher, aber die Quartiere der Armen und der Reichen müssen deshalb nicht zahlreicher werden. Anders bei einer Polarisierung. Sie kann im Zeitablauf auf die sozialräumliche Struktur der Stadt durchschlagen: Die Quartiere der Mittelschicht und die sozial gemischten Wohnviertel werden weniger, an ihre Stelle treten luxuriös aufgewertete Wohngebiete an günstigen Standorten einerseits, heruntergekommene Wohnquartiere an unattraktiven Standorten anderseits. Abgesehen vom Fall der *incumbent gentrification*, der inneren Aufwertung eines Gebiets durch den kollektiven sozialen Aufstieg seiner Bewohner (vgl. Abschn. 3.3.1), korrespondiert der Aufwertung der einen Gebiete die Abwertung anderer. Die Einkommensschwächeren werden in den schrumpfenden Teilmärkten billigen Wohnraums im noch nicht modernisierten Altbau der Innenstädte und in den Restbeständen des sozialen Wohnungsbaus an peripheren Standorten zusammengedrängt. Dadurch wird die großräumige soziale Hierarchie von Speckgürtel im Umland und Armenhaus in der Kernstadt um ein kleinräumiges Nebeneinander von luxuriös aufgewerteten Quartieren der »kreativen Klasse« und vernachlässigten Vier-

12 Tendenzen einer Polarisierung sind seit längerem in den USA und in Europa nachweisbar; vgl. Sassen 1991; Mollenkopf/Castells 1991; Fainstein et al. 1992; O'Loughlin/Friedrichs 1996; für Westdeutschland zuletzt: Gornig/Goebel 2013; für Zürich: Koll-Schretzenmayr et al. 2010; für Berlin: Häußermann et al. 2008.

teln ergänzt, in denen sich die Langzeitarbeitslosen, die Armen, die neu Zugewanderten und die marginalisierten Migranten sammeln.

Solche Verinselung der Stadt ist doppelt konfliktträchtig. Einmal führt sie den Stadtbewohnern die Ungleichheit der Lebensverhältnisse auf provozierende Weise vor Augen. Zum anderen entstehen benachteiligte Quartiere, in denen die Verlierer des Strukturwandels mit den nicht integrierten Zuwanderern in eine hoch konfliktträchtige Nachbarschaft zusammengezwungen werden. Wenn die Stadtpolitik die sich auch in Deutschland abzeichnenden sozialstrukturellen Veränderungen in Richtung einer Polarisierung der Stadt fördert, statt alles daranzusetzen, wenigstens ihre räumliche Überhöhung zu verhindern, dann ist die Integration der Stadtgesellschaft auf Dauer gefährdet.

3.6 Kritik der Stadtkultur

Die hier zusammengefaßte Kritik an der Politik der großen Ereignisse wie an der Indienstnahme von Kultur für ökonomische Interessen, variiert zwei Argumente: die ökonomischen Risiken einerseits, die räumlichen, sozialen und inhaltlichen Selektivitäten andererseits. Ersteren wäre dadurch zu begegnen, daß die politischen Funktionen von Festivalisierungsstrategien zugunsten ökonomischer Rationalitäten zurückgedrängt und der Mitwirkung der ortsansässigen Bürgerschaft mehr Raum gewährt würde. Der Kritik an den Verteilungswirkungen einer Stadtkronenpolitik entspräche die Forderung, das Geld anders zu verteilen: mehr Basis- und weniger Hochkultur; mehr Ruhrgebiet und weniger Berlin; mehr sozialer Wohnungsbau und weniger Elbphilharmonie.

Eine solche Kritik greift zu kurz. Sie akzeptiert indirekt Knappheit als Grundvoraussetzung und verharrt in den Kategorien von Verteilungskämpfen. Es kann gar nicht darum gehen, Basis- gegen Hochkultur und Provinz gegen Metropole auszuspielen. Ihr Neben-, Mit- und Gegeneinander ist gerade das Ferment einer lebendigen Stadtkultur. Die Kritik hätte vielmehr tiefer anzusetzen: daran, daß mit einer Stadtkronenpolitik Kultur als ein Dienstleistungsangebot neben anderen begriffen wird und nicht als Medium der Auseinandersetzung; daran, daß solche Kulturpolitik die Bürger nur als Kunden anspricht und nicht als Produzenten von Stadtkultur. Stadtkultur ist aber etwas anderes als ein kulinarisches Serviceangebot für hochqualifizierte Arbeitskräfte, worauf sie in der *Creative-city*-Diskussion heruntergekommen ist. Sie ist im Kern eine Auseinandersetzung um die Qualität von Stadt, um ein Bild vom richtigen Leben in der Stadt. Und an dieser Diskussion sind die Städter als Bürger beteiligt und nicht als Kunden. Sokrates hat es als die einzig »wahre Staatskunst« (Gorgias 521d, Platon 1957, S. 278) bezeichnet, die Seelen der Bürger zu bessern, nicht die Stadt mit Mauern, Schiffswerften, heiligen Gebäuden oder Theatern auszustatten (Gorgias 514a, 515c; Platon 1957, S. 270f.). Aufgabe städtischer Kulturpolitik sollte sein, Dispute über die Qualität von Stadt anzuregen, statt sich für Arbeitsplätze und ein besseres Image einspannen zu lassen.

Das ist leicht gefordert. Sokrates' Fragerei nach dem richtigen Leben wurde in Athen nur als Störung des sozialen Friedens wahrgenommen. Wenn Stadtkultur als Instrument der Stadtpolitik eingesetzt werden soll, dann muß sie von ihren kritischen Funktionen bereinigt werden. Als Feld der Reflexion von Identitäten und der selbstbestimmten Auseinandersetzung darum, was die Qualität von Stadt ausmacht, kann sie nicht für wirtschafts- und sozialpolitische Ziele instrumentalisiert zu werden.

Die Ästhetisierung der Stadt, wie sie von Reckwitz (2012) analysiert worden ist, leistet eben diese Entpolitisierung der Stadtkultur. Der »ästhetische Kapitalismus« etabliert nach Reckwitz ein anderes Regime des Neuen. Früher, im alten Kapitalismus, sei das Neue entweder nach dem Modell der politischen Revolution als qualitativer Sprung in einen gänzlich anderen Zustand oder nach dem Modell technisch/ökonomischer Entwicklung als »Steigerung und Überbietung« (Reckwitz 2012, S. 44) konzipiert worden. Im Rahmen des »Kreativitätsdispositivs« gehe es nun allein um ästhetische Reize. Damit löse sich das Neue von jedem Gedanken an Fortschritt, sei er qualitativ oder quantitativ. Ziel sei nicht länger, »*besser* zu sein, sondern *anders*« (ebd., S. 327, Hervorh. i. Orig.). Das Neue sei »normativ neutralisiert«. Es ist allein »die Bewegung selbst, die Aufeinanderfolge von Reizakten, der das Interesse gilt« (ebd., S. 45). Das Neue, gereinigt von allem Gebrauchswerthaften, orientiert sich an einer normativ gänzlich neutralisierten, ästhetischen Wahrnehmung. Das kulturelle Feld als ein Feld konflikthafter Auseinandersetzungen um Identitäten, um Vorstellungen vom gelingenden Leben, um die Qualitäten von Stadt, das Widerständige der Kunst, die sich der bloßen Ästhetisierung gerade verweigert, all das ist hier verdampft in einer Wohlfühlatmosphäre, in der die Ambivalenzen und Widersprüche der urbanen Stadt verdrängt sind. »Das Kreativitätsdispositiv [...] setzt ausschließlich auf positive Affektivität« (ebd., S. 330).

Eine mittlerweile schon recht betagte marxistische Kritik – zu nennen sind hier in erster Linie die beiden Ökonomen Paul Baran und Paul Sweezy (vgl. Baran/Sweezy 1967) – hat die Ästhetisierung der Warenwelt als *planned obsolescence* kritisiert.

Werbung und Design dienten nicht der Bedürfnisbefriedigung, sondern allein der Förderung des Absatzes. Die »absichtsvolle Verschwendung«, die dauernde Entwertung der Waren durch Veränderung ihrer Oberfläche, seien der Motor des kapitalistischen Markts. Hätte die amerikanische Automobilindustrie seit 1949 keinerlei Geld für Werbung und Designänderungen aufgewendet, so hätte ein PKW 1966 nur 700 US-Dollar gekostet (ebd., S. 137-138).

Radikaler als Baran/Sweezy hat Thorstein Veblen (1962) argumentiert. Für ihn war jegliche Ästhetik nichts weiter als Ausdruck von Herrschaft. Kunst, Ästhetisches generell, sei Distinktion und Verschwendung. Das Interesse daran, ihre Produktion und ihr Besitz dienten allein dem Nachweis, vom Zwang zu nützlicher Arbeit enthoben zu sein. Noch das vor anderen rezitierte Gedicht solle nur beweisen, daß man auch in unbeobachteten Zeiten nichts Nützliches geleistet hat.

Veblens manischer Puritanismus konnte in jeglichem zweckfreien Tun nur die Vergeudung von Arbeitskraft erkennen. Adorno (1963) hat eingewandt, damit würden Not und Arbeitszwang zu den unhintergehbaren Bedingungen menschlicher Existenz erhoben. In der Tat wollte Veblen alles und jeden dem Prinzip der Nützlichkeit unterordnen. Noch die Parkanlagen der Städte sollten als Kuhweiden genutzt werden. Veblens Kritik der »müßigen Klasse« verwirft sogar den bloßen Gedanken an ein Reich der Freiheit jenseits des Reichs der Notwendigkeit, wie es in der Zweckfreiheit der Kunst aufscheint. Jedes Produkt darf nur reiner Gebrauchswert sein, alles, was darüber ist, ist von Übel.

Mit der These von der Dominanz des Kreativitätsdispositivs und damit der Dominanz des rein ästhetisch Neuen als des normativ Neutralen und Zweckfreien wird das Gegenteil hypostasiert, daß nun alles jenseits des Zweckhaften Kunst und der Gebrauchswert eines Produkts nachrangig oder sogar überflüssig geworden sei. Wenn mit dem Interesse am ästhetischen Reiz die Gebrauchswerte der Güter und Dienstleistungen, die die Stadtmaschine zur Verfügung stellt, wirklich in den Hintergrund gedrängt wären, wenn damit also nicht nur eine zusätzliche Dimension der Gesellschaftsanalyse benannt sein soll, sondern wirklich das Dispositiv dieser Gesellschaft, müßten dann nicht Not und Ungleichheit aus der Welt geschafft sein? Erst wenn die ferne Utopie eines vom Arbeitszwang befreiten Lebens für alle Wirklichkeit geworden wäre, könnte doch ein Interesse an rein ästhetischen und gebrauchswertfreien Neuheiten in einer Gesellschaft bestimmend werden.

Veblen hat recht, wenn er in der Kultur die »Ausstellung von Macht, Beute, Profit« erkennt (Adorno 1963, S. 74). Aber mit seiner wütenden Verdammung des Ästhetischen wie jeglichen zweckfreien Tuns zugunsten des bloß Nützlichen verabschiedet er die Idee der Befreiung vom Arbeitszwang. Reckwitz hat recht, wenn er eine Tendenz zur Ästhetisierung der Stadt diagnostiziert. Aber eine Wahrnehmung von Stadt, die darin nur noch ein Regime des zwecklos Ästhetischen erkennen will, muß sich blind machen gegen die soziale Polarisierung und räumliche Verinselung der Städte. Solange es Not und soziale Ungleichheit gibt, so lange werden die Städte Orte der Produktion und der Arbeit sein, Maschinen zur Versorgung mit Gütern und Dienstleistungen, deren soziale und technische Infrastrukturen, Produktionsanlagen, Dienstleistungsbetriebe, politischen Institutionen und räumliche Strukturen zuallererst einmal funktionieren müssen. Eine Stadtpolitik, die diese funktionalen Notwendigkeiten vernachlässigt und sich auf die Ästhetisierung der Stadt konzentriert, würde ziemlich bald einen chaotischen Archipel von ästhetisch reizvollen *gated communities* und Inseln des Elends produzieren.

Die schöne Stadt ist ein altes Ziel. Die Bemühungen um eine Ästhetisierung der Stadt mögen in letzter Zeit wieder zugenommen haben, aber dieses Ziel darf nicht an erster Stelle stehen. Die ästhetisierte Stadt ist anregend, sie ist human, in ihr lebt es sich gut – wenn man zu den Gewinnern gehört. Aber sie ist auch Verschleierung, »hinreichend, um vor den Augen der reichen Herren und Damen mit starkem Magen und schwachen Nerven das Elend und den Schmutz zu verbergen, die das ergänzende Moment zu ihrem Reichtum und Luxus bilden« (Engels 1970, S. 71). Die durchgesetzte Dominanz des Ästhetischen in einer Stadt, in der die soziale Ungleichheit die Stadtgesellschaft zu spalten droht, wäre die Verabschiedung des Gedankens an deren Überwindung, es wäre gewaltförmig übergestülpte Ideologie.

4. Teil: Die Stadt als Ort, an dem Fremde leben

Im 1. Teil wurde die europäische Stadt als die Stadt der bürgerlichen Gesellschaft definiert. Deren zentrale Merkmale sind die Polarität des Alltagslebens zwischen Öffentlichkeit und Privatheit, die Stadt als demokratisch legitimiertes, handlungsfähiges politisches Subjekt und eine sozialräumliche Struktur, in der sich die sozialen Ungleichheiten der bürgerlich-kapitalistischen Gesellschaft widerspiegeln. Diese historische Formation von Stadt ist an ihr Ende gekommen.

Im 2. Teil wurde Stadt allgemeiner charakterisiert als Ort, an dem die Unabhängigkeit von der Natur gelebt werden kann. Stadtkultur ist die Summe all der dazu notwendigen Vorkehrungen. Urbanisierung wurde unter einer doppelten Perspektive verhandelt: als Entwicklung der Stadtmaschine zur Entlastung von Arbeit und Verpflichtungen und als Herausbildung einer Lebensweise, in der sich der Mensch aus dem Naturzwang emanzipiert, aber dazu sich selbst einer rigiden Disziplinierung unterwirft. Die gegenwärtige Renaissance der Stadt geht einher mit einer entgrenzten Lebensweise, in der die Utopie einer selbstbestimmten Einheit des Alltags aufscheint. Aber der Fortfall der Schranken zwischen Arbeit und Leben macht es auch möglich, daß der Beruf die ganze Person in Besitz nimmt.

Im 3. Teil wurde Stadt als Wohn- und Wirtschaftsstandort thematisiert und damit unter der Perspektive der Stadtentwicklungspolitik untersucht. Stadtkultur gilt in diesem Kontext als ein Wirtschaftsfaktor von wachsender Bedeutung, direkt als Branche der Stadtwirtschaft, indirekt als Standortfaktor: Die Reurbanisierung, verstanden als (Re-)Konzentration von Bevölkerung und Arbeitsplätzen in den Städten, ist wesentlich von kulturellen Faktoren getragen. Die Stadt wurde als eine Wechselstube beschrieben, in der kulturelles, soziales und ökonomisches Kapital gegeneinander ausgetauscht werden. Dementsprechend bemüht sich die Stadtpolitik, Stadtkultur für Ziele der Stadtentwicklung einzusetzen. Reurbanisierung könnte zu einer Renaissance der europäischen Stadt führen. Dem stehen neue Erscheinungsformen sozialer Ungleichheit in den Städten und eine für ökonomische Ziele instrumentalisierte Stadtpolitik entgegen. In der Konsequenz würde die europäische Stadt als ein öffentliches Gut verlorengehen.

Der Tenor der drei vorangegangenen Teile war nicht optimistisch: Die Stadt weckt Hoffnungen auf Emanzipation, aber diese Hoffnungen werden immer wieder zunichte gemacht. Die bürgerliche Stadt verschwindet, Urbanisierung und Reurbanisierung bieten zwar Chancen für eine Renaissance der Stadt, sie zeitigen aber auch neue Erscheinungsformen sozialer Ungleichheit. In diesem 4. Teil wird dagegen der Versuch gemacht, Stadt und Stadtkultur als Bedingungen einer besonderen Produktivität herauszuarbeiten. Diese Produktivität wird aus der zweiten These zur modernen Großstadt abgeleitet: der Stadt als ein Ort, an dem Fremde leben.

Zunächst ist Fremder nur der, der von außen, aus der Fremde gekommen ist. Doch in der Großstadt wird auch der Einheimische dem anderen zum Fremden. Im Mythos von Babylon wird das zur traumatischen Erfahrung. Zur Strafe für den Bau des Turms zu Babel verwirrt Gott die Sprachen der Babylonier, so daß sie sich wie Fremde begegnen, die einander nicht verstehen. In modernen Zeiten findet sich Fremdheit als Grunderfahrung der Stadt etwa bei Louis-Sébastien Mercier wieder. In seinem kurz vor der Französischen Revolution erschienenen *Tableau de Paris* kennzeichnet er den Städter als einen Fremden, »dessen Erscheinung gelesen werden muß, weil sie selbst sich in ihrer Identität und in ihrer Geschichte nicht preisgibt« (Stierle 1993, S. 119). Eine soziologische Bestimmung von Stadt als Ort der Fremden hat als erster Werner Sombart in seinem Artikel »Städtische Siedlung, Stadt« (1931, S. 527) für ein von Alfred Vierkandt herausgegebenes *Handwörterbuch der Soziologie* geliefert: »Danach ist eine Stadt eine Siedlung, in der sich die Einwohner nicht mehr untereinander kennen.« Eigentümlicherweise führt Sombart diese Definition nicht weiter aus, im Gegenteil, eine Soziologie der Stadt sei nicht möglich, weil es keine soziologisch gehaltvolle Definition des fraglichen Gegenstands geben könne. Lyn Lofland (1973) nennt die Stadt in ihrem gleichnamigen Buch eine »Welt von Fremden«. Sie beschränkt sich aber auf Strategien, aus Fremdheit Bekanntheit zu machen, also das Eigentümliche der Stadt gerade zu beseitigen. Armin Nassehi hat die Definition Sombarts in die Richtung weitergeführt, in der sie hier diskutiert werden soll, nämlich als den Grund für die »Dynamik und Pluralität der modernen Kultur« (Nassehi 1999, S. 237). Im folgenden wird begründet, weshalb die Stadt als Ort zu definieren ist, an dem Fremde leben, und daraus eine besondere kulturelle Produktivität von Stadt hergeleitet. Die Stadt ist mehr als ein Standort, an dem sich innovative Betriebe und kreative Arbeitskräfte niedergelassen haben. Sie ist eine eigenständige Quelle von Kreativität. In einer Gesellschaft, deren Wohlstand entscheidend von der Produktivität der eingesetzten Produktionsfaktoren abhängt, beinhaltet das einen Bedeutungsgewinn der Stadt. Reurbanisierung kann demnach auch als wachsende Relevanz des Produktionsfaktors Stadt verstanden werden.

Die Stadt als Ort, an dem Fremde leben, ist ein konfliktträchtiger Ort. Im Verlauf der Urbanisierung müssen Mechanismen entwickelt werden, um diese Konflikte einzuhegen. Stadt als Ort, »wo das Fremde nah ist« (Georg Simmel), ist kein gemütlicher Ort. Nach der Darstellung der Figur des Fremden und der Voraussetzungen, unter denen Stadt ein produktiver Orte ist (Teil 4), wird im 5. Teil Urbanität als hoch ambivalente Qualität von Stadtkultur diskutiert. Die Ambivalenzen der städtischen Kultur müssen ausgehalten werden, soll die Stadt als Ort einer besonderen und produktiven Kultur Bestand haben.

4.1 Drei Gründe für die Stadt als Ort der Fremden

Die Stadt als Ort, an dem Fremde leben, ist eine idealtypische Konstruktion, eine Stilisierung, um das, was heute die Differenz von Stadt und Land ausmacht, also das Besondere der modernen Stadt gegenüber der »Nicht-Stadt« hervorzuheben. Diese Besonderheit ist nicht als das empirisch gänzlich andere zu konzipieren, nach dem Muster des Gegensatzes von Gemeinschaft und Gesellschaft. Schon Ferdinand Tönnies, von dem diese Begrifflichkeit stammt, hatte damit keinen Gegensatz zwischen Stadt und Land erfassen wollen (vgl. Abschn. 2.2.1). Auf dem Land gibt es nicht nur Face-to-face-Beziehungen (Gemeinschaft), in der Stadt nicht nur anonyme, über Arbeitsteilung vermittelte Beziehungen (Gesellschaft). Der heutige Städter hat nicht nur Fremde um sich. Die Stadt beherbergt auch die sozialen Netze der Verwandten, Freunde, Nachbarn, Kollegen und Bekannten. Ebensowenig ist das Dorf eine einzige Nachbarschaft von lauter Bekannten und Verwandten. Schon die Ferienhäuser von Städtern in landschaftlich attraktiven Gegenden oder die Unterbringung von Spätheimkehrern in ländlichen Regionen zeigen, dass dem nicht so ist. Aber der Prototyp des Städters ist der Fremde, der typische Dorfbewohner dagegen ist Nachbar. Drei Gründe sind dafür verantwortlich: Erstens beschränkt die moderne Großstadt die Chancen, daß aus Fremden Vertraute oder auch nur Bekannte werden. Zweitens importiert die Stadt Fremdheit. Und drittens produziert die Stadt aus sich heraus vielfältige Fremdheiten.

Die Figur des Fremden ist ein Abstraktum. Sie überdeckt enorme Unterschiede. Japaner in Düsseldorf, Türken im Ruhrgebiet und Zuwanderer aus den Ländern der Europäischen Union haben wenig miteinander gemein. Jeder Berliner mit türkischem Familienhintergrund weist ähnlich viele Besonderheiten auf wie jeder Einheimische, nur vielleicht andere. Die Herkunft ist wenig informativ bezüglich der Differenzen zwischen den Individuen nach Alter, Qualifikation, Geschlecht, Religionszugehörigkeit, Dauer der Anwesenheit in Deutschland, Lebensweise etc. Die Herkunft sagt weniger aus als die Zugehörigkeit zu einem Migrantenmilieu, das sich in Deutschland gebildet hat. In einer Studie des SINUS-Instituts über Migrantenmilieus in Deutschland (Wippermann 2008) wurden 8 Milieus identifiziert, deren Mitglieder aus verschiedenen Herkunftskulturen stammen, untereinander aber mehr gemeinsam haben als mit Migranten derselben Herkunftskultur, die anderen Milieus angehören. Die Diversität der Migrantenkulturen in Deutschland ist zu einem großen Teil erst hier entstanden, sie läßt sich mit der bloßen Klassifikation nach Staatsangehörigkeit, wie sie die Statistik vorgibt, nicht erfassen.

Diese Differenzierungen zu erkennen und damit die Fremdheit des Fremden ein Stück weit durchschaubar zu machen setzt Kenntnis des Fremden voraus. Doch die moderne Großstadt verhindert, daß aus Fremden Bekannte werden. Das liegt allein schon an der schieren Größe einer Stadt. Ab einer bestimmten Einwohnerzahl – Lofland (vgl. 1973, S. 10f.) schätzt zwischen 3000 bis 4000 – stößt der Wunsch, seine Mitbewohner persönlich zu kennen, an die Grenzen des menschlichen Gedächtnisses. Die Vielfalt der städtischen Berufe erhöht den Informationsbedarf, will man auch nur etwas über die berufliche Arbeit seiner Mitbewohner wissen. Zugleich erschwert die Arbeitsteilung die Informationsbeschaffung, denn sie sorgt für unterschiedliche Informationschancen. Eine Hausfrau wird normalerweise weniger Menschen begegnen als ein Streifenpolizist, der wiederum andere zu sehen bekommt als der Portier eines Luxushotels. Auch die Verinselung der Stadt in mehr oder weniger homogene Milieus verringert und selektiert Informationschancen. Wer in einer bürgerlichen Vorortsiedlung lebt, dem wird die Welt der Zuwanderer am Rand der Innenstadt oder der Ausgegrenzten in peripheren Siedlungen fremd bleiben.

Zu Zahl und Differenziertheit kommt die hohe Fluktuation der Stadtbevölkerung. Sie läßt wenig Zeit, etwas über seine Mitbewohner in Erfahrung zu bringen. In der vorindustriellen deutschen Stadt wurden jährlich bis zu 10 Prozent der städtischen Bevölkerung durch Wanderungen ausgetauscht (vgl. Hohenberg/Lees 1996, S. 96). Mit der Industrialisierung stieg die Fluktuation: 50 Prozent derer, die in der zweiten Hälfte des 19. Jahrhunderts nach Düsseldorf zugewandert waren, hatten die Stadt nach 2 Jahren wieder verlassen. Um 1900 wechselten zwischen 30 und 60 Prozent der Bewohner wenigstens einmal jährlich die Wohnung (vgl. Wischermann 1986, S. 130). Werner Sombart (1923, S. 407f.)

meinte mit Bezug auf die rasant wachsenden Industriestädte des 19. Jahrhunderts, das Deutsche Reich gleiche »einem Ameisenhaufen, in den der Wanderer seinen Stock gestoßen hat«. Seßhaftigkeit war das Privileg der Wohlhabenden, Mobilität ein Phänomen vorwiegend der unteren Schichten. Die Mobilität ist seitdem mit steigendem Wohlstand gesunken, aber auch heute zieht – statistisch gesehen – jeder Großstädter binnen 6 Jahren einmal um. In der deutschen Hauptstadt ist die Mobilität sogar noch höher: Von 1998 bis 2002 wechselte jeder Berliner durchschnittlich 1,2 Mal den Wohnsitz, dabei Deutsche 1 Mal, Ausländer 2,2 Mal (Schäfers 2010, S. 197).

Die Figur des Fremden als Prototyp des Städters, ist eine historisch junge Erscheinung. In der vormodernen Stadt war jeder Stadtbewohner noch fest eingebunden in Nachbarschafts-, Verwandtschafts- und Berufsbeziehungen, und wo er nicht von vornherein bekannt war, war er doch aufgrund differenzierter Kleiderordnungen zumindest grob sozial verortbar. In der ständischen Gesellschaft und bei Hofe waren die sozialen Differenzen klar definiert. Im öffentlichen Raum der Stadt mußten sie durch die verschiedensten Zeichen sichtbar gemacht werden. In der Folge der Französischen Revolution und der Etablierung von Gleichheit, Freiheit und Brüderlichkeit wurde der Auftritt in der Stadt allmählich anonymer. Diese Anonymität fand plakativen Ausdruck im Pariser Leichenschauhaus, der *morgue*, wo bis ins Jahr 1907 die Leichen Unbekannter ausgestellt wurden. Heute ist der öffentliche Raum bezüglich des sozialen Status kaum noch informativ. Kleidung und Stand sind weitgehend entkoppelt. Junge Milliardäre und junge Arbeitslose tragen gleichermaßen Jeans und T-Shirt. Die für die bürgerliche Stadt konstitutive Trennung einer privaten und einer öffentlichen Sphäre bedingt einen weiteren Informationsverlust des öffentlichen Raums, weil das berufliche und das private Leben des Städters aus ihm verschwunden sind.

Schließlich verhindern die Verhaltensregeln im öffentlichen Raum, daß aus Fremden Bekannte werden. Es sind Regeln der Nichtbeachtung. Sie dienen dazu, Konflikte zu vermeiden und die Anonymität der Passanten zu wahren. Charakteristisch für die Großstädter ist ihre »Gleichgültigkeit gegen das räumlich Nächste« (Simmel 1992, S. 718). Man gibt sich desinteressiert am anderen und verbirgt das eigene Selbst. Lofland (vgl. 1973, S. 116) nennt als Verhaltensregeln einer gesitteten Frau im öffentlichen Raum: Wegsehen, Wahren der körperlichen Distanz, nicht laut sprechen, keine Emotionen zeigen, generell sich so unauffällig wie irgend möglich verhalten. In der Abwehr von Kommunikation mit dem Fremden macht man sich selbst zum Fremden. Oder man meidet die Begegnung gänzlich durch Rückzug in den eigenen Kiez. Die Stadt als eine Welt der Fremden beruht auch auf den Strategien, mit dieser Realität zurechtzukommen.

Zuwanderung bringt Fremde in die Städte. Durch sie entstehen und wachsen Städte. Allein schon um angesichts des natürlichen Sterbeüberschusses die Zahl ihrer Bevölkerung zu halten, sind urbane Zentren auf Zuwanderung angewiesen. Das gilt erst recht nach Katastrophen wie Krieg und Epidemien. Zuwanderer waren nötig, um die schweren Bevölkerungsverluste durch die Pest auszugleichen – die Epidemien in den Jahren 1348 und 1349 töteten ein Drittel der Bevölkerung West- und Südeuropas (vgl. Hohenberg/Lees 1996, S. 74). Die Zahl der Toten im Verlauf des Dreißigjährigen Kriegs wird auf 3 bis 7 Mio. geschätzt bei einer Gesamtbevölkerung in Deutschland von 17 bis 18 Mio.

Wanderungsbewegungen zielen vorwiegend auf die Städte.

Dort treffen Zuwanderer eher auf Landsleute, die ihnen in der fremden Umgebung weiterhelfen, sie fallen weniger auf als auf dem Dorfplatz, und ihre Chancen auf Integration sind größer. Die Wohnungsmärkte sind aufnahmefähiger, der Grad der Arbeitsteilung ist höher, weshalb städtische Arbeitsmärkte für ein differenzierteres Spektrum von Qualifikationen offen sind. Ebenso bieten die Güter- und Dienstleistungsmärkte bessere Absatzmöglichkeiten für Angebote jenseits des Gewohnten – man denke nur an die Veränderungen der Gastronomie in West-Deutschland seit Beginn der Zuwanderung. Der Umfang der Wanderungen in die Städte korreliert mit der ökonomischen Entwicklung. Die stärksten Wanderungsbewegungen treten in den Extremen des Konjunkturverlaufs auf, bei Hungersnöten und Depressionen und in Phasen der Hochkonjunktur. Doch die Ziele der Wanderungen sind nicht nur durch die ökonomischen Chancen, die man sich am neuen Ort erhofft, bedingt. Eine wesentliche Rolle spielen auch soziale Beziehungen: Man geht dorthin, wo man schon jemanden kennt. Dieses Phänomen der »Kettenwanderung« erklärt, weshalb Zuwanderer auch dann noch in Regionen wie das Ruhrgebiet kommen, wenn der dortige Arbeitsmarkt kaum Jobs für sie bereithält.

Aus all diesen Gründen ist der Anteil der zugewanderten Fremden in den Städten sehr viel höher als in ländlichen Regionen und in den großen Städten höher als in kleinen, sieht man von Ausnahmen wie der Unterbringung von Flüchtlingen nach dem Zweiten Weltkrieg in ländlichen Regionen Deutschlands ab, wo mehr unzerstörter Wohnraum zur Verfügung stand. Zuwanderer machten im vormodernen Deutschland durchschnittlich über die Hälfte der Bürger einer Stadt aus (vgl. Hochstadt 1983). Ihr Anteil unter den Bewohnern war sehr viel höher, da meist nur ca. die Hälfte der Bevölkerung überhaupt über die Bürgerrechte verfügte und die transitorischen Migranten, sie sich nur vorübergehend in der Stadt aufhielten, oft gar nicht gezählt wurden. Zu den Bewohnern ohne Bürgerrechte zählten Lehrlinge und Dienstboten, die bis zu 90 Prozent aus Zugewanderten rekrutiert wurden. Anfang des 18. Jahrhunderts kamen zwei Drittel der Nicht-Bürger Frankfurts von außerhalb der Stadt und selbst mehr als die Hälfte der zur Bürgerschaft zählenden Personen waren trotz strenger Restriktionen für eine Aufnahme in die Bürgerschaft Immigranten (vgl. Hohenberg/Lees 1996, S. 89f.). Heute machen die Bewohner Frankfurts, die selbst oder deren Eltern aus dem Ausland zugewandert sind, 40 Prozent der Stadtbevölkerung aus.

Die wichtigste Ursache dafür, daß die moderne Großstadt als ein Ort zu bestimmen ist, an dem Fremde leben, liegt in der Tatsache, daß sie aus sich heraus Fremdheit produziert. Die soziale Rolle des Fremden entsteht erst im Verlauf der Geschichte (Kap. 4.2). Mit dem Auftritt der modernen Großstadt wird der Fremde zum Prototyp des Städters, weil hier die drei Dimensionen der Fremdheit – Ungleichheit, Ungleichzeitigkeit und Ungleichartigkeit – zur vollen Entfaltung kommen (Kap. 4.3).

4.2 Eine kurze Geschichte des Fremden

Im Deutschen verweist das Wort »fremd« auf alles, was außerhalb der gewohnten Umgebung liegt (vgl. Kluge 1995, S. 285). Historisch ist der Fremde »der von außen Kommende«. Er überschreitet eine Grenze. Das Innen, in Verhältnis zu dem ein Außen als der Herkunftsort des Fremden definiert wird, kann sehr Verschiedenes sein.[1] Der Fremde kann außerhalb des Verwandtschaftssystems stehen oder außerhalb des Haushalts. Zum Haushalt gehörten in vormodernen Zeiten auch Gäste, Dienstboten und die in der Oikosproduktion beschäftigten Arbeitskräfte. Mit dem Außen, aus dem der Fremde kommt, können die Grenzen der Siedlungseinheit (des Dorfs, der Stadt), der Nation, der europäischen Kultur (der Wilde), der Religion (der Heide), der Menschheit (Tier) oder der Welt (der Außerirdische) gemeint sein. Das Innere, von dem das Außen des Fremden abgegrenzt wird, kann auch die Sprache sein: Der Fremde ist derjenige, den man nicht verstehen kann. Βάρβαροι (Barbaroi = Barbaren), das griechische Wort für alle Nicht-Griechen, war der Versuch, das unverständliche Kauderwelsch der Fremden onomatopoetisch zu umschreiben. Der Jude, so lautete ein gängiges Stereotyp, mauschelt, eine Sprache, die nur mit Schwierigkeiten als Deutsch verständlich wird. »In vielen Fällen ist der Fremde sogar taub oder, wie es eine ›medizinische‹ Literatur über Juden hervorhebt, mit einer weit überdurchschnittlichen Häufigkeit taubstumm, oder er ist, wie dies für amerikanische Indianer behauptet wurde, eine Art Papagei ohne eigene Sprache, der europäische Sprache imitiert« (Stichweh 2010, S. 59).

Ambivalenz ist grundlegend für die Einstellung gegenüber allem Fremden. Das kommt schon in der Wortbedeutung zum Ausdruck. »Fremd« als Bezeichnung für das von außen Kommende, Ungewohnte und schwer Verständliche weckt zwiespältige Assoziationen: befremdlich, beunruhigend und gefährlich, aber auch wunderbar, seltsam und unerhört (vgl. Grimm/Grimm 1991, S. 127). Im Begriff des Fremden mischen sich Angst, Neugier, Faszination und Abwehr. Der

1 Vgl. hierzu grundlegend Stichweh 2010.

Fremde ist ein Objekt der »Angstlust [...], ohne die es keine Erkundung der Welt gegeben hätte« (Mitscherlich 1965, S. 136). In der psychoanalytischen Literatur wird solche »Angstlust« gegenüber dem Fremden auf dessen Funktion als »Projektionsfläche für die eigenen verdrängten Regungen« (Wirth 2001, S. 1223) zurückgeführt. Der Fremde repräsentiert das verbotene Erwünschte.

Die Geschichte des Fremden ist eine Geschichte der sich ändernden Weisen, die Ängste wie die Verlockungen einzuhegen, die mit dem Fremden assoziiert werden. Es ist keine Geschichte fortschreitender Inklusion, eher eine Springprozession zwischen Inklusion und Exklusion. Das Lateinische *hostis*, der Fremde, bedeutet auch Feind. Derselbe Wortstamm findet sich in *hospes*, dem Gastgeber. Das Englische bewahrt diese Zwiespältigkeit: *host* ist der Gastgeber, *hostage* die Geisel und *hostility* Feindschaft. Eine ähnliche Ambivalenz steckt im deutschen »Gast«, das nach seinem gotischen Wortstamm sowohl Gast als auch Fremder und Feind heißen kann (vgl. Kluge 1995, S. 300). Das griechische ξενος bezeichnet den Fremden als den, der im Gegensatz zum einheimischen Bürger die Gastfreundschaft in Anspruch nimmt und damit unter dem Schutz des »Zeus Xenios« steht (vgl. Pape 1954, S. 277f.). Zur Rolle des Gastes gehört unvermeidlich das Vorübergehende des Aufenthalts. Der Gast muß wieder weg, und es kann geschehen, daß er, hat er die Schwelle des Hauses seines Gastgebers wieder überschritten, von ebendiesem erschlagen wird.

Ambivalenz gegenüber dem Fremden setzt voraus, daß ein Stück Inklusion geleistet ist – der Fremde muß überhaupt als Mensch anerkannt sein, um ambivalente Reaktionen auszulösen. Das war lange Zeit nicht der Fall. Primitive Gesellschaften kannten nur dualistische Ordnungssysteme (vgl. Redfield

1953, S. 92): Wir vs. Ihr, Mensch vs. Nicht-Mensch. Aber die Grenzen zwischen Mensch und Nichtmensch sind flüssig. Der Fremde konnte Gott sein oder Tier, wie das Tier die Wiedergeburt eines Menschen sein konnte. Das Neue Testament (Hebräer, 13,2) fordert dazu auf, Fremde zu beherbergen, denn es könnte sein, daß sich in einem von ihnen ein Engel verbirgt.

Unsicherheiten in der Definition der Außengrenzen der Menschheit sind keineswegs auf primitive Gesellschaften beschränkt. Im europäischen Mittelalter wurden Tiere vor Gericht gestellt (vgl. Lindemann 2009), was voraussetzt, daß man sie für schuldfähig hält und ihnen damit das zentrale Merkmal zuerkennt, mit dem in der Bibel die menschliche Geschichte beginnt: die Fähigkeit, zwischen Gut und Böse zu unterscheiden. Der Fremde außerhalb des christlichen Europas galt lange Zeit als Wesen, das allenfalls rudimentäre menschliche Züge aufwies. Damit war das christliche Mittelalter hinter eine inklusive Vorstellung von der ganzen Menschheit zurückgefallen, die bereits 1000 Jahre früher im Römischen Reich formuliert worden war. Erst mit den Schriften des Dominikanermönchs Bartolomé de Las Casas um 1515 kam die Idee auf, die amerikanischen Indios seien möglicherweise Menschen, die folglich auch christianisiert werden könnten (vgl. Neumann 1990). In der Aufklärung dann wird das Fremdsein historisiert: Der Fremde ist der Mensch auf einer früheren Entwicklungsstufe. Aber noch im 19. Jahrhundert konnte der Unterschied wieder biologisiert werden: Der »Neger« galt als von Natur aus minderwertig und war daher zu Recht Sklave. Die Definition des Juden als Untermenschen hatte zur Mitte des 20. Jahrhunderts noch weit grauenvollere Konsequenzen.

Die Grenze des Menschlichen ist auch heute noch strittig. Bruno Latour (2001) stellt die Außengrenze der einen Menschheit in Frage, wenn er Maschinen wie auch Tiere als Akteure in sozialen Systemen anerkennt, eine Position, die für einen Systemtheoretiker wie Stichweh (2010, S. 47) undenkbar ist: »Soziale Systeme [schließen alle diejenigen aus], die nichtmenschliche Adressen in der Umwelt der Gesellschaft sind [...]. Pflanzen und Tiere [...] gehören in der Moderne definitiv nicht mehr zu den potentiellen Adressaten sozialer Kommunikation.«

Die Definition des Fremden bestimmt die Art und Weise des Umgangs mit ihm. Primitive Gesellschaften kannten die Figur des Fremden nicht, der nach der Formulierung Georg Simmels (1992, S. 764) »heute kommt und morgen bleibt«. Stammesgesellschaften in Neuguinea hielten die ersten Weißen, denen sie begegneten, für wiederkehrende Geister früherer Stammes- oder sogar bestimmter verstorbener Familienmitglieder (vgl. Stichweh 2010, S. 164). In anderen Fällen wurden Fremde entweder durch Adoption oder Heirat zum Verwandten gemacht, oder sie wurden versklavt, davongejagt, im ungünstigsten Fall erschlagen (vgl. Lofland 1973, S. 12). Jede dieser »Lösungen« lief darauf hinaus, Fremdheit zu vernichten. In der europäischen Antike wurde Fremden ein befristeter, häufig auch räumlich und sozial eng definierter Status als Gast zugewiesen, aber es gab noch keine Rolle für den dauerhaft anwesenden Fremden. Im Mittelalter und Absolutismus wurden Fremde oft als höhere Beamte und Richter, sogar als Heerführer und Fürsten angeworben. Die Hohenzollern waren ursprünglich Fremde in Brandenburg und rekrutierten einen Teil ihrer Beamtenschaft bewußt aus »fremden Territorien«, wie es Friedrich Wilhelm von Brandenburg in seinem politischen Testament seinen Nachfolgern nahelegte (vgl. Stichweh 2010, S. 117f.). Das waren zunächst einmal Strategien zur Sicherung von Herrschaft: Fremde in höchsten Positionen waren weniger gefährlich, weil sie außerhalb des ihnen vom Herrscher verliehenen Amtes keine eigene Machtposition besaßen. Auch hielt man sie für weniger anfällig für Korruption, generell für zuverlässigere Staatsdiener, da sie nicht in verwandtschaftliche Systeme oder andere Loyalitäten eingebunden waren. Möglicherweise spielte auch die Absicht eine Rolle, sich durch die Fremden Wissen anzueignen und Handlungsmöglichkeiten zu verschaffen, die innerhalb des eigenen Herrschaftsbereichs nicht verfügbar waren. Im spätmittelalterlichen und frühmodernen Europa waren, so Stichweh (vgl. 2010, S. 106), Fremde nicht Teil der ständischen Ordnung und deshalb wurden sie von deren Handlungshemmnissen auch nicht behindert. Deswegen seien ihnen Initiativen möglich gewesen, die sie für die Fürsten interessant gemacht hätten, weshalb diese sie häufig direkt unter ihren Schutz stellten.

Mit zunehmender Differenzierung des gesellschaftlichen Systems können sich Lücken im gesellschaftlichen Gefüge auftun, in denen Fremde eine wichtige Funktion für die Gesellschaft erfüllen. Das klassische Beispiel sind die Juden im christlichen Europa. Gerade weil sie Fremde waren, konnten sie das den Christen moralisch verbotene, aber ökonomisch funktionale Geschäft des Geldverleihs gegen Zinsen übernehmen. Hier war aus dem Widerspruch zwischen moralischem und ökonomischen System eine »Statuslücke« (Irwin D. Rinder) entstanden, die es erlaubte, Fremden eine Rolle innerhalb der Gesellschaft zuzuweisen, ohne ihre Fremdheit aufheben zu müssen. Im Gegenteil, Fremde konnten diese Rolle gerade als und nur als Fremde spielen. Die Gesellschaft erhielt ihr normatives System aufrecht und mußte trotzdem nicht auf Funktionen verzichten, die ihr ökonomisch nützlich, aber moralisch verwerflich schienen.

Dazu aber mußte die Fremdheit der Fremden erhalten bleiben. Also blieben auch die Beunruhigungen gegenwärtig, die von ihnen ausgingen. Um diese einzuhegen, wurden den Fremden Kleidervorschriften auferlegt und/oder sie wurden bestimmten Orten in der Stadt zugewiesen. Äußerlich sichtbare Merkmale und die Zugehörigkeit zu bestimmten Räumen der Stadt schaffen eine Ordnung, in der Fremde kenntlich werden, und beruhigen so die Furcht vor ihnen. Man weiß, worauf man zu achten hat, um Fremde einordnen zu können: Wie ist jemand angezogen, frisiert, hat er bestimmte körperlich sichtbare Merkmale, oder: Wer kann, soll oder muß an diesem Ort normalerweise anwesend sein und wer nicht (vgl. Lofland 1973, S. 45ff.)?

Unterschiede zwischen Fremden und Einheimischen ebenso wie Standesunterschiede waren in der mittelalterlichen Stadt an der Kleidung zu erkennen. Zuschnitt und verwendete Materialien wurden teilweise sogar vorgeschrieben. Gideon Sjoberg (1960, S. 127) erwähnt etwa, daß sich Fremde im elisabethanischen England nicht in luxuriöse Materialien kleiden durften. Was in den Armeen heute noch gang und gäbe ist, konnte im Mittelalter für die gesamte Bevölkerung rechtlich verbindlich sein: Kleidungsmerkmale, Kopfbedeckungen etc. machten sichtbar, wer Fremder war, welchem Stand man angehörte, welchen Beruf man ausübte. 1294 erließ der französische König Philipp IV. ein Edikt: Kein Bürger solle einen Wagen[2] besitzen, noch solle er Gold, Edelsteine oder Kronen aus Gold oder Silber tragen. Zur Zeit der englischen Herrschaft in Nordamerika äußerte der Massachusetts General Court 1651 seine »tiefste Abscheu und Ablehnung, wenn Männer oder

2 Im Original wird der Ausdruck *chariot* verwendet, der einen zweiachsigen Streitwagen oder eine besonders verzierte Kutsche bezeichnet.

Frauen gemeinen Standes die Tracht von Gentlemen tragen, indem sie goldene oder silberne Bänder anlegen, oder Knöpfe oder Bommeln an den Knien, oder in großen Stiefeln daherkommen, was zwar für Personen höheren Standes oder Bildung erlaubt ist, aber als unerträglich an Personen niederen Standes anzusehen ist« (Miller 1966, S. 114f., zit. n. Lofland 1973, S. 54). Kriminelle wurden für immer als solche kenntlich gemacht, indem man ihnen je nach Straftat das Ohr abschnitt, die Hand abhackte oder sie brandmarkte. Letzteres wird heute noch in Europa von Zuhältern praktiziert, um so Prostituierte unwiderruflich zu ihrem Eigentum zu erklären.

Eine andere Strategie, die Fremdheit der Fremden einzuhegen, bestand darin, ihnen bestimmte Orte in der Stadt zuzuweisen, die sie nur zu festgelegten Zeiten und in vorgeschriebener Kleidung, die sie als Fremde erkennbar machte, verlassen durften. Das galt besonders für die Juden. Das Wort »Ghetto« für solche Enklaven stammt aus Venedig, wo die Juden in einem Stadtviertel leben mußten, das früher der Eisenproduktion (*getto* für Gießerei) gedient hatte. Ähnlich verfuhr man mit fremden Kaufleuten, die sich längere Zeit in einer Stadt aufhielten. Aber auch die Angehörigen bestimmter Berufe und Durchreisende mußten sich an ausgewählten Orten in der Stadt aufhalten. Ein Beispiel aus jüngster Zeit für das Fortleben solcher Praktiken ist die Figur des Gastarbeiters, die allerdings nur hinsichtlich der Einschränkungen, die ihm auferlegt waren,[3] Ähnlichkeiten mit der des Gast-

3 Die überwiegend männlichen Gastarbeiter wurden in der Regel in Baracken oder Sammelunterkünften untergebracht. Sie erhielten eine zunächst zeitlich begrenzte Aufenthaltserlaubnis, die auch räumlich beschränkt erteilt werden konnte (Ausländergesetz vom 28.04.1965, § 7 Abs. 1).

freunds aufweist. Wie dieser sollte der Gastarbeiter nur für eine beschränkte Zeit und in der Nähe seines Arbeitsplatzes bleiben. Gastarbeiter sollten vorübergehende Lücken im Arbeitsmarkt ausfüllen, an Integration war nicht gedacht.

Archaische und mittelalterliche Gesellschaften hatten es sich einfach gemacht: Der Fremde wurde erschlagen oder verjagt, versklavt, verheiratet oder adoptiert. Jede dieser mehr oder weniger humanen Umgangsweisen zielte darauf, Fremdheit zu beseitigen. Später wird der Fremde in der Rolle des Gastes zeitlich und räumlich eng begrenzt akzeptiert oder auch für bestimmte Rollen, in denen Fremdheit funktional erscheint, unter strikten Vorsichtsmaßnahmen zugelassen. Juden, die Geld zu Zinsen verliehen, fremde Staatsdiener und Kaufleute, Gastarbeiter: In all diesen Fällen machte sich die Gesellschaft die Fähigkeiten der Fremden zunutze, sie gewann so an Anpassungsfähigkeit und Wachstum, aber um den Preis der Beunruhigung durch die dauerhafte Nähe des Fremden. Der Fremde wurde zugleich inkludiert und ausgegrenzt. Modernen Gesellschaften stehen solche »Lösungen« nicht mehr offen. Dagegen sprechen schon der schiere Aufwand, die Menschenrechte und der Arbeitskräftebedarf, vor allem aber die Tatsache, daß in der modernen Großstadt der Fremde nicht mehr nur von außen kommt. Die moderne Großstadt benötigt keine Zuwanderung, um ein Ort einander Fremder zu sein.

Simmel, Park und Schütz, die Klassiker einer Soziologie des Fremden, hatten den Fremden noch als Zuwanderer konzipiert, der die Grenzen nationaler Kulturen überschreitet. Sie gingen von nach außen relativ geschlossenen, in sich homogenen Nationalgesellschaften aus, in die Fremdheit durch Migration gleichsam importiert wird. Diese Konzeption ist nicht mehr aufrechtzuerhalten. Staatsgrenzen definieren keine Gesellschaftsgrenzen mehr, die Arbeitsteilung ist global geworden, Wirtschaft, Wissenschaft, Religion, auch Politik sind grenzübergreifend organisiert, die modernen Verkehrs- und Kommunikationsmittel verbinden die entferntesten Teile der Welt miteinander. In der »Weltgesellschaft« verschwindet das Außen, aus dem Fremdheit importiert werden könnte. Fremdheit wird zur allgegenwärtigen und alltäglichen Erfahrung.[4]

Grundgedanke der Theorien moderner Gesellschaften ist die Konzeption von sozialem Wandel als Prozeß fortschreitender Differenzierung. Weber führte das auf Unterschiede der Klassenlage zurück; Simmel betonte die differenzierende Wirkung von Arbeitsteilung und Großstadt; die Systemtheorie hebt die Entfaltung eigenständiger, untereinander nicht kompatibler Kommunikationslogiken in den gesellschaftlichen Teilsystemen von Wissenschaft, Wirtschaft, Politik etc. hervor. Im Zuge dieser Ausdifferenzierungen erzeugen moderne Gesellschaften aus sich heraus Fremdheiten, die denen, die durch Wanderungen importiert werden, wenig nachstehen. Religiöse, wissenschaftliche, ökonomische oder politische Denkweisen sind immer schwerer miteinander zu vermitteln. An die Stelle der relativ überschaubaren Milieus von Proletariat, Bürgertum und Adel ist eine Fülle von kulturellen Gruppierungen getreten – in der Alternativszene, den jugendlichen Subkulturen, den internationalen Funktionseliten, den Armutsmilieus, den zahlreichen Lebensstilgruppen der Mittelschicht, den Resten traditioneller Arbeitermilieus etc. Die Angehörigen dieser verschiedenen Milieus dürften einander in manchen Fällen mit ähnlicher Distanz begegnen, wie der, die zwischen Einheimischen und Zugewanderten herrscht.

---

4 Vgl. hierzu Lofland 1973; Nassehi 1999; Stichweh 2010, S. 46ff. sowie S. 135ff.

All das konzentriert sich in den großen Städten, wo auch das Abweichende, das Schräge und Außergewöhnliche normal sein darf. In der modernen Großstadt ist Fremdheit die alltägliche Bedingung städtischen Lebens. Der Fremde ist jeder, und er kann alles sein. Fremdheit ist zur städtischen Normalität geworden.

4.3 Stadtkultur als Kultur der Differenz

Schon vor rund 100 Jahren nannte Henry James die Hauptstadt des Vereinigten Königreichs »die größte Ansammlung menschlichen Lebens, das vollständigste Kompendium der Welt. Dort ist das Menschengeschlecht besser vertreten als irgendwo sonst« (zit. n. Mumford 1984, S. 656). Wer durch London wandert, durchwandert die ganze Welt. Die Stadt präsentiert die Möglichkeiten dieser Welt. Stadt ist um so städtischer, je vollständiger alle gesellschaftlichen Funktionen und Lebensstile, die Klassen, Schichten, Milieus, Berufe, die sozialen, kulturellen, ökonomischen und funktionalen Differenzierungen in ihr präsent sind. Der Roman *Die satanischen Verse* von Salman Rushdie

> »feiert die Bastardierung, die Unreinheit, die Mischung, die Verwandlung, die durch neue, unerwartete Kombinationen von Menschen, Kulturen, Ideen, politischen Richtungen, Filmen oder Liedern entsteht. Das Buch erfreut sich am Mischen der Rassen und fürchtet den Absolutismus des Reinen. Melange, Mischmasch, ein bißchen von diesem und ein bißchen von jenem, das ist es, wodurch das Neue in die Welt tritt. Hierin liegt die große Chance, die sich durch die Massenmigration der Welt bietet« (Rushdie 1992, S. 457f.).

Nicht nur die Dichter singen das Lob der Differenz. Der Wahlspruch der kanadischen Stadt Toronto »Diversity Our

Strength« hat in Wien Schule gemacht: »Wien ist anders, ich auch«. Die Tourismus-Büros von Wien und Köln bieten Stadtführer speziell für Homosexuelle. Anscheinend folgen sie damit Richard Floridas Argumentation, wonach der Umgang mit Homosexuellen ein Indiz für Toleranz und ein Klima der Toleranz wiederum ein wichtiger Attraktor für die begehrten Angehörigen der *creative class* sei. 2006 haben deutsche Unternehmen zusammen mit der Bundesregierung eine »Charta der Vielfalt« herausgegeben, die mittlerweile von vielen Unternehmen, Ministerien, Städten, dem Technischen Hilfswerk und auch dem Deutschen Fußballbund unterzeichnet worden ist. Darin heißt es:

> »Die Umsetzung der ›Charta der Vielfalt‹ in unserer Organisation hat zum Ziel, ein Arbeitsumfeld zu schaffen, das frei von Vorurteilen ist. Alle Mitarbeiterinnen und Mitarbeiter sollen Wertschätzung erfahren – unabhängig von Geschlecht, Nationalität, ethnischer Herkunft, Religion oder Weltanschauung, Behinderung, Alter, sexueller Orientierung und Identität. Die Anerkennung und Förderung dieser vielfältigen Potenziale schafft wirtschaftliche Vorteile für unsere Organisation« (»Charta der Vielfalt« 2006).

Das ist mehr als eine neue Mode des Marketings. Die Thematisierung von Differenz hat objektive Gründe. So legt die Knappheit qualifizierter Arbeitskräfte Unternehmen nahe, auch die Talente von Lesben und Schwulen zu nutzen. Für die Städte ist die Zuwanderung aus anderen Kulturkreisen ein offensichtlicher Anlaß, das Lob der Differenz anzustimmen, aber auch die steigende Nachfrage nach einer differenzierten Stadtkultur, die die Renaissance der Städte mitbegründet. Der wachsende Berg ethnographischer Studien zu kulturellen Phänomenen in der Stadt spiegelt die gestiegene Bedeutung, die einer vielfältigen Kultur in der internationalen Städtekonkurrenz zugeschrieben wird, wider. Das Interesse an Differenz fügt sich damit in die politisch-praktischen Veränderungen ein, die mit der »Kulturalisierung der Stadtpolitik« (Kap. 3.4) einhergehen und in die neuen theoretischen und methodischen Ansätze, die mit dem *cultural turn* in den Sozialwissenschaften Eingang gefunden haben.

Differenz kann an den verschiedensten Merkmalen festgemacht werden: Alter, Körpergröße, Haarfarbe, Bildung, Einkommen, Vermögen, Beruf, politische Orientierung, Religion, Herkunft, Wohnort, Wohnstatus, Familienstand, um nur einige personengebundene Merkmale zu nennen. Seit einiger Zeit wird als Reaktion auf die Kritik von Homosexuellen, Lesben, Bi- und Transsexuellen an einer binären Konstruktion von Geschlecht auch die Polarität von Mann und Frau ausdifferenziert (vgl. Schuster 2012). Differenzierung ist prinzipiell unabschließbar. Ohne Rückgriff auf eine Theorie, in deren Kontext sich entscheiden ließe, was von Interesse ist und was ausgeblendet werden kann, führt die Frage nach der Differenz in die Beliebigkeit. Notwendig ist eine theoretisch begründete Fragestellung, die nur den jeweils interessierenden Ausschnitt der Wirklichkeit in den Blick kommen läßt. Insofern »konstruiert« jede Forschung mit ihrer Fragestellung die Welt, die sie untersucht. Aber was unter dem so gewählten Blickwinkel sichtbar werden kann, darüber entscheidet die Realität.

Soziologie als wissenschaftlich kontrollierte Selbstreflexion der Gesellschaft entstand im 19. Jahrhundert als Reaktion auf die revolutionären Beunruhigungen durch Aufklärung, bürgerliche Revolution und Industriegesellschaft. Die alten Gewißheiten der Religion, der traditionalen Herrschaft und der Organisation des alltäglichen Lebens waren brüchig geworden. Seitdem ist die Soziologie von zwei zentralen Fragen geleitet: Wie ist sozialer Wandel zu erklären, und was hält

Gesellschaft zusammen? Antworten auf die Frage nach der Dynamik des sozialen Wandels sucht sie u. a. in sozialen Konflikten, die durch soziale Ungleichheit (Klassenkonflikt) und kulturelle Differenzen (Religion, Geschlechtsrollen etc.) befeuert werden. Der Zusammenhalt von Gesellschaft wiederum wird gewährleistet durch die von der Arbeitsteilung geschaffenen funktionalen Abhängigkeiten und durch die Identifikation mit geteilten Normen.

Die Stadtsoziologie geht diesen Fragen in den Zusammenhängen von räumlichen und sozialen Strukturen nach: Wie prägen soziale Strukturen den Zusammenhalt und die Dynamik der Stadt, und wie wirkt ihrerseits die Stadt auf die Dynamik und die Integration der Gesellschaft zurück? Bei der Segregation spielt beides eine Rolle. In einer segregierten Stadt verteilen sich die Bewohner nicht gleichmäßig über das Territorium, sie konzentrieren sich vielmehr nach sozialen, ökonomischen und kulturellen Merkmalen in verschiedenen Räumen. Segregation ist die Übersetzung sozialer Ungleichheit und kultureller Diversität in räumliche Strukturen. Seit den Arbeiten der Chicagoer Schule sind die Wechselwirkungen zwischen räumlichen Strukturen, sozialer Ungleichheit und kultureller Diversität ein, wenn nicht *das* zentrale Thema soziologischer Stadtforschung. Eine dritte, zeitliche Dimension der Differenzierung, die neben der sozialen und der kulturellen in den räumlichen Strukturen der Städte sichtbar wird, ist die Überlagerung verschiedener historischer Epochen und das Nebeneinander von Gleichzeitigem und Ungleichzeitigem in der Stadt. Schließlich als vierte, funktionale Dimension der Differenzierung ist die städtebauliche Unterscheidung der »städtischen Funktionen« Wohnen, Arbeiten, Erholung und Verkehr zu nennen.

4.3.1 Andersartigkeit: die kulturelle Differenzierung der Stadt

Die Soziologen der Chicagoer Schule haben Anfang des vorigen Jahrhunderts in einer Vielzahl empirischer Studien die Zusammenhänge von Kultur und Raum erforscht. Dabei haben sie ausgehend von einzelnen Orten die dort angesiedelten Milieus dargestellt oder ausgehend von bestimmten kulturellen Gruppen verschiedene Orte in den Blick genommen. Robert Ezra Park sprach von der Stadt als einem Mosaik kleiner Welten mit einer je eigenen Kultur. Heute werden die kulturellen Faktoren in der Strukturierung von Stadt und der städtischen Lebensweisen erneut thematisiert. In der Tradition der Chicagoer Schule werden mit Methoden der qualitativen Sozialforschung und der Ethnographie noch die subtilsten Differenzierungen des Lebens in den Städten erkundet.[5] Mit einer Fülle schöner und befremdlicher Miniaturen des städtischen Lebens vermitteln diese Studien einen Eindruck von der überwältigenden kulturellen Vielfalt der Stadt. So entsteht das Bild der Stadt als eines Markts der Lebensmöglichkeiten, wo man nachts Mr. Hyde sein kann und tagsüber Dr. Jekyll, wo man es vom Tellerwäscher zum Millionär bringt und nur eine Straße überqueren muß, um ein neues Leben zu beginnen.

In den *Minima Moralia* schreibt Adorno (1964, S. 131) von jenem »besseren Zustand [...], in dem wir ohne Angst ver-

5 Z.B. beschreibt Färber (2012) zwei unterschiedliche Typen von Lokalen in Berlin, die das Rauchen von Wasserpfeifen anbieten; Steets (2008) untersucht, wie sich in der wohnzimmerartigen Atmosphäre von Kneipen der Leipziger Jugendszene Elemente des Öffentlichen und des Privaten so miteinander vermischen, daß die Polarität der beiden Sphären, die Bahrdt noch zum Definitionsmerkmal der europäischen Stadt gemacht hatte, aufgehoben ist.

schieden sein können«. Diese Hoffnung ist von Anfang an mit der Stadt verbunden gewesen. Individualisierung ist ein zentrales Versprechen der Stadtkultur. Größe und Unüberschaubarkeit, die Fragmentierung und Offenheit sozialer Beziehungen lassen die dichten sozialen Kontrollen dörflicher Nachbarschaften nicht zu. Im Schutz der Anonymität der Großstadt kann man sich neu erfinden, ohne gleich fürchten zu müssen, von Nachbarn und Verwandten auf die alte Identität verpflichtet zu werden. Es gehört geradezu zum Kanon urbanen Verhaltens, sich nicht um den anderen zu kümmern. Lockere soziale Kontrollen und die urbane Indifferenz des gelernten Großstädters sind die negativen Voraussetzungen der Individualisierung wie der Ausbildung kultureller Differenz zwischen sozialen Gruppen:

»Wollen Sie in Paris nur für sechs Monate ein Ehrenmann sein und danach als Verbrecher leben, so wechseln Sie das Viertel, und niemand wird Sie kennen; wollen Sie dort Ihr ganzes Leben unbekannt verbringen, beziehen Sie eine Wohnung in einem Haus, in dem es 8 oder 10 Familien gibt; derjenige, der Ihnen am nächsten wohnt, wird der letzte sein, der erfährt, wer Sie sind. Haben Sie Lust, heute ganz mit Gold bedeckt zu sein und morgen ein Gewand von grober Wolle zu tragen, niemand wird darauf achten, und Sie können durch die Stadt gehen als Prinz gekleidet oder als Habenichts« (Briefe eines Sizilianers, anonym um 1700, zit. n. Stierle 1993, S. 76).

Die Stadt bietet auch positive Bedingungen für individuelle und gruppenspezifische Differenzierungen: Je größer eine Stadt, desto eher können Minderheitenkulturen die kritische Masse erreichen, ab der sie sich stabilisieren. Die räumliche Segregation schafft geschützte Räume, in denen abweichende Kulturen sich entfalten können. Die Vielzahl unterschiedlicher Milieus in einer Stadt wiederum erzeugt eine Vielfalt von Gelegenheiten, ein anderer zu sein. Die stadttypische Aussparung einer privaten Sphäre öffnet einen Raum, um die eigenen

Besonderheiten auszuleben. Und schließlich ist die Arbeitsteilung in Städten ausgeprägter als anderswo. Arbeitsteilung ist eine objektive Basis für die Besonderung des Individuums und begründet zugleich seine Einbettung in ein Geflecht sozialer Beziehungen, also seine gesellschaftliche Integration. In der großen Stadt ist jeder gezwungen, sich in der Konkurrenz durch Betonung der eigenen Besonderheit zu behaupten. Zugleich findet sich noch für die ausgefallenste berufliche Spezialisierung eine ökonomisch tragfähige Nachfrage. Simmel erwähnt den Beruf des *quatorzième*, des Vierzehnten, der gerufen wird, wenn nur 13 Gäste erwartet werden (vgl. Simmel 1993, S. 201). Ein solcher Beruf sei nur in einer sehr großen Stadt wie Paris überhaupt denkbar. Merciers *Tableau de Paris* ist ein Versuch, die unzähligen Berufe, Milieus, Institutionen und Hervorbringungen in der französischen Hauptstadt zu beschreiben: von den Salzträgern bis zu den Hundetötern, von den Stätten des Luxus bis zu denen der Armut, von den Friedhöfen bis zu den Metzgereien und Gefängnissen, vom Silberzeug bis zu falschen Haaren (vgl. Stierle 1993, S. 108).

Fortschreitende Arbeitsteilung führt zu einer funktionalen Differenzierung moderner Gesellschaften. Die gesellschaftlichen Subsysteme Recht, Politik, Ökonomie, Wissenschaft, Kultur, Religion oder Sport bilden sich heraus. In der Soziologie wird seit längerem darüber gestritten, ob diese »horizontale« Differenzierung in verschiedene Funktionssysteme oder die soziale Ungleichheit und damit die »vertikale« Differenzierung der Gesellschaft das »theoretische Schlüsselthema für die Analyse heutiger sozialer Strukturen« (Kreckel 1992, S. 21) sei. Der Streit muß an dieser Stelle nicht ausgetragen werden. Wichtig im Hinblick auf die hier interessierende Frage nach den verschiedenen Dimensionen von Fremdheitserfahrung ist, daß mit der funktionalen Differenzierung der Gesellschaft die einzelnen Subsysteme eigene Logiken entwickeln, die ihre Funktionsweise bestimmen. Damit kommt eine weitere Dimension kultureller Differenzierung und d. h. möglicher Erfahrung von Fremdheit ins Spiel: die Erfahrung fremden Denkens. Bereits Max Weber (vgl. 1951, z. B. S. 536f.) schrieb dem Recht, der Politik, der Wissenschaft etc. eine je eigene Logik zu. In der Luhmannschen Systemtheorie erscheinen diese Funktionslogiken als so weit voneinander geschieden, daß sie eine Autonomie der gesellschaftlichen Subsysteme begründen. Es entstehen unterschiedliche, schwer miteinander vermittelbare, sich wechselseitig fremde Denkweisen.

Anonymität, lockere soziale Kontrollen, die Lösung aus vorgegebenen Verkehrskreisen und die Vielfalt der Existenzmöglichkeiten in einer arbeitsteilig ausdifferenzierten Gesellschaft sind mit Risiken verbunden. Der Versuch, sich selbst neu zu erfinden, kann scheitern. Wer es in der Großstadt zu nichts bringt, dem drohen Armut und soziale Isolation, denn dort wird er nicht so ohne weiteres in den Hilfsnetzen von Verwandten und Nachbarn aufgefangen. Das schöne Bild von der Stadt als Markt der Möglichkeiten, wo jeder nach seiner Fasson selig werden kann, ist ein indealisiertes Bild. Die kulturelle Vielfalt der Stadt eröffnet nicht nur die Chancen, sondern auch die Risiken der Individualisierung, und beides verteilt sich nicht allein nach Begabung und Interesse. Das Bild von der Stadt als Mosaik aus kulturell differenten, aber gleichwertigen kleinen Welten, die jedem offen stehen, unterstellt die Utopie durchgesetzter Demokratie und Chancengleichheit. In der Realität bleiben die Teilhabechancen an den in einer Gesellschaft objektiv gegebenen Lebensmöglichkeiten bestimmten Gruppen versagt. Das kann zu einer reaktiven

Verhärtung kultureller Differenz führen: Man zieht sich auf die eigene Besonderheit zurück, die kompensatorisch für die gescheiterte Integration zur überlegenen Kultur überhöht wird und jeden anderen ausschließt. Fundamentalismus ist die Verfallsform kultureller Diversität.

4.3.2 Ungleichheit: die soziale Differenzierung der Stadt

Vieles von dem, was als Diversität der Stadt erfahrbar ist, beruht auf sozialer Ungleichheit. Die reale Stadt bietet nicht allen alles, sondern den einen das warme Nest im eigenen Kiez, den anderen die auf der ganzen Welt gleichen Bürotürme, Luxusappartements und internationalen Schulen und wieder anderen den Abfall des Urbanen. Kern sozialer Ungleichheit ist die ungleiche Verteilung von Ressourcen und damit der ungleiche Zugang zu den in einer Gesellschaft vorhandenen Lebenschancen. Soziale Ungleichheit beinhaltet ein Mehr oder Weniger an gesellschaftlichen Teilhabe- und Teilnahmemöglichkeiten. Die Vielfalt der Stadt ist durch und durch strukturiert nach den Ungleichheiten von Macht und Ressourcenausstattung.

Ein Beispiel für machtgestützte kulturelle Differenzierungen städtischer Räume ist die Polarität von Öffentlichkeit und Privatheit. Öffentliche Räume sind immer noch männlich konnotiert, private weiblich. Die Differenzierung städtischer Räume nach Geschlecht ist in vielen islamischen Städten heute ähnlich ausgeprägt wie im 19. Jahrhundert in den Städten Europas. Das Machtgefälle zwischen den Geschlechtern wird übersetzt in eingeschränkte Bewegungsmöglichkeiten von Frauen, was wiederum die Ungleichheit zwischen den

Geschlechtern stützt. Die Abdrängung von Zuwanderern in benachteiligte Gebiete durch diskriminierende Praktiken auf den Wohnungsmärkten ist ein weiteres Beispiel für die Transformation von Machtstrukturen in den städtischen Raum. Besonders deutlich sind ökonomische Ungleichheiten in die sozialräumlichen Strukturen der Städte eingeschrieben. Die Wohnungsbestände ein und derselben Stadt sind von sehr unterschiedlicher Qualität, abhängig von Baualter, technischem Zustand, Grundriß, Ausstattung, Topographie, Erreichbarkeit etc. Auch kulturelle Faktoren wie die im Zeitablauf schwankende Bewertung bestimmter Architekturen spielen eine erhebliche Rolle. Das Qualitätsgefälle zwischen Wohnungsbeständen schlägt sich in unterschiedlichen Preisen nieder, die wiederum zur Sortierung der Haushalte nach ihrer Kaufkraft in verschiedene Wohnquartiere führen.

Soziale Ungleichheit war immer ein dominantes Merkmal von Städten. Sie ist so lange erträglich, wie die reale Chance besteht, sie zu überwinden: gemäß dem liberalen Modell individuell durch Bildung und Leistung, gemäß dem sozialistischen Modell kollektiv durch politische und gewerkschaftliche Organisation. Nur unter der Bedingung ihrer Überwindbarkeit wäre es legitim, soziale Ungleichheit als Element städtischer Diversität zu akzeptierten. Ausgrenzung, die systematische Versagung von Teilhabechancen an dem, was in einer Gesellschaft als menschenwürdiges Leben gilt, ist die Verfallsform sozialstrukturell bedingter Diversität.

4.3.3 Ungleichzeitigkeit: die zeitliche Differenzierung der Stadt

Neben der kulturellen und der sozialstrukturellen ist die Gleichzeitigkeit des Ungleichzeitigen die dritte, zeitliche Dimension der Differenzierung. Sie ergibt sich erstens aus der für die europäische Stadt typischen Präsenz von Geschichte im Alltag des Städters. Die Gegenwart der Stadt kann ohne ein Wissen um ihre Vergangenheit nicht verstanden werden, in ihrem Körper überlagern sich historische Epochen. Die Stadt kann wie ein steinernes Geschichtsbuch gelesen werden. Je älter ein Gebäude, desto unterschiedlichere Ästhetiken, Nutzungen und Lebensweisen präsentiert es dem heutigen Städter. An der Basilica di Santa Lucia al Sepolcro im italienischen Syrakus sind außen wie innen die Säulen eines antiken Tempels zu erkennen, aus dem die Christen ihre Kirche gemacht haben. Das Ristorante Del Cambio in Turin ist älter als die Vereinigten Staaten von Amerika, es existiert seit 1757 am selben Ort, und bevorzugten Gästen wird der Tisch reserviert, an dem Camillo Benso von Cavour, Architekt der italienischen Verfassung und Italiens erster Ministerpräsident, in der kurzen Zeit, als Turin Hauptstadt Italiens war, mit seinen politischen Freunden dinierte.

Solche Kontinuität hat wenig zu tun mit der Haltbarkeit von Mauern. Sie hat soziale Voraussetzungen. Die Präsenz von Geschichte in der Stadt wird getragen vom Selbstbewußtsein eines Bürgertums, dessen Identität durch solche Präsenz wiederum gestützt wird. Dazu wird die Geschichte gepflegt und inszeniert durch Museen, Erzählungen, Denkmalschutz und die Errichtung von Denkmälern. Die Aufmerksamkeit für die Geschichte der Stadt muß immer wieder geweckt werden, z. B. mit künstlerischen Aktionen wie der Verlegung von

»Stolpersteinen«, die eingelassen in die Bürgersteige vor einzelnen Häusern an deren Bewohner erinnern, die während des Dritten Reichs daraus vertrieben wurden. Das Geschichtsbuch Stadt ist nicht selbsterklärend. Es zu lesen setzt Erzähler, Neugier und Wissen voraus, also Bildung. Man muß etwas über die Architekturgeschichte wissen, um in der Basilica di Santa Lucia al Sepolcro den griechischen Tempel auszumachen, und man muß wenigstens hineingegangen sein, um sich über die Fülle der Epochen wundern zu können, die in dieser Kirche gegenwärtig sind.

Eine zweite Quelle für die Gleichzeitigkeit des Ungleichzeitigen ist Migration. Mit ihr kommen vormoderne Lebensweisen und informelle Ökonomien in die moderne Stadt. Eine weitere ist der soziale Wandel. Er erfaßt niemals alles und alle in der Stadt, und was er erfaßt, erfaßt er nicht zur selben Zeit und gleichermaßen. Mit dem Wandel der Arbeitswelt werden neue Produktionsweisen entwickelt, alte verschwinden und noch ältere werden wieder modern, so ergibt sich ein Nebeneinander fordistischer, präfordistischer und postfordistischer Arbeitswelten (Kap. 3.1). Mit der Globalisierung dringen internationale Investoren in die Städte. Sie schaffen mit immer denselben Stararchitekten Inseln der Internationalität mit überall gleichen Infrastrukturen und dem überall gleichen Ambiente für eine Arbeitskraftelite, die sich überall zu Hause fühlen will. So entsteht die Gleichzeitigkeit des Ungleichzeitigen: die Mischungen aus Moderne und Rückständigkeit, aus Neu- und Altbau, aus Filialbetrieben großer Handelskonzerne und den Resten alter Vertriebsformen, auch das Nebeneinander von ethnischen Kolonien und gentrifizierten Vierteln.

Geschichte wird auch in Museen dargeboten. Aber anders als im Fall historischer Gebäude, sind die im Museum ausgestellten Zeugnisse der Geschichte aus ihren städtischen Zusammenhängen herausgelöst, in Vitrinen eingeschlossen und gegen Eintritt zu den Öffnungszeiten zu sehen. In der Heritage-Industrie werden auch Lebensformen und Produktionsweisen musealisiert. Schauspieler und ehemalige Betriebsangehörige führen das Leben in einem vormodernen Dorf oder die Arbeit in einer Kohlezeche für Touristen auf. In der Konsequenz könnte man ganze Fabrikanlagen und die zugehörigen Werkssiedlungen zusammen mit ihren Bewohnern zum Museum erklären. In Turin gibt es eine Initiative, die noch existenten Unternehmen der für die Turiner Ökonomie historisch bedeutsamen Schokoladenherstellung zu musealisieren. Die Betriebe sollen weiterhin in ihrer traditionellen Weise produzieren, nur wären die Arbeiter jetzt Museumsangestellte und die Kunden Touristen. Derartige Musealisierung ganzer Ausschnitte städtischen Lebens, die diese aus ihren funktionalen Verflechtungen herausgelöst als lebendige Mumie präsentiert, ist die Verfallsform der zeitlich bedingten Diversität der Stadt.

4.3.4 Vielfalt der Funktionen: die städtebauliche Differenzierung der Stadt

Die soziologische Diskussion über eine funktionale Differenzierung moderner Gesellschaften hat nichts mit der Diskussion unter Städtebauern über Vielfalt und Mischung der städtischen Funktionen zu tun. Der Planerdiskurs behandelt nicht die Ausdifferenzierung gesellschaftlicher Subsysteme, sondern den Ausbau der Stadtmaschine und ihre räumliche Organisation. Eine funktionierende Stadt muß Wohnungen, Arbeitsstätten, Verkehrsinfrastruktur, Versorgungs- und Erholungseinrichtungen bereitstellen. Der Grad der Ausdifferenzierung der »städtischen Funktionen« Wohnen, Arbeiten, Erholung, Versorgung und Verkehr ist ein unumstrittenes Kriterium urbaner Qualität. Umstritten im städtebaulichen Diskurs ist dagegen ihre optimale räumliche Organisation (vgl. Abschn. 2.2.2).

Die funktionalen, zeitlichen, kulturellen und sozialen Differenzierungen der Stadt sind nicht gleichermaßen in ihrer räumlichen Struktur erkennbar. Bürokomplexe, Fabrikhallen, Einkaufszentren und Fußgängerzonen, Verkehrsinfrastrukturen und Wohnquartiere sind ohne weiteres für das Auge sichtbar. Auch die verschiedenen historischen Schichten lassen sich leicht ausmachen, ebenso die Wohnungen der Armen und der Reichen. Die Quartiere der Homosexuellen und anderer Subkulturen zu identifizieren verlangt schon mehr als nur den Blick auf die Fassaden, aber auch sie sind wie andere kulturelle Differenzierungen in der Stadt noch wahrnehmbar. Auf die systemspezifischen Logiken, nach denen sich die funktionalen Subsysteme der Gesellschaft unterscheiden, trifft das nur in Ausnahmefällen zu. Die Systeme des Rechts, der Politik, der Ökonomie und der Wissenschaft sind in größeren Städten sämtlich präsent als Gerichtsgebäude, Rathäuser, Bürotürme und Universitätsgebäude. Ihre besonderen Logiken sind ein wesentliches Element in der Erfahrung von Differenz, aber diese Differenz ist aus den baulichen Repräsentanten dieser Systeme nicht herauszulesen. Die Logik der Wissenschaft läßt sich nicht aus der Anlage eines Universitätscampus erschließen, und die Architektur von Rathäusern, Banken und Gerichtsgebäuden zeigt oft dieselben Herrschaftsgesten, so daß die Unterschiede zwischen wissenschaftlichem, politischem, ökonomischem und juristischem Denken eher verdeckt als verdeutlicht werden. Die sichtbare

Stadt bleibt in Bezug auf systemfunktionale Differenzerfahrungen stumm. Im Gegensatz dazu prägen die städtischen Funktionen die räumliche Struktur der Stadt besonders sichtbar, aber sie vermitteln nur eingeschränkt Erfahrungen von Fremdheit. Der Städter kann sich allenfalls im Gang durch sein Wohnquartier, das Bankenzentrum und das Vergnügungsviertel an die Ambivalenzen und Widersprüche seiner eigenen Rollen als treusorgender Familienvater, hartgesottener Geschäftsmann und lustvoller Sünder erinnert fühlen. Deshalb wird die städtebauliche Dimension städtischer Diversität hier im Zusammenhang mit stadttypischen Fremdheitserfahrungen nicht weiter behandelt.

4.4 Die Produktivität der Stadt

Begriffe haben eine Geschichte, sie ändern ihre Bedeutung. »Kreativität« war ursprünglich dem Schöpfungsakt Gottes vorbehalten. Später wurde der Ausdruck auf die Hervorbringungen der Kunst ausgedehnt. Mit Schumpeters Figur des Unternehmers als schöpferischem Zerstörer verließ er den engeren Bereich kultureller Werke.

Inzwischen ist der Künstler zur Leitfigur des modernen Arbeitnehmers und Kreativität zum umfassenden Anspruch in der Erwerbsarbeit wie im Konsum geworden. Dabei verliert die Figur des Künstlers ihr kritisches Element, mit dem sie seit der Zeit des Sturm und Drang gegen die bürgerliche Moralität und Rationalität gestellt worden war. Kreativität bleibt nicht mehr den gegenkulturellen Nischen einer antibürgerlichen Kunst vorbehalten. Die damit vollzogene Abkehr vom elitistischen Kulturbegriff und dem Kult des Künstlergenies folgt einem demokratischen Impuls. Doch ist darin auch die Tendenz angelegt, den widerständigen Gehalt von Kunst zu verdrängen. Die Überdehnung des Kreativitätsbegriffs und der Rolle des Künstlers, bis sie alles und jeden einschließen, lassen das verschwinden, was in den engeren Definitionen mitgedacht war: Kunst als das Andere, nicht Kommensurable, Kreativität als kritischer, ja zerstörerischer Akt.

Seit einiger Zeit ist Kreativität einer der Schlüsselbegriffe der Stadtpolitik. Es gibt eine Fülle mehr oder weniger zweifelhafter Indikatoren, mit deren Hilfe Kreativitätsindizes konstruiert und Rankings von Städten und ganzer Nationen erstellt werden. Charles Landry (vgl. 2007) zählte bereits im Jahr 2007 20 Städte in Großbritannien und 60 weltweit, die sich das Leitbild kreative Stadt zugelegt hatten. Nordrhein-Westfalen hat sich mit dem Programm »Creative.NRW« gleich zum kreativen Land erklärt. Die europäische Stadt war immer ein Ort besonderer Produktivität. Sie war der Umschlagplatz von Informationen und Quelle kultureller, technischer und ökonomischer Neuerungen. Reformation und Gegenreformation, Aufklärung, Wissenschaft, Technik und Kunst, Universitäten, Bildungseinrichtungen und Verlage, all das sind Erzeugnisse der Stadt, und sie haben ihre Orte in der Stadt – hier kommt das Neue in die Welt. In diesem Kapitel werden verschiedene Erklärungen dafür diskutiert. Dabei wird zwischen ökonomischen und kulturellen Neuerungen unterschieden. Erstere betreffen die Stadt als Ursache einer besonders effizienten und innovativen Ökonomie, letztere als einen besonderen Erfahrungsraum, der die Individuen zur Reflexion anregt. Reflexion ist wiederum eine Voraussetzung von Kreativität. Die Unterscheidung zwischen ökonomischer Innovation und kultureller Kreativität ist rein analytisch. In der Realität sind beide eng miteinander verwoben. Auch im ökonomischen System fallen Neuerungen nicht vom Himmel. Sie beruhen auf der Kreativität oder Innovationsfähigkeit der Arbeitskräfte, weshalb in der Managementliteratur die Begriffe Kreativität und Innovationsfähigkeit auch synonym verwendet werden. Wenn hier trotzdem zwischen ökonomischen Innovationen und kultureller Kreativität unterschieden wird, dann mit der These, daß dem Beitrag der Stadt zur ökonomischen Produktivität andere Faktoren zugrunde liegen und er an anderen Kriterien gemessen wird als ihr Beitrag zur kulturellen Produktivität.

4.4.1 Die ökonomische Produktivität der Stadt

Die Frage nach den Gründen für die Innovationskraft von Städten scheint einfach zu beantworten (vgl. Siebel 2011a): Städte sind die bevorzugten Standorte der Institutionen, in denen Neues produziert wird – Universitäten, Forschungseinrichtungen, innovative Betriebe, Theater etc. Sie sind die bevorzugten Ziele von Migranten und damit Orte, in die neue Ideen von außerhalb importiert werden. Schließlich sind Städte Orte der Innovation, weil in ihnen hochqualifizierte, innovationsfähige Arbeitskräfte leben. Aber die Antwort ist komplizierter. Die Stadt ist mehr als nur der Standort von Institutionen und Arbeitskräften, die Innovation produzieren. Sie selbst ist ein Innovationsfaktor.

Im europäischen Mittelalter stand die Stadt in einem spannungsreichen Verhältnis zum Land, gleichermaßen in revolutionärem Gegensatz und funktionaler Verflechtung. Max Weber hat die europäische Stadt als einen Fremdkörper in der Gesellschaft des Mittelalters bestimmt. Sie war als marktförmig organisierte Ökonomie und demokratisch verfaßte Politik das ganz Andere des Landes, wo ein feudalistisches Herrschaftssystem und die Selbstversorgungswirtschaft des »Ganzen Hauses« dominierten. Zugleich war die Stadt auf vielfältige Art personell, politisch und wirtschaftlich mit dem Land verflochten. In dieser ambivalenten Rolle wurde die europäische Stadt zur Keimzelle einer neuen Gesellschaft. Für Weber ist sie neben dem Protestantismus der entscheidende Grund, weshalb sich zuerst in Europa Kapitalismus, Demokratie, rationale Verwaltung und rationales Recht, also die moderne Gesellschaft entwickeln konnten. Heute ist der Stadt das Land als ihr gesellschaftliches Gegenüber abhanden gekommen. In einer demokratisch verfaßten und marktförmig organisierten Gesellschaft wie der europäischen, so ließe sich argumentieren, hat sie ihre qualitative Besonderheit verloren. Welche Argumente sprechen unter heutigen Bedingungen für eine besondere Produktivität und eine besondere Innovationskraft, die nur der Stadt eigen wären?

4.4.1.1 Die kreative Klasse

Innovationsfähigkeit gilt als Schlüsselkategorie für Produktivität und Dynamik moderner Ökonomien. Schumpeter hat den Unternehmer geradezu durch die Funktion (und die Fähigkeit) definiert, Innovationen zu organisieren. Heute sieht man diese Rolle nicht mehr auf den Unternehmer beschränkt, sie ist vielmehr auf eine Vielzahl von Professionen verteilt: Management, Forschung und Entwicklung, Beratung, Architektur, Design, Werbung, Finanz- und Versicherungswesen. Die weitverbreiteten Thesen Richard Floridas zur wachsenden Rolle der Kreativen für den ökonomischen Erfolg von Unternehmen und ganzen Volkswirtschaften fügen sich ein in die Meliorationstheorien der Dienstleistungsgesellschaft (vgl. Häußermann/Siebel 1995, S. 27ff.). So hatte Jean Fourastié (1954) angenommen, die Dienstleistungsgesellschaft werde eine lange Periode der Vollbeschäftigung, des sozialen Friedens, der Toleranz und höherer, kultureller Bedürfnisse mit sich bringen. Statt dessen vertieften sich die Ungleichheiten und die Arbeitslosigkeit nahm zu, jedenfalls im Vergleich zur Industriegesellschaft, wie sie zwei Jahrzehnte nach Ende des Zweiten Weltkriegs bestand. Auch mit dem Aufstieg der kreativen Klasse wird die Hoffnung verknüpft, die Widersprüche zwischen Wachstum, sozialer Integration, Gerechtigkeit und Umweltqualität würden sich auflösen lassen. In Wirklichkeit bleiben die Geringqualifizierten aus den Arbeitsmärkten der Wissensökonomie ebenso ausgeschlossen wie aus den aufgewerteten Quartieren der Städte. Die Kreativwirtschaft schließlich ist ein weites Feld prekärer Beschäftigung, nur daß ihre Angehörigen ihre objektiv prekäre Situation subjektiv als gewollte Boheme interpretieren (Abschn. 2.4.3).

Ilse Helbrecht fügt diesen Kritiken eine weitere hinzu, die sich gegen die Annahme einer besonderen Toleranz der kreativen Klasse richtet. Sie spricht im Gegenteil von einer »neuen Intoleranz« (Helbrecht 2011, S. 142). Die neue Mittelklasse ziehe sich in gentrifizierte Innenstadtquartiere zurück, wo sie sich strikt gegen die Stadt abschotte, statt sich tolerant und offen in sie zu integrieren. Angesichts der flexibilisierten und destabilisierend wirkenden Anforderungen der Berufswelt sei das als Copingstrategie zu verstehen.[6]

---

6 Empirische Belege für diese These liefern die Untersuchungen von Frank (2013) in verschiedenen deutschen Städten, Lloyd (2006) in Wicker Park, einem Stadtteil Chicagos, sowie von Butler/Robson (2003) in London; vgl. auch Abschn. 2.4.3.

Damit könnte man es belassen. Hier aber soll weiter nach dem theoretischen Gehalt gefragt werden: Trägt Floridas Argumentation etwas zur Beantwortung der Frage bei, ob die Städte selber eine eigenständige Quelle von Innovation und Kreativität sind? Um es vorwegzunehmen: wenig, um nicht zu sagen gar nichts. Nach seiner Argumentation ist nicht die soziale Tatsache Stadt kreativ, sondern allein ihre Bewohner. Die Stadt ist nur deren bevorzugtes Umfeld. Daß Städte Zentren von Innovation sind, weil in ihnen innovative Menschen leben, ist eine überraschungsfreie Antwort auf die Frage nach den Gründen städtischer Produktivität. Fast fühlt man sich an die Erklärung städtischer Armut erinnert, die Inspektor Bräsig in Fritz Reuters Roman *Ut mine Stromtid* zum Besten gibt: »Die große Armuth in der Stadt kommt von der großen Powerteh her« (Reuter 1865, S. 159).

4.4.1.2 Agglomerationsvorteile

Unter Bedingungen fordistischer Produktionsweise steigt die Produktivität einer Fabrik mit ihrer Größe. Je größer eine Fabrik, desto mehr ist sie auf große Zusammenballungen von Arbeitskräften, also auf große Städte angewiesen. Im Postfordismus sind diese *economies of scale* in den Hintergrund gerückt. Die Agglomerationstheorie betont deshalb weitere Vorteile eines großstädtischen Standorts. Ein Unternehmen gewinnt dort leichteren Zugang zu Infrastrukturen, Kunden, Dienstleistungen, Zulieferern und Arbeitskräften jeglicher Spezialisierung. Das verringert die Transaktionskosten und sichert Informationsvorsprünge.[7] Insbesondere für kleinere

7 Unter Transaktionskosten werden Kosten verstanden, die im Zusam-

Firmen sind die Vorzüge solcher *external* oder *network economies* lebenswichtig, weil sie auf spezialisierte Dienstleistungen und Zulieferer angewiesen sind, ohne diese wie große Unternehmen internalisieren zu können. Innerhalb einer Region oder einer Stadt wird die räumliche Nähe zu den Firmen derselben Branche gesucht. Solche Cluster vereinfachen Kooperation und Austausch, verbilligen die Infrastrukturkosten, weil sie sich auf mehrere Betriebe verteilen, und erleichtern die Anwerbung von Arbeitskräften von außerhalb, weil diese am Ort ein weites Feld an Karrieremöglichkeiten finden. Spezialisierte Geschäfte, beispielsweise Antiquitätenhändler, siedeln sich in einer Straße an, was ihre Sichtbarkeit für Kunden erhöht. Die Logik beruflicher Segregation, die so charakteristisch für die mittelalterliche Stadt war, gibt es auch noch in modernen Städten.

Reine Kostensenkungen, die ohne die Entwicklung neuer Produkte und ohne Prozeßinnovationen z. B. durch Lohnsenkung oder niedrigere Einkaufspreise erzielt werden, sind keine Innovation. Innovation beinhaltet nach Schumpeter, Neues zu tun oder Altes auf neue Weise zu tun. Für die Entwicklung neuer Produkte und neuer Produktionsweisen ist der Zugang zu neuen Informationen eine entscheidende Voraussetzung. Nicht zufällig bezeichnete der berühmteste Name in der Welt der Versicherungen – Lloyd's – ursprünglich ein Kaffeehaus, in dem Makler Konsortien bildeten, um größere Risiken versichern zu können (vgl. Hohenberg/Lees 1996, S. 201 f.). Städte sind Sammler und Distributoren von Informationen. Heinz Reif (2012, S. 35) erinnert daran, daß die

menhang mit der Definition der geforderten Qualität eines Produkts, der Auswahl der geeigneten Berater, Zulieferer und Kunden, der Vertragsgestaltung und der Durchsetzung des Vertrags auftreten.

Stadt als »Laboratorium des Fortschritts« auch sehr handfeste Voraussetzungen hat, z. B. eine effiziente Infrastruktur in Gestalt eines funktionierenden U-Bahn-Systems, ohne das man nicht immer rechtzeitig zur Börse, zur Vernissage oder auf die Bühne einer Podiumsdiskussion kommen würde. Große Städte sind Akkumulationen von fixem Kapital in Gestalt von Infrastrukturen, Gebäuden etc., die der Information, der Produktion, dem Verkehr, dem Warentausch und der Reproduktion dienen. In ihnen konzentrieren sich die privaten und öffentlichen Institutionen der Finanzierung, der Verwaltung und des Managements einer hochkomplexen Wirtschaft. Und in Städten sammelt sich Humankapital: Fähigkeiten, Wissen und Informationen, die in den Köpfen der Menschen, aber auch verstofflicht in den Bibliotheken und institutionalisiert in den Orten des Lernens und der Wissenschaft zirkulieren.

Innovation umfaßt den ganzen Prozeß von der Idee über deren Konkretisierung bis hin zu ihrer Durchsetzung am Markt oder im staatlichen Handeln. Auf all diesen Stufen des Innovationsprozesses spielt die Stadt eine positive Rolle. Die Probleme, die zu lösen sind, insbesondere wenn es sich um soziale oder ökonomische handelt, sind dort sichtbarer. Das im urbanen Raum präsente intellektuelle Potential erleichtert die Ideenfindung. In Städten lassen sich viele kleine Betriebe und Start-ups nieder, die die Konkretisierung betreiben. Sie sind Sitz der Verwaltungen großer Unternehmen, die Ideen am Markt durchsetzen. Schließlich befinden sich die Medienkonzerne, die das Neue allgemein bekannt machen, in den großen Städten. Die Funktion der Stadt als Trendsetter muß daher auch nicht immer mit ihrer besonderen Produktivität erklärbar sein. Sie kann auch darauf zurückgeführt werden, daß die Aufmerksamkeit der Medien auf die Metropolen gerichtet ist. Nicht, daß nur in der Stadt das Neue entstünde, aber was woanders erfunden wird, hat es schwerer umgesetzt und sichtbar zu werden, während was in der Metropole entsteht, auch gleich auf den Märkten und in den Medien weltweit präsent ist.

Die Agglomerationstheorie erklärt die besondere Produktivität der Stadt nach dem Muster »Möglichst viel von möglichst allem«: Betriebe, Infrastrukturen, Dienstleistungen, Geschäfte, Qualifikationen, Institutionen von Wissenschaft, Forschung, Verwaltung und Politik, und all das in möglichst differenzierter Form und aufs engste vernetzt. Im Kern sind es die alten, von der Chicagoer Schule bereits formulierten Merkmale der Stadt: Heterogenität, Größe, und Dichte. Simmel und die Soziologen der Chicagoer Schule haben die Heterogenität der Stadt kausal mit ihrer Größe und Dichte verbunden: Je größer eine Stadt und je dichter besiedelt, desto höher sind die Chancen, aber auch die Zwänge zur Differenzierung (vgl. Kap. 2.1 und 2.4). Die Differenzierungen von Qualifikationen, Bedürfnissen und Geschmack können sich in der Stadt gegenseitig steigern bis hin »zu den spezifisch großstädtischen Extravaganzen des Apartseins, der Kaprice, des Pretiösentums, deren Sinn gar nicht mehr in den Inhalten solchen Benehmens, sondern nur in seiner Form des Andersseins, des Sich-Heraushebens und dadurch Bemerklichwerdens liegt« (Simmel 1993, S. 202).

Eine große Zahl von Einwohnern läßt noch das ausgefallenste Konsumangebot eine ökonomisch tragfähige Nachfrage und umgekehrt noch das eigenartigste Bedürfnis seine Befriedigung finden. Wenn von 1000 Stadtbewohnern einer ins Theater geht, so kommen in Berlin 3500 Menschen zusammen, in Oldenburg sind es 160. In der großen Stadt kann sich ein weitgefächertes Angebot an Konsumgütern, Freizeitmöglichkeiten, Konzerten und Theateraufführungen etc. entfalten, weil auch das Ausgefallene mit einem hinreichend großen Publikum rechnen kann. Unter Marktbedingungen kann so ein produktiver Prozeß in Gang kommen, der über das Gewohnte hinausführt. Ein Theaterangebot, das auch Avantgardistisches bietet, trägt zur Bildung des Publikums bei, und das gebildetere Publikum wiederum geht auch ins Avantgarde-Theater. So entsteht ein positiver Kreislauf gegenseitiger Differenzierung von Angebot und Nachfrage, und dieser ist um so produktiver, je größer und heterogener die Bevölkerung einer Stadt. Im Wechselspiel von Größe und Heterogenität, von Angebot und Nachfrage entfaltet sich die Produktivität urbaner Differenz. Ein ähnlicher, produktiver Kreislauf ergibt sich für die Unternehmen. Je größer eine Stadt und je unterschiedlichere Aktivitäten in ihr konzentriert sind, um so besser ist der Zugang zu vielfältigen Informationen, was wiederum die Ansiedlung oder Gründung von Unternehmen fördert, die nun ihrerseits die Informations- und Kooperationschancen vor Ort vermehren. Die städtische Ökonomie ist ein Paradebeispiel für das, was unter »Netzwerkökonomie« verstanden wird.

In den Theorien über die Vorteile der Agglomeration spielt Vernetzung eine wichtige Rolle. Damit ist das dritte der von der Chicagoer Schule entwickelten Merkmale von Stadt angesprochen, die Dichte. Es ist das am wenigsten präzisierte Merkmal. Dichte kann viererlei bedeuten (Spiegel 1998): Im städtebaulichen Diskurs ist von funktionaler Dichte die Rede, wenn die städtischen Funktionen nicht räumlich separiert, sondern dicht nebeneinander in einem Viertel angesiedelt sind. Die physisch dichte Bebauung einer Stadt hängt damit nicht notwendigerweise zusammen. Mit der Besiedlungs- oder Wohndichte ist die Anzahl der Menschen pro Flächeneinheit gemeint. Auch sie geht nicht notwendig mit der baulichen Dichte einher. Der Zusammenhang zwischen Bebauungs- und Wohndichte variiert mit der Wohnweise und der Wohnungsgröße: Wenn in einer Stadt lauter Singles in großen Wohnungen leben, ist die bauliche Dichte hoch, obwohl die Wohndichte niedrig ist. Schließlich ist die soziale Dichte zu nennen. Sie wird gewöhnlich mit dem Begriff der Vernetzung umschrieben. Gemeint sind dichte Kommunikations- und Austauschbeziehungen zwischen Akteuren, seien es Betriebe oder Menschen. Da die Kommunikationsmittel in den letzten Jahren rasant weiterentwickelt wurden, korreliert auch die soziale Dichte nicht notwendig mit der Bebauungs- und der Besiedlungsdichte.

Die verschiedenen Formen von Dichte, zusammen mit Größe und Heterogenität der Stadt, können politisch wirksam sein. So hat etwa Marx den Städten eine Rolle bei der Entwicklung von Klassenbewußtsein zugesprochen. Die räumliche Verdichtung der Arbeiterklasse im urbanen Raum schafft ähnlich wie der Betrieb Situationen, in denen die Verallgemeinerbarkeit des scheinbar individuellen Schicksals erfahren und diskutiert werden kann, so daß ein kollektives Bewußtsein von der eigenen Lage entsteht. Wie die tägliche Begegnung im Betrieb ist das gemeinsame Wohnen eine günstige Voraussetzung für kollektive Aktionen. In einer großen Stadt erreicht der Protest schnell eine kritische Masse, hier gibt es öffentliche Plätze, auf denen sich Demonstrationen wirksam inszenieren lassen, und hier sind auch die sichtbaren Symbole der Macht versammelt, gegen die sich der Protest richtet. Zwischen 1850 und 1913 fanden ca. 75 Prozent aller Akte kollektiver Gewalt in Deutschland in Städten statt (vgl. Hohenberg/Lees 1996, S. 283). Die großen Streiks und politischen Protestbewegungen des 19. Jahrhunderts hatten ihren Ursprung in London und Paris. Wie die europäischen Revolutionen der beiden letzten Jahrhunderte ihren Ausgang in Paris, Sankt Petersburg, Wien und Berlin genommen haben, so die 68er-Bewegung in Berlin, Frankfurt und Paris. Die Bürgerrechtsbewegung in der DDR hat sich mit den Montagsdemonstrationen in Leipzig durchgesetzt.

Nach der Definition von Louis Wirth (1974) von Stadt als relativ großer, dichter und heterogener Siedlung ist eine Stadt um so mehr Stadt, je stärker diese Merkmale ausgeprägt sind. Ähnlich müßte gemäß der Agglomerationstheorie mit der Häufigkeit und Differenziertheit der Produktionsfaktoren und mit ihrer Vernetzung die Produktivität steigen. Aber mit der Anhäufung der Produktionsfaktoren auf engem Raum wachsen auch die Nachteile der Agglomeration: steigende Kosten für Transport, Arbeitskräfte, Gebäude und Flächen, höhere Umweltbelastungen und häufigere Konflikte aufgrund einer allzu engen Nachbarschaft unverträglicher Nutzungen. Die Diskussion über die Kosten der Agglomeration und das Vorbild moderner Unternehmensorganisation haben dazu beigetragen, dem hierarchischen Leitbild der Metropole ein arbeitsteiliges Netz von Städten, die sich auf komplementäre Funktionen spezialisiert haben, entgegenzustellen. Dieses alternative Leitbild entspricht den Prinzipien von Dezentralisierung, Vernetzung und Marktsteuerung, mit denen die Organisation moderner Unternehmen umschrieben wird. Das deutsche Städtesystem kommt dem recht nahe. Ein arbeitsteilig organisiertes, eng vernetztes und zugleich kompetitives Städtesystem statt einer Städtehierarchie, die von einer Metropole dominiert wird, vermeidet die Nachteile übergroßer Agglomerationen und bewahrt die Vorteile der Vernetzung und arbeitsteiligen Kooperation heterogener Einheiten. Verdichtung wird darin nicht durch räumliche Konzentration, sondern durch moderne Kommunikationsmittel und ein effizientes Verkehrssystem hergestellt, indem ein Netz von ICE-Verbindungen die Funktion des interstädtischen S-Bahn-Systems erfüllt.

Es gibt viele Argumente für die Annahme, daß städtische Verdichtung ihre Bedeutung als Voraussetzung von Kommunikation verliert. Anfang der zwanziger Jahre des vorigen Jahrhunderts, als die Chicagoer Soziologen ihre Erkenntnisse gewannen, waren die Kommunikationsmedien noch wenig entwickelt, so daß eine kausale Verknüpfung von baulicher und Besiedlungsdichte mit häufigen und intensiven Kontakten sehr viel plausibler erscheinen konnte als heute. Die modernen Verkehrsmittel relativieren die Notwendigkeit dichter Besiedlung, da sie es ermöglichen, bei Bedarf mit geringem Aufwand physische Nähe herzustellen. Die Bedeutung der physischen Nähe für Kommunikation hängt wiederum davon ab, welche Kommunikationsmedien verfügbar sind. Mit der Schrift wurde zum ersten Mal von physischer Nähe unabhängige Kommunikation möglich. Heute kann man Tagungen abhalten, ohne daß die Teilnehmer vor Ort wohnen müßten. Telefon- und Videokonferenzen setzen nicht einmal die vorübergehende Anwesenheit der Teilnehmer am selben Ort voraus. Spezialisierte Zeitschriften, das Internet und E-Mail schaffen ein dichtes Kommunikationsnetz unter Menschen, die über die ganze Welt verstreut leben. Im Verlauf der Globalisierung haben die modernen Kommunikationstechnologien von der Schrift über das Telefon bis zum Internet zu einer enormen Ausdehnung von Interaktionen unter Abwesenden geführt. Soziale Dichte, d. h. häufige und intensive Kontakte, ist heute weitgehend unabhängig von Räumen möglich.

4.4.1.3 Face-to-face-Kontakte

Räumliche Nähe ist nur noch die notwendige Voraussetzung für eine bestimmte Art von Kommunikation, nämlich direkte, technisch unvermittelte Face-to-face-Kontakte. Notwendige Voraussetzungen sind nicht zu verwechseln mit Ursachen. Das hat schon Georg Simmel betont: »Es gehört zu den häufigsten Ausarbeitungen des menschlichen Kausaltriebes, formale Bedingungen, ohne die bestimmte Ereignisse nicht stattfinden können, für positive, produktive Ursachen derselben zu halten« (Simmel 1992, S. 687). Physische Nähe ist unumgänglich, wenn man sich prügeln oder umarmen will. Aber die Tatsache der physischen Nähe sagt nichts über den Ausgang einer Begegnung aus. Dieser wird allein von den sozialen Umständen der sich Begegnenden bestimmt, also ihren Interessenlagen, ihren Stimmungen, ihrer Bildung, ihrem Einkommen, ihrem Beruf, ihrer Lebenssituation, etc. Vereinfacht ausgedrückt: Wenn man sich liebt, wird man sich umarmen, wenn man sich nicht ausstehen kann, prügeln. Und wenn man sich weder haßt noch liebt, noch überhaupt kennt, ignoriert man mit der urbanen Indifferenz des gelernten Großstädters die Nähe des anderen.

Zu den sozialen Bedingungen, unter denen sich physische Nähe herstellt, zählt auch die bauliche Umwelt. Die gebauten Strukturen einer Stadt sind Ergebnis menschlicher Tätigkeit und symbolische Reproduktionen gesellschaftlicher Strukturen. Als solche dienen sie der Stabilisierung von Verhaltensanforderungen und gesellschaftlichen Verhältnissen. Räumliche Strukturen haben Aufforderungscharakter. Indem sie die in ihrer materiellen Ausgestaltung vorgesehenen Verhaltensweisen erleichtern und widersprechende erschweren oder unmöglich machen und mit ihrem symbolischen Gehalt gleich gerichtete Interpretationen der Situation suggerieren, sind sie Akteure sozialer Situationen. Man muß nur einmal in abgerissener Kleidung durch die 1-a-Lage einer Innenstadt gegangen sein oder die Einzäunung des Vorgartens einer Villa durchschritten haben, um das zu erfahren. Raum an sich ist wirkungslos, aber räumliche Strukturen als mit sozialer Bedeutung aufgeladene Produkte menschlicher Tätigkeit stehen in Wechselwirkung mit sozialem Handeln.

Die soziale Relevanz physischer Nähe ist an die Relevanz von Face-to-face-Kontakten gebunden. Die Qualität solcher Kontakte ist abhängig von den Kontexten, in denen sich die Kontakte ergeben. Einige Argumente sprechen dafür, daß Face-to-face-Kontakte im Kontext moderner Ökonomien wieder wichtiger werden. Damit würde städtische Verdichtung als räumlich vermittelte Chance zu direkter Kommunikation an ökonomischer Bedeutung gewinnen. Diese Argumente berufen sich auf Entwicklungen, denen vieles gemeinsam ist und die nicht unabhängig voneinander verlaufen.

Ein erstes Argument liefern die neuen Organisationsformen von Arbeit. Angesichts der Notwendigkeit, hochflexibel auf wechselnde Marktbedingungen reagieren zu müssen, wird die zeitlich befristete Zusammenarbeit verschiedener Arbeitskräfte in einzelnen Projekten in vielen Unternehmen zu einem dominanten Muster (vgl. Boltanski/Chiapello 2013, S. 108ff.). Je kleiner die Firmen, desto seltener verfügen sie über die notwendigen Fähigkeiten innerhalb ihres betrieblichen Arbeitskräftepools. Sie müssen daher über Unternehmensgrenzen hinweg kooperieren. In der Kulturwirtschaft ist das besonders oft der Fall. Sie ist im Vergleich zur Industrie und Finanzwirtschaft durch kleine, hochspezialisierte Unternehmen bis hin zu Ein-Mann-Betrieben charakterisiert. Außerdem sind kulturelle Produktionen vergleichsweise stärker auf dialogische und direkte Kommunikation unter den Produzenten, also auf Face-to-face-Kontakte angewiesen. Deshalb werden kulturelle Produktionen häufig nach dem »Jam-Session-Modell« organisiert: Für ein bestimmtes Vorhaben werden kurzfristig Spezialisten angeheuert, die für eine begrenzte Zeit intensiv an einem Projekt zusammenarbeiten, um dann wieder auseinanderzugehen. Das setzt voraus, daß diese in ausreichender Zahl ohne großen Aufwand an Zeit und Kosten verfügbar sind. Die differenzierten Arbeitsmärkte und die physische Nähe einer großen Zahl hochspezialisierter Betriebe innerhalb einer Stadt bieten diese Voraussetzungen. Was für die Kulturwirtschaft gilt, das gilt ebenso für die Wissensökonomie. Auch deswegen bevorzugen beide Branchen die großen Städte.

Die Organisation des modernen Unternehmens ähnelt mehr und mehr der einer dichtvernetzten Stadt. Management- und Produktionsaufgaben sind so komplex geworden, daß sie zunehmend schwieriger in hierarchischen Formen zu steuern sind. An deren Stelle treten Selbstorganisation und marktförmige Steuerung durch die Binnenkonkurrenz unter quasiselbständigen Einheiten bis hin zur Auslagerung, juristischen Verselbständigung (*spin-off* oder *carve out*) oder Schließung ganzer Abteilungen zugunsten des Einkaufs entsprechender Leistungen (*outsourcing*). Unternehmen versuchen sich stärker auf ihre Kernkompetenzen zu konzentrieren und geben dazu große Teile ihrer Aktivitäten an die Netzwerke von Zulieferern und produktionsorientierten Dienstleistern ab.

Die Nähe der Begriffe, mit denen in der neueren Managementliteratur die ideale Organisation eines Unternehmens beschrieben wird, zu denen, die eine urbane Stadt charakterisieren, ist verblüffend. Der Unternehmenserfolg wird von Qualitäten bestimmt, die der Stadt zugeschrieben werden:

die Fähigkeit, die verschiedenartigsten Qualifikationen und Kenntnisse zu mobilisieren, sie zu interpretieren, zu kombinieren und in Umlauf zu bringen. Wie die Stadt, so ist auch das Unternehmen Knotenpunkt für den Informationsaustausch. Die Netzmetapher spielt eine wichtige Rolle. Der neueren Managementliteratur zufolge besteht das moderne Unternehmen »nur mehr aus einer Anhäufung von mehr oder weniger dauerhaften Vertragsbindungen« (Boltanski/Chiapello 2013, S. 114). Die Grenzen verschwimmen, die Arbeitsbeziehungen sind offen, vielfältig, selbstorganisiert, hochgradig flexibel, temporär und projektförmig.

Die Verwandtschaft geht über Ähnlichkeiten des Vokabulars hinaus. In der Kulturwirtschaft, der Wissensökonomie und im Rahmen der Reorganisation von Unternehmen übernimmt die Stadt Funktionen von Management und Betrieb: Städtische Treffpunkte dienen als Informationsbörsen, nach Arbeitnehmern mit speziellen Fähigkeiten für die je anstehenden Projekte suchen die Firmen nicht im eigenen Betrieb, sondern auf dem städtischen Arbeitsmarkt. Die subkulturellen Szenen der Innenstädte fungieren als Ressource für die kreativen Ideen der Werbung (vgl. Helbrecht 2011). Statt in der Betriebshalle werden die Produktionsabläufe im städtischen Raum koordiniert: die Stadt als »Fabrik«.

Ein zweites Argument für eine gewachsene Bedeutung von physischer Nähe hängt mit wachsenden Transaktionskosten zusammen. Um diese niedrig zu halten, sind ebenfalls Formen direkter, dialogischer Kommunikation notwendig. Die Transaktionskosten steigen zum einen mit der Komplexität eines Produkts – ein Golf aus dem Jahr 2014 ist ein sehr viel komplexeres Produkt als ein VW-Käfer von 1950, weshalb an seiner Herstellung mehr Personen und Unternehmen mitwirken. Je mehr Beteiligte, die nicht dem Unternehmen angehören, desto höher sind die Transaktionskosten. Zum anderen erhöhen sich die Transaktionskosten mit der Distanz zum Markt: Der Autoproduzent ist Akteur auf dem Automarkt, sein Zulieferer ist bereits eine Stufe entfernt, der Kreditgeber des Zulieferers eine weitere, und der Käufer dieses Kreditgebers schon drei Stufen. Mit größerer Distanz sind immer mehr Akteure an der Verwertungskette beteiligt. Zugleich nehmen die Risiken zu, denn je weiter entfernt der Markt, desto größer die Informationsunsicherheiten, unter denen gehandelt werden muß. Daß solche Risiken überhaupt eingegangen werden, liegt daran, daß mit dem Abstand zum Markt und den damit verbundenen höheren Risiken die Profitmöglichkeiten steigen.

Risiken können durch Vertrauen eingegrenzt werden. Beispielsweise sind bei der Vertragsgestaltung umfangreiche Verhandlungen zwischen den Vertragspartnern, Banken, Beratern und Rechtsanwälten nötig. Je komplexer der Vertragsgegenstand, desto wichtiger das *tacit knowledge*, also das Hintergrundwissen: Hält sich der Zulieferer an die vereinbarten Qualitätsstandards, und produziert er mit der notwendigen Zuverlässigkeit? Verfügt der Berater über die einschlägigen Kompetenzen? Wird sich der Kooperationspartner vertragstreu verhalten, was bei unvorhergesehenen Ereignissen auch heißen kann, die erforderlichen Veränderungen im »Geiste der Zusammenarbeit« mitzutragen? Es geht um die Reputation der Beteiligten als in jeder Hinsicht verläßliche Partner, kurz: um Vertrauen.

Vertrauen muß über längere Zeit und möglichst in unmittelbaren, d. h. Face-to-face-Kontakten erworben werden. Der gegenseitige Blickkontakt, der nur zwischen Anwesenden möglich ist, schafft eine einzigartige Beziehung der Wechselseitigkeit (vgl. Simmel 1992, S. 723 ff.). Diese Kontakte sollten sich möglichst nicht nur in rein geschäftlichen Zusammenhängen ergeben. Deswegen kann es vorteilhaft sein, wenn die Vertragspartner Mitglieder im örtlichen Golfclub und anderen, nicht direkt ökonomisch relevanten Vereinigungen sind. Die langjährige Zugehörigkeit zur selben Stadtgesellschaft bietet die beste Voraussetzung, Vertrauenskapital aufzubauen, weil daraus eine Fülle an Gelegenheiten für Face-to-face-Kontakte in alltäglichen, nichtintentionalen Begegnungen entsteht.

4.4.1.4 Innovative Milieus

Ein weiteres Argument für die These von der steigenden Bedeutung von Face-to-face-Kontakten im Kontext ökonomischen Handelns ist aus der Theorie innovativer Milieus zu gewinnen. Bei Schumpeter ist das Individuum die Quelle von Innovation. In der Theorie innovativer Milieus wird dagegen der Fokus für die Untersuchung von Kreativität auf urbane Kontexte gelenkt, in denen kreative Ideen gehäuft auftreten. Der Begriff »innovatives Milieu« kennzeichnet städtische Situationen, die Innovationen fördern können. Dazu zählen dichte Kommunikationsbeziehungen und ein anregendes Umfeld: Bildungs- und Wissenschaftsinstitutionen wie Universitäten und Forschungseinrichtungen, Unternehmen, die kreative Leistung nachfragen, ein für Neues aufnahmebereites Publikum, Cafés und Clubs, wo man sich trifft, Galerien, Museen, Theater, eine Mischung aus formellen und informellen Treffpunkten. Gerade das Ungeplante und nicht Vorstrukturierte kann die zufällige Begegnung anläßlich einer Vernissage fruchtbarer machen als die Teilnahme an einer über Jahre vorbereiteten Konferenz.

Innovative Milieus sind der Nährboden von *tacit knowledge* (vgl. Läpple 2005), das wiederum für Innovation essentiell ist. Im Unterschied zu Informationen, die lagerfähig und technisch kommunizierbar sind und damit jederzeit und überall verfügbar gemacht werden können, bezeichnet *tacit knowledge* ein implizites oder Hintergrundwissen, auf das zurückgegriffen wird, wenn Informationen interpretiert werden (Abschn. 3.1.1). Damit ist es entscheidend für die Möglichkeit, vorhandene Informationen in anderen Zusammenhängen zu sehen, also Neues zu denken. Solches Wissen wird in Rede und Gegenrede entwickelt, explizit gemacht und weitergegeben. Dafür braucht es neben physischer Nähe auch das persönliche Kennen als Bedingung für Vertrauen, d. h. die Integration der Partner in gemeinsame soziale Netze. Solche Netze bilden sich wiederum leichter unter Bedingungen dichter Besiedlung und vielfältiger Kontaktanlässe, da sich hier häufiger Begegnungen ergeben, was seinerseits die Bildung von Vertrauen fördert und die Netzwerkdichte erhöht.

Janet Merkel (vgl. 2012, S. 697) nennt als Merkmale eines »kreativ-urbanen Milieus« intensive, auch nichtökonomische Beziehungen, Verflechtungen unter den Akteuren, gemeinsame Praktiken und Orientierungen sowie die enge Verbindung von Arbeiten und Leben mit einem gemeinsamen Ort. Die städtebaulichen Merkmale solcher Orte sind die der klassischen europäischen Stadtgestalt: öffentliche Plätze, eine Vielzahl von Kommunikationsgelegenheiten, die dichte Mischung der Funktionen. Merkel unterscheidet drei Milieus: das vorwiegend ökonomisch orientierte, innovative Milieu, das wissenschaftlich-technologische Milieu und das künstlerisch-kulturelle Milieu. Indem es die Erfinder und die umsetzungsorientierten Unternehmen vereint, sichert das innovative Milieu nicht nur die Produktion von Ideen, sondern auch deren Umsetzung. Es leistet also ebendas, was Schumpeter forderte, als er Innovation als den gesamten Prozeß von der

Ideenformulierung bis zu ihrer Umsetzung definierte. Das wissenschaftlich-technologische Milieu entwickelt sich, wenn, wie im Silicon Valley, Forschungseinrichtungen und forschungsorientierte Unternehmen zu räumlichen Clustern zusammengefaßt sind. Städte richten sich nach diesem Modell, wenn sie Wissenschaftsstädte und Technologieparks gründen. Das künstlerisch-kulturelle Milieu schließlich kristallisiert sich um die Institutionen von Kunst und Wissenschaft: Universitäten, Kunsthochschulen, Museen und Galerien.

Innovative Milieus verbinden harte Agglomerationsfaktoren mit den weichen Vorteilen der Stadt als Ort gemeinsamer Anwesenheit. Als solcher ermöglicht die Stadt ohne größeren Aufwand absichtsvolles und absichtsloses Zusammentreffen, z. B. auf Plätzen und in den Straßen des öffentlichen Raums, in Cafés, Kantinen, Clubs, während der Pause einer Theateraufführung und der Unzahl organisierter und weniger organisierter Zusammenkünfte. In den Texten zu innovativen Milieus geht es um Mischung, um die Interaktion von Menschen, physischen Strukturen und Institutionen, um Treffpunkte und um Netzwerke, die sich auch weit über den Raum der einzelnen Stadt hinaus spannen. Vor allem geht es um Kommunikation, so daß man sich zuweilen sorgen kann, wann bei all dem Gewimmel und Gerede der Kreative noch zur Ruhe kommt, um seine Designideen zu Papier zu bringen oder etwas zu erfinden.

Innovationen gehen einher mit der Entwertung alter Ideen, Produktionsanlagen und Qualifikationen bis hin zur Vernichtung von Existenzen. Die tiefen Verunsicherungen und Widersprüche, aus denen das Neue entsteht, werden aber in der politisch-praktisch orientierten Diskussion nur selten erwähnt. Die besonderen Arbeits- und Lebensformen innovativer Milieus werden in ein recht sonniges Licht getaucht. Die städtische Umwelt erscheint als warme Stube, die dem vertrauensvollen Zusammenspiel begabter Menschen optimale Bedingungen offeriert. Da wird in Netzwerken kommuniziert, ohne daß die Differenz zum Filz immer deutlich gemacht würde; es wird Neues entwickelt und weitergegeben, ohne daß das Zerstörerische der Innovation zur Sprache käme; es wird vertrauensvoll kooperiert, ohne daß die harte Konkurrenz in der Kreativwirtschaft und die prekären Lebensumstände mancher Designer oder Künstler in den Blick gerieten.

Innovative Milieus sind labile Konstellationen. Roberto Camagni, der Begründer der Theorie innovativer Milieus, hat ebendas besonders hervorgehoben. Er definiert innovative Milieus als elastische Netzwerke, die Akteure, materielle und finanzielle Ressourcen umfassen und als wichtigstes Element eine soziokulturelle Qualität beinhalten, ein *savoir faire*, eine Kultur der Kooperation und Kommunikation, d. h. Kompetenzen im Sinne von produktionsrelevantem Wissen, dem Beherrschen von Regeln der Interaktion und gegenseitigem Vertrauen (Camagni 1991, S. 130). Aber gerade diese Merkmale können Innovation hemmen, wenn sie wie in Gestalt des berüchtigten Filzes im Ruhrgebiet zu einer Abschottung gegen Neues und Konkurrenz führen. Ein Milieu ist in dem Maße innovativ, wie es die prekäre Balance zwischen Konkurrenz und Kooperation, interner Verflechtung und Offenheit nach außen hält. Ein innovatives Milieu ist die spannungsvolle Verbindung von Vertrauen und Fremdheit, Tradition und Neuem. Die Bewohner sind untereinander durch die Gemeinsamkeiten einer entgrenzten Lebensweise, ähnliche normative Orientierungen und gegenseitiges Vertrauen verbunden. Aber sie sind einander auch fremd. Um sich wechselseitig zu Neuem anregen zu können, müssen sie in unterschiedlichen Berufsfeldern qualifiziert sein. Soweit sie dem innovativen, oder dem wissenschaftlichen oder dem kulturellen Milieu angehören, sind sie in unterschiedlichen Denkweisen geschult. Die Irritation durch fremde Denkweisen ist eine zentrale Bedingung von Innovation, und ob fremde Denkweisen erfahrbar werden, hängt von der sozialen Dichte der Stadt ab, also der Chance auf Kommunikation auch über die Grenzen von Milieus und Subsystemen hinweg. Eine gegenseitige Abschottung der gesellschaftlichen Milieus und Subsysteme, die Kommunikation und Austausch unter den Logiken von Wissenschaft, Kunst, Recht, Politik, Religion etc. verhindert, würde die Stadt als einen ökonomisch und kulturell produktiven Ort beeinträchtigen.

In der Theorie innovativer Milieus wird Innovation als das Ergebnis einer labilen Balance erklärt, in der widersprüchliche Anforderungen einander die Waage halten. Innovative Milieus müssen Heterogenität und Homogenität wahren. Je heterogener die Akteursnetze sind, desto breiter wird das in ihnen präsente Kompetenzspektrum. Zugleich ist aber ein Mindestmaß an Homogenität Bedingung dafür, daß überhaupt Austausch und Kommunikation zustande kommen. Kooperation setzt Vertrauen und gemeinsame Orientierungen voraus. Werden diese allerdings unhinterfragt als gegeben betrachtet, besteht die Gefahr innovationsfeindlicher Abschottung. Innovation braucht das Zusammenwirken mit Akteuren, die sich außerhalb der eingespielten Netze bewegen. Kreative Milieus sind deshalb niemals nur lokal. Durch ihre Mitglieder sind sie stets in regionale, nationale und globale Netze eingebunden. Innovative Milieus müssen das Dilemma lösen, ihre Netze nach außen offen zu halten, so daß ihre eingespielten Beziehungen und Problemlösungen irritiert werden können, und sich so weit abzuschließen, daß Vertrauen und Handlungsfähigkeit gewahrt bleiben (vgl. Siebel et al. 2001). Ein städtisches Milieu bietet um so günstigere Bedingungen für das Auftreten von Innovationen, je besser es diese Ambivalenzen bewahrt.

4.4.2 Fremde, Juden, Großstädter: die kulturelle Produktivität der Stadt

Mehr noch als andere Branchen profitiert die Kulturwirtschaft von den Vorteilen der Agglomeration und innovativer Milieus. Face-to-face-Kontakte und projektförmige Kooperationen sind gerade für sie typisch. Die Nachbarschaft von Universitäten, Bibliotheken, Theatern, Orchestern, Film- und Musikstudios verringert die Transaktionskosten, ein differenzierter Arbeitsmarkt erweitert die Karrierechancen. Die Kulturwirtschaft ist aufgrund ihrer kleinbetrieblichen Struktur auf die *external economies* der Agglomeration besonders angewiesen, und wie wichtig ein großes Publikum ist, wird hier augenfällig.

Größe und Dichte sind keine hinreichenden Bedingungen für eine differenzierte Kulturwirtschaft. Das Bildungsniveau spielt eine zentrale Rolle. Mit der schieren Zahl der Einwohner wächst zwar die statistische Wahrscheinlichkeit für das Auftreten kreativer Begabungen – wenn auf 10 000 Arbeitskräfte eine außerordentliche Begabung kommt, dann finden große Städte aller Wahrscheinlichkeit nach mehr Begabungen innerhalb ihrer Mauern, und das Zusammentreffen von mehreren Hochbegabten in einer Stadt verschafft diesen wiederum wechselseitige Anregungen. Doch statistische Wahrscheinlichkeiten sind keine Kausalitäten. Die Produktivität einer Stadt steigt nicht notwendig mit der Zahl der Städter. Wenn mit einer größeren Bevölkerungszahl das Bildungsniveau sinkt, können mit der Größe sogar negative Effekte korrelieren.

Eine Kasernenstadt kann sehr groß und sehr dicht sein, sie ist dennoch kein Ort des Neuen. Armeen sind vollständig integrierte Institutionen, in denen jeder seinen Rang und seine Rolle kennt. Es fehlt die »unvollständige Integration« (Hans Paul Bahrdt), die prinzipielle Offenheit sozialer Beziehungen, die erst die Möglichkeit eröffnet, daß Neues entstehen kann. Die frühen asiatischen und südamerikanischen Städte waren große, dichtbewohnte Siedlungen, aber sie waren rückwärtsgewandte Utopien, Abbild eines göttlichen Schöpfungsplans. Jeder Wandel ihrer sakralisierten Strukturen bedeutete, sich vom Heil des Ursprungs weiter zu entfernen. Das Neue war ihnen Feind, nicht ihre Ratio wie in der europäischen Stadt. Erst die von Weber beschriebenen Merkmale der europäischen Stadt – marktförmig organisierte Wirtschaft, demokratische Politik und Rechtsstaatlichkeit – lassen aus Größe und Dichte der Stadtbevölkerung Faktoren einer produktiven Stadtkultur werden. Unter diesen Bedingungen können Größe und Dichte die Arbeitsteilung vorantreiben und damit zu mehr Heterogenität und Differenz führen.

Größe und Dichte sind nicht einmal notwendige Bedingungen für eine besondere Produktivität von Stadt. Wenn nur genügend Genies in ihr wohnen, kann eine sehr kleine Stadt zur kulturellen Metropole werden. Weimar zählte im Jahr 1807 7267 Einwohner (vgl. Riederer 2010, Tab. 2.3, S. 100). Madame de Staël erschien die Stadt »übrigens sehr klein«. Trotzdem hat sie Weimar als die »literarisch-gelehrte Hauptstadt« (ebd., S. 103) Deutschlands bezeichnet. Dafür reichte das Zusammentreffen von Wieland, Herder, Goethe und Schiller. Auch eine Million Einwohner hätte die kulturelle Produktivität des Weimarer »Geniequartetts« nicht aufwiegen können. Vielleicht ist das ein Trost für die Bewohner einer Stadt, in der einem auf dem Marktplatz ständig Bekannte begegnen.

Die kulturelle Produktivität der Stadt wird durch dieselben Faktoren gefördert wie ihre ökonomische Innovationsfähigkeit. Auf die positiven Wechselwirkungen zwischen einem differenzierten Kulturangebot und einem großen Publikum wurde oben bereits hingewiesen. Aber es kommt ein weiterer und entscheidender Faktor hinzu: In der Stadt drängen sich dem Individuum Erfahrungen auf, die ihn zur Reflexion über Gewohntes und damit zu produktivem Denken herausfordern:

> »Aber es ist nicht weniger wahr zu sagen, daß der menschliche Geist, den in der Kapitale 1000 Dinge von allen Seiten bedrängen, dort mehr als anderswo erbringt. Dort sind die Gedanken lebhafter und fruchtbarer, weil sie geweckt, bestätigt oder bekämpft werden durch die Menge täglicher Ereignisse wie durch die unendliche Vielzahl der Charaktere, die alle sich auf kräftigere und manchmal bizarrere Weise voneinander unterscheiden, als in den Provinzen, wo eine Art uniformer Gleichheit herrscht, die dem friedlichen Dahinströmen eines Flusses gleicht. Die Kapitale ist ein Meer, das jeden Tag die Winde aufrühren, die dort aus entgegengesetzten Richtungen aufeinander stoßen« (Mercier, zit. n. Stierle 1993, S. 127).

Die Stadt als ein besonderer Erfahrungsraum gründet in der Tatsache, daß sie ein Ort ist, an dem Fremde wohnen. »Das Gleiche läßt uns in Ruhe, aber der Widerspruch ist es, der uns produktiv macht« (Goethe, zit. n. Eckermann 1984, S. 516). Begegnungen mit Fremden konfrontieren mit Neuem, Andersartigem und Widersprüchlichem. Wenn die Erfahrung des Fremden nicht abgewehrt wird, ist sie Anlaß zu produktiven Veränderungen. Mit Bezug darauf definiert Mario Erdheim (1992, S. 734) Kultur als »das, was in der Auseinandersetzung mit dem Fremden entsteht. Sie stellt das Produkt der Veränderung des Eigenen durch die Aufnahme des Fremden dar.«

In seinem Buch *Produktives Denken* gibt Max Wertheimer, einer der Begründer der Gestaltpsychologie, folgendes Beispiel (vgl. 1957, S. 148ff.): Zwei Jungen spielen Tischtennis. Das Match ist ein Treffen von Ungleichen, da der eine weit überlegen ist. Dem dauernden Verlierer vergeht die Lust am Spiel. Weil der Überlegene allein nicht mehr spielen könnte, ändern sie die Regeln. Nun soll es nicht mehr darum gehen, den anderen zu besiegen, sondern den Ball so lange wie möglich im Spiel zu halten. Die beiden Jungen haben die Position eines Dritten eingenommen, der von außen ihr Treiben beobachtet. Dadurch wurden sie fähig, die Situation anders zu sehen. Sie konnten eine Situation der Konkurrenz in eine der Kooperation umdefinieren. Produktives Denken ändert den Rahmen, innerhalb dessen gedacht und gehandelt wird. Voraussetzung dafür ist die Fähigkeit, sich von der vorgegebenen Definition eines Problems oder einer Situation so weit zu distanzieren, daß die Rahmenbedingungen in den Blick kommen, unter denen das Problem unlösbar oder die Situation ausweglos erscheint. Neues denken zu können setzt Reflexion voraus – und Reflexion ist nur aus der Distanz des Beobachters möglich.

Die psychoanalytische Theorie der Triangulierung kann verdeutlichen, wie voraussetzungsvoll die Leistung ist, sich aus vertrauten Sicherheiten zu lösen, um eine neue Perspektive zu gewinnen. Die Fähigkeit zur Triangulierung bezeichnet in der psychoanalytischen Sozialisationstheorie die Fähigkeit, die Position eines beobachtenden Dritten einzunehmen (vgl. Abelin 1986). Diese Fähigkeit erwirbt das Kind – falls es gutgeht –, wenn ein Dritter in die Mutter-Kind-Dyade eintritt, in der Normalfamilie der Vater. Durch das Hinzutreten eines Dritten wird die Symbiose geöffnet (vgl. Metzger 2000, S. 36). Das Kind erfährt die Mutter in ihrer Beziehung zum Vater als eine andere, von ihm getrennte Person und sich selbst in der Beziehung zum Vater als ein anderes als in der zur Mutter. Damit tut es einen ersten Schritt in Richtung auf die Entwicklung seiner selbst als eines von der Mutter getrennten, eigenständigen Ichs. Dieser Schritt gelingt unter der Voraussetzung, daß sich das Kind in der Liebe beider Eltern zu ihm und zueinander gehalten fühlt (vgl. Ermann 1989). Dann kann das Kind ungehindert von Verlustängsten die Fähigkeit entwikkeln, aus der Position eines Dritten auf die Beziehung anderer zueinander, auf seine Beziehung zu anderen und auf sich selbst zu schauen. Es kann die Position eines Beobachters einnehmen. Mit der Triangulierung beginnt die Reflexion.

In Nietzsches *Fröhlicher Wissenschaft* spricht der Wanderer: Man muß es »machen, wie es ein Wanderer macht, der wissen will, wie hoch die Türme einer Stadt sind: dazu verläßt er die Stadt« (Nietzsche 1955, S. 255). Auch Wanderungen schaffen die zur Reflexion notwendige Distanz. Aus der Ferne betrachtet, verliert das Selbstverständliche seine Selbstverständlichkeit und das Gewohnte wird befremdlich. Wie Nietzsche haben Sombart (vgl. 1928, S. 883 ff.) und Simmel (1992) an der Figur des Wanderers Bedingungen produktiven Denkens dargestellt. Aber bei ihnen verläßt der Wandernde nicht die Stadt, sondern er tritt aus der Ferne in sie ein. Städte sind die bevorzugten Ziele von Wanderungen. Das stärkt ihre klassische Rolle als Informationsbörsen. Der Migrant bringt neue Informationen und andere Ideen in die Stadt.

Zu den produktiven Potentialen von Wanderungsbewegungen trägt auch die wachsende transnationale Migration bei. Migration ist nur noch in Ausnahmefällen ein auf einen bestimmten Zeitraum beschränkter Vorgang der Ortsveränderung. Moderne Kommunikationsmittel und Verkehrsverbindungen, zusammen mit steigendem Wohlstand erlauben es den Migranten, die Verbindungen zu ihrem Heimatland über große Distanzen hinweg zu pflegen. Besonders intensiv sind solche Bindungen, wenn sich Migranten abwechselnd im Herkunfts- und im Zuwanderungsland aufhalten. In solchen Sonderfällen längerer Bilokalität wird nicht nur einmalig, sondern alltäglich Neues und Andersartiges in die Stadt importiert. Es entstehen »transnationale, hybride soziale Räume« (Häußermann), in denen Informationen, Waren, Menschen, auch Emotionen und politische Ideen transportiert und bewahrt werden (vgl. Plöger/Dittrich-Wesbuer 2015).

Migranten sind Träger neuer Information und in der Regel gehören sie zu den »tatkräftigsten, willensstärksten, wagemutigsten, kühlsten, am meisten berechnenden [...] Naturen« (Sombart 1928, S. 885) unter den Menschen in ihren Herkunftsländern. Der räumlich Bewegliche ist auch der intellektuell Bewegliche, besonders wenn er wiederholt zwischen verschiedenen Kulturräumen wechselt.[8] Im Mittelalter konnte sich, wer es in die Stadt schaffte, aus der Leibeigenschaft befreien. »Dadurch wurde die mittelalterliche Stadt zu einem Ort der Auslese; sie sammelte in sich den geschickteren, un-

---

8 Bei dem Hinweis auf eine positive Selektivität von Wanderungsbewegungen geht es nicht um eine repräsentative Beschreibung der Migrantenpopulation, sondern um Argumente, weshalb Wanderungen für die aufnehmende Gesellschaft produktiv sein können (und für die abgebende negativ). Natürlich gibt es unter Zuwanderern auch Unbildung, Dummheit und Formen intellektueller Beweglichkeit, die sich in kriminellen Aktivitäten manifestieren, was alles nicht unbedingt als Gewinn zu verbuchen wäre. Das ändert aber nichts an der Tatsache der positiven Selektivität freiwilliger Wanderungsbewegungen.

ternehmungslustigeren, aufsässigeren – und damit vermutlich den intelligenteren Teil der Landbevölkerung« (Mumford 1984, S. 306). Paul Hohenberg und Lynn Hollen Lees (vgl. 1996, S. 274) zitieren in ihrem Buch über die Entstehung des urbanen Europas eine schwedische Studie, wonach Mobile doppelt so hohe Chancen auf sozialen Aufstieg haben wie Seßhafte. Allerdings ist das nicht allein darauf zurückzuführen, daß in erster Linie die Mutigsten, Tatkräftigsten und Klügsten die Risiken von Wanderungen auf sich nehmen, sondern auch auf die besseren Optionen, die sich der Wandernde erschließt. In beiden Fällen aber profitieren Städte von der Wanderung.

Bei Nietzsche ist Wanderung die heroische Leistung des einsamen Genies, das sich aus dem Alltag löst und so Distanz als die Vorbedingung kritischer Reflexion gewinnt. Die Theorie der Triangulierung erläutert, wie sich in einer kritischen Phase des Sozialisationsprozesses die Fähigkeit zur Einnahme der Position des Beobachters entwickelt. Nietzsche wie die psychoanalytische Theorie fassen produktives Denken als eine Fähigkeit des Subjekts auf. Simmel erklärt produktives Denken hingegen mit einer bestimmten sozialen Rolle, d. h., aus den objektiv sich ergebenden Chancen außerhalb gewohnter Bahnen zu denken. Die Rolle des Fremden legt dem Individuum Distanz zum Gewohnten nah oder zwingt sie ihm sogar auf. Simmel betont an der Figur des Fremden ein sozialstrukturelles Element, die, wie er es nennt, »Einheit von Nähe und Entferntheit« (Simmel 1992, S. 765). Der Fremde, der der eigenen Kultur nicht mehr und der neuen noch nicht angehört, wird zur Reflexion gezwungen *und* befähigt: Seine prekäre Position zwischen der Welt, die er verlassen hat, und der, in die er zugewandert ist, läßt ihn zum kritischen Beobachter beider Kulturen werden. Er steht außerhalb der Gesellschaft, deren Teil er zugleich ist. Diese Position macht ihn unbefangener, weniger eingebunden in die geschichtlichen Traditionen, offener für Veränderungen der bestehenden Ordnung, weil er dieser weniger verhaftet ist.

> »Ausländer, Fremde, sind es meist,
> Die unter uns gesetzt den Geist
> Der Rebellion, der gleichen Sünder,
> Gottlob! sind selten Landeskinder«
> (Heine 1854, S. 198f.).

Der Fremde ist nicht nur selbst in einer Lage, die ihm besondere intellektuelle Leistungen abverlangt. Durch sein Hinzutreten schafft er für die Einheimischen Situationen, in denen auch ihnen ihre Selbstverständlichkeiten fragwürdig werden. Das kann das Denken wecken, aber auch aggressive Abwehr. In der Rolle dessen, der allein schon durch seine Anwesenheit Gewohnheiten und unhinterfragte Überzeugungen in Frage stellt, ist der Fremde nicht nur willkommener Anlaß zur Selbstreflexion. Er ist auch unangenehm, denn er verunsichert auf dreifache Art: als ein Unbekannter, als einer, der sich auf ärgerliche Weise um Integration bemüht, und als ein Andersartiger. Diese drei Weisen der Verunsicherung durch den Fremden sollen im folgenden kurz erläutert werden.

Begegnungen im öffentlichen urbanen Raum sind gewöhnlich Begegnungen zwischen Unbekannten. Das verunsichert, weil man die Verhaltensweisen des anderen nicht kennt, und deshalb selbst nicht weiß, wie man sich verhalten soll. Noch weniger kann man prognostizieren, wie das Aufeinandertreffen verlaufen wird. Es droht der Verlust der Kontrolle über die äußere Situation.

Die Ärgernisse, die gerade von dem Fremden ausgehen, der sich um Integration bemüht, hat Alfred Schütz (1944) beschrieben. Anders als ein Kind, das, während es heranwächst, die Kultur, in die es hineingeboren wurde, langsam verinnerlicht, ist der Fremde in der Regel Erwachsener. Er muß die Selbstverständlichkeiten und Gewohnheiten der ihm fremden Kultur bewußt lernen. Also wird er den Einheimischen Fragen stellen. Für diese ist jedoch die bloße Tatsache, daß sie nach Erklärungen für überkommene Gewohnheiten gefragt werden, unangenehm, weil sie so gezwungen sind, über den Sinn oder Unsinn von Verhaltensweisen nachzudenken, die ihnen bislang selbstverständlich waren. Der Fremde wird aber gerade dort besonders hartnäckig nachfragen, wo die Selbstverständlichkeiten und Gewohnheiten seiner neuen Umgebung aus sich heraus unverständlich, widersprüchlich oder irrational sind. Gerade in seinem Bemühen, sich in eine andere Kultur zu integrieren, macht der Fremde auf die Irrationalitäten und Widersprüche der einheimischen Kultur aufmerksam. Seine wohlgemeinten Fragen lassen ihn zu einem Ärgernis werden. Er erscheint als illoyaler Kritiker, und wer sich trotzdem auf seine Fragen einläßt, der kann seiner eigenen Identität unsicher werden.

Der Fremde als der Andersartige verunsichert, weil er an verdrängte Regungen erinnert. Oft unterstellt man ihm ungehemmtere Sexualität und Aggression. Allein schon solche Projektionen machen ihn zur beängstigenden Figur. Aber er verunsichert noch auf eine tiefer gehende Weise. Auf ihn wird projiziert, worauf man selbst in einem schmerzvollen Prozeß von Sublimation und Verdrängung zu verzichten lernen mußte. Begegnungen mit Fremden, die diese Opfer des Zivilisationsprozesses scheinbar nicht auf sich genommen haben, stellen die eigenen Verzichte auf ungehemmte Triebbefriedigung in Frage. Der andersartige Fremde ist bedrohlich und verlockend zugleich. Bei Begegnungen mit ihm besteht die Gefahr, daß man nicht nur die Kontrolle über die äußere Situation verliert, sondern auch seiner inneren Kontrolle verlustig geht.

Georg Simmel (1992), Robert Ezra Park (1928) und Alfred Schütz (1944), von denen die klassischen soziologischen Texte zur Figur des Fremden stammen, haben auf die enge Verwandtschaft des Fremden mit dem Juden und mit dem Großstadtbewohner hingewiesen. Alle drei waren Juden. In ihren Essays über den Fremden haben sie ihre eigene Situation beschrieben, als emanzipierte Juden Teil einer Gesellschaft und doch nicht vollständig integriert zu sein.

Der emanzipierte Jude ist der paradigmatische Fremde. Wie der Fremde ist er Teil der Gruppe und steht doch außerhalb, weshalb ihm dieselbe Fähigkeit eignet wie dem Fremden, nämlich die Gesellschaft, in der er lebt, wie von außen, vorurteilsfrei und objektiv, betrachten zu können. »Der emanzipierte Jude war und ist der typische Mensch auf der Grenze, der erste Kosmopolit und Weltbürger« (Park 1928, S. 354). Simmel hob die produktive Seite dieser prekären Rolle hervor: der Fremde als der »objektive Mensch«. Park betonte die Risiken. Der *marginal man*, der Mensch auf der Grenze, trägt den Konflikt der Kulturen in sich selber: Sein Ich ist gespalten zwischen seinem hergebrachten und seinem neu erworbenen Selbst.

Park hat noch auf eine weitere Verwandtschaft – neben der der Figur des Juden mit der des Fremden – aufmerksam gemacht, nämlich die der Figur des Juden mit der des Großstädters: »Die meisten wenn nicht alle Charakteristika des Juden, insbesondere [...] sein wacher Intellekt, seine Spitzfindigkeit, sein Idealismus und sein Mangel an historischem Bewußtsein sind Charakteristika des Stadtmenschen« (Park 1928, S. 354f.). Die enge Verwandtschaft des Fremden (und des Juden) mit dem Großstädter fällt auch ins Auge, wenn man Simmels »Exkurs über den Fremden« mit seinem Essay über »Die Großstädte und das Geistesleben« vergleicht (vgl. Bodemann 2011, S. 188f.). Der Fremde »ist der Freiere, praktisch und theoretisch, er übersieht die Verhältnisse vorurteilsloser, mißt sie an allgemeineren, objektiveren Idealen und ist in seiner Aktion nicht durch Gewöhnung, Pietät, Antezedentien gebunden« (Simmel 1992, S. 767). Im Essay über die Großstadt wiederum bezeichnet Simmel den Großstädter als »›frei‹ im Gegensatz zu den Kleinlichkeiten und Präjudizierungen, die den Kleinstädter einengen« (1993, S. 200). Der Habitus des Großstädters weist strukturelle Ähnlichkeiten zur Rolle des Fremden auf. Gleichgültigkeit, Blasiertheit, Distanziertheit und Intellektualität sind Begriffe, mit denen auch der Fremde beschrieben werden könnte. Der Fremde, weil er an keine Tradition und keinen Ort gebunden und niemandem verpflichtet ist, muß keinerlei Rücksichten nehmen. So kann er sich zu seiner Umwelt allein nach Maßgabe eines »vollendeten [...], ökonomisch-technischen Rationalismus« verhalten (Sombart 1928, S. 887).

Simmel, Park und Schütz hatten den Fremden als den Migranten vor Augen, der die Grenze zwischen verschiedenen Kulturen überschreitet. Aber »Migrant« und »Fremder« sind nicht synonym: Nicht alle Bewohner deutscher Städte sind Migranten, und doch begegnet im öffentlichen Raum jeder dem anderen als ein Fremder. Auch ohne jede Zuwanderung sind Städte Orte, an denen Fremde leben, und sie halten für ihre Bewohner ähnliche Zumutungen bereit, wie die Begegnungen mit Migranten. Auch ohne Migranten konfrontiert die Stadt jeden ihrer Bewohner mit Erfahrungen, die seine Identität in Frage stellen.

In modernen Gesellschaften ist Identität reflexiv geworden (vgl. Habermas 1973; Krappmann 1972). Sie kann nicht als bloße Summe der Rollen, die der einzelne einnimmt, verstanden werden, sondern als das, was ihn befähigt, seine verschiedenen Rollen je nach Situation anders zu interpretieren. Identität wird sichtbar in der besonderen Art und Weise, wie der einzelne eine Rolle auslegt. Rollen sind Bündel von Verhaltensanforderungen. Da ein und dieselbe Rolle in unterschiedlichen sozialen Situationen gespielt werden muß, sind die Anforderungen auf einem gewissen Abstraktionsniveau formuliert und müssen jeweils situationsspezifisch interpretiert werden. Auch sind sie nicht immer kompatibel. Die Anforderungen an das Familienmitglied sind andere als die an den Berufstätigen, wieder andere werden an den politischen Bürger oder an das Mitglied eines exklusiven Clubs gestellt. Im Extremfall können die Rollen ein und derselben Person sogar widersprüchliche Verhaltensweisen fordern. Das stellt den einzelnen vor die schwierige Aufgabe, sich in den situationsspezifisch unterschiedlichen Interpretationen seiner Rollen und den damit einhergehenden schwer zu vereinbarenden Anforderungen dennoch als mit sich selbst identischer Mensch kenntlich zu machen. Das setzt Rollendistanz voraus und damit die Fähigkeit zur Selbstreflexion.

In der Systemtheorie finden sich ähnliche Überlegungen. Die Tatsache, daß jedes Individuum verschiedenen gesellschaftlichen Systemen angehört, dem ökonomischen, dem politischen, dem familialen usw., konfrontiert den einzelnen tagtäglich mit den je besonderen Logiken, die den einzelnen Systemen eigen sind. Allein dadurch erfährt er verschiedene Möglichkeiten, ein und dieselbe Wirklichkeit zu interpretieren. Wenn er darüber nicht schizophren wird, gewinnt er kritische Distanz und Reflexionsfähigkeit.

Städte sind Mosaiken aus kleinen Welten (Park 1974, S. 40). Die *natural areas*, die Quartiere verschiedener sozialer Gruppen, die in den Arbeiten der Chicagoer Schule beschrieben worden sind, und die so unterschiedlichen Milieus, die von Ethnologen heute in den Städten entdeckt werden, sind zum Großteil autochthone Kulturen. Kulturelle Differenz, soziale Ungleichheit und die Gleichzeitigkeit des Ungleichzeitigen, schaffen eine Fülle von Milieus, die sich nach Lebensweisen, Identitätsentwürfen und Deutungsmustern mehr oder weniger tiefgreifend voneinander unterscheiden. Der Gang durch eine Stadt stellt das Individuum in exemplarischer Weise vor die Aufgabe reflexiver Selbstinterpretation.

Die Milieus divergieren auch im Grad ihrer Ortsgebundenheit und damit in der Reichweite der Stadterfahrungen, die sie ihren Angehörigen eröffnen. Jugendliche Subkulturen organisieren sich um bestimmte Einrichtungen. Die Milieus der internationalen Eliten sind über die Stadt hinaus in überregionale und internationale Netze eingebunden. Die Inseln der Mittelschichten sind geschützte Nester, von denen aus die Stadt erkundet wird, in die man sich aber auch vor den Unannehmlichkeiten der Stadt ringsum zurückzieht. Die Inseln der Armen, der nicht integrierten Zuwanderer und der Langzeitarbeitslosen schließlich sind bis auf gelegentliche Besuche von Sozialarbeitern und der Polizei aus den Zusammenhängen der Stadt weitgehend ausgegrenzt. Das städtische Mosaik bietet ein buntes Bild, aber es bietet nicht jedem dieselbe Chance, es wahrzunehmen: Die Inseln der internationalen Eliten sind lokale Ankerpunkte globaler Netze. Die Enklaven der Mittelschichten sind Orte des Rückzugs, von denen man gelegentliche Ausfälle in die Stadt unternimmt. Die Orte der Ausgrenzung sind für ihre Bewohner die ganze Welt.

Wer sich auf die Erfahrung der Vielfalt der Mosaik-Stadt einläßt, von dem werden immer neue Situationsdeutungen und situationsangepaßte Selbstinterpretationen verlangt, wie sie die soziologische Identitätstheorie postuliert. »Fremd ist der Fremde nur in der Fremde« (Valentin 1978, S. 230), aber in der Stadt beginnt die Fremde hinter der nächsten Ecke: »Manchem Münchner zum Beispiel ist das Hofbräuhaus nicht fremd, während ihm in der gleichen Stadt das Deutsche Museum, die Glyptothek, die Pinakothek und so weiter fremd sind« (ebd., S. 231). Schon der Gang durch die verschiedenen Welten der eigenen Stadt konfrontiert mit verunsichernden Erfahrungen. Wer über die Grenzen des eigenen Milieus hinweg kommunizieren möchte, der muß sich mit anderen, milieuspezifischen Deutungsmustern, Lebensweisen und Identitäten auseinandersetzen. Das schafft Distanz zu den eigenen Gewißheiten und damit die Voraussetzung für Selbstreflexion.

In der öffentlichen Diskussion wird die Multikulturalität der Stadt fast ausschließlich im Zusammenhang mit Zuwanderung diskutiert. Die ethnisch bedingte Multikulturalität ist jedoch nur ein Sonderfall der normalen, alltäglichen Multikulturalität der Stadt, wie auch die Verunsicherungen durch Migration nur einen Sonderfall der Verunsicherungen darstellen, die die Stadt für jeden bereithält, der sich nicht gegen die Erfahrung ihrer Vielfalt, ihrer Gegensätze und Widersprüche immunisiert hat. Stadterfahrung ist eine Schule der Selbstreflexion. Das, was das Stadtleben so anstrengend macht, die Allgegenwart des Fremden, ist eine entscheidende Bedingung für die Stadt als kulturell produktiver Ort und birgt zugleich Anlässe für die heftigsten Konflikte.

4.5 Die Pervertierung der Diversität: die Stadt als Ort der Ausgrenzung

Jeder Freiheitsgewinn beinhaltet einen Verlust von Sicherheiten. Das Versprechen der Stadt an den Wandernden, sein Leben noch einmal neu beginnen zu können, wird beladen mit der Aufgabe, sich in der Fremde zurechtzufinden. Die Stadt bietet ein Panorama der Lebensmöglichkeiten. Aber sich auf die Erfahrung der Diversität der Stadt einzulassen ist riskant. Nicht jeder ist fähig oder willens, sich ihren Verunsicherungen auszusetzen und so die eigenen Gewißheiten zu erschüttern.

Suburbia verspricht einen sicheren Hafen außerhalb der Stadt. Das englische Bürgertum begann schon im 17. Jahrhundert, aus London zu fliehen. Eine puritanistische Bibelauslegung verteufelte die Stadt als für Frauen und Kinder verderbliche Umwelt (vgl. Fishman 1987). Auch die Suburbanisierung in Deutschland nach dem Zweiten Weltkrieg hatte Züge von Flucht (vgl. Mitscherlich 1965). Heute führt diese Flucht in den Städten der USA, Chinas, Südafrikas und Südamerikas in *gated communities*. In Deutschland ist die Spaltung der Stadt noch nicht so weit gediehen. Hier sind die Enklaven der Mittel- und Oberschicht ökonomisch durch die Preise und symbolisch durch Ästhetisierung geschützt, nicht aber physisch befestigt.

Das Pendant zur Selbstausgrenzung der Mittel- und Oberschichten ist die Ausgrenzung von Arbeitslosen, Armen und nicht integrierten Zuwanderern. Sie kommt zustande durch ein Zusammenspiel von ökonomischer Ungleichheit, Diskriminierung und reaktivem Rückzug in die Enge einer Subkultur der Armut oder in die scheinbaren Sicherheiten einer erstarrten Herkunftskultur. Die einen meiden die Erfahrung der Diversität von Stadt. Sie verlassen ihre Burgen zur Arbeit oder zum kulinarischen Genuß ausgewählter Angebote. Den anderen ist diese Erfahrung verschlossen. Sie bleiben in ihren Quartieren gefangen.

Ungleichheit kennzeichnet jede Stadtgesellschaft. Hohenberg/Lees (1996, S. 44f.) nennen für die Florentiner Bevölkerung von 1457 vier Schichten: 2 Prozent Reiche, 16 Prozent Mittelschicht, 54 Prozent Arme und 28 Prozent vollkommen Mittellose. Ende 1545 besaßen 10 Prozent der Einwohner von Lyon mehr als die Hälfte des Reichtums, die unteren 60 Prozent der Bevölkerung nur ein Fünftel (Hohenberg/Lees 1996, S. 147). Wenn sich Ungleichheit zu Ausgrenzung verfestigt, dann vermittelt die Stadt nicht mehr die Erfahrung von Möglichkeiten, sondern von Ausschluß. Das war im 19. Jahrhundert der Fall, als die europäische Stadt zwischen Bürgertum und Proletariat gespalten war. In den goldenen Jahrzehnten nach Ende des Zweiten Weltkriegs schien diese Spaltung der Stadtgesellschaft überwunden. Der fordistische Dreiklang von traditioneller Arbeitsteilung zwischen den Geschlechtern, Wachstum und Sozialstaat, nicht zuletzt vermittelt durch eine sozial verantwortliche Stadt- und Wohnungspolitik, hatte die krassen Erscheinungsformen sozialer Ungleichheit in deutschen Städten zum Verschwinden gebracht.

Doch die drei Säulen des fordistischen Integrationsmodells sind brüchig geworden. Seit den siebziger Jahren hat die Integrationskraft der Arbeitsmärkte nachgelassen. Soziale Ungleichheit droht, sich zu Ausgrenzung zu verhärten. Ausgrenzung ist mehrdimensional. Sie nimmt gewöhnlich ihren Anfang auf dem Arbeitsmarkt, aber sie bleibt nicht auf das ökonomische System beschränkt. Sie springt von dort aus über auf das soziale und das kulturelle System. Als ausgegrenzt gelten Gruppen, die keinen Zugang zum Arbeitsmarkt haben, in soziale Beziehungsnetze von sehr geringer Reichweite eingebunden sind und denen die Teilhabe an dem, was in der Gesellschaft als Voraussetzungen eines menschenwürdigen Lebens gilt, versagt ist (Kronauer 2010, S. 145).

In den Prozessen der Ausgrenzung spielt Stadt eine wichtige Rolle. Sie fungiert als eigenständiger Faktor, der soziale Ungleichheit überformt, mildert oder zu Ausgrenzungsprozessen dynamisiert. Lange Zeit verhinderten wirksame Filter, daß soziale Ausgrenzung räumlich überhöht wurde. Dazu zählten die sozialstaatlichen Sicherungen, die privaten Haushalte und eine sozial verantwortliche Stadt und Wohnungspolitik. Sie bewirkten, daß sich das Arbeitsmarktschicksal nicht auf das Wohnungsmarktschicksal und damit auf die städtische Karriere einer Gruppe ausdehnen konnte. Diese Filter sind schwächer geworden. Angesichts der Mehrdimensionalität und der selbstverstärkenden Effekte von Ausgrenzungsprozessen reichen die sozialstaatlichen Sicherungen nicht aus (vgl. Kronauer 2010). Auch der zweite Filter, der das Schicksal auf dem Wohnungsmarkt von dem auf dem Arbeitsmarkt entkoppelt, ist schwächer geworden: die privaten Haushalte. Auf dem Arbeitsmarkt agiert das Individuum, auf dem Wohnungsmarkt der Haushalt. Mehrpersonenhaushalte verfügen häufig über Ressourcen, um mögliche Folgen des Arbeitsplatzverlusts eines Mitglieds für die Mietzahlungsfähigkeit des Haushalts und damit für sein Wohnungsmarktschicksal aufzufangen. Seit den sechziger Jahren aber ist die Zahl der Einpersonenhaushalte ständig gewachsen. Heute machen sie 41 Prozent aller Haushalte aus, in den Städten mehr als die Hälfte. Zugleich hat die Zahl der Alleinerziehenden zugenommen, und knapp über 40 Prozent von ihnen waren 2011 von Armut bedroht (vgl. Bundeszentrale für politische Bildung 2013b). Mit der steigenden Zahl von Einpersonenhaushalten und Alleinerziehenden gibt es auf dem Wohnungsmarkt nun immer mehr verwundbare Haushalte.

Auch der dritte Filter, eine sozial verantwortliche Stadt und Wohnungspolitik, verliert an Wirksamkeit. Stadtpolitik verlegt sich immer mehr darauf, die Starken zu stärken, was notwendig zu Lasten der sozialen Aufgaben der Kommunen geht. Der Bestand an sozial gebundenen Wohnungen, der vor 30 Jahren allein in West-Deutschland noch über 5 Mio. umfaßte, ist heute in Gesamtdeutschland auf 1,8 Mio. gesunken. Das Segment marktferner Wohnungsversorgung ist nicht nur quantitativ geschrumpft, es hat sich auch qualitativ verschlechtert: Sozial gebundene Wohnungsbestände finden sich heute überwiegend in den für Privatisierung ungeeigneten, unattraktiven Bauten an peripheren Standorten. Dort konzentrieren sich die Haushalte, die auf dem privaten Markt keine Chancen haben.

Der Rückgang des Segments marktferner Wohnungsversorgung war politisch gewollt. Die wenigen Sozialwohnungen, die neu gebaut wurden, konnten die Verluste sozial gebundener Bestände bei weitem nicht ausgleichen. Im Gegenteil, die öffentlichen Eigentümer haben einen Großteil ihrer sozial gebundenen Bestände an private Investoren verkauft, und ein beträchtlicher Teil der neuen Eigentümer verfolgt hochproblematische Strategien: Nach einer Studie über Mehrfachverkäufe größerer Wohnungsbestände zwischen 1999 und 2008 (vgl. Bundesinstitut für Bau-, Stadt- und Raumforschung im Bundesamt für Bauwesen und Raumordnung 2011, S. 4) haben nahezu alle Zweit- und Dritterwerber die Mieten erhöht und die Bestandsinvestitionen zurückgefahren oder auf niedrigem Niveau gehalten. Vereinzelt betreiben Investoren sogar eine Politik, die die Bildung sozialer Brennpunkte bewußt in Kauf nimmt. Nach einer Studie des Leibniz-Instituts für ökologische Raumentwicklung (vgl. Kaufmann 2012) dominiert bei den neuen Eigentümern weit vor den Strategien »Mieterprivatisierung« und »Portfolioverkauf« die »Verwertungsstrategie Hartz IV«. Danach wird bevorzugt an Hartz-IV-Empfänger vermietet – aus einsichtigen Gründen: Erstens weil das kontinuierliche Mieteinnahmen garantiert, schließlich zahlen die Kommunen; zweitens weil aufgrund der steigenden Zahl relativ armer Haushalte in diesem Segment mit einer wachsenden Nachfrage zu rechnen ist; drittens weil von dieser Gruppe wenig Widerstand zu erwarten ist, wenn der Vermieter z.B. die Instandhaltung vernachlässigt. Carsten Keller (2005) hat in seiner Studie über Eisenach und Bitterfeld-Wolfen eine besonders rücksichtslose Strategie beschrieben: Die Eigentümer größerer Wohnungsbestände siedeln die aus ihrer Sicht problematischen Mieter in die für Privatisierung ungeeigneten Bestände um. Diese Bestände lassen sie verkommen und konzentrieren ihre Investitionen auf die privatisierbaren Wohnungen.

Seit die drei genannten Filter versagen, sind die Städte zu Orten geworden, an denen Ausgrenzungsprozesse sichtbar und dynamisiert werden. Vor allem in den Städten vollzieht sich der ökonomische Strukturwandel von der Industrie zur Dienstleistungsgesellschaft. Deshalb liegt die Arbeitslosigkeit hier in der Regel über dem Durchschnitt der Bundesrepublik. Die verwundbaren Haushalte siedeln sich in den Großstädten an und dort insbesondere in den Innenstädten: 2011 waren 61 Prozent der Haushalte Einpersonenhaushalte, jeder achte bezog Hilfe zum Lebensunterhalt resp. Grundsicherung, und jeder fünfte verfügte nicht über die deutsche Staatsbürgerschaft (vgl. Bundesministerium für Verkehr, Bau und Stadtentwicklung 2011). In den Städten formen sich die Zonen der Integration, der Vulnerabilität und der Ausgrenzung zu einem Mosaik aus luxuriös aufgewerteten Quartieren, Zonen des Übergangs und Räumen der Ausgrenzung. In den Quartieren der Ausgrenzung ist Stadt nicht nur der Ort, an dem soziale Ungleichheit sichtbar wird. Hier wird Stadt zu einer ihrer Ursachen, denn in diesen Räumen ergeben sich Wechselwirkungen zwischen sozialer, kultureller und ökonomischer Benachteiligung mit einer heruntergekommenen Umwelt und den Reaktionen der Subjekte darauf, die in einer besonderen Dynamik der Ausgrenzung resultieren.

Martin Kronauer (2010, S. 145) nennt drei Dimensionen der Exklusion: »Marginalisierung am Arbeitsmarkt bis hin zum gänzlichen Ausschluss von Erwerbsarbeit; Einschränkung der sozialen Beziehungen bis hin zur Vereinzelung und sozialen Isolation; Ausschluss von Teilhabemöglichkeiten an gesellschaftlich anerkannten Lebenschancen und Lebensstandards.« Räume der Ausgrenzung entstehen in dem Maße, wie diese Dimensionen gesellschaftlicher Benachteiligung sich durch ihre räumliche Konzentration gegenseitig verstärken. Dadurch können Teufelskreiseffekte entstehen: Selektive Abwanderungen verschärfen die nach unten gerichtete Dynamik in einem Quartier, es kommt zu heftigen Konflikten und schließlich verfestigen sich die objektiven Benachteiligungen subjektiv zu negativen Selbstdefinitionen der Betroffenen.

Dynamiken selektiver Mobilität können ausgelöst werden, weil sich das Image eines Quartiers verschlechtert. Daraufhin ziehen Haushalte, die es sich leisten können, fort. Das sind in der Regel solche der deutschen Mittelschicht, aber auch ökonomisch erfolgreiche Migranten. Mit ihrem Fortzug sinkt die Kaufkraft in dem Gebiet, dementsprechend schränken private Anbieter ihre Güter- und Dienstleistungsangebote ein, Banken werden zurückhaltend bei der Kreditvergabe, was wiederum Hauseigentümer veranlaßt, nicht mehr ausreichend in ihre Gebäude zu investieren. Das Gebiet verkommt allmählich auch äußerlich. Wenn dann noch der Anteil von Kindern aus bildungsfernen Schichten in den örtlichen Schulen steigt, so ist das Anlaß für weitere Fortzüge. Zurück bleibt eine benachteiligte Bevölkerung in einem heruntergekommenen Gebiet mit mangelhafter Versorgung, einem negativen Image und negativen Nachbarschaftseffekten, die sich zu einer Kultur der Randständigkeit verdichten können.[9] Das Gebiet ist zu einer eigenständigen Quelle von Benachteiligung geworden.

In diesen Räumen intensivieren sich die Konflikte um die Integration von Zuwanderern. Fatalerweise wird nämlich gerade dort häufig darüber entschieden, ob die neu Zugewanderten an den Rand der Gesellschaft gedrängt werden oder sich integrieren können. Die Filtermechanismen auf den Wohnungsmärkten lenken die Zuwanderer in der Regel nicht in die Quartiere der integrierten einheimischen Mittelschicht, sondern in Nachbarschaften, in denen die Verlierer des ökonomischen Strukturwandels leben. Verlierer sind selten in der Lage oder auch nur willens, tolerant und offen mit Fremden umzugehen. Im Gegenteil, sie brauchen Sündenböcke, eine Rolle, für die sich Fremde immer schon besonders geeignet haben. Wenn dann in solchen erzwungenen Nachbarschaften eine heruntergekommene Umwelt ihren Bewohnern

---

9 Mit Kultur der Armut oder Randständigkeit sind Sozialisationseffekte in benachteiligten Milieus gemeint, die einen Ausstieg aus dieser Situation über die objektiven Ursachen hinaus subjektiv erschweren. Das Konzept geht zurück auf Oscar Lewis (vgl. 1959 und 1966), der in den Slums von Mexiko und Puerto Rico Denk- und Verhaltensweisen beobachtet hat, die dort als normal gelten oder sogar überlebenswichtig sind, aber den Zugang zur mittelschichtsdominierten Kultur der Gesellschaft blockieren. Grundlegend zu Kontexteffekten in benachteiligten Milieus: Sampson 2012.

tagtäglich vor Augen führt, daß sie am Rand der Gesellschaft angekommen sind, dann ist es nicht verwunderlich, daß dies keine Orte gelingender Integration sind, sondern im Gegenteil Orte aggressiver gegenseitiger Abgrenzung.

Situationen objektiver Randständigkeit bleiben subjektiv nicht folgenlos. Wer keine Chancen mehr auf einen Arbeitsplatz hat, sozial isoliert ist und den schlechten Ruf seiner Wohngegend täglich durch eine heruntergekommene Umwelt und problematische Nachbarn bestätigt sieht, der hat es schwer, dagegen ein positives Selbstbild zu behaupten. Wer sich aber selbst als am Rande der Gesellschaft definiert, der hat die Hoffnung aufgegeben. In randständigen Quartieren kann sich die Überzeugung festsetzen, von dieser Gesellschaft nichts mehr erwarten zu können und ihr deshalb auch nichts schuldig zu sein. Die Reaktion ist Apathie als eine Form des Rückzugs aus dieser Gesellschaft oder die Selbstvergewisserung in einer fundamentalistisch vereinfachten Gegenkultur als eine andere. Beide Male werden objektive Prozesse der Ausgrenzung subjektiv überhöht und so verfestigt.

Ausgrenzung hat eine politische Dimension: In den Quartieren der Ausgrenzung werden Menschen in sehr unterschiedlichen Lebenssituationen zusammengezwungen. Ihre entsprechend divergierenden Interessen sind nur schwer politisch zu organisieren. Das wiederum verstärkt den Eindruck versteinerter Machtverhältnisse, an denen nichts zu ändern sei. Die Fragmentierung der Beherrschten war schon immer die effektivste Form der Sicherung von Herrschaft. Ausgrenzung trägt zur Entpolitisierung sozialer Ungleichheit bei. Wer ausgeschlossen wird, verfügt in der Regel nur über geringe Artikulations- und Organisationsfähigkeiten, und da seine Kaufkraft wie seine Arbeitskraft irrelevant sind, kann er weder als Konsument noch als Angestellter mit Streik drohen.

Damit sinkt das Konfliktpotential sozialer Ungleichheit. Ausgegrenzte sind überflüssig: Anders als früher die organisierte Arbeiterklasse sind sie kein politisches Subjekt. Sie haben den Status bloßer Objekte von Moral und Fürsorge, und wenn sie ihren Frustrationen in Vandalismus und gewalttätigen Ausbrüchen Luft verschaffen, auch der Polizei.

Wachsende materielle Ungleichheit,[10] zunehmende kulturelle Heterogenität, eine sich verbreiternde Zone der Prekarität, eine auf Wachstumsförderung orientierte Stadtpolitik und die Deregulierung der Wohnungsversorgung – diese Tendenzen zusammen formen ein Szenario scharfer sozialräumlicher Polarisierung der Städte: Hier die Rückzugsräume der Mittelschicht in Suburbia sowie die lokalen Stützpunkte einer international orientierten Elite, die außer Arbeitsplatz und Versorgung nichts von der Stadt will, dort die Räume der Ausgrenzung, in denen die Menschen leben, denen der Zugang zum Arbeitsmarkt und den Systemen sozialer und kultureller

---

10 Der Anteil der Haushalte, deren verfügbares Einkommen weniger als 60 % des mittleren Einkommens (Median) beträgt, ist seit 2005, als dieser Indikator für das »Armutsrisiko« zum ersten Mal im Mikrozensus erhoben wurde, von 14,7 % auf 15,5 % gestiegen. Unter den heute ca. 12,5 Mio. Menschen, die in diese Kategorie fallen, finden sich vor allem Alleinerziehende, die zu 40 %, und Erwerbslose, die zu fast 60 % betroffen sind, ferner Menschen ohne Berufsausbildung und Kinderreiche. Das Armutsrisiko der Rentner lag 2013 noch unter dem Durchschnitt, war aber ab 2006 viermal schneller gewachsen als das der Gesamtbevölkerung. In den Städten ist das Armutsrisiko 8 Prozentpunkte höher als in ländlichen Regionen, ein Hinweis auf die schärferen Ungleichheiten in Städten (Der Paritätische Gesamtverband 2015). Zu beachten ist, daß entgegen der Begrifflichkeit, die im Armutsbericht des Paritätischen Gesamtverbands verwendet wird, das Armutsrisiko ein Indikator für die *Verteilung* der Einkommen ist, kein Indikator für Armut.

Teilhabe verwehrt ist. Die einen sind woanders, die anderen in einem Nirgendwo, aber alle sind außerhalb der Stadt.

Das Fremde kommt nicht nur von außen. Individuum wie Gesellschaft schaffen sich ihr eigenes Außen: Das Individuum, indem es seine inneren Konflikte und verdrängten Wünsche auf Fremde projiziert. Dieses selbst geschaffene Außen ist um so bedrohlicher und muß deshalb um so rigider abgespalten werden, je weniger es gelingt, die eigenen Regungen, Wünsche und Erfahrungen in ein Selbstkonzept zu integrieren; moderne Gesellschaften, indem sie die sozialen Probleme, die sie nicht lösen und die Personen, die sie nicht integrieren können, auslagern, in Gefängnisse, psychiatrische Anstalten, Ghettos und Quartiere der Ausgrenzung.[11] Dieses selbst geschaffene Außen ist um so umfangreicher, je weniger eine Gesellschaft ihre eigene Integration bewältigt. Und je schärfer die kulturellen Konflikte, je größer die soziale Ungleichheit, zu desto bedrohlicheren Fremden – real und nicht nur in projektiven Phantasien – werden die Menschen, die in dieses Außen abgedrängt sind. Die Irritation, die von ihrer Fremdartigkeit ausgeht, ist unter solchen Bedingungen nicht produktiv, sondern nur noch im negativen Sinne verunsichernd und ängstigend. Das »Basisvertrauen« (Rudolf Stichweh), das beruhigende »Hintergrundrauschen« (Anthony Giddens), das »routinisierte Wohlwollen« (*routine benevolence*, Allan Silver),

11 Die Gesellschaft ist kein Subjekt. Das Vokabular der Psychoanalyse taugt nicht zur Beschreibung sozialer Prozesse. Wenn im Kontext psychischer Prozesse von Spaltung und Verdrängung die Rede ist, dann sind innerpsychische Dynamiken angesprochen und damit gänzlich anderes als die sozialen und räumlichen Prozesse der Spaltung und physischen Verdrängung in einer Stadt. Mit der Analogie soll hier nur auf die Analogien zwischen Vorurteilsbildung und sozialer Ausgrenzung aufmerksam gemacht werden.

kurz die Unterstellung, daß auch die anderen sich an den Code des urbanen Verhaltens halten, wird bei wachsender Exklusion immer riskanter. Die Quartiere der Ausgrenzung werden zu No-go-Areas, gegen deren Bewohner man sich mit Polizei und Zäunen schützen muß.

Exklusion ist Verweigerung von Kommunikation. Sie blokkiert jede Möglichkeit, die Verunsicherung durch den Fremden zur produktiven Irritation werden zu lassen. Der ausgegrenzte Fremde weckt nicht Neugier, sondern Angst und den Wunsch nach Abgrenzung. Insofern bedeutet Exklusion eine grundlegende Änderung der sozialen Funktion von Fremden. Ihre Quartiere sind die Schuttabladeplätze für die unbewältigten Probleme der Gesellschaft, ähnlich wie der Fremde dem Neurotiker zur Entlastung von seinen inneren Konflikten dienlich ist. Wie ein Neurotiker, der seine Konflikte externalisiert, so bringt sich auch die exkludierende Gesellschaft um die Möglichkeit einer produktiven Auseinandersetzung mit dem Abgespaltenen. Der Fremde aus dem gesellschaftlichen Außen ist nur noch Feind, er kann nicht einmal mehr vorübergehender Gast sein. In ihrem Umgang mit den Exkludierten fallen moderne Gesellschaften auf das Niveau von Stammesgesellschaften zurück, die für Fremde keine Rollen kannten. Ausgrenzung ist die härteste Verneinung der produktiven Möglichkeiten der Stadt als eines Orts, an dem Fremde wohnen. Eine sich in *gated communities* und Räume der Ausgrenzung polarisierende Stadt wäre die Perversion städtischer Diversität.

4.6 *Integration ohne Vernichtung von Differenz*

Die Erfahrung von Fremdheit kann sich an persönlichen Begegnungen festmachen oder der Konfrontation mit den Symbolen des Fremden: Musik, Sprache, Gerüche, Kleidung, religiösen Architekturen ... Sie kann faszinieren, aber auch verstören. Der öffentliche Raum der Stadt als Raum symbolischer Präsenz des Fremden und die Stadt als ein Mosaik aus kulturellen Dörfern eröffnen ein Panorama der Kulturen und Lebensmöglichkeiten. Aber diese Erfahrung kann auch die eigenen Selbstgewissheiten untergraben. Solche Verunsicherungen verleiten zu zwei problematischen Reaktionen: Abschottung und Repression. Abschottung vermeidet die Erfahrung von Fremdheit und damit die Notwendigkeit, sich mit Fremdheit auseinanderzusetzen. Nur in Extremfällen einer *gated community* im Großmaßstab wie der privaten Stadt Celebration, die der Disney-Konzern im US-Bundesstaat Florida betreibt (vgl. Roost 2000, S. 67ff.), bewirkt die räumliche Segregation der Wohnorte eine effektive Abschottung gegen unerwünschte Kommunikation. Wirksamer, weniger sichtbar und kaum politisch steuerbar ist die über Automobilität realisierte Separierung von Lebenssphären. Sie wird in dem Maße möglich, wie für sämtliche Aktivitäten wie Kinderbetreuung, Ausbildung, Einkaufen, Kultur und Sport sozial exklusive Einrichtungen angeboten werden. Die steigende Zahl von Privatschulen ist ein Indiz für diesen Trend. Oder aber, das ist die zweite problematische Reaktion auf die Verunsicherungen der Stadt, man sucht Fremdheit durch Repression jeglicher Abweichung zum Verschwinden zu bringen. Das ist in demokratischen Gesellschaften unmöglich. Wenn beide Wege ausscheiden, bleibt nur das Bemühen um die Integration des Fremden. Was aber hält eine Stadt aus lauter Fremden zusammen? Anders gefragt: Wie ist Integration ohne Vernichtung von Differenz möglich?

Wenn Fremdheit zur Normalität geworden ist, dann müssen Städte über Mechanismen verfügen, die das Zusammenleben von Fremden erlauben, ohne Fremdheit zu vernichten oder auszugrenzen. Die Ideale eines vorurteilsfreien, offenen und toleranten Umgangs unter Fremden würden das gewährleisten. Aber sie haben ökonomische, soziale und psychische Voraussetzungen, die nur in der Utopie einer Gesellschaft freier, ökonomisch unabhängiger, sozial integrierter und psychisch gesunder Menschen für alle erfüllt wären. Es gehört zum Begriff der Utopie, nicht realitätstauglich zu sein. Also sind Mechanismen notwendig, die bescheideneren Anforderungen genügen. Sie müssen zuallererst die aus der räumlichen Nähe des Fremden resultierenden Konflikte mildern oder zu vermeiden helfen.

Die stadttypische physische Nähe des Fremden ist eine Zumutung, die »eine leise Aversion, eine gegenseitige Fremdheit und Abstoßung« mit sich bringt, die jederzeit bei »einer irgendwie veranlaßten Berührung sogleich in Haß und Kampf ausschlagen würde« (Simmel 1993, S. 197). Die Proteste gegen Asylbewerberheime zeigen ein stereotypes Muster. Man fürchtet Dreck und Lärmbelästigungen, Raub, Gewalt, und sexuelle Übergriffe: »Dieser Katalog [...] ist nichts anderes als die Kurzfassung des eigenen Verdrängten, das die eigene räuberische Gier, den Neid, die Revolte gegen die soziale Beschränkung der Schmutz- und Mordlust sowie die niederen sexuellen Gelüste enthält« (Beland 1993, S. 391). Wenn die stadttypische Erfahrung von Fremdheit kulturell produktiv werden soll, dann muß über solch tief verwurzelte Abwehr hinweg Kommunikation und Austausch unter Fremden zustande kommen. Dazu ist mehr nötig, als den Konflikten zwischen den verschiedenen »Städten in der Stadt« aus dem Weg zu gehen. Sie müssen vielmehr in die Bahnen demokratischer Auseinandersetzung gelenkt und ausgetragen werden.

Zwei Mechanismen ermöglichen es, die Konflikte einzuhegen, die der dauernden Konfrontation mit Fremdheit inhärent sind: die von Simmel beschriebene urbane Lebensweise und die von der Chicagoer Schule der Soziologie entdeckte Segregation. Simmel und Park nahmen jeweils einen anderen Ausschnitt der Stadt in den Blick und fanden dementsprechend jeweils einen anderen Modus des Umgangs mit Fremdheit. Simmel hatte das Verhalten von Bürgern im öffentlichen Raum der Stadt vor Augen, Park untersuchte die Wohnquartiere der Stadt. Simmel sah die Stadt als Ort der Begegnung mit dem Fremden, Park als Ort ausgeprägter Gruppenzugehörigkeit. Die von Simmel und Park dargelegten Modi des Umgangs mit Fremdheit variieren mit Schichtzugehörigkeit. Aber sie leisten das Gleiche: Sie mildern die städtischen Konflikte, indem sie Distanz zwischen einander Fremden schaffen, das eine Mal als eine Leistung des Individuums, das andere Mal als eine der Stadtstruktur. Stadtgesellschaften werden anders als Dorfgemeinschaften weniger durch Homogenität integriert als durch ihre Fähigkeit, Fremdheit auszuhalten.

»Urbanität ist nichts als die überlegene Unfähigkeit, sich über die schlechten Manieren andrer zu ärgern« (Stendhal 1947, S. 433f.). Stendhal formulierte dies mit Blick auf die Arroganz der Oberschicht. Aber bei Simmel klingt es nicht soviel anders, wenn er (1993, S. 196f.) die urbane Lebensweise als reserviert, blasiert, gleichgültig und intellektuell beschreibt. Der gelernte Städter wappnet sich mit Distanz gegen die beunruhigenden Erfahrungen von Fremdheit, wie sie in der Stadt alltäglich sind. Sofern überhaupt Kontakt aufgenommen wird, handelt es sich um ein hochstilisiertes, möglichst wenig von der eigenen Person preisgebendes Verhalten. Typisch für Kontakte unter Städtern im öffentlichen Raum sind segmentierte, auf einen spezifischen Zweck hin eingeengte Beziehungen, bei denen alle anderen Aspekte der Persönlichkeit, der eigenen wie der des Gegenübers, ausgeklammert bleiben. Die urbane Lebensweise ist ein »Gebilde von höchster Unpersönlichkeit« (Simmel 1993, S. 196). Sie erlaubt dem Städter, ohne Rücksicht auf andere und im Schutz der Anonymität sein eigenes Leben zu leben.

Die urbane Indifferenz, mit der sich der Großstädter die bedrohlichen wie die verlockenden Erfahrungen der Fremdheit vom Leib hält, beruht auf Voraussetzungen, die nur für eine Minderheit in unserer Gesellschaft gewährleistet sind: Simmels Großstadtcharakter basiert auf Unabhängigkeit. Um sich Gleichgültigkeit gegenüber anderen leisten zu können, darf der Städter nicht von anderen in irgendeiner Weise abhängig sein. Das setzt ökonomisch die sichere Integration in den Arbeitsmarkt oder wenigstens in die sozialstaatlichen Sicherungssysteme voraus (vgl. Häußermann 1995), ferner eine gesicherte Privatsphäre als geschützten Raum für nichtgleichgültige Beziehungen. Ein Leben in blasierter Distanz gegenüber allem und jedem würde auf Dauer die psychische Gesundheit gefährden, die unabdingbar ist für ein friedliches Nebeneinander von Fremden. Nur wer keine Angst vor dem Durchbruch eigener abweichender Regungen hat, kann abweichendes Verhalten bei anderen ertragen. Simmels gelernter Städter gehört wie Stendhals urbaner Charakter einer in jeder Hinsicht privilegierten Schicht an, die sich Toleranz ökonomisch und psychisch leisten kann. Sie verspürt deshalb auch nicht den Haß gegen Fremde, in dem sich die »Revolte gegen die sozialen Beschränkungen« (Beland 1993, S. 391), denen man selber unterliegt, ein Ventil verschafft.

Wem die ökonomischen, psychischen und sozialen Voraussetzungen für die urbane Lebensweise fehlen, wie bei Angehörigen der Unterschicht und Zuwanderern häufig der Fall, der ist auf Einbindung in die informellen Netze von Verwandtschaft und Nachbarschaft angewiesen, um in der Stadt überleben zu können. Diese Netze beruhen aber auf lang bewährten Beziehungen und auf Vertrauen, also dem genauen Gegenteil von Gleichgültigkeit und intellektueller Distanz. In den Vierteln der Zuwanderer und der Unterschichten findet man deshalb Beziehungsmuster ähnlich denen in dörflichen Nachbarschaften. Der Gegentyp zu Simmels gelerntem Großstädter ist der *urban villager* (Gans 1962), der »urbane Dörfler«, der sich von den Beunruhigungen der Stadt in eine quasidörfliche Gemeinschaft zurückgezogen hat.

Der zweite Mechanismus, um die konfliktträchtige Nähe zu Fremden zu vermeiden, ist Segregation. Indem sie soziale und kulturelle Distanz in räumliche Distanz übersetzt, verringert Segregation die Wahrscheinlichkeit, daß Menschen mit potentiell konflikthaften Verhaltensweisen aufeinandertreffen. Aber die »Dörfer in der Stadt« fungieren auch als geschützte Sphären, in denen man die eigene Religion praktizieren, ein seinen Bedürfnissen angepaßtes Versorgungssystem aufbauen oder auch nur die eigene Sprache sprechen kann. Die Spezialisierung verschiedener Orte auf unterschiedliche Tätigkeiten und kulturelle Milieus hilft, deren Besonderheiten zu entfalten. »Die Stadt als Mosaik aus kleinen Welten, die sich berühren, aber nicht durchdringen« (Park 1974, S. 40), ist nicht nur eine Vermeidungsstrategie. Sie ist eine Voraussetzung dafür, daß sich in einer Stadt unterschiedliche Lebensstile, Subkulturen und Milieus und damit die Vielfalt einer urbanen Kultur entwickeln können. Segregation leistet auf der Ebene sozialer Gruppen das, was die Privatsphäre auf der Ebene des

Individuums ermöglicht. Sie ist eine Voraussetzung für produktive Stadtkultur, wie es die individuelle Privatsphäre für eine funktionierende Öffentlichkeit »räsonierender Privatleute« (Habermas 1990) ist. Das Konzept der Stadt als Mosaik aus städtischen Dörfern, hebt die Polarität von Öffentlichkeit und Privatheit von der Ebene des Individuums auf die der Gruppe als Träger von Differenz. Wie die Privatsphäre des Individuums bieten die städtischen Dörfer Räume zur Kultivierung von Differenz.

Auch die von Simmel beschriebene urbane Lebensweise spielt eine doppelte Rolle im Stadtleben: Der Schutzraum der privaten Wohnung und die urbane Indifferenz, die sich gar nicht darum kümmert, in welcher Fasson der andere selig werden möchte, sind wie die segregierte Stadt zugleich negative Voraussetzung eines konfliktfreien Nebeneinanders von Fremden und positive Voraussetzung für individuelle Differenzierung. Allerdings gibt es einen wesentlichen Unterschied: Im Gegensatz zur privaten Wohnung ist die ethnische Kolonie oder das subkulturelle Milieu für andere ohne Einladung zugänglich. Wo das nicht der Fall ist, wie in den No-go-Areas gespaltener Städte, kommt keine produktive Auseinandersetzung zustande. Die Diversität der Stadt bleibt dann ein im städtischen Alltag nicht erfahrbares Abstraktum.

Urbane Lebensweise und Segregation sind Strategien der Vermeidung von Kontakt. Integration geschieht negativ durch Verzicht auf Kommunikation. Erreicht wird nur, daß die verschiedenen Gruppen der Stadtbevölkerung mehr oder weniger konfliktfrei nebeneinanderher leben. Das Produktive urbaner Diversität aber ist nicht schon dadurch gewährleistet, daß man sich gegenseitig in Ruhe läßt. Neues entsteht dort, wo die unterschiedlichen Kulturen einander berühren. Erst Kommunikation über die Grenzen der kulturellen Dörfer hinweg macht die Stadt zum Ort produktiver Auseinandersetzung.

Das Modell eines offenen gesellschaftlichen Systems, das Integration ohne Verzicht auf Differenz erlaubt, ist der Markt. Dort begegnet man sich ohne Ansehen der Person. Der Markt ist farbenblind. Hier zählt nur, ob jemand über Ressourcen verfügt, nach denen Nachfrage besteht. Das können Güter, Dienstleistungen, Informationen, Qualifikationen und Geld sein. Wer etwas davon zu bieten hat, kann in das ökonomische System integriert werden, unabhängig von seiner Hautfarbe und seinen politischen Überzeugungen.

Spiegelbildlich erlaubt das demokratische System politische Teilhabe jedem, der über die Bürgerrechte verfügt, gleich, ob er reich oder arm, Muslim oder Christ ist. Markt und Demokratie organisieren ökonomische und politische Kommunikation, ohne daß Fremdheit zum Verschwinden gebracht werden müßte oder nur um den Preis der Marginalisierung aufrechterhalten werden könnte. Sie leisten das, weil sie systemspezifisch selektiv integrieren. Der Markt ist ein offenes System, das jeden nur mit einem ökonomisch relevanten Ausschnitt seiner Person integriert. Demokratische Partizipation fordert nur den politischen Bürger, nicht den Wirtschaftsbürger oder den Gläubigen. Die Vermischung dieser Rollen, der Einsatz politischer Macht zur Durchsetzung ökonomischer Interessen und umgekehrt ökonomischer Macht zur Durchsetzung politischer, ist verpönt. Bei der Integration in den Markt muß der einzelne die Regeln des Tauschs einhalten, bei der Integration in das politische System die Regeln demokratischer Auseinandersetzung. Letztere haben keine Gültigkeit im Marktsystem, und umgekehrt verwandeln sich die Prinzipien geldvermittelten Tauschs im politischen System zu Korruption. Markt und Demokratie sind Systeme unvollständiger Integration. Indem sie integrieren, ohne Differenz zu vernichten, gewährleisten sie zusammen mit der Legitimität der Politik und der Effizienz der Wirtschaft die kulturelle Produktivität der Stadt.

Der Optimismus bezüglich der Integrationsfähigkeit von Markt und Demokratie beruht auf theoretischen Argumenten. In der Wirklichkeit funktionieren die gesellschaftlichen Systeme jedoch nicht entsprechend der Logik ihrer theoretischen Modelle. Diese setzen einen aufnahmefähigen und durchlässigen Arbeitsmarkt ohne strukturelle Barrieren nach Geschlecht, Herkunft, Alter, Nationalität, Religion etc. voraus – Bedingungen, die in der BRD keineswegs gegeben sind. Ein nicht systematisch selektierendes Bildungssystem ist eine weitere strukturelle Voraussetzung, die hierzulande häufig nicht erfüllt ist. Zudem muß man, um sich am politischen System beteiligen zu können, über die politischen Bürgerrechte verfügen. Das aber trifft für die Mehrheit der von außerhalb der EU Zugewanderten nicht zu.

Markt und Demokratie erlauben prinzipiell die Integration in die Systeme von Ökonomie und Wirtschaft. Sie erleichtern darüber hinaus die soziale Integration. Das Individuum kann sich über seine politische und ökonomische Rolle soziale Anerkennung verschaffen. Die Rollen im ökonomischen und im politischen System sind auf Dauer gestellt, sie ermöglichen wiederkehrende Kontakte. Dadurch kann ein Prozeß allmählichen gegenseitigen Kennenlernens und Vertraut-Werdens in Gang gebracht werden. Nur muß man dazu überhaupt Marktteilnehmer und Staatsbürger sein. Arbeitslosen fehlt die soziale Anerkennung und Selbstbestätigung durch berufliche Arbeit. Sie haben keinen Zugang zu Betrieben, folglich lernen sie die andersartigen Fähigkeiten und Orientierungen, die in einem Betrieb zusammengeführt sind, nicht kennen.

Wer nicht über die Bürgerrechte verfügt, wird wenig Interesse entwickeln, sich im Ortsverein einer Partei zu engagieren. Damit die Systeme von Wirtschaft, Politik, Kultur, Sport, Wissenschaft etc. als Kommunikationsräume fungieren können, müssen die Menschen an diesen Systemen erst einmal teilhaben. Am Anfang jedes interkulturellen Dialogs steht die prinzipielle Offenheit der gesellschaftlichen Systeme für alle. Es gibt keine gesellschaftlich relevante Kommunikation ohne ein Stück bereits geleisteter Inklusion.

Die erste und wichtigste Bedingung gelingender Kommunikation über die Grenzen der kulturellen Dörfer hinweg ist die Inklusion in das System gesellschaftlicher Arbeitsteilung, dem zentralen Integrationsmechanismus moderner Gesellschaften. Arbeitsteilung schafft eine Vielzahl unterschiedlicher Rollen, die auf vielfältige Weise miteinander verzahnt sind. Mit jeder Arbeit, die der einzelne übernimmt, setzt er sich in Beziehung zu anderen.

Die systemische Integration in Markt und Politik ist eine notwendige Voraussetzung, aber noch keine Garantie für kulturelle und soziale Integration. Auch in Bezug auf die Integration in die kulturellen und die sozialen Beziehungen einer Gesellschaft lassen sich theoretisch zwei Konzeptionen von Integration unterscheiden: eine vormoderne, dörfliche, nach der Integration durch Homogenität gewährleistet ist, und eine moderne, städtische, wonach Integration auf der Fähigkeit beruht, Differenz auszuhalten. Wie alle Dualismen ist diese Gegenüberstellung analytisch fruchtbar, aber empirisch unhaltbar. In Wirklichkeit geschieht Integration auf beiden Wegen: durch Übernahme kultureller Basisregeln, in der Bundesrepublik nicht zuletzt der Bestimmungen des Grundgesetzes, und durch die Akzeptanz von Diversität als Normalzustand. Die Anerkennung differenter Kulturen findet in der deutschen

Gesellschaft z. B. dort eine Grenze, wo die Gleichberechtigung der Frau und die Unantastbarkeit der Würde der Person verletzt werden. Was an Diversität erträglich und fruchtbar und was als Gemeinsames notwendig ist, muß immer wieder neu ausgehandelt werden. Auch die Kultur der Differenz kann nicht essentiell verstanden werden als eine einmal gefundene Balance zwischen Toleranz und Basiskonsens, in die sich jeder Heranwachsende oder Zugewanderte bloß einzufügen hätte. Sie bleibt Gegenstand permanenter Auseinandersetzungen. Integration ist ein immer wieder aufs neue beginnender Prozeß, in dem sich die Subjekte auf gemeinsame Deutungen einigen, so daß Interaktion möglich wird. Die Stadt ist der Ort, an dem diese Auseinandersetzungen geführt werden.

Üblicherweise wird dem öffentlichen Raum der Stadt die Funktion zugesprochen, Kommunikation unter Fremden zu ermöglichen. Die Straßen und Plätze einer Stadt dienen als Bühne, auf der in den politischen Institutionen nicht Repräsentierte die Aufmerksamkeit der Medien für ihre Interessen erringen können. Sie sind der Raum, wo die Vielfalt der Stadt wahrgenommen werden kann. Doch das heißt nicht, daß die Vielfalt dort auch verhandelt würde. Dem stehen schon die Codes des urbanen Verhaltens entgegen. Begegnungen im öffentlichen Raum sind zufällig, einmalig und in ihren möglichen Inhalten äußerst eingeschränkt.

> Du mußt auf deinem Gang
> durch Städte wandern;
> siehst einen Pulsschlag lang
> den fremden Andern.
> Es kann ein Feind sein,
> es kann ein Freund sein,
> es kann im Kampfe dein
> Genosse sein.
> Er sieht hinüber

und zieht vorüber ...
Zwei fremde Augen, ein kurzer Blick,
die Braue, Pupillen, die Lider –
Was war das?
Von der großen Menschheit ein Stück!
Vorbei, verweht, nie wieder. (Tucholsky 1995, S. 70).

Die flüchtigen Begegnungen im öffentlichen Raum der Stadt geben wenig Anlaß zum produktiven Dialog über die Grenzen der Fremdheit hinweg. Der öffentliche Raum der Stadt, in dem unterschiedliche Entwürfe städtischen Lebens thematisiert werden könnten, ist weniger der physische Raum der Plätze und Straßen als der metaphorische Raum der Märkte, der Medien, der politischen Organisationen und der Institutionen der Stadtkultur: die Universitäten, die Volkshochschulen, der Sport, die Foyers und Bühnen der Theater. Die Auseinandersetzung zwischen den kulturellen Dörfern der Stadt zu organisieren kann geradezu eine Aufgabe der Institutionen der Stadtkultur genannt werden. Sie bilden Kristallisationspunkte der *moral regions*, zu denen sich ein interessiertes Publikum zu bestimmten Zeiten zusammenfindet. »Kunstmuseen, Boutiquen, Restaurants und andere spezialisierte Orte der Konsumtion kreieren einen sozialen Raum für den Austausch von Ideen« (Zukin 1995, S. 13). Die Institutionen der Stadtkultur können Orte sein, an denen die Diversität verhandelt wird, da dort, in einem wie auch immer beschränkten Maße, die Interessen an Arbeit, Politik, Sport, Musik, Theater oder Kunst die sozialen Milieus übergreifen. Je offener sie für die Teilnahme aller Städter sind, desto besser werden sie ihre Funktion als Agora erfüllen, auf der über das rechte Leben in der Stadt diskutiert werden kann.[12]

12 Daß es mit dieser Offenheit nicht weit her ist, ist empirisch vielfach belegt. Die Institutionen und Veranstaltungen der Hochkultur (Thea-

Konflikt ist ein Mechanismus der Integration (vgl. Dahrendorf 1961, S. 123). Moderne Städte sind Orte kontinuierlichen Wandels und deshalb auch immer wieder neuer Konflikte. Es geht dabei um ökonomische Interessen: Wer darf welche Räume für sich beanspruchen, mit welchen sozialen und technischen Infrastrukturen und Gebäudequalitäten sind diese ausgestattet? Es geht um symbolische Macht: Wer darf die herausgehobenen Orte der Stadt mit seinen Symbolen besetzen, wie hoch dürfen z. B. die Minarette und die Hochhäuser der Banken im Vergleich zum Turm der Hauptkirche sein? Es geht um soziale Anerkennung von Differenz und um die verschiedenen Vorstellungen vom richtigen Leben in der Stadt. Städtische Konflikte sind Auseinandersetzungen über die Verteilung von Lebenschancen, und sie berühren Identitäten. Deshalb sind sie niemals abgeschlossen, in veränderter

---

ter, Oper, klassische Konzerte) sind von jeher sozial und demographisch hoch selektiv (vgl. Glogner-Pilz 2012; Kulturpolitische Gesellschaft e.V. 2006; Opaschowski 2005). Bildung entfaltet eine höhere Selektivität als Einkommen. Hochgebildete (Hochschulabschluß) sind im Publikum von Hochkultur »dramatisch« (Rössel et al. 2005, S. 232) überrepräsentiert und ihr Anteil steigt weiter. Rössel et al. sprechen von einer »zunehmende[n] Elitisierung« des Publikums (ebd.). Daß der Kulturkonsum der einzelnen von deren Bildung abhängig ist, dem scheint nur schwer entgegenzuwirken zu sein. Die soziokulturellen Zentren, die mit dem erklärten Ziel angetreten waren, bildungsferne Gruppen anzusprechen, weisen einen besonders hohen Anteil an Gymnasiasten, Abiturienten und Studenten auf (vgl. Göschel et al. 1995). Aber sie erreichen mehr Jugendliche als die Angebote der Hochkultur. Alter ist das zweite, hochselektive Merkmal. Die »spektakulärsten« Veränderungen zeigen sich in der Alterszusammensetzung der Opernbesucher. Der Anteil der unter 45jährigen im Publikum nordrheinwestfälischer Opern ist von 60 % im Jahr 1979 auf 10 % im Jahr 2012 gefallen. Im selben Zeitraum ist der Anteil der über 55jährigen auf 73 % gestiegen (vgl. Reuband 2013, Tab. 1, S. 414).

Form an veränderten Gegenständen brechen sie immer wieder auf.

Konflikte können zerstörerisch, aber auch funktional sein (vgl. Coser 1956, S. 80). Konflikte über die Zukunft der Stadt sind schon deshalb unvermeidlich, weil künftige Entwicklungen nicht exakt prognostizierbar sind. Stadtentwicklung unterliegt keinen Sachgesetzlichkeiten, und selbst wenn es so wäre, so kann diese niemand kennen. Die Vielfalt der möglichen Zukünfte und aller Nebenfolgen ihres Erreichens ist unüberschaubar. Weil das Richtige, das in einer gegebenen Situation zu tun wäre, nicht gewußt werden kann, sind Konflikte über die Ziele und Mittel des Handelns unvermeidlich. Konflikte können als Suchbewegungen angesichts der strukturellen Ungewißheiten menschlicher Existenz verstanden werden (vgl. Dahrendorf 1961, S. 123). Wenn ein Konflikt ohne Gewalt gelöst wird, kann er Integration auf einer neuen Stufe bewirken. Ob das gelingt, hängt davon ab, inwieweit es zwischen den streitenden Parteien Gemeinsamkeiten gibt, also gemeinsame Orientierungen und anerkannte Spielregeln für die Auseinandersetzung, auf deren Basis ein Ausgleich gesucht werden kann. Unter solchen Bedingungen entfalten Konflikte »schöpferische Kraft« (Dahrendorf 1961, S. 125). Eine kulturell produktive Stadt ist keine konfliktfreie Stadt, im Gegenteil, Konflikte sind Triebkräfte des sozialen und kulturellen Wandels: »Wo Konflikte anerkannt und geregelt werden, bleibt der Prozeß des Wandels als allmähliche Entwicklung erhalten« (ebd., S. 125).

Die Vorstellung, der physische Raum der Straßen und Plätze einer Stadt sei wie die Agora Athens der Raum diskursiver Verständigung unter Fremden über das allgemeine Wohl, ist schon aus dem einfachen Grund unrealistisch, daß heutige Städte dafür viel zu groß sind (Abschn. 1.3.1). Wenn der physische öffentliche Raum eine integrative Funktion hat, dann als umkämpfter Raum, als Arena, in der Auseinandersetzungen um die reale und symbolische Präsenz des Fremden ausgetragen werden. Der Kanon öffentlichkeitsfähiger Verhaltensweisen und Symbole ist Ausdruck von Herrschaft, wie die Verdrängung von Körperlichkeit, Intimität und Sexualität in die Privatsphäre der Disziplinierung dient. Die Konflikte um Burka und Minarette sind Konflikte um die Grenzen der Anerkennung des Anderen. Wenn neben den Sieben Kirchtürmen in der Silhouette von Lübeck auch ein Minarett zu sehen ist, dann wird der Islam in Deutschland akzeptiert sein.

Präsenz im öffentlichen Raum ist immer auch ein Zeichen gesellschaftlicher Akzeptanz. Deutlich wird das an der Geschichte der Enttabuisierung von Sexualität jenseits der heterosexuellen Normalität. Dabei lassen sich drei Phasen unterscheiden: In der ersten wird Sexualität in die Privatsphäre abgedrängt. Abweichende Formen von Sexualität werden zusätzlich durch ihre Kriminalisierung und Psychiatrisierung ausgegrenzt. In der zweiten Phase werden diese abweichenden Formen legalisiert, bleiben aber weiterhin von jeglicher Präsenz im öffentlichen Raum ausgeschlossen. Forciert durch eine Strategie der Sichtbarkeit sozialer Bewegungen, wird Homosexualität in der dritten Phase allmählich gesellschaftlich anerkannt. Erst mit ihrer selbstverständlichen Präsenz im öffentlichen Raum und nicht schon mit ihrer Entkriminalisierung sind Verhaltensweisen als »normal« akzeptiert.

In den städtischen Konflikten geht es um handfeste Interessen und um die Anerkennung von differenten Identitäten (vgl. Ipsen 2007). Sie sind deshalb außerordentlich brisant, und ihre Ursachen können nur in den seltensten Fällen dauerhaft beseitigt werden. Weder die effektive Unterdrückung noch die Abwesenheit von Konflikten kennzeichnet eine lebendige Stadtkultur. Stadtkultur lebt von Konflikten, aber nur insoweit, wie die Regeln zivilisierter Auseinandersetzung eingehalten werden. Es ist die Aufgabe der Politik, von der Bildungs-, Kultur- und Planungspolitik über Moderationsverfahren bis zu Polizei und Justiz, das zu gewährleisten. Erste Aufgabe einer realistischen Stadtpolitik wäre, die disruptiven Folgen städtischer Konflikte einzudämmen. Dazu müßte sie öffentliche Räume im physischen und im übertragenen Sinn für die Konfliktaustragung bereitstellen und neutrale Spielregeln garantieren. Darüber hinaus hätte sie die Sprachfähigkeit der Beteiligten zu unterstützen, und sie müßte über die Handlungsspielräume verfügen, die gefundenen Kompromisse auch in die Tat umzusetzen. Wenn es gelingt, die Kämpfe solchermaßen demokratisch zu bändigen, dann leistet der öffentliche Raum der Stadt gerade als umkämpfter Raum Integration ohne Vernichtung von Differenz.

4.7 Die Stadt als Schule des Möglichkeitssinns

In Kapitel 4.3 wurden vier Dimensionen beschrieben, nach denen der städtische Raum strukturiert ist: kulturelle Diversität, soziale Ungleichheit, Ungleichzeitigkeit und funktionale Differenzierung. Sie überlagern und mischen sich, bleiben aber in der Struktur der Stadt erkennbar. Im Gang durch die Stadt wird man mit den Lebensweisen und Symbolen unterschiedlicher Kulturen konfrontiert, mit Armut und Reichtum, mit Rückständigkeit und Modernität. Wie der Gang durch den Raum der Stadt ein Panorama menschlicher Lebensmöglichkeiten eröffnet, so auch der Gang durch die Geschichte einer Stadt. Städte sind steinerne Geschichtsbücher. Cicero erschien das damalige Athen wie heute Rom als die ewige

Stadt: »Wohin wir treten, setzen wir unseren Fuß auf die Spur einer anderen Geschichte« (zit. n. Stierle 1993, S. 53).

Die Stadt ist ein Gedächtnis, dessen Erinnerung weit zurückreicht. In fast jeder Stadt ist heute noch der ursprüngliche Grundriß erkennbar. In ihren Häusern, ihren Museen, Denkmälern und Archiven, den Grabsteininschriften, den Namen der Straßen und Plätze, den Verwaltungsroutinen und lokalen Bräuchen, in Praktiken und Erzählungen bewahren die Städte die Lebensweisen früherer Generationen.[13] Wer die Stadt lesen kann, dem zeigt sich die historische Vielfalt urbanen Lebens. »Heute kann man [...], wenn man das Gehäuse wie eine Muschel [...] an sein Ohr hält, in einem Augenblick der Stille gedämpft den Lärm des alten Lebens vernehmen, das einst mit tätiger Überzeugung und feierlichem Vorsatz in diesen Mauern gelebt worden war« (Mumford 1984, S. 400).

Die Erfahrung von Stadt als Mosaik aus kleinen Welten und als Präsenz des Vergangenen in der Gegenwart, relativiert die Wirklichkeit heutiger Städte als nur eine von vielen möglichen Weisen urbanen Lebens. Daß es zur selben Zeit woanders anders ist, und daß es am selben Ort früher anders war, legt den Gedanken nahe, es könnte hier und in Zukunft auch anders sein. Die Erfahrung der räumlichen und zeitlichen Heterogenität städtischer Lebensweisen schult den Sinn für Kontingenz, das, was Musil den Möglichkeitssinn genannt hat:

> »Wer ihn besitzt, sagt beispielsweise nicht: Hier ist dies oder das geschehen, wird geschehen, muß geschehen; sondern er erfindet: Hier könnte, sollte oder müßte geschehen: und wenn man ihm von irgend etwas erklärt, daß es so sei, wie es sei, dann denkt er: Nun, es könnte

13 Löw und Berking begründen damit ihre weitreichenden Thesen zur Eigenlogik bzw. zu einem besonderen Habitus einer jeden Stadt: Berking 2008; Berking/Löw (Hg.) 2008. Zur Diskussion vgl. die Beiträge in *Leviathan* Jg. 41, Heft 2/2013, S. 197-263.

wahrscheinlich auch anders sein. So ließe sich der Möglichkeitssinn geradezu als die Fähigkeit definieren, alles, was ebensogut sein könnte, zu denken und das, was ist, nicht wichtiger zu nehmen als das, was nicht ist« (Musil 1952, S. 16).[14]

In den vorangegangenen Abschnitten wurde die kulturelle Produktivität der Stadt aus der Spannung zwischen physischer Nähe und sozialer Distanz erklärt. Aber diese stadttypische Spannung ergibt sich nicht allein aus der Tatsache, daß die Stadt ein Ort ist, an dem Fremde leben. Sie ergibt sich auch aus einem zentralen Merkmal der europäischen Stadt, nämlich der Präsenz von Geschichte im Alltag. Auch darin liegt eine spannungsvolle Erfahrung, und zwar die von der Gleichzeitigkeit des Ungleichzeitigen und von der Präsenz des Vergangenen in der Gegenwart. Das gilt für alle historische Bausubstanz, sofern sie alltäglich genutzt und nicht bloß musealisiert ist. Die Zeugnisse vergangener Epochen erinnern an die abgelebten Möglichkeiten urbanen Lebens. Damit führen sie dem heutigen Städter vor Augen, daß auch die ihm gegenwärtige Wirklichkeit nur eine unter vielen Möglichkeiten ist. Nicht nur die Präsenz des Fremden, auch die des Vergangenen kann Anlaß zur Reflexion sein.

Die Stadt ist wie ein Palimpsest zu lesen, wie ein mehrfach überschriebenes Stück Pergament, auf dem die alten, abgeriebenen Texte noch in Spuren erhalten sind. Die Lektüre der

14 Für den Leser, dem aus der schönen Literatur entnommene Definitionen suspekt sind, sei eine seriösere aufgeboten: »Kontingent ist etwas, was weder notwendig ist noch unmöglich ist; was also so, wie es ist (war, sein wird), sein kann, aber auch anders möglich ist. Der Begriff bezeichnet mithin Gegebenes (Erfahrenes, Erwartetes, Gedachtes, Phantasiertes) im Hinblick auf mögliches Anderssein; er bezeichnet Gegenstände im Horizont möglicher Abwandlungen« (Luhmann 1984, S. 152).

steinernen Stadtgeschichte verlangt viel Rekonstruktionsarbeit. Wenn Stadtgeschichte als Schule des Möglichkeitssinns fungieren soll, dann darf solche Rekonstruktion nicht systematisch selektiv sein. Ausgrenzung verengt die Erfahrung gegenwärtiger Lebensmöglichkeiten, die das Mosaik der Stadt bereithält. Eine nach einseitigen Interessen selektierende Herrichtung der Zeugnisse der Vergangenheit verengt die Chance, an der Präsenz des Vergangenen in der Gegenwart den Sinn für die Möglichkeiten künftigen urbanen Lebens zu schulen.

Man weiß seit Eric Hobsbawms und Terence Rangers Formulierung von der »Erfindung der Tradition« (1983), daß Traditionen im nachhinein konstruiert werden. In Städten geschieht das nicht zuletzt durch Abriß und selektive Rekonstruktion der »historischen Stadt«. Schon der Begriff des historischen Zentrums ist ein Beispiel für selektive Rekonstruktion. Giulio Carlo Argan (vgl. 1989, S. 110 und S. 121) mokiert sich zu Recht über die absurde Logik, nach der Teile einer Stadt, in der Regel der vorindustrielle Kern, als historisch bezeichnet werden, andere dagegen nicht. Die Stadt sei in toto eine historische Konstruktion. Die Stadterweiterungen in der zweiten Hälfte des 20. Jahrhunderts stehen für eine wichtige Epoche der Stadtgeschichte, den Fordismus und die ihm zugehörigen Lebensweisen. Die Behauptung, diese Siedlungen seien keine qualitätsvolle Architektur, weshalb sie auch nicht altern könnten, ist angesichts der schnell wechselnden Moden, mit denen die Gründerzeitviertel und die Architektur der fünfziger Jahre des 20. Jahrhunderts entwertet und wieder neu entdeckt wurden, wenig überzeugend. Wieso sollte ausgeschlossen sein, daß die Häuser des untergegangenen Wohnungsunternehmens Neue Heimat und des industriellen Wohnungsbaus der DDR dereinst eine ähnliche Renaissance erfahren, wie sie die Spekulationsbauten des 19. Jahrhunderts seit Anfang der siebziger Jahre erlebt haben?

Jede Rekonstruktion geschieht aus der Perspektive der Gegenwart. Das zeigt sich nicht nur in der Auswahl dessen, dem das Prädikat »historisch« zugestanden wird, sondern ebenso in der Auswahl derjenigen Fassaden aus dem breiten Angebot der Baugeschichte, die dem jeweils aktuellen Geschmack besonders zusagen. Geschichte ist immer erzählte Geschichte, sie kann nie vollständig erzählt werden, und jede Erzählung folgt aktuellen Interessen und Zwängen. Sie wird neu geschrieben, wenn die Gegenwart ihre eigene Vergangenheit unter neuen Gesichtspunkten betrachtet, und sie wird jeweils anders geschrieben, je nachdem, ob es eine Geschichte von unten oder von oben oder von außen ist. Die Wahrnehmungsmuster und die Interessen der gegenwärtigen Gesellschaft bestimmen mit, welche Geschichte diese Gesellschaft hat. Deshalb muß jede Geschichte mehrfach erzählt werden. In Büchern ist das ohne weiteres möglich, man kann sie kaufen, lesen und nebeneinander ins Regal stellen. Der Denkmalschutz behilft sich, indem er bei der Renovierung einer Kirche Fenster in den Putz bricht, die den Blick auf eine darunter liegende, ältere Bemalung öffnen. Bei der Rekonstruktion der alten Stadt muß aber eine andere, noch ältere oder jüngere Stadt beiseite geräumt werden. Der Versuch, verschiedene Stufen der historischen Entwicklung zu präsentieren, käme in vielerlei Hinsicht ziemlich teuer. Mercier hat die Stadt mit einer Litfaßsäule verglichen, deren »Anschläge [...] am nächsten Tag wieder abgerissen [werden], um Platz für neue zu machen. Wenn die Hand, die sie aufgeklebt hat, sie nicht wieder abreißen würde, würden die Straßen mit der Zeit durch eine Art Karton verstopft« (Mercier, zit. n. Stierle 1993, S. 42). Jede Rekonstruktion der Stadt vernichtet ein Stück ihrer Geschichte. Man kann nicht den Palast der Republik erhalten und doch das Stadtschloß der preußischen Könige an seinem historischen Ort wieder aufbauen. Also ging die Wiederbelebung des preußischen Erbes mit dem Abriß eines prominenten Teils des Gedächtnisses der DDR einher.

Geschichte, so Jan Assmann (1997, zit. n. Frank 2008, S. 298), werde niemals »um ihrer selbst willen« erinnert, immer erfülle diese Erinnerung eine Funktion. Sie ist nicht objektive Aufarbeitung einer realen Vergangenheit, »wie es eigentlich gewesen« (Leopold von Ranke), sondern stets eingefärbt von Machtverhältnissen, Interessen und den Bedürfnissen verschiedener Gruppen. »Die Gegenwart schafft sich das historische Erbe, das sie benötigt« (Graham/Ashworth/Tunbridge 2000, S. 2). Die Namen der Straßen und Plätze erzählen Geschichten, aber Schilder sind leicht auszutauschen. Deshalb sind Straßennamen unter den ersten Opfern, wenn Geschichte revidiert wird, im Paris der Revolution ebenso wie in den ersten Jahren der DDR und später wieder nach 1989.

Ein plakatives Beispiel für die Revision von Geschichte durch Bauen bietet die Neugestaltung des Potsdamer Platzes (vgl. Frank 2008): Der Berliner Senat hatte ihn anfänglich als einen Ort der Erinnerung an seine komplexe Geschichte konzipiert. Im Verlauf der Planung setzten sich aber die Interessen zweier global agierender Konzerne durch. Von der Geschichte des Platzes blieb nur die Erinnerung an die goldenen Zwanziger, noch dazu in einer »verklärenden« Lesart, bei der Inflation, Nachkriegselend und die politischen Instabilitäten der Weimarer Republik ausgeklammert wurden.

Die Stadt ist ein Geschichtsbuch, das dauernd umgeschrieben wird, nicht von Historikern, sondern von Eigentümern, Nutzern, Politikern, Architekten, Spekulanten und vielen anderen. Und jede Überarbeitung läuft Gefahr, Geschichte endgültig aus dem Gedächtnis zu tilgen. Aber die Stadt ist auch ein Buch, das sich nicht so einfach ignorieren läßt. Die Bücher der aufgeschriebenen Geschichte muß man nicht lesen. Auch kann man sich Darstellungen heraussuchen, die den eigenen Überzeugungen entgegenkommen. Zum gebauten Geschichtsbuch der Stadt aber gibt es keine Alternative. Die historische Stadt wie der Prozeß ihrer ständigen Revision sind im Alltag jedes Bewohners gegenwärtig. Auseinandersetzungen über die gebaute Stadtgeschichte können deshalb nicht allein im Bemühen um eine neutrale wissenschaftliche Darstellung des Vergangenen geführt werden. Jeder Abriß, jede Rekonstruktion und jede Modernisierung ist immer auch ein Eingriff in den Alltag der Stadtbewohner. Es macht einen Unterschied, ob in einem Buch an die Jugend Adolf Eichmanns in Linz erinnert wird oder mit einer in den Bürgersteig vor seinem Elternhaus eingelassenen Tafel. Der Herrenausstatter, der heute in jenem Haus seinen Laden betreibt, wird bei aller Aufgeschlossenheit für die Aufarbeitung der Vergangenheit vielleicht doch darüber nachdenken, ob sein Geschäft nicht unter der Inszenierung von Geschichte leidet. Die Auseinandersetzungen über den Erhalt oder die Rekonstruktion der gebauten Zeugnisse der Stadtgeschichte bleiben niemals auf eine Fachöffentlichkeit beschränkt, und sie sind besonders heftig, weil an die gebaute Stadt alltägliche Gewohnheiten, ökonomische Interessen, kollektive Identitäten und individuelle Erinnerungen gebunden sind.

Die Geschichte ist ein Kampfplatz um Deutungen, und auch in diesen Kämpfen gibt es schwache und starke Interessen. Eines der stärksten ist das Bedürfnis nach Kompensation angesichts der Geschwindigkeit und der Konflikthaftigkeit, mit der sich die moderne Gesellschaft und mit ihr die Stadt verändern. Rekonstruktionen im Dienst solcher Bedürfnisse sind hochselektiv. Auf sie läßt sich die Kritik an der Heritage-Industrie übertragen, die Sybille Frank (2009, S. 43ff.) wie folgt zusammengefaßt hat: In der Heritage-Industrie werde Geschichte von den Elementen der Konflikte, die aufgrund sozialer Ungleichheit ausbrechen, gereinigt und zu einem Bestandteil des kollektiven Erbes gemacht, an dessen Geschlossenheit gemessen die moderne, differenzierte und konfliktbehaftete Gesellschaft nur als Verfall wahrgenommen werden könne. Indem die Heritage-Industrie eine solchermaßen beschönigte Vergangenheit der Gegenwart entgegenhalte, verschärfe sie das Leiden an der Realität und verschaffe sich so eine unversiegbare Quelle der Nachfrage nach ihren Produkten.

Rekonstruktionen der historischen Stadt können als die städtebauliche Dimension städtischer Kulturpolitik begriffen werden, und wie diese werden sie für kommerzielle Interessen, Identitätspolitiken und Imagewerbung in Dienst genommen. Auch die Rede von der europäischen Stadt gehört in diesen Zusammenhang. Mit ihr wird nicht zuletzt der Zweck verfolgt, den Schwierigkeiten bei der europäischen Einigung zum Trotz ein über alle Differenzen hinweg gemeinsames Bild von der eigenen Vergangenheit zu konstruieren. Identitätsstiftung betont die gemeinsamen Wurzeln, nicht das Fremdartige am anderen oder an anderen Zeiten. Als eine Schule des Möglichkeitssinns aber hätte die gebaute Stadtgeschichte im Gegensatz zu solch kompensatorischer Erinnerung auch die Brüche und das Befremdliche der Vergangenheit bewußt zu halten.

Die Inszenierungen der historischen Stadt fungieren auch als Instrumente der Wirtschaftsförderung, indirekt im Rahmen des Standortmarketing und direkt als Mittel der Tourismusförderung. Erstere betreibt Markenbildung. Dafür ist radikale Reduktion von Komplexität nötig: Möglichst nur ein Logo (Brandenburger Tor) und nur ein Slogan sollen die Stadt weltweit erkennbar machen. Ähnlich prämiert der touristische Blick das unmittelbar Sichtbare, das in der kurzen Zeit des Aufenthalts, gleichsam im Vorübergehen erfaßt werden kann. Das ist einer der Gründe für die von Argan kritisierte Einengung des Begriffs der historischen Stadt auf das vormoderne Zentrum. Sie entspricht der Notwendigkeit, dem Touristen wenige, spektakuläre, weithin bekannte Attraktionen zu bieten, die gut erreichbar und nach Möglichkeit in unmittelbarer Nähe zueinander auf kleiner Fläche konzentriert sind, und deren Verständnis wenig Vorkenntnis voraussetzt.

Solche Verengung von Geschichte wird verstärkt durch den Zwang, in Konkurrenz zu anderen Freizeitangeboten private Gelder zu akquirieren. Das drängt dazu, die historischen Zeugnisse als Stätten eines unterhaltsamen Geschichtserlebnisses zu inszenieren (vgl. Frank 2009, S. 44ff.). Die Altstadt von Schanghai wurde abgerissen und maßstabgetreu, jedoch um ein Drittel vergrößert wieder aufgebaut, um mehr Raum für Souvenirläden, Restaurants und andere tourismusaffine Aktivitäten zu gewinnen. Damit wird die Geschichte an gegenwärtige Konsum- und Freizeitbedürfnisse angepaßt. Gerade jene Seiten im Geschichtsbuch der Stadt, die, weil befremdend, die Reflexion anregen könnten, werden getilgt.

So richtig diese Kritik ist, sie schafft die Einsicht der postmodernen Diskussion nicht aus der Welt, daß Geschichte immer aus der Perspektive der Gegenwart und immer interessiert erzählte Geschichte ist. Einziger Ausweg wäre, ebendas sichtbar zu machen, d. h., eine offene Auseinandersetzung über die verschiedenen Möglichkeiten der Rekonstruktion und die damit verbundenen unterschiedlichen Interessen und

Bedürfnisse zu führen. Eine solche Auseinandersetzung wird sich in den objektiven Grenzen bewegen müssen, die der Bewahrung von Geschichte in der Stadt durch die Anforderungen des Neuen gesetzt sind. Die moderne Gesellschaft paßt nicht in das Gehäuse der alten. Wenn Stadtplaner die Vergangenheit eines Gebiets erkunden, um daraus Anhaltspunkte für dessen Umgestaltung zu gewinnen, so erweisen sie damit den historischen Bedeutungen eines Orts Referenz. Aber neu gebaut werden muß trotzdem. Die Stadt ist ein Geschichtsbuch, in dem Erinnerungsspuren gelöscht werden müssen, damit neue an deren Stelle gesetzt werden können. Die Auseinandersetzung um die Präsenz von Geschichte in der Stadt steht vor der widersprüchlichen Aufgabe, Kontinuität zu sichern und Zukunft offen zu halten.

Die Geschichte eines Orts ist eine Quelle für Halt gebende Traditionen und eine Schranke für mögliche Veränderungen. Diese Ambivalenz hat Simmel in den ersten Sätzen angesprochen, mit denen er seinen berühmten Aufsatz über »Die Großstadt und das Geistesleben« beginnt: »Die tiefsten Probleme des modernen Lebens quellen aus dem Anspruch des Individuums, die Selbständigkeit und Eigenart seines Dasein gegen die Übermächte der Gesellschaft, des geschichtlich Ererbten, der äußerlichen Kultur und Technik des Lebens zu bewahren« (Simmel 1993, S. 192). Und weiter (S. 203) nennt er

> »die Großstädte die eigentlichen Schauplätze dieser über alles Persönliche hinauswachsenden Kultur [...]. Hier bietet sich in Bauten und Lehranstalten, in den Wundern und Komforts der raumüberwindenden Technik, in den Formungen des Gemeinschaftslebens und in den sichtbaren Institutionen des Staates eine so überwältigende Fülle kristallisierten, unpersönlich gewordenen Geistes, daß die Persönlichkeit sich sozusagen dagegen nicht halten kann.«

Das historische Erbe beschreibt Simmel hier als Last, als Übermacht der in den Städten präsenten Geschichte gegenüber den Individuen. Stadt ist die widersprüchliche Einheit von Laboratorium der Moderne und vergegenständlichtem Gedächtnis. Diesen Widerspruch lösten jene Städtebauer des 20. Jahrhunderts gewaltsam auf, die mit ihren Entwürfen die Zerstörungen des Zweiten Weltkriegs dafür nutzen wollten, eine Tabula rasa herzustellen, um darauf die Idealstadt der Moderne zu errichten. Paradigmatisch dafür waren die Planungen des Architekten Hans Scharouns für den Wiederaufbau Berlins (vgl. Durth/Sigel 2008, S. 387ff.).

Den Gegenpol besetzt ein konservatorischer Denkmalschutz, der das Gedächtnis der Stadt gegen die Zumutungen der Moderne zu schützen versucht. In der 1987 verabschiedeten Charta von Washington zur Denkmalpflege in historischen Städten heißt es:

> »Zu den Werten, die es zu bewahren gilt, gehören der historische Charakter der Stadt und alle jene materiellen und geistigen Elemente, in denen sich dieser Charakter ausdrückt, insbesondere: a) die Anlage einer Stadt, wie sie durch Parzellen und Straßennetz bestimmt ist; b) die Beziehung zwischen Bauwerken, Grünflächen und Freiräumen; c) die innere und äußere Erscheinungsform von Bauwerken, wie sie durch Struktur und Stil, Maßstab und Volumen, Konstruktion und Materialien, Farbe und Dekor gegeben ist; d) die Beziehungen zwischen der Stadt oder dem städtischen Bereich und der natürlichen und vom Menschen geschaffenen Umgebung; e) die verschiedenen Funktionen, die die Stadt oder der städtische Bereich im Lauf der Zeit übernommen hat« (zit. n. Oevermann 2011, S. 285).

Wo, so fragt man sich, ist da noch Raum für Wandel, und wie außer als musealisierte sollen die historischen Funktionen erhalten werden, wenn sie sich überlebt haben?

Präsenz von Geschichte im Alltag des Städters ist mehrdeutig: bedrückende Last, identitätssichernde Tradition und Provokation des Möglichkeitssinns. Neuere Proklamationen des Denkmalschutzes sind bemüht, eine entsprechende Balance zwischen Erhaltung, Nachhaltigkeit und Entwicklung zu finden. Die Fähigkeit, eine konsistente Geschichte über sich selbst zu erzählen, also über ein kohärentes autobiographisches Wissen zu verfügen, ist zusammen mit dem Wissen um die Ambiguitäten und Ambivalenzen der Rollen, die man in der Gegenwart spielt und mit einer Perspektive auf die möglichen eigenen Zukünfte, Kern der Identität einer Person. Analog müßte es einer idealen Stadtpolitik gelingen, das Erbe der Vergangenheit mit den Erfordernissen der Gegenwart so zu verknüpfen, daß die Geschichte in all ihrer Halt gebenden Kontinuität und befremdlichen Diskontinuität präsent bleibt und die Zukunft dennoch offen gelassen wird.

4.8 Die Räume des Übergangs

Im räumlichen Neben- und zeitlichen Nacheinander unterschiedlicher Lebensweisen vermittelt die Stadt Erfahrungen von Fremdheit. Das Mosaik aus kleinen Welten birgt die Erfahrung der Fremdheit zwischen uns und denen, die Präsenz von Geschichte im Alltag die zwischen heute und damals. Beides macht die Stadt als Ganze zur Schule des Möglichkeitssinns. Es gibt aber auch Räume in der Stadt, die den Möglichkeitssinn besonders herausfordern. Sie sollen hier Räume des Übergangs genannt werden.

Der Begriff des Übergangsraums spielt in vielen Zusammenhängen eine Rolle. In politikwissenschaftlichen und psychologischen Diskussionen wird die Bedeutung von Phasen oder Räumen des Übergangs bei der Bewältigung krisenhafter gesellschaftlicher resp. individueller Entwicklungen hervorgehoben. Hannah Arendt spricht von Zwischenperioden, in denen den Handelnden »ein Intervall in der Zeit zu Bewußtsein kommt, welches ganz von Dingen bestimmt ist, die nicht mehr sind, und von solchen, die noch nicht sind. In der Geschichte haben diese Intervalle mehr als nur einmal gezeigt, daß sie das Moment der Wahrheit enthalten« (Arendt 1983, S. 13). Psychoanalytiker argumentieren ähnlich im Hinblick auf Krisen in der kindlichen Entwicklung: Nach Ann-Kathrin Scherer (vgl. 2008) besteht eine qualitative Differenz zwischen der abstrakten, linearen und zielgerichteten Arbeitszeit, nach der eine Kinderkrippe die Betreuung organisiert, und der personengebundenen, individuellen und situationsabhängigen mütterlichen Zeit. Ein Kind, das in einer Tageskrippe untergebracht wird, müsse täglich den Übergang zwischen der mütterlichen Zeit seines Zuhauses und der rationalen Arbeitszeit der Krippe bewältigen. Das mache eine möglichst offene, nicht genau bemessene Zeit des Übergangs nötig, und diese sei die wichtigste Zeit im Tageslauf, an der sich die Qualität einer Krippenbetreuung entscheide.

Eine analoge Bedeutung hat Donald Winnicott (vgl. 1993; 1974) dem intermediären oder Übergangsraum zugesprochen. Winnicott verwendet den Begriff metaphorisch, um Erfordernisse kindlicher Reifungsprozesse zu klären. Er bezeichnet damit Objekte, Situationen oder auch konkrete Räume, die nicht vollständig mit Deutungen besetzt sind. Diese bedeutungsoffenen »Räume« benötige das Kind beim Übergang von der Symbiose mit der Mutter zu einer von ihr getrennten Existenz. Der Übergangsraum erfülle in dieser kritischen Phase die doppelte Funktion eines schutzgebenden und eines anregenden Raums. Die Loslösung aus der Symbiose mit der Mutter sei schmerzhaft und beängstigend. Übergangsräume fungierten als Container dieser Ängste. Weil sie nicht vollständig mit vorgegebenen Bedeutungen besetzt seien, könnten Übergangsräume das Kind aber auch dazu anregen, seine Umwelt selbst auszudeuten – die Decke wird zur Mutter, der Stuhl zum Zug und das Zimmer zum Bahnhof. Das sei eine doppelt produktive Leistung: Das Kind erschaffe sich den Übergangsraum in Auseinandersetzung mit den vorgefundenen Gegebenheiten, und indem es den Raum spielerisch mit seinen Deutungen produziere, erfahre das Kind sich als jemand, der seine Umwelt gestalten kann. Diese Erfahrung, so Winnicott, sei eine Voraussetzung für die Entwicklung des Kindes zu einem eigenständigen Ich.

Begriffe der Psychoanalyse lassen sich nicht umstandslos in soziale Begriffe übersetzen (vgl. Kap. 4.5, Fn. 11), aber einige der Merkmale, mit denen in der Psychoanalyse die besonderen Qualitäten eines Übergangsraums beschrieben werden, sind nicht notwendig auf eine innere Logik des Subjekts bezogen. Sie lassen sich deshalb auf städtische Räume übertragen. Übergangsräume erfüllen erstens wichtige Funktionen bei der Bewältigung krisenhafter Transformationen. Im Falle der heutigen Stadt ist das die von der Industrie- zur Dienstleistungsgesellschaft und zur Wissensökonomie. Zweitens sind Übergangsräume bedeutungsoffen. Damit sind keine physisch und symbolisch leeren, sondern nicht vollständig ausgedeutete Räume gemeint. Städtische Übergangsräume sind offen für neue Deutungen, weil sie nicht restlos von politischer, kultureller oder ökonomischer Macht vereinnahmt sind. Drittens können Übergangsräume als geschützte Räume dienen. Sie gewähren ein Moratorium, um sich mit krisenhaften Transformationen auseinandersetzen zu können. Viertens sind sie kulturell produktive Räume. Da sie nicht lückenlos ausgedeutet sind, fordern sie neue Deutungen heraus. Mit ihrer Geschichte, ihrer Architektur, ihrer Materialität etc. sind sie zugleich Akteure in den Kämpfen um neue Deutungen. Räume des Übergangs sind Räume produktiver Umdeutungen, in denen das Subjekt seine äußere Welt und sich selbst im Umgang mit dem Vorgefundenen neu erfinden kann. Fünftens sind Übergangsräume widersprüchliche Räume, die Halt und Offenheit bieten, Kontinuität und Abenteuer, die Chance, eine neue Identität zu gewinnen, aber auch das Risiko zu scheitern.

Eine Stadt hat viele Räume: Räume des Arbeitens und des Wohnens, Räume der Armen und der Reichen etc. In jeder Stadt gibt es auch Räume, die sich den Kategorien des Städtebaus und denen der Sozialforschung entziehen. Sie sind weder Gewerbe- noch Wohngebiet, und ihre Bewohnerschaft paßt nicht in die Schubladen von Schichtungstheorien. Diese Räume sind nicht Produkt bewußter Planung. Sie entstehen eher zufällig in der Folge gesellschaftlicher Umbrüche, wie das heruntergekommene ehemalige Arbeiterquartier, das einer längst geschlossenen Fabrik zugeordnet war. Sie können sich als Nebenfolgen städtischer Entwicklungsprozesse bilden wie die Bahnhofsviertel. Sie sind Räume des Dazwischen, Räume, in denen der Verwertungsprozeß des Kapitals eine Pause eingelegt hat. Deswegen finden sie sich häufiger in schrumpfenden Städten als in prosperierenden. Berlin war lange Zeit eine solche Stadt im Abseits der ökonomischen Dynamik. Das, zusammen mit seiner Geschichte und der Vielfalt seiner kulturellen und Bildungsinstitutionen, hat die Hauptstadt zu einem Mekka kultureller Szenen werden lassen.

Übergangsräume sind aus der Zeit gefallene, flüchtige Räume, und ihre Nutzer tragen selbst dazu bei, daß sie nicht lange Bestand haben (Kap. 3.3). Diese zugegebenermaßen schwer beschreibbaren Räume haben etwas von jenem zehnten Charakter, den Robert Musil den mindestens neun Charakteren eines Landesbewohners gegenüberstellt: »dieser ist nichts als die passive Phantasie unausgefüllter Räume; er gestattet dem Menschen alles, nur nicht das eine: das ernst zu nehmen, was seine mindestens neun andern Charakter tun und was mit ihnen geschieht; also mit andern Worten, gerade das nicht, was ihn ausfüllen sollte« (Musil 1952, S. 35). Auch in einer Stadt gibt es »unausgefüllte Räume«, in denen all das, was die mindestens neun anderen Räume der Stadt ausfüllt, keine Geltung hat. Diese »zehnten Räume« sind die Räume des Übergangs. Sie entstehen im Zuge des ökonomischen Strukturwandels in den gebauten Hinterlassenschaften einer vergangenen gesellschaftlichen Formation, aus denen sich die ursprünglichen Nutzungen zurückgezogen haben. Sie bilden sich in schlecht erschlossenen, von der Stadtentwicklung abgehängten Quartieren, oder dort, von wo sich wegen der angesiedelten anrüchigen Nutzungen seriöse Investoren fernhalten. Und man stößt auf sie an jenen Orten, wo die Eigentümer in Erwartung künftiger, profitablerer Nutzungen nicht mehr in ihre Bestände investieren. Den ersten Typus repräsentieren Industriebrachen, für die sich nach dem Rückzug der Industrie keine neuen, zahlungskräftigen Nutzer interessieren. Für den zweiten Typus stehen die Restflächen der Stadtentwicklung, wie man sie in der Umgebung von Häfen und Bahnhöfen antrifft. Den dritten Typus könnte man »City-Erwartungs-Gebiete« nennen. Das ist die *zone of transition*, die Zone des Übergangs, wie Burgess (1974) den Siedlungsring um den Central Business District genannt hat. Hier vernachlässigen die Eigentümer ihre Bestände in der Hoffnung, daß sich renditeträchtige Dienstleistungsfunktionen dahinein ausdehnen werden. Industriebrachen, Restflächen der Stadtentwicklung und City-Erwartungs-Gebiete sind bedeutungsoffene Räume des Nicht-mehr und des Noch-nicht. Die Mieten sind niedrig, viele, auch großvolumige gewerbliche Gebäude stehen leer, die Fluktuation ist hoch, weshalb auch die sozialen Kontrollen hier lockerer sind als in den anderen, mehr beachteten Teilen der Stadt.

Bei den neuen Städtern, die die Renaissance der Städte tragen, handelt es sich nicht zuletzt um Beschäftigte der Kulturwirtschaft. Sie suchen urbane und zugleich ökonomisch erschwingliche Räume. Diese finden sie in den Übergangszonen der Städte. Sie sind für Kulturproduzenten dreifach attraktiv: weil sie ökonomisch entwertet, weil sie ungenutzt und weil sie symbolträchtig sind. Die eigentümliche Attraktivität der baulichen Hinterlassenschaften der Industriegesellschaft für postindustrielle Nutzer, beruht zunächst einmal auf ihren handfesten Vorzügen: Sie sind billig und leer. Kristine Krause (2008) benennt einen weiteren Grund für die Umnutzung von Lagerhallen in London durch religiöse Gemeinden. Die isolierte Lage solcher Räume erlaubt es, religiöse Riten mit erheblichem Aufwand an Lärm zu begehen, ohne daß Anwohner dadurch gestört würden.

Die Attraktivität alter Industrieanlagen gerade für postindustrielle Nutzer hat aber auch eine symbolische Dimension. In den aufgelassenen Industriearealen und den heruntergekommenen Gebieten am Rand der Innenstadt werden gesellschaftliche Umbrüche erfahrbar. Es sind Räume des Übergangs zwischen zwei gesellschaftlichen Formationen. Wenn eine Kulturinitiative sich eine alte Industriehalle aneignet, kann sich eine Spannung entwickeln zwischen der Erinnerung an schwere körperliche Arbeit und Industriekapitalismus, die in diesen Gebäuden noch immer präsent ist, und der Lebensrealität ihrer postindustriellen Nutzer, die dem nicht mehr unterworfen sind. Sie können die manchmal gewaltigen Räume einer vergangenen Epoche, deren Architektur und deren schiere Dimensionen von der Macht der Industriebarone, von Ausbeutung, aber auch vom Selbstbewußtsein der Arbeiter erzählen, zu ihren Spiel- und Möglichkeitsräumen verfremden.

Die Spannung zwischen Gegenwart und Vergangenheit ist eine typische urbane Erfahrung. Historische Gebäude halten Distanz zu ihren aktuellen Nutzungen und Nutzern. Das Gehäuse einer vergangenen gesellschaftlichen Formation, das seine Zwecke überlebt hat und nun von ganz anderen Nutzern für ganz andere Zwecke in Dienst genommen wird, bietet Räume, in denen sich Phantasie entfalten kann. Es sind Räume des Möglichkeitssinns, in denen der heutige Städter Distanz zu seiner eigenen Wirklichkeit gewinnen kann.

Historische Gebäude, leer gefallene Industriehallen, Hafenanlagen oder Militärgelände sind Übergangsräume. Es sind Räume voller Geschichte, aber diese Geschichte hat keine Macht mehr über die heutigen Nutzer. Die Zwecke, für die sie einmal errichtet worden waren, haben sie verloren und mit ihnen sind auch ihre alten Bedeutungen, ihre Symbolik von Macht, Gewalt, Reichtum, technischem Fortschritt und Modernität ausgedünnt geworden, so daß sie mit neuen Deutungen besetzt werden können. Die Aneignung der Zeugnisse der Vergangenheit ist immer auch ein Prozeß der Umdefinition, bei der der Aneignende sich eine eigene Umwelt schafft, indem er die alt gewordene mit neuen Zwecken und neuen Deutungen füllt. Im Umbruch von der Industrie- zur Dienstleistungsgesellschaft liegt die Chance für eine neue Dimension von Urbanität, in der die seit der Gründungsphase der europäischen Stadt wichtigste Epoche der europäischen Stadtgeschichte, die 150 Jahre industrieller Urbanisierung, kritisch angeeignet, ironisch verfremdet und künstlerisch verarbeitet wird. Die Kampagne Essens als Kulturhauptstadt Europas im Jahr 2010 hat deutlich gemacht, welche Rolle die Auseinandersetzung mit diesem hochambivalenten Erbe für die Bewältigung des Strukturwandels von der Industrie- zur Dienstleistungsgesellschaft spielen kann und welche kulturellen Potentiale daraus zu gewinnen sind.

Auch viele der neuen urbanen Sportarten betreiben eine spielerische Aneignung von Räumen, die für ganz andere Zwecke gedacht sind, z. B. Skateboarder, die das leere Parkhaus vor meinem Zimmer in der Universität jetzt am Abend, wo ich schreibe, für ihre leider etwas lärmenden Künste nutzen. Aus den Schwellen, die die Autos in geordneten Bahnen halten sollen, werden Sprungschanzen und aus Auffahrtsrampen Slalomstrecken. Die verschiedenen Spielarten des urbanen Sports eint die Zweckentfremdung des Vorgefundenen. Skateboarder, Inlineskater, Fassadenkletterer, Crossrunner und Crossgolfer eignen sich teilweise hochartistisch den öffentlichen Raum durch die möglichst elegante Überwindung von Hindernissen wie Bordsteinkanten, Treppen, Telephonzellen, Häusern oder parkenden Autos an. Es ist eine körperliche Auseinandersetzung mit den materiellen Gegebenheiten der Stadt, die den öffentlichen Raum der Stadt verfremdet bis hin zur Persiflage. In solchen Praktiken spielerischer Umdeutung des Vorgefundenen können »Unorte« wie eine Baugrube oder ein Parkhaus in Arenen artistischer Kunstfertigkeit verwandelt werden.

Die Umnutzung und Ästhetisierung von alten Industrieanlagen wie die urbanen Trendsportarten sind neuartige Beiträge zur urbanen Kultur. Sie leisten eine ironische Verfremdung des Gegebenen. Ironie, Verfremdung und Umdefinition aber sind wesentliche Elemente urbaner Kultur. Die kulturelle Produktivität der Stadt lebt von Spannungsverhältnissen. Solche produktiven Spannungen ergeben sich besonders in Zeiten gesellschaftlicher Umbrüche, und die Städte sind immer Brennpunkte gesellschaftlichen Wandels. Das war im 19. Jahrhundert der Fall, als die Industriegesellschaft die Strukturen der alten Residenz- und Bürgerstädte aufbrach und umwälzte, und es ist heute dort der Fall, wo eine postindustrielle Gesellschaft sich die Hinterlassenschaften von 150 Jahren industrieller Urbanisierung aneignet.

Anders als Industriebrachen verdanken die Restflächen der Stadtentwicklung und die *zone of transition* ihre Zugänglichkeit und Bedeutungsoffenheit weniger dem Verlust ihrer ursprünglichen Zwecke als einem Mangel an Investitionen. Die Ursachen ihrer Vernachlässigung sind unterschiedlich. Die Restflächen sind aus den verschiedensten Gründen – problematische Nutzungen, schlechte Erschließung, Umweltbelastungen etc. – für profitorientierte Investoren uninteressant. Die *zone of transition* entsteht aus dem gegenteiligen Grund: Die Grundstückspreise können hier sogar sehr hoch sein, trotzdem wird nicht in die Bausubstanz investiert, weil man sich in der Zukunft Gelegenheiten für profitablere Investitionen erhofft. City-Erwartungs-Gebiete sind Spekulationsgebiete, die Dauer ihres Moratoriums ist daher schwerer kalkulierbar und in der Regel kürzer als die der Restflächen.

Die Ursachen ihrer Entstehung und damit zusammenhängend ihr Zeithorizont unterscheiden die drei Typen von Übergangsräumen, ihre sozialen und baulichen Strukturen weisen jedoch Ähnlichkeiten auf. Und sie erfüllen ähnliche Funktionen für die Stadt. Es handelt sich um heruntergewirtschaftete, diffuse Räume mit einem ungeordneten Über-, Neben- und Durcheinander von Gebäuden, Menschen und Nutzungen: nicht modernisierte Wohnungen, Lagerhäuser, Werkshallen, aufgegebene Betriebe. Sie sind billig, bieten viel leeren Raum und die Regelungsdichte ist geringer als in den geordneten

Stadtteilen. Daher sind sie geeignet, um all die Nutzungen und Menschen zu beherbergen, die in den ordentlichen Räumen der Stadt keinen Platz finden, weil sie sich diesen nicht leisten können oder weil sie dort nicht gern gesehen sind: heruntergekommene Hotels, anrüchige Vergnügungseinrichtungen, die Enklaven der Armen und der ethnischen Minderheiten, die immobilen Alten und die sehr mobilen Jungen. Die schwachen sozialen Kontrollen bedingen wiederum überdurchschnittlich hohe Anteile an psychischen Erkrankungen, illegalen Aktivitäten und abweichenden Verhaltensweisen. Den Soziologen der Chicagoer Schule galt die *zone of transition* als *space of vice*, als Ort der Sünde und der verderblichen Leidenschaften, als die Müllkippe der Stadt, wo sich der *social junk* ablagert, diejenigen, »die vom Entwicklungsgang des industriellen Fortschritts abweichen und von denjenigen Industrieorganisationen, denen sie einmal angehörten, weggeschmissen werden« (Park 1974, S. 109, übers. v. u. zit. n. Hennig 2012).

In den Räumen des Übergangs sammeln sich Menschen in Phasen des Übergangs: die kürzlich Zugewanderten, die ihre vertraute Lebenswelt verlassen haben und in der neuen noch nicht heimisch geworden sind. Doug Saunders nennt diese Orte »Ankunftsstadt« und zählt dazu Einwandererviertel wie die französischen »Banlieus Difficiles, Plattenbausiedlungen, Chinatowns, Little Indias, Hispanic Quarters, städtischen Slums und Migrantenvororte« in den entwickelten Ländern und die »Slums, Favelas, Bustees, Bidonvilles, Ashwaiyyat, Shantytowns, Kampongs, Urban Villages, Gecekondular und Barrios in den Entwicklungsländern« (Saunders 2011, S. 35). Die von den Einwanderern gebildeten ethnischen Kolonien fungieren als Puffer zwischen den neu Zugewanderten und der Aufnahmegesellschaft. Sie sind Brückenköpfe vertrauter

Heimat in der Fremde. Zuwanderer, solange sie noch nicht vollständig in Markt und sozialstaatliche Netze integriert sind, brauchen informelle Hilfsnetze, und diese lassen sich leichter unter Angehörigen derselben Kultur knüpfen. Die neu Zugewanderten finden in den ethnischen Kolonien Menschen, die ihre Gewohnheiten teilen, dieselbe Sprache sprechen und ihnen Unterkunft, materielle, soziale und psychische Unterstützung gewähren. Dort bietet man ihnen Schutz vor Isolation, Informationen über die fremde Umgebung und erste, auch informelle Erwerbsmöglichkeiten. Einwanderungsstädte brauchen Einwandererquartiere, Räume des Übergangs zwischen dörflicher und urbaner Lebensweise sowie zwischen der Herkunftskultur und der Kultur der Einwanderungsgesellschaft. Sie mildern den Schock der Migration. In ihnen überlagern sich die Netze der Zuwanderer und der Einheimischen. Im günstigen Fall kommt dort eine produktive Auseinandersetzung der Fremden mit der Kultur der Einheimischen und der Einheimischen mit der Kultur der Fremden zustande.

In Phasen des Übergangs befinden sich auch junge Menschen zwischen Jugend und Erwachsenensein, in Ausbildung oder Studium, in der Phase der Berufsorientierung und vor der Gründung einer Familie, Alleinstehende nach gescheiterten Beziehungen, alte Menschen zwischen Autonomie und Abhängigkeit und die Transnationalen, die sich saisonweise in verschiedenen Ländern aufhalten.

Von den Restflächen und Zonen des Übergangs war in der Stadtpolitik selten die Rede. Das gilt auch für Industriebrachen, sieht man ab von Sonderprogrammen wie der IBA Emscher Park und wenigen herausragenden Zeugnissen der industriellen Urbanisierung wie der Zeche Zollverein in Essen und der Völklinger Hütte. Mit der um 2000 einsetzenden Diskussion um Zwischennutzungen hat sich das geändert.[15] Seitdem sind eben diese Räume in den Fokus der Planung geraten, aber unter einer anderen Perspektive. Anders als in Teilen der theoretischen Diskussion (vgl. Oswalt et al. 2013). werden sie in der Praxis der Zwischennutzung im Kontext von Wachstumspolitiken thematisiert. Auf dem Immobilienmarkt fungieren die »Zwischennutzer« als »Pioniere« oder »Trüffelschweine«, die dem Immobilienkapital neue Investitionsmöglichkeiten erschließen, indem sie mit ihren kulturellen Aktivitäten heruntergekommene Standorte aufwerten (vgl. Abschn. 3.3.2). Wo die Stadtplanung sich der »Zwischennutzungen« bedient, ist ihr Blick hochselektiv. Er richtet sich auf die »jungen Kreativen«, auf Künstler und Studenten, Galerien und Start-ups. Was sich sonst noch in den Räumen des Übergangs sammelt, ist weniger gern gesehen. Die grundsätzlich befristeten Mietverträge wie auch die Kategorie »Zwischennutzung« selbst verweisen auf einen Zustand, der möglichst bald beendet werden soll. Zwischennutzungen sind Verlegenheitslösungen, bis sich die ordentliche Stadt diese Räume endlich zurückerobert. Hier wird hingegen argumentiert, daß die Räume des Übergangs als eine auf Dauer gestellte Institution der Stadt angesehen werden müssen, weil die Menschen und die Funktionen, die sie beherbergen, ein ständiger Teil der Stadt sind. Die »Zwischennutzer« verstehen sich selbst in der Regel auch nicht als solche, sondern als Bürger mit demselben Recht auf die Stadt wie andere. Das heißt nicht, Möglichkeitsräume seien per Milieuschutz festzuschreiben. Der Status eines auf Dauer gestellten Reservats widerspräche ihrer Funktion. Die Stadtpolitik sollte aber zulassen, daß solche Räume immer

15 Für eine differenzierte Darstellung der Entwicklung dieser Diskussion vgl. Honeck 2015.

wieder entstehen, und nicht alles daransetzen, sie so schnell wie möglich zu beseitigen. Das Desinteresse von Planern und Investoren hat unter Umständen auch gute Seiten. Es verlängert das Moratorium, unter dem Übergangsräume existieren können, und ihre Existenz ist notwendig für jede Stadt. Übergangsräume sind die Auffangbecken für alles, was in der geordneten Stadt nicht wohl gelitten ist. Sie sind zugleich Räume für unausgegorene Ideen, Räume der Vielfalt, des Unangepaßten, des Experimentierens, der Überraschungen, der Begegnung mit dem Fremden, kurz: Räume urbaner Kreativität. Aber die jungen Kreativen sind auch die Pfadfinder des Immobilienkapitals. Gerade sie tragen mit ihren Aktivitäten dazu bei, daß die Nischen der Stadtentwicklung, auf die sie doch angewiesen sind, von der ordentlichen Stadt gentrifiziert werden (Kap. 3.3). In den Räumen des Übergangs sammelt sich die Hefe der Stadtkultur, aber es sind flüchtige Räume, und je höher die kulturelle Produktivität ihrer Bewohner, desto schneller verschwinden sie wieder.

In seiner Erzählung »›Tagebuch‹« beschreibt Stanisław Lem (1981) die Erschaffung der Welt als das Gegenteil schöpferischer Gestaltung. Vielmehr wendet Gott in einem Akt der »Selbstbegrenzung« seine Macht gegen sich selbst, um sich so weit zurückzunehmen, daß Raum entsteht für die Entfaltung von etwas Eigenständigem jenseits seiner Allmacht und Allwissenheit. Nun wird man dem Planer Allmacht und Allwissenheit nicht vorhalten können – und unter Gesichtspunkten von Demokratie und Datenschutz auch nicht wünschen –, aber Lems ironische Erzählung verweist auf die Paradoxie der Aufgabe, die flüchtigen Räume des Übergangs vor Gentrifizierung zu schützen und dennoch ihren Eigendynamiken Raum zu lassen, also zugleich zu intervenieren und nicht genau hinzusehen. Das verlangt eine Verbindung formeller und informeller Instrumente, Vorgehensweisen und Organisationsformen, wie sie laut Honeck (2015), wenn auch unter anderen Zielsetzungen, im Umgang mit Zwischennutzungen entwickelt worden ist.

5. Teil: Urbanität

Im Vorangegangenen ging es immer wieder um die Ambivalenzen und Widersprüche der Stadt. In den Diskursen zur kreativen Stadt bleiben solche Unannehmlichkeiten weitgehend unerwähnt. Die Rede ist von dichter Kommunikation und nicht von »Haß und Kampf« (Georg Simmel). Mit wechselnden Formulierungen und Gewichtungen wird ausdifferenziert, was die Chicagoer Soziologen als das Wesentliche der Stadt definiert haben: Größe, Dichte und Heterogenität (vgl. Abschn. 4.4.1.2). Die Rede ist von Diversität, ein Begriff, der nicht die sperrigen Konnotationen von Heterogenität enthält, was wörtlich »Andersartigkeit« heißt. Mit Diversität ist nicht Fremdheit gemeint, sondern Unterschiede, die sich gegenseitig ergänzen. Das praktische Interesse an planbaren Bedingungen städtischer Kreativität drängt härtere Formen der Differenzierung in den Hintergrund (vgl. Färber 2012, S. 344). Die bereits zitierte Charta der Vielfalt erwähnt die in den Sozialwissenschaften im Mittelpunkt stehenden sozialen Ungleichheiten nach Schicht oder Klasse nicht. Imagekampagnen und Marketingstrategien von Städten sind weit entfernt von den eminent politischen Gehalten der Kämpfe um Anerkennung durch die Bewegungen der Bürgerrechtler, der Frauen, der Schwulen und Lesben, die Diversität zuerst auf die politische Agenda gesetzt haben (vgl. Salzbrunn, 2012, S. 378). Die Stadt gilt als kreativ, innovativ, in ihr sei alles auf reizvolle Art neu. Das Verstörende der Stadt bleibt im Dunkeln.

Wenn die im 19. Jahrhundert dominierende Großstadtkritik die Produktivität der großen Stadt nicht sehen wollte, so übersieht das heute dominierende Stadtlob, daß das Neue Identitäten zerstören, Heimaten vernichten, Existenzen die Grundlage entziehen kann. Scheitern ist die Kehrseite der Stadt als eines Raums unbegrenzter Möglichkeiten. Stadtkultur lebt von spannungsvollen Widersprüchen. In den komplementären Vereinseitigungen von Stadtkritik und Stadtlob sind diese Widersprüche auseinandergerissen. Das Bild der Stadt wird aufgespalten in Gut und Böse, in Babylon und Jerusalem.

Die Kultur der Stadt resultiert aus Spannungsverhältnissen und der Fähigkeit ihrer Bürger, sie auszuhalten (5.1). Die Ängste und die Hoffnungen, die sich von Beginn an mit der Stadt verbunden haben, sind in den Erzählungen von Babylon und Jerusalem zum Mythos verdichtet. Die biblischen Geschichten vom Turmbau zu Babel, von der Hure Babylon und der himmlischen Tochter Zion erzählen von den Widersprüchen der Stadtkultur (5.2). Widersprüche entziehen sich der Planung. Planerische Ordnungsvorstellungen können geradezu als Gegenentwürfe zur urbanen Stadt beschrieben werden. Das wird an den älteren utopischen Entwürfen zur idealen Stadt deutlich, aber auch an den visionären Plänen für eine neue Stadt, die von Städtebauern und Architekten im 20. Jahrhundert entworfen worden sind (5.3). Planung kann allenfalls Raum lassen für urbane Entwicklungen. Stadt als Ort, wo »der Ferne nah ist« (Simmel 1992, S. 765), ist kein gemütlicher Ort.

5.1 Die Zumutungen der Urbanität

Künstler haben den widersprüchlichen Erfahrungen von Stadt immer wieder Ausdruck gegeben. Zu Beginn des vorigen Jahrhunderts verknüpften Maler mit Berlin zutiefst ambivalente Assoziationen. Ihre Wahrnehmung der großen Stadt »ist widersprüchlich, [...] bipolar und deshalb spannungsgeladen;

[...] aus Faszination und Angst, aus Begeisterung und Abwehr, aus Lust und Ekel zusammengesetzt, einer unentwirrbaren Mischung« (Roters 1987, S. 35 f.). Sie porträtierten Kunsthändler, Journalisten und Bohemiens, aber auch Schieber, Dirnen und Bettler als typische Großstädter. Dieselben Widersprüche thematisiert die Großstadtliteratur: »Dicht neben der Straße, wo alle dreihundert Schritte ein Schutzmann den geringsten Verstoß gegen die Ordnung ahndet, liegen andere, die die gleiche Kraft und Gesinnung fordern wie ein Urwald« (Musil 1952, S. 27).

Die Unüberschaubarkeit der ganzen Stadt lenkte den Blick schon früh auf das Detail, aus dem das widersprüchliche Ganze erschlossen werden sollte. Immer wieder wurde die Lesbarkeit von Einzelheiten beschworen. Mercier erschien das Paris kurz vor der Französischen Revolution als die ganze Welt, und er versuchte diese Welt mit jener Aufmerksamkeit für alltägliche Vorkommnisse einzufangen, die Robert Ezra Park 150 Jahre später als *nosing around*, als »Herumschnüffeln« seinen Studenten empfahl.[1] Schon im 19. Jahrhundert bedurfte es der gemeinsamen Anstrengung einer Vielzahl von Autoren, um die Vielfalt der großen Stadt zu erfassen. Zwischen 1831 und 1834 erscheint *Paris oder das Buch der Hundertundeinen*. Die Beiträge lassen sich nach ihren Sujets ordnen. Dominant ist die Darstellung großstadttypischer Figuren: der Straßenjunge, die junge Dame im heiratsfähigen Alter, der Torwagenkutscher,

1 Daraus entstand eine Fülle von Einzelstudien zu typischen Figuren und Milieus der Großstadt Chicago: Nels Anderson, *The Hobo*; Louis Wirth, *The Ghetto*; Harvey W. Zorbaugh, *The Gold Coast and the Slum*; Clifford R. Shaw, *The Jack-Roller*; Edwin H. Sutherland, *The Professional Thief*; John Landesco, *Organized Crime in Chicago*; Walter C. Reckless, *Vice in Chicago*; Helen MacGill Hughes, *News and the Human Interest Story* (vgl. Lindner 1990, S. 115; 2006, S. 219f.).

der Flaneur, der Hundehändler, der Hochstapler, der Polizeikommissar (vgl. Stierle 1993, S. 238). Beschrieben werden einzelne Orte wie das Palais Royal, aber auch das Haus eines unbekannten Besitzers, dann einzelne Ereignisse: ein Fest, die Julirevolution von 1830. Institutionen der Stadt treten auf: die Börse, die Bibliothek, das Museum; es gibt Darstellungen typischer Handlungen wie der Liebespraktiken in einer Kutsche. Die Mode als Chiffre für die Wechselhaftigkeit und Flüchtigkeit der Stadt ist ein wiederkehrender Topos. Aber selbst diese Fülle der Darstellungen bleibt einseitig: In ironischen Feuilletons wird das *juste milieu* präsentiert, das Elend und der Dreck der Stadt geraten nicht in den Blick. Diese Leerstelle suchte das *Nouveau Tableau de Paris au XIX*^{me} *siècle* zu schließen, in dem 56 Autoren anknüpfend an Mercier Paris »vom Rinnstein« her (ebd., S. 241f.) porträtierten.

Das Ergebnis beider Werke ist eine Summe von Vignetten, von Pars pro toto genommenen Details, verfaßt von Flaneuren, Reportern und Spezialisten für eng umgrenzte Themen, ohne den Versuch der theoretischen Verarbeitung. *Das Buch der Hundertundeinen* und das *Nouveau Tableau de Paris* versammeln insgesamt 157 Autoren und eine noch größere Zahl von Beiträgen, um einen adäquaten Eindruck von Paris zu vermitteln. Die Vielfalt der Stadt wird zum Prinzip ihrer Abbildung. Nähme man die Großstadtromane des 19. Jahrhunderts hinzu, das Bild der Stadt gewänne weitere Facetten. Doch das Ergebnis wäre schon aufgrund seiner schieren Masse so unlesbar wie die reale Großstadt unüberschaubar. Die kontrastreiche Vielfalt der Stadt wird nicht begriffen, sondern bloß reproduziert. Die Soziologie wiederum, indem sie versucht die Erfahrung der Stadt auf den Begriff zu bringen, macht die Tatsache der Unüberschaubarkeit begreiflich, aber nicht erfahrbar.

Ungleichheit, Ungleichzeitigkeit und Ungleichartigkeit der Stadt begründen die stadttypischen Erfahrungen von Fremdheit. Der literarische wie der soziologische Diskurs zur Stadt sind Versuche, diese widersprüchlichen Erfahrungen ästhetisch resp. wissenschaftlich zu verarbeiten. Der Stadtbewohner aber hat sie täglich zu ertragen. Die Konfrontation mit einer Demonstration, in der Armut mit spekulativen Bankgeschäften in Verbindung gebracht wird, befremdet einen Banker vermutlich ebenso, wenn auch auf andere Art, wie der Anblick von Punks, deren Drogenkonsum und durch die Lippen gezogenen Ringe Provokationen für seine Vorstellungen von Eleganz und gesunder Lebensführung darstellen. Auch die Präsenz von Geschichte kann verstören. Auf der Fassade eines im Dritten Reich mit Steinen u. a. aus dem Steinbruch des KZ Mauthausen errichteten Gebäudes in Linz hat die Künstlerin Hito Steyerl die Wege der Zwangsarbeiter eingezeichnet, die an diesem Haus gearbeitet hatten. Die Linien von den Orten, aus denen die Zwangsarbeiter verschleppt worden waren, und zu den Lagern, in die sie anschließend verbracht wurden, spannen ein Netz der Gewalt über ganz Europa, in dessen Mittelpunkt dieses Haus steht (vgl. Linz 2009, S. 91). Die Begegnungen mit Demonstranten, mit Punks und mit den Spuren der Geschichte vermitteln jeweils andere Erfahrungen, aber jede von ihnen ist beunruhigend.

In der Regel meidet man solche Begegnungen. Urbane Lebensweise und Segregation sind zwei Mechanismen, um die Zumutungen der urbanen Stadt erträglich zu machen. Beide lösen das Problem durch Distanz und beide stoßen in der polarisierten Stadt an ihre Grenzen. Wenn Ungleichheit, Ungleichzeitigkeit und Andersartigkeit ein gewisses Maß überschreiten, schützt auch der Panzer des gelernten Städters nicht mehr. Dann ziehen sich selbst tolerante Mittelschichtshaushalte in sozial homogene Enklaven zurück. Die einen verweigern die Erfahrung von Fremdheit in aggressiver Abwehr, die anderen gehen ihr mit erheblichem Aufwand an Geld und Zeit aus dem Weg. Am Ende wäre die Stadt gespalten in *gated communities*, in denen die Gewinner eine heile Welt simulieren, und No-go-Areas, in denen die Verlierer ihre Frustrationen gegeneinander wenden. Und wo beide Welten sich berühren, dominieren Angst und Aggression.

Die realen Tendenzen einer sozialen und räumlichen Polarisierung der Stadt werden überhöht in den psychischen Prozessen projektiver Spaltung, mittels derer die Subjekte sich selbst von allen unerwünschten Regungen reinigen, indem sie das Abgelehnte und Verdrängte nach außen auf Fremde projizieren. Der Fremde wird zum Inbegriff all dessen, was man selbst nicht sein will. Der derart projektiv Verzerrte wirkt dann noch gefährlicher, so daß gegen ihn alle nur denkbaren Verteidigungsstrategien gerechtfertigt scheinen. Aus der angstvollen Faszination gegenüber dem Fremden wird aggressive Abwehr. Wo gesellschaftliche Entwicklungen und individuelle Reaktionen in dieser Weise zusammentreffen, polarisieren sich soziale und kulturelle Unterschiede zu nicht mehr vermittelbaren Gegensätzen zwischen Integrierten und Ausgegrenzten. Die Erfahrung von Ambivalenz in der Begegnung mit dem Fremden und damit die Chance einer produktiven Auseinandersetzung mit Fremdheit gehen verloren. In Johannesburg, Rio de Janeiro, Mexiko-Stadt, in US-amerikanischen Städten und auch zwischen dem historischen Zentrum und der Banlieue von Paris ist die Spaltung der Stadt bereits Wirklichkeit. Wenn die Polarisierung der sozialräumlichen Strukturen der Städte, die seit längerem auch in Europa zu beobachten ist (vgl. Kronauer/Siebel 2013), sich weiter verschärft, dann wird es in Europa keine produktive Kultur der Stadt mehr geben.

5.2 *Halbierte Urbanität: Babylon und Jerusalem als mythische Gegenentwürfe zur urbanen Stadt*

Stadt ist mit widersprüchlichen Erfahrungen verknüpft. Dabei spielt mehr mit als die vorfindliche Wirklichkeit der Stadt, und diese Wirklichkeit wird nicht nur rational, blasiert, intellektuell und distanziert verarbeitet. In den Diskursen über Stadt werden immer wieder alte Mythen aufgerufen, die die Stadt von Beginn an begleitet haben. Zu den wirkmächtigsten gehören die biblischen Erzählungen vom Turmbau zu Babel, von der Hure Babylon und der himmlischen Braut Jerusalem. Schon in diesen Erzählungen sind die beiden leitenden Thesen dieses Buchs enthalten.

Der Mythos vom Turmbau zu Babel handelt von der Hybris des Menschen und ihrer Bestrafung. Der Turm ist ein Symbol für die Schöpferkraft des Menschen, der sich eine eigene Welt erschafft, jenseits der Natur und bis an den Himmel reichend. Der Turmbau zu Babel symbolisiert den Akt der Stadtgründung. Der Mythos erzählt von der frevelhaften Anmaßung, die darin liegt. Stadt ist die Summe aller Hervorbringungen, die ein Leben in Unabhängigkeit von der Natur ermöglichen. Der städtebauende Mensch verläßt die Einheit mit der Natur, die in den Erzählungen vom Paradies beschworen wird. Und er begeht noch einmal dieselbe Sünde, die er mit dem Verzehr des Apfels vom Baum der Erkenntnis begangen hatte: sein zu wollen wie Gott. Mit der Stadtmaschine, die ihn von der Natur unabhängig macht, erbaut sich der Mensch eine eigene Welt außerhalb der göttlichen Schöpfung und belädt sich eben dadurch mit Schuld.[2] Deshalb berichten die mythi-

2 Vgl. Frank 2003, S. 24 unter Bezug auf Rykwert 1988, S. 173 und Pike 1981, S. 5.

schen Erzählungen auch von Verbrechen, die mit dem heroischen Akt der Stadtgründung verbunden waren: Der Gründer Roms, Romulus, erschlägt seinen Bruder Remus. Kain, der Gründer von Henoch, der ersten biblischen Stadt, tötet seinen Bruder Abel, einen Hirten (Genesis 4,8). Am Beginn der Stadt steht ein Vergehen, das gesühnt werden muß. Die Zerstörung des Turms und die babylonische Verwirrung der Sprachen sind die Strafe für das selbstherrliche Heraustreten des Menschen aus der von Gott geschaffenen Natur. Die Stadt wird vernichtet und die Gemeinschaft der Städter zerfällt in eine Ansammlung von Fremden, die einander nicht mehr verstehen.

Von Anfang an ist die Stadt mit den widersprüchlichen Assoziationen von Emanzipation von der Natur und Verlust der paradiesischen Einheit mit der Natur verbunden. In den ersten Berichten der Bibel tragen Babylon und Jerusalem diese Widersprüche noch in sich. Die jüdische Tradition ist zunächst keineswegs eindeutig in der Zuteilung von Gut und Böse.[3] Das ändert sich nach der ersten Zerstörung Jerusalems durch die Babylonier. Auf diese traumatische Erfahrung reagieren die Israeliten mit der Aufspaltung der einen, zugleich gottgefälligen und sündigen Stadt, in zwei konträre Welten. Babylon, die Stadt der Feinde, wird zur blutbesudelten Hure, das zerstörte Jerusalem zur himmlischen Braut Zion. Eine solcherart spaltende Wahrnehmung schützt davor, sich mit den eigenen Widersprüchen auseinandersetzen zu müssen. Draußen ist das Böse und drinnen das Gute. Die Dichotomisierung der

3 Die Bibel nennt Babylon »Frau« und »Tochter« und »Herrin der Reiche« (Jesaja 47). Babylon ist »das schönste unter den Königreichen, die herrliche Pracht der Chaldäer« (Jesaja 13,19). Die Tochter Zion, Frau und Königin Jerusalem wird wegen ihrer »Buhlerei« mit fremden Göttern als »Dirne« gescholten (Jesaja 1,21).

Welt erlaubt eindeutige Schuldzuweisungen. Das macht es leichter, Verunsicherungen zu bewältigen und entlastet von Selbstreflexion. Die biblische Dichotomie von Babylon und Jerusalem wird immer wieder aufgerufen, wenn eine gewohnte Ordnung bedroht ist. Nach der zweiten Zerstörung des Tempels 70 n. Chr. durch die Römer, wird Rom zu Babylon. Augustinus (*De civitate Dei*, XV, 5) greift den Mythos auf, um angesichts der tiefen Verunsicherungen nach der Eroberung Roms durch die Westgoten das Gegenbild einer idealen christlichen Gemeinde zu entwerfen.

Der Mythos von Babylon wird erneut beschworen, als im 19. Jahrhundert die Industriegesellschaft die Strukturen der Städte aufbricht und die gewohnten Sicherheiten zerstört. Die Öffnung der Stadt durch das Schleifen der Befestigungsanlagen ist ein Akt von hochambivalenter Symbolik. Öffnung kann befreien und verunsichern. Sie beseitigt Schranken, die das Leben eingeengt haben, aber auch den Schutzwall, der die Stadt gegen eine feindliche Außenwelt abgeschirmt hat. Mumford (1984, S. 55) nennt die Stadtmauer eine »seelische Schranke«, die »das Innenleben der Menschen vor dem Chaos und dem gestaltlosen Bösen, das sie rings umgab«, schützte. Beland (vgl. 1993, S. 381 f.) hat entsprechende Reaktionen tiefer Verunsicherung in Deutschland nach dem Fall der Mauer im Jahr 1989 beschrieben. Dieser habe für einen Moment die psychischen Spaltungen aufgehoben, mit der labile Menschen sich von dem Bedrohlichen aus dem eigenen Innern geschützt hätten.

Die Stadtbefestigung erfüllt eine doppelte Funktion. Sie hält mit ihren Mauern das Unerwünschte fern und läßt das Erwünschte durch ihre Tore herein. In Joseph von Eichendorffs Novelle *Das Marmorbild* reitet der Held zusammen mit dem Teufel auf eine Stadt zu. Doch vor dem Stadttor scheut das

Pferd des Teufels. Die Stadt ist Ordnung, Ort eines gottgefälligen, christlichen Lebens, die Natur außerhalb der Stadt ist Chaos, Ort sündiger Verlockungen und des Todes. Im 19. Jahrhundert wird diese übersichtliche Ordnung von drinnen und draußen zerstört. Das Schleifen der Mauern öffnet die Stadt. Es gibt keine Tore mehr, die geschlossen werden könnten. Nun drängt all das in die Stadt, was vorher dem Außen jenseits der Mauern zugeordnet war: Feinde, Sünde, Verführung, Gefahr und Chaos. Der öffentliche Raum wird zum Ort der Begegnung mit dem Fremden. Die Funktion der Stadtmauer verlagert sich nach innen. Schutz und Offenheit müssen nun beide im Innern der Stadt gewährleistet werden. Die Stadt muß die Balance zwischen Sicherheit und Offenheit in sich selbst finden. Die Welt ist unübersichtlich geworden. Die Unüberschaubarkeit und Anonymität der Großstadt sind dafür die Chiffren.

Der tiefe Bruch der Stadterfahrung im Verlauf des 19. Jahrhunderts wird besonders anschaulich im Wandel der malerischen Darstellung der Stadt Berlin (Roters 1987). 1831 malt Eduard Gaertner *Die Reetzengasse*, eine kleinstädtische Straßenidylle, Franz Krüger 8 Jahre später die *Parade auf dem Opernplatz*, einen weiten, repräsentativen Platz mit paradierenden Soldaten und gesitteten Zuschauern. Auf den Bildern, die Otto Dix, George Grosz, Rudolf Schlichter u.a. ab 1900 von Berlin zeichnen, ist dagegen eine faszinierende, von Bewegung geprägte, lasterhafte Metropole von Kriegskrüppeln, Schiebern, Mördern, Nutten, Gier, Sex, Verbrechen, Ausbeutung, Herrschaft und Militarismus zu sehen. Es sind nicht mehr Häuser und Stadtveduten, sondern Großstadtmenschen und Straßenszenen. Die Bilder zeigen, was die Stadt aus den Menschen macht, und sie macht nichts Gutes aus ihnen.

Die industrielle Großstadt bot reichlich Anschauung von

Dreck und erschreckenden hygienischen Zuständen, die Anlaß für wiederkehrende Choleraepidemien waren. Selbst für einen des Konservativismus unverdächtigen Beobachter wie Friedrich Engels lag es nahe, den physischen Schmutz mit moralischer Verkommenheit zu assoziieren: »mit einem Wort, daß in den Arbeiterwohnungen von Manchester keine Reinlichkeit, keine Bequemlichkeit, also auch keine Häuslichkeit möglich ist; daß in diesen Wohnungen nur eine entmenschte, degradierte, intellektuell und moralisch zur Bestialität herabgewürdigte, körperlich kränkliche Rasse sich behaglich und heimisch fühlen kann« (Engels 1970, S. 85).

Für die konservativen Kritiker ist mit der industriellen Großstadt das »große Babylon, die Mutter der Hurerei und aller Greuel auf Erden« (Offenbarung 17,5) zurückgekehrt.[4] Was die Mauern einst draußen hielten, findet sich nun mitten in der Stadt. Sie wird zur gefährlichen, unbeherrschbaren zweiten Natur: Das Gedränge der Stadt »erscheint als undurchdringlicher *Dschungel*, *Urwald*, *Wildnis*, *Dickicht*, als *Sumpf* oder *Labyrinth*« (Frank 2003, S. 48, Hervorh. i. Orig.). In der Großstadt ändern sich auch die Beziehungen zwischen den Menschen. Sie werden kalt, sachlich, vom Geld bestimmt. In der fluktuierenden, anonymen Masse wird jeder dem anderen zum Fremden, und die tiefe Ambivalenz gegenüber dem Fremden wiederholt sich im Bild der Stadt. Die Frauen der Großstadt stellt Kirchner in einer »flimmernden [...] Ambivalenz [...] zwischen Unbe-

---

4 Im 20. Jahrhundert erhält Berlin den zweifelhaften Titel Babylon (Strzoda 2008, S. 215). Noch im 21. Jahrhundert kann der Mythos mobilisiert werden: Die Zerstörung der Twin Towers in New York am 11. September 2001 bot sich geradezu an, mit dem Mythos vom Turmbau zu Babel in Verbindung gebracht zu werden, und im Film *Sin City* sorgen babylonische Huren für Recht und Ordnung (vgl. Wullen 2008, S. 15 f.).

rührbarkeit und Feilheit, zwischen Dame und Dirne« dar (Roters 1987, S. 40). Der Blick auf die Stadt schwankt zwischen Abscheu vor ihrer Verworfenheit und Faszination angesichts ihrer »großartigen Schönheit« (Spengler 1922, S. 117). »Wer einmal der ganzen sündhaften Schönheit dieses letzten Wunders aller Geschichte verfallen ist, der befreit sich nicht wieder« (ebd., S. 120).

Auf die Umwälzungen durch die industrielle Urbanisierung reagierte die konservative Stadtkritik mit der Wiederbelebung des Mythos von Babylon. Einmal mehr diente der Mythos dazu, durch gesellschaftliche Umbrüche ausgelöste, tiefe Beunruhigungen zu verarbeiten. Die widersprüchlichen Erfahrungen des neuen Phänomens der Großstadt wurden aufgespalten und getrennten Welten zugewiesen. Die romantische Polarisierung von Stadt und Land wiederholte sich unter umgekehrtem Vorzeichen. Jetzt standen Land und Kleinstadt für Sitte und Ordnung, die Großstadt für Dekadenz und Sittenverfall. Wieder schafft die Aufspaltung der Welt in Gut und Böse übersichtliche Verhältnisse, in denen man davor bewahrt ist, sich mit den Widersprüchen der Stadt auseinandersetzen zu müssen.

Was die Kultur der Stadt in einer spannungsvollen und produktiven Wechselbeziehung hält, das ist im Mythos von Babylon und Jerusalem in zwei Pole auseinandergerissen. Die Polarität der beiden Städte beruht auf unbewußten Spaltungsphantasien, mit denen der Städter sich von den verstörenden Erfahrungen entlastet, die aus den Veränderungen des Gewohnten und aus der ständigen Nähe des Fremden in der Stadt resultieren. Mythen führen ein von der Erfahrung unabhängiges Eigenleben.[5] Sie sind hochkomplexe, überdeter-

5 Der Mythos von Babylon und Jerusalem war immer schon nur lose mit

minierte und anpassungsfähige Erzählungen, die sich an sehr verschiedene Objekte binden und sehr verschiedene Motive bündeln können.[6] Die hier vorgeschlagene Lesart des biblischen Mythos von Babylon und Jerusalem betont seine Rolle bei der Verarbeitung tiefgreifender gesellschaftlicher Veränderungen und widersprüchlicher Erfahrungen von Stadt. Feministische Interpretationen bieten eine andere, ebenfalls psychoanalytisch informierte Lesart an.[7] Sie greifen nicht die

---

der historischen Realität verbunden. Forschungsergebnisse, in denen Babylon »als multikulturelle und liberale Melting-Pot-Metropole« sichtbar wird (Wullen 2008, S. 17), haben gegen ihn keine Chance. Die Erzählungen von der babylonischen Knechtschaft halten sich, obwohl die babylonische Diaspora recht bequem gewesen sein muß. Zwangsweise Umsiedlungen der Besiegten waren eine Methode, mit der die Sieger die Entwicklung ihres eigenen Landes fördern wollten. Sklaven wären weniger nützlich gewesen. Die Juden fanden in der babylonischen Gefangenschaft sogar ein Zuhause, das ihnen ein besseres Leben ermöglichte als den in Israel Verbliebenen. Es war ihnen erlaubt, Handel zu treiben, Häuser zu bauen und Sklaven zu halten. Auch dazu finden sich Belege in der Bibel, aber sie haben keinen Eingang in den Mythos gefunden: In Jeremia 51,7 ist von Babel als »goldene[m] Becher, / der die ganze Erde berauschte« die Rede, den »der Herr« in seiner Hand hält und die Völker daraus trinken läßt. Der babylonische Talmud, nicht der israelische, ist bestimmend für das Judentum geworden. Die Juden beteten für das Wohl Babylons, keineswegs nur für dessen Vernichtung (vgl. Kratz 2008, S. 553). Im 19. Jahrhundert wird die babylonische Diaspora zum Bild gelungener Integration. Damit wird die Hoffnung begründet, daß die Juden in Deutschland eine dauerhafte Heimstatt finden und sich von der Orientierung auf die Rückkehr nach Jerusalem lösen könnten.

6 Auch Institutionen wie das Königtum oder die katholische Kirche können Babylon sein: Im 12. Jahrhundert nutzt Johannes von Salisbury den Mythos als Argument zur Verteidigung der kirchlichen Privilegien gegen königliche Machtansprüche. Luther wiederum identifiziert in seiner Schrift *De captivitate Babylonica ecclesiae* die katholische Kirche mit der »Hure Babylon« (Wullen 2008).

7 Weigel 1987 und 1995; Wilson 1991; Hooper 1995; zusammenfassend

männliche Symbolik des Turmbaus auf, sondern die Spaltung der Stadt in Heilige und Hure. Diese Spaltung wird als Resultat der tiefen Verstrickung der verstörenden Erfahrungen in der Realität der Stadt mit unbewußten sexuellen Phantasien des Mannes gedeutet. In dieser Sichtweise stehen die Hure Babylon und die jungfräuliche Braut Jerusalem für die angstvolle Ambivalenz des Mannes gegenüber dem Weiblichen. Der Mythos beruht diesen Theorien zufolge auf der Übertragung der Angstlust des Mannes vor der Frau auf die Stadt.

In ihrer Studie *Stadtplanung im Geschlechterkampf: Stadt und Geschlecht in der Stadtentwicklung des 19. und 20. Jahrhunderts* hat Susanne Frank diese Thesen theoretisch differenziert und empirisch untermauert:

> »[D]ie männlich-bürgerliche Großstadtwahrnehmung im 19. Jahrhundert [kulminierte] in einer Gleichsetzung von Stadt und Hure im hoch sexualisierten Bild des schmutzigen, kranken, chaotischen, promisken, ansteckenden und schließlich todbringenden weiblichen Körpers. Die Bedrohungen, die von den unhygienischen städtischen Lebensverhältnissen ausgingen, verschmolzen ununterscheidbar mit den Gefahren umherschweifender weiblicher Sexualität« (Frank 2003, S. 125).

Damals entdeckte man die Kanalisation als Gegenstand assoziationsreicher Darstellungen, in denen sich die technisch-rationalen Infrastrukturen im Untergrund der Stadt zum Abbild menschlicher Abgründe verwandeln. Die Kanalisation weckte Phantasien von Schmutz, Sünde, Verbrechen und Gefahr.[8] Exemplarisch dafür ist der französische Kliniker und »Vater der öffentlichen Gesundheit« (Alain Corbin, nach Frank

Frank 2003. Ich verdanke Susanne Frank wichtige Präzisierungen zu diesem Kapitel.

8 Noch 1959 wird behauptet, die New Yorker Abwasserkanäle seien mit Krokodilen bevölkert (Daley 1959). Im Film *Der dritte Mann* ist die Kanalisation das Reich des Verbrechers Harry Lime.

2003, S. 126) Alexandre-Jean-Baptiste Parent-Duchâtelet. Anfang des 19. Jahrhunderts beschreibt er Kanalisation und Prostitution als gleichermaßen notwendige Institutionen städtischer Hygiene, die der Abfuhr von Schmutz und Trieben dienen.[9] Der Bau der Kanalisation zur Kontrolle von Schmutz und Abwässern im 19. Jahrhundert läuft in der Tat parallel zur Einrichtung von Sperrbezirken und anderen Maßnahmen zur Kontrolle der Prostitution. Später wird mit Haussmanns brutaler Neuordnung von Paris, bei der auch die militärische Beherrschbarkeit des Stadtraums eine Rolle spielte, das Proletariat aus der Innenstadt vertrieben und die Stadt wieder unter die Herrschaft des Bürgertums gebracht. Die diffusen Ängste des Bürgers vor der verführerischen Frau und vor dem revolutionären Proletariat fügen sich im Bild von der »roten Hure auf den Barrikaden« (ebd., S. 64) der Pariser Kommune zusammen.

Die feministischen Analysen des Mythos Babylon stellen »die abwertende Feminisierung« (ebd., S. 13) der Stadt in den Vordergrund. Aus den zum Beleg herangezogenen Texten sprechen die Verleugnungszwänge einer rigiden bürgerlichen Sexualmoral. Eine positive Feminisierung der Stadt ist danach nur in der entsexualisierten Phantasie von der himmlischen

9 »Hatte ich [...] in die Abzugskanäle dringen und [...] einen Theil meines Lebens in den Abdeckereien zubringen und gewissermaßen mitten unter allem leben dürfen, was in der menschlichen Gesellschaft als das Verworfenste und Widrigste erscheint, warum sollte ich mich denn schämen, einen Abzugskanal anderer Art, den ich allerdings für unsauberer als jeden anderen achte, zu betreten, wenn ich die gegründete Hoffnung hegte, etwas Gutes zu bewirken [...]?« »Die Lustdirnen sind, wo sich viele Menschen vereinen, so unvermeidlich, wie Abzugskanäle, Abdeckereien und Düngerhöfe« (Parent-Duchâtelet 1836, zit n. Frank 2003, S. 132).

Braut Jerusalem möglich. Freud (1972, S. 185) hat die projektive Spaltung in Madonna und Hure als »einen besonderen Typus der Objektwahl beim Manne« analysiert, der es nicht gelungen ist, die zärtlichen und die sinnlichen Strömungen der Liebe zu verbinden: »Das Liebesleben solcher Menschen bleibt in die zwei Richtungen gespalten, die von der Kunst als himmlische und irdische [...] Liebe personifiziert werden. Wo sie lieben, begehren sie nicht, und wo sie begehren, können sie nicht lieben« (ebd., S. 202). Sexualität ist dann nur in der »Erniedrigung des Sexualobjekts« (ebd.) möglich. Die feministische Analyse zeigt, wie sich im Gebrauch des Mythos die Abwehr gegen eine rationale Auseinandersetzung mit der widersprüchlichen Wirklichkeit der Stadt mit im 19. Jahrhundert verbreiteten männlichen Sexualphantasien aufs innigste verbündet hat.[10]

Die Persistenz der mythischen Dualität von Babylon und Jerusalem macht deutlich, wie voraussetzungsvoll eine Kultur der Stadt ist, in der die Zumutungen der Urbanität nicht verdrängt, sondern ausgehalten werden. Die Leistung der Triangulierung (siehe Abschn. 4.4.2) ist keine Fähigkeit, die man ein für allemal erworben hat. Sie muß in psychischer Arbeit immer wieder von neuem bestätigt werden. Die Spaltung der

10 Die hier im Anschluß an Frank (2003) referierten feministischen Analysen konzentrieren sich auf Materialien, in denen die Spaltung von Madonna und Hure dominiert. Wahrnehmungen von Stadt, in denen zusammen mit den Ängsten, die die Öffnung der Stadtmauern aktualisiert hatte, auch das Befreiende der Stadt, ihre Schönheiten und die lustvollen Seiten urbaner Vergnügungen zur Sprache kommen, werden vernachlässigt. In der Literatur des 19. Jahrhunderts (bei Baudelaire, Balzac, Heine, Hugo u. v. a.) gibt es eine Fülle an literarischen Zeugnissen für eine sehr viel differenziertere Wahrnehmung, die fähig ist, die spannungsvollen Ambivalenzen und Widersprüche der Stadt zu feiern.

Stadt in Babylon und Jerusalem bewahrt davor, diese Leistung erbringen zu müssen. Toleranz gegenüber Fremden setzt Toleranz auch gegenüber den eigenen abweichenden Regungen voraus. Die Fähigkeit, eine reflektierende Haltung einzunehmen, beruht auf psychischer Stabilität und annähernd gesicherten äußeren Verhältnissen. Jede innere und äußere Krise bedroht diese Fähigkeit. Nach den Attentaten in Paris im Januar 2015 und angesichts der Empörung über die Gnadenlosigkeit der Terrorakte hätte es auch zu haßerfüllten Reaktionen gegen Muslime kommen können. Statt dessen hat der friedliche Marsch der Demonstranten durch die Straßen der französischen Hauptstadt symbolisch deutlich gemacht, was die Leistung der Kultur der Stadt ist. Es kann nicht ihre Aufgabe sein, Widersprüche zu versöhnen. Unversöhnliches läßt sich nicht versöhnen. Die Kultur der Stadt erweist sich darin, eine dritte Position jenseits des Unvereinbaren zu gewinnen. Die Demonstration wurde zur Bestätigung der Position des Dritten, der sich weigert, in die manichäische Spaltung von Gut und Böse zurückzufallen, aus der die Attentäter gerade ihre Legitimation bezogen. Es war eine Demonstration der Fähigkeit zu reflektierter Reaktion, man könnte sagen, der Fähigkeit zur Urbanität, und sie nutzte dazu den symbolträchtigen öffentlichen Raum der Stadt.

5.3 Planbare Urbanität?

Babylon und Jerusalem sind die negative bzw. die positive Utopie der Stadt. Babylon steht am Anfang der Geschichte, Jerusalem an ihrem Ende. Der Turmbau zu Babel symbolisiert die Ambivalenz der Gründung einer Stadt, Jerusalem die Erlösung aus dieser Ambivalenz. Und doch ist Jerusalem ebensowenig eine wünschenswerte Zukunft wie Babylon. Wenn die Sehnsucht nach einer besseren Welt mit dem Entwurf einer idealen Stadt aus dem Jenseits auf die Erde geholt wird, dann offenbart sich die tiefe Zwiespältigkeit, die allen Sehnsuchtsorten anhaftet. Es sind viele Verbote und Verzichte nötig, um ein Jerusalem in dieser Welt von allem Babylonischen rein zu halten. Wenn Platon konkrete Vorschläge macht, wie die ideale Polis beschaffen sein soll, dann nennt er, was dort unerwünscht ist: Dichter, leidenschaftliche Musik, Luxus und nicht zuletzt Fremde (vgl. Mumford 1979, S. 213). In Thomas Morus' utopischer Stadt Amaurotum besitzt jeder nur einen Arbeitsanzug aus Leder oder Fell, über den zu besonderen Anlässen ein Obergewand geworfen wird, mehr wäre Genußsucht und unnützes Vergnügen, was in Amaurotum verpönt ist (Morus 1960, S. 56f.):

> »Ihr seht schon: es gibt dort keinerlei Möglichkeit zum Müßiggang und keinerlei Vorwand, sich vor der Arbeit zu drücken: keine Weinstube, keine Bierschenke, nirgendwo ein Freudenhaus, keine Gelegenheit zur Verführung, keine Schlupfwinkel, keine Lasterhöhle. Vor aller Augen vielmehr muß man seine gewohnte Arbeit verrichten oder seine Freizeit anständig verbringen« (ebd., S. 63).

Utopien haben ihr Recht als kritische Gegenentwürfe zur Realität. Sie machen exemplarisch deutlich, daß eine andere Gesellschaft denkbar ist. Utopisches Denken praktiziert, was Robert Musil Möglichkeitssinn genannt hat. Schon die frühesten utopischen Entwürfe greifen weit voraus: wissenschaftliche Bildung für jedermann, Aufhebung der Arbeitsteilung, Überwindung des Gegensatzes von Stadt und Land, Reduktion des Reichs der Notwendigkeit durch Verkürzung der Arbeitszeit. Und doch entwerfen diese Utopien eine Zukunft, vor der man erschrecken kann. Die Dystopie Babylon und die Utopie Jerusalem sind beide, wenn auch auf gegensätzliche

Weise, keine Städte. Die Spaltung in Gut und Böse ist kein geeignetes Fundament für den Bau der Stadt.

Das neue Jerusalem, von dem im Alten Testament die Rede ist, ist noch auf dieser Welt angesiedelt. Das Jerusalem des Neuen Testaments dagegen liegt im Jenseits und am Ende aller Zeiten.[11] Es ist ein eschatologisches Konzept. Das erhellt schon aus seiner irrealen Gestalt als riesiger Würfel mit einer Kantenlänge von 12 mal 1000 Stadien (1 Stadion = 185-200 Meter), umgeben von einer Mauer in Höhe von 12 mal 12 Ellen mit 12 Toren, auf denen 12 Engel sitzen (Johannes Offenbarung 21,12-17). Auch dem christlichen Mittelalter ist der Gedanke fern, daß schon auf Erden eine bessere Welt möglich sei. Erst im Humanismus werden Utopien wieder als weltliche Paradiesvorstellungen denkbar.

Die Stadtentwürfe der Utopisten beruhen fast immer auf geometrischen Grundfiguren und einfachsten mathematischen Formeln. Das himmlische Jerusalem ist ein Würfel, Morus' Amaurotum und die Christianopolis des Johann Valentin Andreae sind quadratisch, der Sonnenstaat von Tommaso Campanella und das Atlantis von Platon sind kreisförmig. Daneben spielen Berechnungen und magische Zahlen eine große Rolle:

---

11 »Ihre *Tore werden den ganzen Tag nicht geschlossen* – Nacht wird es dort nicht mehr geben. *Und man wird die Pracht* und die Kostbarkeiten *der Völker* in die Stadt *bringen. Aber nichts Unreines wird hineinkommen*, keiner, der Gräuel verübt und lügt« (Johannes Offenbarung 21,25-27, Hervorh. i. Orig.). Das himmlische Jerusalem kennt nicht die Unterscheidung von profanen und sakralen Bereichen, es gibt weder einen Tempel noch Priester, denn die ganze Stadt ist heilig und alle ihre Bewohner sind Priester. Gott »*wird in ihrer Mitte wohnen*, [...] *Er wird alle Tränen von ihren Augen abwischen*: Der Tod wird nicht mehr sein, keine *Trauer*, keine *Klage*, keine Mühsal. Denn was früher war, ist vergangen« (Johannes Offenbarung 21,3-4, Hervorh. i. Orig.).

Beim himmlischen Jerusalem, bei Platon und Andreae ist es die 12, bei Campanella die 3 und die 7. Das Utopia von Thomas Morus besteht aus 54 identischen Städten, von denen jede nicht mehr als 6000 Einwohner zählt, jede Familie darf nicht weniger als 10 und nicht mehr als 16 Personen umfassen. Charles Fouriers Phalanstère soll exakt 1620 Einwohner haben, nicht mehr und nicht weniger, was Fourier aus der Zahl der 14 menschlichen Leidenschaften auf ziemlich komplizierte Weise errechnet.

Stadtutopien sind Sehnsuchtsorte der Rationalität. Inbegriff dieser Rationalität ist die Mathematik. Die Regeln der Mathematik sind zeitlos, und die geometrischen Figuren von Würfel, Kreis und Quadrat sind vollkommen. Man kann sie nicht ändern, ohne sie zu zerstören. Mathematik und Geometrie stehen für die Vollkommenheit der Utopie. Das Vollkommene aber erlaubt keinerlei Abweichung. In Christianopolis ist »das Aussehen der Dinge [...] überall gleich« (Andreae, zit. n. Holl 1990, S. 26). Wer eine von den 54 Städten in Morus' Utopia »kennt, kennt alle: so völlig gleichen sie einander, soweit es das Gelände erlaubt« (Morus 1960, S. 50). Die Bewohner von Campanellas Sonnenstaat tragen Uniform, und körperliche sowie geistige Unterschiede werden durch Zuchtwahl ausgemerzt. Fremde sind in der utopischen Stadt allenfalls als flüchtige Besucher oder als Sklaven vorgesehen (Morus 1960, S. 80f.). All das kann man als logische Konsequenz utopischen Denkens verstehen, denn angesichts des Vollkommenen sind Differenz und Individualität nur als pathologische Abweichungen vorstellbar. Utopien sind in die Zukunft projizierte Paradiesvorstellungen, und aus dem Paradies entkommt man nur durch den Sündenfall und beladen mit dem Fluch Gottes.

Die Utopie liegt nicht nur im räumlichen Nirgendwo, sondern ebenso in einem zeitlichen Nirgends. Utopien sind geschichtslos. Idealstädte sind Neugründungen im Niemandsland, in einer Tabula-rasa-Situation. Sie brechen so radikal mit der Vergangenheit, daß nichts davon übrigbleibt. Utopien haben weder eine andersartige Vergangenheit noch eine offene Zukunft, denn im erreichten Ideal verbietet sich jeder Wandel. Das Vollkommene kann und darf sich nicht ändern. In der Utopie ist Geschichte stillgestellt. Schon Umberto Eco hat auf den Widerspruch zwischen utopischem Denken und Heraklits These vom ewigen Wandel der Dinge hingewiesen: Alles fließt und nichts bleibt (vgl. Krau/Witthinrich 2006, S. 5). Angesichts der Unausweichlichkeit sozialen Wandels, muß jede Idee einer idealen Ordnung in totalitäre Repression umschlagen. Utopien ähneln dem, was Erving Goffman totale Institutionen genannt hat: dem Gefängnis, der geschlossenen psychiatrischen Anstalt oder dem Kloster. Die soziale Organisation des Klosters mit seinen auf Statik bedachten Reglementierungen und seinem Antiindividualismus war ein Modell, an dem die Utopisten sich orientiert haben. Das Kloster aber ist das Gegenteil einer Stadt.

Die Entwerfer der utopischen Stadt berufen sich auf Mathematik und Geometrie in der Hoffnung, das geometrisch Einfache und mathematisch Regelhafte sei auch das ästhetisch Schöne, und das ästhetisch Schöne sei auch das gesellschaftlich Gute. Die ideale Stadt ist, so das Motto einer Ausstellung über Planstädte, »klar und lichtvoll wie eine Regel« (Holl 1990). Die Idealstädte der Utopisten sind Sehnsuchtsorte einer besseren Welt. Aber der Rekurs auf Mathematik und Geometrie enthüllt diese Entwürfe als totalitäre Ordnungsphantasien. In der endgültigen, geometrisch vollkommenen Ordnung sind krumme Gassen, generell das Unordentliche und Chaotische von Babylon ebenso ausgemerzt wie individuelle Differenz, die Vergangenheit ebenso wie die Zukunft. Robert Musil

(1952, S. 476) legt diese Kritik ausgerechnet einem Militär, dem General Stumm von Bordwehr, in den Mund: »[A]ber jetzt stell dir bloß eine ganze, universale, eine Menschheitsordnung, mit einem Wort eine vollkommene [...] Ordnung vor: so behaupte ich, das ist der Kältetod, die Leichenstarre, eine Mondlandschaft, eine geometrische Epidemie! [...] Irgendwie geht Ordnung in das Bedürfnis nach Totschlag über.«

Die Notwendigkeit, die Stadt zu ordnen, ist der Anfang aller Stadtplanung. Sie beruht auf dem Wunsch nach der schönen Stadt und nach der funktionierenden Stadtmaschine. Im Barock waren es die Repräsentationsbedürfnisse absolutistischer Herrscher, im 19. Jahrhundert die katastrophalen hygienischen und sozialen Zustände, die eine ordnende Planung der Stadt unumgänglich machten. Heute sind es die drohende Spaltung der Stadt, die Verkehrsprobleme und die Anforderungen des Klimaschutzes. Doch jeder Ordnungsversuch läuft Gefahr, Abweichungen vom Plan als unzulässige Störung zu definieren, die im Interesse des Ganzen unterbunden werden muß. Ordnung ist darauf gerichtet, Überraschungen zu vermeiden. Die Produktivität der Stadt lebt aber davon, daß Unvorhergesehenes geschieht und Unterschiede zufällig aufeinandertreffen.

Die Ideengeschichte des Städtebaus im 20. Jahrhundert läßt einem den Kopf schwirren von all den Manifesten,[12] in denen ein neues Zeitalter, eine neue Gesellschaft, eine neue Ordnung, mindestens aber eine neue Stadt proklamiert wird. Und gerade dann, wenn Manifeste wie die von Le Corbusier Sachlichkeit und Logik verkünden, kommt das verstiegenste Geschwafel heraus (vgl. Lampugnani 2010, S. 395 f.). Stadtplanung er-

12 Vgl. hierzu die profunde Darstellung von Lampugnani (2010). Das Folgende nach Siebel 2011c.

scheint in solchen Proklamationen als die Kunst endgültiger Weltverbesserung. Der Stadtplaner und Bildhauer Hendrik Christian Andersen z. B. wollte eine Stadt schaffen, »die alle wissenschaftlichen, künstlerischen und sportlichen Erfolge der Welt verkörpern und vereinigen und ihre Werke im Hinblick auf die Bedürfnisse und den Fortschritt der Menschheit erproben sollte, mit dem Ziel, sie schließlich, nachdem ihre Vortrefflichkeit internationale Anerkennung gefunden hat, weltweit verbreiten zu lassen« (zit. n. Lampugnani 2010, S. 73).

Wie bei den Utopisten rekurriert solche Weltbeglückung auf einfache geometrische Grundformen. Und wie bei den Utopisten gibt es keinen Wandel, jedenfalls keinen qualitativen, allenfalls quantitative Änderungen durch Addition des Immergleichen. Der Architekt Iwan Leonidow wollte die Trennungen überwinden zwischen »Stadt und Land, zwischen Kultur und Natur, zwischen Architektur und Landschaft, zwischen Arbeit und Muße, zwischen Wohnung und Freiraum. Und zwischen Privatem und Kollektivem« (zit. n. Lampugnani 2010, S. 246). Zu diesen hohen Zwecken entwarf Leonidow eine Stadt als potentiell unendliche Addition von Quadraten: Erlösung der Welt durch Geometrie. Für derartige Pläne hätte die alte Stadt weggeräumt werden müssen. Nach Le Corbusiers geschichtsvergessenem »Plan Voisin« wären vom alten Paris bloß ein paar Monumente wie das Panthéon und Notre-Dame stehengeblieben. An die Stelle der abgerissenen Stadt sollten mal längs, mal hochkant gestellte Schachteln treten, dazwischen Autobahnen und Grünflächen.

Zwischen der Ordnungsbesessenheit der städtebaulichen Entwürfe und den rigiden Ordnungsvorstellungen totalitärer Ideologien des 20. Jahrhunderts besteht mehr als nur eine metaphorische Verwandtschaft, gleich, in welchen Formen sich dieser Ordnungswahn ausdrückt, ob in der »Broadacre City«

von Frank Lloyd Wright oder den Phantasien der italienischen Futuristen, in Ebenezer Howards Gartenstadt oder Iwan Leonidows Besessenheit vom Quadrat. Werner Durth und Niels Gutschow (1988) haben in ihren Untersuchungen zu Architektur und Städtebau im Dritten Reich deutlich gemacht, wie weit Architekten und Städtebauer den Verführungen der Macht erlagen. Eine Erklärung dafür ist naheliegend: Viele der großen städtebaulichen Entwürfe würden zu ihrer Realisierung ein autoritäres Regime benötigen, wie es Baron Haussmann bei seiner Umgestaltung von Paris in Gestalt von Napoleon III. im Rücken hatte. Noch beängstigender wäre allerdings ein geschlossener Konsens jenseits von Ambivalenz und Widerspruch in der Bevölkerung, der derartige Entwürfe zu realisieren erlauben würde.

Es gibt noch eine tiefer gehende Erklärung als die Hoffnung des Architekten auf den starken Bauherrn, der seinen Entwürfen ohne Abstriche zur Wirklichkeit verhelfen könnte. Städtebau ist angetreten, die Stadt zu ordnen. Eine ordnende Planung der Stadt ist aus vielen Gründen notwendig. Aber wenn die dynamische und widersprüchliche Komplexität der Stadt im Interesse ihrer ästhetischen und funktionalen Ordnung auf einfache Formeln und Geometrie reduziert wird, dann gerät Stadtplanung in die Nähe zu autoritären Gesellschaftsentwürfen, die ihrerseits der Gesellschaft Ordnung aufzwingen wollen, ob es nun eine ständische Ordnung ist wie in Francos Spanien, eine rassistische wie im Dritten Reich oder eine repressive Gleichheit wie im Stalinismus. Durth und Gutschow (1988, S. 8) begründen die Verführbarkeit von Architekten und Städtebauern mit der »Sehnsucht nach [...] einer höheren Ordnung, in der jedes Ding und jeder Mensch an seinem zuvor bestimmten Platz steht, den der Planer schließlich nach seinen Regeln zuzuweisen hat«. Mathematik und Geometrie repräsentieren universal gültige Prinzipien, die den Städtebauer von allen Ärgernissen erlösen könnten: den Ambivalenzen und Widersprüchen des städtischen Lebens, hinderlichen Eigentumsverhältnissen, Profitinteressen und spießigem Geschmack. Mit der Weltformel, ob nun Kreis, Quadrat oder Goldener Schnitt, flieht der Städtebauer aus der unbegriffenen Komplexität der Stadt in eine harmonische Welt, befreit vom Zwang, auf all die Realitäten Rücksicht zu nehmen, mit denen er sich sonst tagtäglich herumschlagen muß.

Seit dem Scheitern des realsozialistischen Experiments sind Utopien in Verruf geraten. Wenn heute gesellschaftliche Zukünfte ausgemalt werden, so sind es Dystopien, Schreckensszenarien wie in den Filmen *Blade Runner*, *Die Klapperschlange* oder *Die Tribute von Panem*. Das mag an der resignierten Einsicht in die Fragwürdigkeit aller Fortschrittshoffnungen liegen. Vielleicht hat die Angst vor möglichen Zukünften auch mit einer Gegenwart zu tun, die zumindest in den entwickelten westlichen Demokratien für eine Mehrheit Lebensmöglichkeiten eröffnet hat, aus denen man sich nicht mehr so ohne weiteres in eine utopische Zukunft fortwünschen möchte. Wer heutzutage aus China nach Europa zurückkehrt, dem erscheint hier die idyllische Siedlungslandschaft Wirklichkeit geworden zu sein, die William Morris in seinem Zukunftsroman *Neues aus Nirgendland* beschrieben hat. Angesichts der Lebensumstände, die für eine Mehrheit erreicht sind, weckt die Zukunft eher Verlustängste als Hoffnungen.

Im 20. Jahrhundert sind die städtebaulichen Visionen künftiger Städte von gesellschaftspolitischen Ideen weitgehend bereinigt, außer vielleicht der Hoffnung, die schöne Stadt werde auch die Gesellschaft zum Besseren formen können. Doch allein schon die Größe heutiger Städte und ihre Dynamik entziehen das Ganze der Stadt dem Anspruch des Städtebauers auf Gestaltung. Darüber hinaus wäre zu fragen, ob sich die Stadt nicht grundsätzlich einem umfassend ordnenden Zugriff verweigert. Stadt ist Ort der Begegnung mit dem Fremden, der Differenz und des Widerspruchs, sie ist zugleich Labyrinth und rationalistisches Straßenraster, Ordnung und Chaos, Jerusalem und Babylon. So notwendig eine ordnende Planung der Stadt ist, so unweigerlich läuft jeder Versuch, Stadt einem Ordnungsschema zu unterwerfen, Gefahr, individuelle Differenz als die Harmonie des Ganzen störend auszuschließen, und dies um so mehr, je mehr die Ordnung in der Überzeugung betrieben wird, das Richtige zu tun. Die urbane Stadt dagegen wäre, um noch einmal Adorno zu bemühen, gerade ein Ort, an dem man ohne Angst verschieden sein kann (vgl. Adorno 1964, S. 131).

Die moderne Stadtgesellschaft fügt sich nicht mehr in die vereinfachenden Schemata eines städtebaulichen Entwurfs, weder in Clarence Perrys »Neighbourhood Unit« noch in Kiyonori Kikutakes »Unabara«, noch in die »Plug-in City« und wie die verstiegenen und zugleich schematischen Großentwürfe alle heißen. Das ist der Grund, weshalb heute Städtebau und Stadtplanung getrennte Wege gehen. Stadtplanung kann sich nicht mehr am architektonischen Entwurf orientieren. Der idealtypische Architekturentwurf unterstellt den potenten Bauherrn, den kompetenten Architekten und ein leeres Zeichenblatt. Das ist das Gottvater-Modell der Planung, wonach einer, der alles weiß, über alle Mittel verfügt und weder Widersprüche noch Ambivalenzen kennt, auf einer Tabula rasa eine neue Welt erschafft. Wo solches wieder versucht wird, wie in Dubai, Südkorea und China, kommen bestenfalls funktionierende Stadtmaschinen heraus, aber keine Städte.

Das Gottvater-Modell rationaler Planung ist nicht auf Stadt

übertragbar. Es gibt kein omnipotentes Subjekt. Die Mittel sind fast immer unzureichend und in der Hand verschiedener Akteure, die unterschiedliche und sogar widersprüchliche Interessen verfolgen. Die Stadt ist zudem viel zu komplex, als daß irgendein Subjekt über adäquates Wissen verfügen könnte, um sie zu steuern. Stadtentwicklung ist ein Prozeß, dessen Dynamik auch im idealsten Entwurf nicht stillgestellt werden könnte. Für eine grundsätzlich kontingente Zukunft läßt sich keine umfassende Vorsorge treffen. Und schließlich gibt es keine Tabula rasa. Stadt ist in irgendeiner Form immer schon da, entstanden aus geographischen Gegebenheiten, über Jahrhunderte aufgehäuften Investitionen, technischen und militärischen Erfordernissen, ökonomischen Interessen, politischen Machtverhältnissen, wechselnden städtebaulichen Leitbildern und aus den Geschichten, sozialen Beziehungen und Hoffnungen der Menschen.

Stadtplanung verfährt heute notwendig inkrementalistisch, in kleinen Schritten, abhelfend und aushelfend, verhandelnd, mehr überredend als befehlend, auf jeden Fall demokratischer, als es die großen Gesten der großen Städtebau-Visionäre erlauben würden. Sie hat genug damit zu tun, die Stadtmaschine funktionsfähig zu halten. Und wo sie sich an die widersprüchliche Aufgabe heranwagt, Kreativität zu fördern, bedient sie sich paradoxer Strategien, die den Spagat zwischen Sicherheit und Flexibilität, zwischen ordnender Rahmung und Offenheit fürs Unvorhersehbare versuchen. Dazu werden intermediäre Organisationen zwischen Staat und Zivilgesellschaft gegründet, wie die Hamburg Kreativ Gesellschaft, die zwischen der Stadt und den Akteuren der Kultur und Kreativwirtschaft vermitteln soll. Die Strategien setzen auf Vernetzung, Partizipation, Aktivierung, Kommunikation und Beobachtung. Es wird Geld eingesetzt und für verläßliche Rahmenbedingungen

Sorge getragen, aber man achtet auf möglichst flexible Förderbestimmungen. Wenn vertragliche Vereinbarungen getroffen werden, etwa über Zwischennutzungen, bemüht man sich um ein Maximum an Offenheit, um positive, aber schwer vorhersehbare künftige Entwicklungen nicht von vornherein zu verhindern. Es sind hybride Strategien, die die Planung des Unplanbaren leisten sollen, und sie müssen so behutsam wie möglich gehandhabt werden, um die Widersprüche dieser Aufgabe nicht aufbrechen zu lassen (vgl. Ebert/Kunzmann 2007, S. 64).

Gott erschafft die Welt aus dem Nichts. Der Stadtplaner muß sich bescheidenere Ziele setzen. Er findet kein unbeschriebenes Blatt vor, sondern in der Regel eine ganze Stadt. Er agiert in einem Gestrüpp widerstreitender Interessen, ausgestattet mit unzureichenden Mitteln und auf Basis unvollständiger Informationen. Die Jahreslosung der evangelischen Kirche für das Jahr 2013 lautete: »Wir haben hier keine bleibende Stadt, sondern die zukünftige suchen wir« (Hebräer 13,14). Das kann jenseits aller Jerusalem-Hoffnungen auch als Mahnung verstanden werden, die eigene begrenzte Gegenwart nicht über die Vergangenheit und nicht über die Zukunft zu stellen. Ein Schweizer Architekt, der in Basel ein 600 Jahre altes Haus erworben hatte, bezeichnete sich in einem Gespräch als »Verwalter«: Auch wenn er vielleicht 30 Jahre darin leben würde, so sei das nur ein kleiner Bruchteil der Zeit, die dieses Haus schon existierte und noch existieren werde. Wie könne er sich das Recht anmaßen, ein Haus, das auch nach ihm noch viele Generationen beherbergen werde, seinen vergleichsweise flüchtigen Bedürfnissen zu unterwerfen. Derselbe Respekt wäre Planern gegenüber der Stadt zu wünschen. Die europäische Stadt ist ein über tausendjähriges Artefakt. In ihr sind die Geschichten vergangener Generationen präsent und die Zukunft der kommenden angelegt. Solcher Respekt verlangt höchst widersprüchliche Leistungen: Die vorhandene Stadt so umzubauen, daß sie die Interessen, Bedürfnisse und Hoffnungen der gegenwärtigen Bewohner erfüllt, ohne Geschichte zu vernichten und ohne die Interessen, Bedürfnisse und Hoffnungen, die künftige Bewohner an die Stadt herantragen werden, in jedem Sinne des Wortes zu verbauen.

Die Idealstädte des 20. Jahrhunderts sind wie die der Utopisten antiurbane Entwürfe, sie leugnen das Wesen der europäischen Stadt. Stadt ist in Europa das Zentrum der gesellschaftlichen Dynamik. Diese beruht auf spannungsvollen Wechselwirkungen zwischen physischer Nähe und sozialer Distanz, Faszination und Bedrohung, Sicherheit und Verunsicherung, Geschichte und Gegenwart, Heimat und Anonymität, warmem Nest und Maschine, Ordnung und Chaos. Der Städtebau hat nicht nur eine Dystopie und eine Utopie als negatives und als positives Leitbild. Er hat auch zwei mythische Ahnherrn, Hippodamos und Daidalos. Sie stehen für zwei paradigmatische Stadtgrundrisse: Hippodamos erfand das rationalistische Straßenraster von Milet. Daidalos erbaute das undurchdringliche Labyrinth von Knossos. Aber erst beide zusammen machen eine urbane Stadt. Die Stadt als Ort, an dem utopische Sehnsüchte ohne Repression Wirklichkeit geworden sind, müßte sehr widersprüchliche Metaphern von Stadt vereinen: Milet und Knossos, das heilige Jerusalem und das sündige Babel, eine Aufgabe, an der auch der klügste und machtvollste Städtebauer scheitern müßte.

Ungleichheit, Ungleichzeitigkeit und Ungleichartigkeit machen die Stadt zu einem Ort, an dem das Fremde nah ist. Babylon und Jerusalem definieren das produktive Spannungsfeld zwischen sündigem Chaos und heiliger Ordnung. Der Prozeß der Urbanisierung schwankt zwischen Emanzipation und der Errichtung immer neuer Zwänge. Urbanität erschöpft sich nicht in Gewimmel, Straßencafés und einem reichen Kulturangebot. Urbanität entsteht auch nicht schon durch die Anhäufung von Annehmlichkeiten. Urbanität ist anstrengend. Die urbane Stadt gewährleistet auch jene Unübersichtlichkeit und Anonymität, in deren Schutz der brave Bürger seinen weniger reputierlichen Neigungen nachgehen kann, ohne gleich von Bekannten oder der Polizei zur Ordnung gerufen zu werden. Urbanität ist mehr als Sitte und Ordnung. Was wäre Hamburg ohne den Mythos von St. Pauli? Zur urbanen Stadt gehört nicht nur der breite Boulevard des Flaneurs, sondern auch das Labyrinth der Gassen, in dem man sich verirren kann. Ebenso das Rotlichtviertel, die halb- und illegalen Aktivitäten der Schattenwirtschaft, die Stätten geheimer Wonnen und Lüste des Bürgers. Das sind oft schmuddelige Orte, an denen sich all das sammelt und wohinein all das abgedrängt wird, was in der geordneten Stadt nicht gern gesehen ist. Eine Geschichte europäischer Urbanität wäre unvollständig ohne die Erzählungen vom Golem und von Jack the Ripper. Es gibt auch eine Nachtseite der Urbanität. Alfred Döblin hat sie in *Berlin Alexanderplatz* beschrieben.

Urbanität läßt sich allein schon aus politischen Gründen nicht planen. Filarete hatte in seiner Idealstadt Sforzinda ein Haus der sieben Tugenden und der sieben Todsünden vorgesehen, in dessen Erdgeschoß ein Bordell, darüber eine Bibliothek und darüber eine Akademie untergebracht sein sollten. Das Haus ist begreiflicherweise nie realisiert worden, und ein Bürgermeister, der sich heute für seinen Bau einsetzen würde, hätte wenig Aussicht, wiedergewählt zu werden. Angesichts der Tendenzen wechselseitiger Angleichung von Innenstadt und Shopping-Mall bleibt anscheinend nur der Appell an einen heroischen Urbanismus, der darauf beharrt, auf der Bühne der

Stadt auch mit den negativen Seiten städtischen Lebens, dem Elend der Drogenabhängigen und der Armut der Bettler konfrontiert zu werden. Nur dürfte ein solcher Appell gegenüber dem legitimen Ruf nach Sicherheit, Sauberkeit und Service kaum mehrheitsfähig sein. Wenn es trotzdem weiterhin Rotlichtviertel geben wird, dann weil unter demokratischen Verhältnissen auch fundamentalistische Tugendwächter keine vollständige Kontrolle über die Stadt gewinnen können.

Urbanität läßt sich nicht planen, weil ihre Widersprüche nur gewaltförmig aus der Welt zu schaffen wären. Wer eine urbane Stadt planen will, der muß für Sicherheit, Ordnung und funktionsfähige Infrastrukturen sorgen. Er muß das historische Erbe in der Stadt bewahren und versuchen, die sozialen und räumlichen Spaltungen der Stadt abzubauen. Auch die Schönheit sollte er nicht vergessen. Doch Urbanität planen zu wollen wäre ein Widerspruch in sich. Man kann allenfalls Räume offen lassen, damit sich darin urbane Qualitäten entfalten können. Das sind geschichtsträchtige Räume, Räume, die Überschüsse aufweisen, billige Räume und Räume mit geringer Regelungsdichte. Die Orte des Umbruchs von der Industrie- zur Dienstleistungsgesellschaft sind solche Übergangsräume, ebenso wie die Wohnquartiere in der *zone of transition*, in denen die Integration von Einheimischen und Zuwanderern gelebt werden muß. Der Planer sollte sich nicht nur der zwei konträren Gründerväter der Stadtplanung bewußt sein, sondern auch der zwei Archetypen der Stadt: das heilige Jerusalem und das sündige Babylon. Er wird alles daransetzen, die Stadtmaschine funktionsfähig, sicher und bequem zu machen. Aber er wird auch zulassen, daß immer wieder Räume entstehen für die Nachtseiten des Urbanen und für diejenigen, die keinen Platz in der etablierten Gesellschaft gefunden haben oder ihn auch gar nicht wünschen. Babylon ist keine lebenswerte Stadt, aber Jerusalem ebensowenig. In Babylon stürbe man am Laster, in Jerusalem an der Langeweile.

Dank

Wer schreibt, tut das aus vielfältigen Diskussionszusammenhängen heraus. Ich verdanke dem seit 30 Jahren von Helge Peters organisierten Oldenburger Theoriekreis viele, auch für dieses Buch anregende Diskussionen. Kaja Eling hat mit wissenschaftlicher Neugier und Genauigkeit Daten recherchiert, die Zitate und Literaturangaben kontrolliert und das Manuskript Korrektur gelesen. Uwe Jens Walther hat ein noch sehr unfertiges Manuskript in seiner typischen Sorgfalt durchgearbeitet und mir mit seinen ausführlichen Kritiken geholfen, es besser zu machen. Vor allem habe ich meiner Frau Christa Siebel-Rebell zu danken. Sie hat mir in geduldigen Diskussionen immer wieder aus Sackgassen herausgeholfen. Ohne sie hätte ich auch die Ausflüge in Argumentationen der Psychoanalyse nicht unternommen. Schließlich hat der Text vom gründlichen und kompetenten Lektorat durch Christian Heilbronn profitiert. Mit meinem Freund und Kollegen Hartmut Häußermann, mit dem ich 40 Jahre lang zusammengearbeitet habe, konnte ich über dieses Buch nicht mehr sprechen. So bleibt mir nur, es ihm zu widmen.

Orta, Mai 2015

Quellenverzeichnis

Viele der Überlegungen, die in dieses Buch eingegangen sind, habe ich in Vorträgen entwickelt. Einige davon sind in schwer zugänglichen Tagungs- und Sammelbänden publiziert worden. Soweit mir diese Publikationen bekannt geworden sind, handelt es sich um folgende:

»Wandel des öffentlichen Raums«, Vortrag in Hannover am 14.03.2003. Unter dem Titel »Qualitätswandel des öffentlichen Raums« abgedruckt in: *Wolkenkuckucksheim, Internationale Zeitschrift für Theorie und Wissenschaft der Architektur* 9/1, 2004, online verfügbar unter: {http://www.cloud-cuckoo.net/openarchive/wolke/deu/Themen/041/Siebel/siebel.htm} (Stand Mai 2015).

»Festivalisierung der Stadtpolitik«, Vortrag in Dortmund am 07.02.2010. Unter dem Titel »Stadtpolitik mittels großer Ereignisse« abgedruckt in: Betz, Gregor/Hitzler, Ronald/Pfadenhauer, Michaela (Hg.) (2011), *Urbane Events*, Wiesbaden: VS Verlag für Sozialwissenschaften (S. 55-66).

»Die Zukunft der europäischen Stadt«, Vortrag in Luxemburg am 01.10.2010. Unter dem Titel »Die Zukunft der europäischen Stadt – Anmerkungen zu einer aktuellen Diskussion« abgedruckt in: *RegioPol* 1-2, 2011 (S. 47-53), online verfügbar unter: {https://www.nordlb.de/fileadmin/redaktion/analysen_prognosen/regiopol/RegioPol_1.1_2011.pdf} (Stand Mai 2015).

»Vom Wandel des öffentlichen Raumes«, Vortrag in Santiago de Chile am 04.11.2010. Unter dem Titel »Stadt und öffentlicher Raum« abgedruckt in: Niedersächsisches Ministerium für Soziales, Frauen, Familie und Gesundheit (Hg.), *Erneuerung der Innenstädte. Gestaltung des öffentlichen Raumes*, Hannover 2011 (S. 10-16).

»Bürgerbeteiligung ist Urbanität«, Vortrag in Frankfurt a.M. am 12.06.2012. Abgedruckt in: Zentraler Immobilien Ausschuss e.V. (Hg.) (2013), *Bürgerbeteiligung in der Projektentwicklung*, Köln: Immobilien Manager Verlag (S. 124-131).

»Kathedralenpolitik«, Vortrag vor der Kulturpolitischen Gesellschaft in Berlin am 13.06.2013. Unter dem Titel »Stadtkronenpolitik« abgedruckt in: Institut für Kulturpolitik der Kulturpolitischen Gesellschaft (Hg.) (2013), *Jahrbuch für Kulturpolitik 2013*, Essen: Klartext (S. 55-60).

»Anmerkungen zur Zukunft der europäischen Stadt«, Vortrag in Stuttgart am 22. 11. 2013. Abgedruckt in: Stiftung Bauwesen (Hg.) (o. J.), *Mobilität im Wandel* (S. 11-19), online verfügbar unter: {http://www.stiftung-bauwesen.de/files/Tagung2013.pdf} (Stand Mai 2015).

»Polarisierung der Städte«, Vortrag anläßlich der Verabschiedung von Martin Kronauer in Berlin am 02. 06. 2014. Abgedruckt in: Institute for International Political Economy Berlin (Hg.), *Soziale Rechte gegen Exklusion. Symposion zur Verabschiedung von Martin Kronauer*, Working Paper, Nr. 43/2014 (S. 1-9), online verfügbar unter: {http://www.ipe-berlin.org/fileadmin/downloads/working_paper/ipe_working_paper_43.pdf} (Stand Mai 2015).

Verwendete Literatur

Abelin, Ernest L. (1986), »Die Theorie der frühkindlichen Triangulierung«, in: *Das Vaterbild in Kontinuität und Wandlung*, herausgegeben von Jochen Stork, Stuttgart: frommann-holzboog (S. 45-72).

Adorno, Theodor W. (1964), *Minima Moralia*, Frankfurt a. M.: Suhrkamp.

Ders. (1963), »Veblens Angriff auf die Kultur«, in: ders., *Prismen – Kulturkritik und Gesellschaft*, München: dtv (S. 68-91).

Adorno, Theodor W./Horkheimer, Max (1947), *Dialektik der Aufklärung*, Amsterdam: Querido Verlag.

Alisch, Monika (1993), *Frauen und Gentrification. Der Einfluss der Frauen auf die Konkurrenz um den innerstädtischen Wohnraum*, Wiesbaden: Deutscher Universitätsverlag.

Alkemeyer, Thomas (2005), »Die Modellierung des Selbst«, in: *Einblicke* Nr. 42, herausgegeben von der Carl von Ossietzky Universität Oldenburg (S. 4-7).

Altrock, Uwe/Güntner, Simon/Huning, Sandra/Peters, Deike (2003), »Mega-Projekte und Stadtentwicklung«, in: *Reihe Planungsrundschau* Nr. 8 (Okt. 2003), online verfügbar unter: {http://www.planungsrundschau.de/planungsrundschau22/frameset.htm} (Stand Mai 2015) (Hier zitiert nach der elektronischen Ausgabe ohne Seitenzahlen).

Arendt, Hannah (1983), *Zwischen Vergangenheit und Zukunft. Übungen im politischen Denken I.*, München/Zürich: Piper.

Dies. (1967), *Vita Activa oder Vom tätigen Leben*, München: Piper.

Argan, Giulio Carlo (1989), *Stadtgeschichte als Kunstgeschichte*, München: Wilhelm Fink.

Ariès, Philippe (1988), *Geschichte der Kindheit*, München: dtv.

Augè, Marc (1994), *Orte und Nicht-Orte. Vorüberlegungen zu einer Ethnologie der Einsamkeit*, Frankfurt a. M.: Fischer.

Bade, Franz-Josef/Middelmann, Ute/Schüler, Monika (1990), »Expansion und regionale Ausbreitung der Dienstleistungen«, in: *ILS Schriften* Nr. 42, Dortmund: Institut für Landes- und Stadtentwicklungsforschung.

Bahrdt, Hans Paul (1998), *Die moderne Großstadt. Soziologische Überlegungen zum Städtebau*, Opladen: Leske + Budrich.

Baran, Paul A./Sweezy, Paul M. (1967), *Monopolkapital. Ein Essay über die amerikanische Wirtschafts- und Gesellschaftsordnung*, Frankfurt a. M.: Suhrkamp.

Baumann, Zygmunt (1997), *Flaneure, Spieler und Touristen*, Hamburg: Hamburger Edition.
Baur, Christine (2013), »Die Verantwortung der Schule für die Integration der Stadtgesellschaft in Deutschland«, in: *Polarisierte Städte. Soziale Ungleichheit als Herausforderung für die Stadtpolitik*, herausgegeben von Martin Kronauer und Walter Siebel, Frankfurt a. M./New York (S. 90-106).
Baur, Isolde (1951), *Die Geschichte des Wortes »Kultur« und seiner Zusammensetzungen*, Dissertation, München.
Beauregard, Robert A. (1986), »The chaos and complexity of gentrification«, in: *Gentrification of the City*, herausgegeben von Neil Smith und Peter Williams, Boston: Allen & Unwin (S. 35-55).
Becker, Ulrich (1996), *Das Überleben multinationaler Unternehmungen. Generierung und Transfer von Wissen im internationalen Wettbewerb*, Frankfurt a. M.: Peter Lang.
Beland, Hermann (1993), »Umwälzungen gebären alte Geister neu – Das verunsicherte Europa«, in: *Psyche* 4/1993 (S. 378-396).
Bell, Daniel (1979), *Die nachindustrielle Gesellschaft*, Reinbek bei Hamburg: Rowohlt.
Belwe, Katharina (2006), »Editorial« in: *Aus Politik und Zeitgeschichte* 34-35/2006 (S. 2).
Bender, Thomas (2012), »History, Theory, and the Metropolis«, in: *Thick Space. Approaches to Metropolitanism*, herausgegeben von Dorothee Brantz, Sasha Disko und Georg Wagner-Kyora, Bielefeld: transcript (S. 125-139).
Berking, Helmuth (2013), »StadtGesellschaft. Zur Kontroverse um die Eigenlogik der Städte«, in: *Leviathan* 41, 2/2013 (S. 224-237).
Ders. (2008), »Städte lassen sich am Gang erkennen wie Menschen – Skizzen zur Erforschung der Stadt und der Städte«, in: *Die Eigenlogik der Städte. Neue Wege für die Stadtforschung*, herausgegeben von Helmut Berking und Martina Löw, Frankfurt a. M./New York: Campus (S. 15-31).
Berking, Helmut/Martina Löw (Hg.) (2008), *Die Eigenlogik der Städte. Neue Wege für die Stadtforschung*, Frankfurt a. M./New York: Campus.
Berlin-Institut für Bevölkerung und Entwicklung (Hg.) (2007), *Talente, Technologie und Toleranz – wo Deutschland Zukunft hat*, online verfügbar unter: {http://www.berlin-institut.org/fileadmin/user_upload/Studien/TTT_Webversion.pdf} (Stand Mai 2015).
Berndt, Heide (1968), *Das Gesellschaftsbild bei Stadtplanern*, Stuttgart: Karl Krämer.
Berry, Brian J. L. (1982), »Urbanization and counterurbanization: The

future of world metropolitan areas in the 1980s«, in: *World Congress on Land Policy 1980 Proceedings*, herausgegeben von Matthew Cullen, Lexington: Heath (S. 73-85).

Bette, Karl-Heinrich (1999), *Systemtheorie und Sport*, Frankfurt a. M.: Suhrkamp.

Betz, Gregor/Hitzler, Ronald/Pfadenhauer, Michaela (2011), »Einleitung«, in: dies. (Hg.), *Urbane Events*, Wiesbaden: VS Verlag für Sozialwissenschaften (S. 9-24).

Bianca, Stefano (1979), *Architektur und Lebensform im islamischen Stadtwesen*, Zürich: Artemis.

Blasius, Jörg/Dangschat, Jens (Hg.) (1994), *Lebensstile in den Städten. Konzepte und Methoden*, Opladen: Leske + Budrich.

Blumenreich, Ulrike (Hg.) (2011), *Arbeitsmarkt Kultur. Ergebnisse des Forschungsprojektes ›Studium-Arbeitsmarkt-Kultur‹*, *Materialien* Heft 13, Bonn: Institut für Kulturpolitik der kulturpolitischen Gesellschaft.

Bockrath, Franz (2008), »Zur Heterogenität urbaner Sporträume«, in: *Bewegungsraum und Stadtkultur. Sozial- und kulturwissenschaftliche Perspektiven*, herausgegeben von Jürgen Funke-Wienecke und Gabriele Klein, Bielefeld: transcript (S. 145-167).

Bodemann, Michal Y. (2011), »Von Berlin nach Chicago und weiter. Georg Simmel und die Reise seines Fremden«, in: *Georg Simmel und die aktuelle Stadtforschung*, herausgegeben von Harald A. Mieg, Astrid O. Sundsboe und Maijken Bieniok, Wiesbaden: VS Verlag für Sozialwissenschaften (S. 185-211).

Boghossian, Paul (2013), *Angst vor der Wahrheit. Ein Plädoyer gegen Relativismus und Konstruktivismus*, Berlin: Suhrkamp.

Böhme, Helmut (2000), »Thesen zur ›europäischen Stadt‹ aus historischer Sicht«, in: *Die europäische Stadt. Mythos und Wirklichkeit*, herausgegeben von Dieter Hassenpflug, Münster: LIT (S. 49-101).

Boie, Johannes (2014), »Freiheit von Facebooks Gnaden«, in: *Süddeutsche Zeitung*, 01.12.14 (S. 11).

Boltanski, Luc (2010), *Soziologie und Sozialkritik. Frankfurter Adorno-Vorlesungen 2008*, Berlin: Suhrkamp.

Boltanski, Luc/Chiapello, Ève (2013), *Der neue Geist des Kapitalismus*, Konstanz: UVK Verlagsgesellschaft.

Bormann, Regina (2001), *Raum, Zeit, Identität. Sozialtheoretische Verortungen kultureller Prozesse*, Opladen: Leske + Budrich.

Borries, Friedrich von (2012), *Wer hat Angst vor Niketown? Nike-Urbanismus, Branding und die Markenstadt von morgen*, Berlin: Suhrkamp.

Bourdieu, Pierre (1991), »Physischer, sozialer und angeeigneter physi-

scher Raum«, in: *Stadt – Räume*, herausgegeben von Martin Wentz, Frankfurt a. M./New York: Campus (S. 25-34).
Ders. (1983), »Ökonomisches Kapital, kulturelles Kapital und soziales Kapital«, in: *Soziale Ungleichheiten* (*Soziale Welt*: Sonderband 2), herausgegeben von Reinhard Kreckel, Göttingen: Schwartz (S. 183-198).
Brake, Klaus/Dangschat, Jens/Herfert, Günter (Hg.) (2001), *Suburbanisierung in Deutschland – Aktuelle Tendenzen*, Opladen: Leske + Budrich.
Brandt, Arno (2011), »Innovationspolitik für Wissensräume«, in: *RegioPol* 2011 1/2 (S. 159-171).
Brantz, Dorothee/Disko, Sasha/Wagner-Kyora, Georg (Hg.) (2012), *Thick Space. Approaches to Metropolitanism*, Bielefeld: transcript.
Breckner, Ingrid/Sturm, Gabriele (2002), »Kleiderwechsel – Sackgassen und Perspektiven in patriarchalen Öffentlichkeiten«, in: *Differenzierungen des Städtischen*, herausgegeben von Martina Löw, Opladen: Leske + Budrich (S. 157-186).
Bronger, Dirk (2004), *Metropolen, Megastädte, Global Cities*, Darmstadt: Wissenschaftliche Buchgesellschaft.
Brunner, Otto (1980), *Neue Wege der Verfassungs- und Sozialgeschichte*, Göttingen: Vandenhoeck & Ruprecht.
Brunow, Dagmar (2011), »Soundscapes als akustisches Gedächtnis der Stadt. Künstlerische Strategien gegen Gentrifizierung«, in: *testcard. Beiträge zur Pop Geschichte* 20 (S. 37-41).
Buckel, Simone (2011), »Urban Governance und irreguläre Migration – Städtische Politik als Handlungsraum im Konfliktfeld irreguläre Migration«, in: *Die Zukunft der europäischen Stadt*, herausgegeben von Oliver Frey und Florian Koch, Wiesbaden: VS Verlag für Sozialwissenschaften (S. 246-262).
Budras, Corinna/Löhr, Julia (2014), »Selbstausbeutung am Smartphone«, in: *Frankfurter Allgemeine Zeitung*, 01.03.2014, S. C1.
Bukow, Wolf-Dietrich (2012), »Multikulturalität in der Stadtgesellschaft«, in: *Handbuch Stadtsoziologie*, herausgegeben von Eckardt Frank, Wiesbaden: Springer (S. 527-550).
Ders. (2011), »Was heißt hier ethnische Gemeinschaftsbildung?«, in: *Georg Simmel und die aktuelle Stadtforschung*, herausgegeben von Harald A. Mieg, Astrid O. Sundsboe und Maijken Bieniok, Wiesbaden: VS Verlag für Sozialwissenschaften (S. 213-242).
Bundesinstitut für Bau-, Stadt- und Raumforschung im Bundesamt für Bauwesen und Raumordnung (Hg.) (2011), *Mehrfachverkäufe von Mietwohnungsbeständen*, Bonn, online verfügbar unter: {http://www.bbsr.bund.de/BBSR/DE/Veroeffentlichungen/BMVBS/Forschungen/2010/Heft146_DL.pdf?__blob=publicationFile&v=2} (Stand Mai 2015).

Ders. (2009), »Großstädtisches Flair gesucht? oder: Wer wohnt in der Innenstadt? Aktuelle Befunde aus der Innerstädtischen Raumbeobachtung 2007«, in: *Informationen aus der Forschung des BBSR* 5/2009, Bonn (S. 4-5), online verfügbar unter: {http://www.bbsr.bund.de/BBSR/DE/Veroeffentlichungen/BBSRInfo/2009_2010/DL_5_2009.pdf?__blob=publicationFile&v=3} (Stand Mai 2015).

Bundesministerium für Umwelt, Naturschutz, Bau und Reaktorsicherheit (o. J.), »Soziale Stadt«, online verfügbar unter: {http://www.staedtebaufoerderung.info/StBauF/DE/Programm/SozialeStadt/soziale_stadt_node.html} (Stand Mai 2015).

Bundesministerium für Verkehr, Bau und Stadtentwicklung (Hg.) (2011), *Weißbuch Innenstadt. Starke Zentren für unsere Städte und Gemeinden*, Berlin/Bonn, online verfügbar unter: {http://www.bbsr.bund.de/cln_032/nn_340582/BBSR/DE/Veroeffentlichungen/BMVBS/Sonderveroeffentlichungen/2011/WeissbuchInnenstadt.html?__nnn=true} (Stand Mai 2015).

Bundesministerium für Wirtschaft und Energie (Hg.) (2014), *Monitoring zu ausgewählten wirtschaftlichen Eckdaten der Kultur- und Kreativwirtschaft 2012*, Berlin, online verfügbar unter: {http://www.kultur-kreativ-wirtschaft.de/KuK/Redaktion/PDF/monitoring-wirtschaftliche-eckdaten-kuk-2012-langfassung,property=pdf,bereich=kuk,sprache=de,rwb=true.pdf} (Stand Mai 2015).

Bundeszentrale für politische Bildung (2013a), »Die soziale Situation in Deutschland: Einkommensverteilung«, online verfügbar unter: {http://www.bpb.de/nachschlagen/zahlen-und-fakten/soziale-situation-in-deutschland/61769/einkommensverteilung} (Stand Mai 2015).

Dies. (2013b), »Die soziale Situation in Deutschland. Armutsgefährdungsquoten von Familien«, online verfügbar unter: {http://www.bpb.de/nachschlagen/zahlen-und-fakten/soziale-situation-in-deutschland/61791/armut-von-familien} (Stand Mai 2015).

Burgess, Ernest (1974), »The growth of the city: An introduction to a research project«, in: *The City*, herausgegeben von Robert Ezra Park und Ernest Burgess, Chicago: University of Chicago Press (S. 47-62).

Butler, Tim/Robson, Garry (2003), *London Calling. The Middle Classes and the Remaking of Inner London*, Oxford/New York: Berg.

Camagni, Roberto (1991), »Local ›milieu‹, uncertainty and innovation networks: Towards a new dynamic theory of economic space«, in: *Innovation Networks: Spatial Perspectives*, herausgegeben von Roberto Camagni, London/New York: Belhaven Press.

Castells, Manuel (1976), »Is there an urban sociology?«, in: *Urban Sociol-*

ogy: Critical Essays, herausgegeben von Christopher Geoffrey Pickvance, London: Tavistock.

Champion, Anthony Gerard (Hg.) (1989), *Counterurbanization. The Changing Pace and Nature of Population Deconcentration*, London: Arnold.

»Charta der Vielfalt« (2006), online verfügbar unter: {http://www.charta-der-vielfalt.de/charta-der-vielfalt/die-charta-im-wortlaut.html} (Stand Mai 2015).

Cities Institute (2005), Abschlussbericht zum Projekt »Creative Spaces«, online verfügbar unter: {http://www.citiesinstitute.org/projects/creative-spaces-strategies-for-creative-cities.cfm} (Stand Mai 2015).

Claessens, Dieter (1994), »Der Abbau der alten symbolischen Wirklichkeit und das Dilemma der Architektur im Wandel der Gesellschaft«, in: *Ein Puzzle, das nie aufgeht*, herausgegeben von Sibylle Meyer und Eva Schulze, Berlin: Edition Sigma (S. 31-44).

Clay, Phillip L. (1979), *Neighborhood Renewal: Middle Class Resettlements and Incumbent Upgrading in American Neighborhoods*, Lexington: Lexington Books.

Confurius, Gerrit (1984), *Sabbioneta – oder die schöne Kunst der Stadtgründung*. München/Wien: Carl Hanser.

Coser, Lewis (1956), *The Functions of Social Conflict*, New York: The Free Press.

Crowe, Timothy (1991), *Crime Prevention Through Environmental Design*, Stoneham: Butterworth-Heinemann.

Dahrendorf, Ralf (1961), *Gesellschaft und Freiheit*, München: Piper.

Daley, Robert (1959), *The World Beneath the City*, New York: Harper Collins.

Dangschat, Jens (1992), »Vertreibung aus der Stadt durch Kultur«, in: *Partnerschaften für die Kultur: Chancen und Gefahren für die Stadt*, herausgegeben von Ralf Ebert, Friedrich Gnat und Klaus Kunzmann, Dortmund: Institut für Raumplanung, Technische Universität Dortmund.

Davis, Mike (1990), *City of Quartz*, London: Verso.

Debord, Guy (2008), »Auf dem Weg zu einer Situationistischen Internationale«, in: *Der Beginn einer Epoche. Texte der Situationisten*, herausgegeben von Roberto Orth, Hamburg: Nautilus (S. 39-44).

Demographia (Hg.) (2015), *Demographia World Urban Areas 11th Annual Edition: 2015.01*, online verfügbar unter: {http://www.demographia.com/db-worldua.pdf} (Stand Mai 2015)

Department for Culture, Media and Sport (Hg.) (2014), *Creative Industries Mapping Document 2001*, online verfügbar unter: {http://webar

chive.nationalarchives.gov.uk/+/http:/www.culture.gov.uk/reference_library/publications/4632.aspx/} (Stand Mai 2015).

Der Paritätische Gesamtverband (Hg.) (2015), *Die zerklüftete Republik. Bericht zur regionalen Armutsentwicklung in Deutschland 2014*, online verfügbar unter: {http://www.paritaet-hessen.org/fileadmin/redaktion/Texte/Aktuelles__Slider_/150219_armutsbericht.pdf} (Stand Mai 2015).

Destatis (2015), »Erwerbstätige im Inland nach Wirtschaftssektoren, Deutschland«, online verfügbar unter: {https://www.destatis.de/DE/ZahlenFakten/Indikatoren/LangeReihen/Arbeitsmarkt/lrerw013.html} (Stand: 27.01.15).

Ders. (2014), »Wanderungen zwischen Deutschland und dem Ausland 1991 bis 2013«, online verfügbar unter: {https://www.destatis.de/DE/ZahlenFakten/GesellschaftStaat/Bevoelkerung/Wanderungen/Wanderungen.html} (Stand Mai 2015).

Deutsche UNESCO-Kommission e.V. (o.J.), »Creative Cities Network«, online verfügbar unter: {http://www.unesco.de/creative-cities.html} (Stand Mai 2015).

Deutscher Bundestag (Hg.) (2007), »Schlussbericht der Enquete-Kommission ›Kultur in Deutschland‹«, Drucksache 16/7000 (11.12.07), online verfügbar unter: {http://dip21.bundestag.de/dip21/btd/16/070/1607000.pdf} (Stand Mai 2015).

Deutscher Städtetag (2014), *Gemeindefinanzbericht 2014*, online verfügbar unter {www.staedtetag.de/dst/inter/publikationen/gfb/index.html} (Stand Mai 2015).

Ders. (Hg.) (2005), *100 Jahre Deutscher Städtetag: Die Zukunft liegt in den Städten*, Baden-Baden: Nomos.

Ders. (1971), *Rettet unsere Städte jetzt! Vorträge, Aussprachen und Ergebnisse der 16. Hauptversammlung des Deutschen Städtetages*, München: Kohlhammer.

Dewey, John (1966), *Die Öffentlichkeit und ihre Probleme*, Bodenheim: Philo.

Dibie, Pascal (1989), *Wie man sich bettet. Die Kulturgeschichte des Schlafzimmers*, Stuttgart: Klett-Cotta.

Die Bischöfe Deutschlands, Österreichs und der Schweiz (Hg.) (1980), *Die Bibel. Altes und Neues Testament. Einheitsübersetzung*, Freiburg im Breisgau: Herder.

dpa (2013), »Kfz-Police mit Blackbox: Autoversicherer führt Überwachungstarife ein«, online verfügbar unter: {http://www.spiegel.de/auto/aktuell/autoversicherer-fuehrt-telematik-tarife-mit-blackbox-ein-a-933247.html} (Stand Mai 2015).

Drucker, Peter F. (1986), »The changed world economy«, in: *Foreign Affairs* Bd. 64 (S. 768-792).
Durth, Werner/Gutschow, Niels (1988), *Träume in Trümmern. Planungen zum Wiederaufbau zerstörter Städte im Westen Deutschlands 1940-1950*, 2. Bde., Braunschweig/Wiesbaden: Springer Vieweg.
Durth, Werner/Sigel, Paul (2008), *Baukultur*, Berlin: Jovis.
Dziembowska-Kowalska, Jolanta et al. (1994), »Stadtkultur und Stadtwirtschaft: Zur Bedeutung von Kultur für die Stadtentwicklung«, in: *Ein Puzzle, das nie aufgeht*, herausgegeben von Sibylle Meyer und Eva Schulze, Berlin: Edition Sigma (S. 90-110).

Eagleton, Terry (2001), *Was ist Kultur?*, München: C.H. Beck.
Ebert, Ralf/Gnad, Friedrich (2006), »Strukturwandel durch Kulturwirtschaft«, online verfügbar unter: {http://www.bpb.de/apuz/29590/strukturwandel-durch-kulturwirtschaft?p=all} (Stand Mai 2015).
Ebert, Ralf/Kunzmann, Klaus R. (2007), »Kulturwirtschaft, kreative Räume und Stadtentwicklung in Berlin«, in: *disP* 171, 4/2007 (S. 64-79).
Eckardt, Frank (Hg.) (2012), *Handbuch Stadtsoziologie*, Wiesbaden: Springer.
Ders. (2011), »Mediale Urbanität«, in: *Die Zukunft der europäischen Stadt*, herausgegeben von Oliver Frey und Florian Koch, Wiesbaden: VS Verlag für Sozialwissenschaften (S. 173-188).
Eckermann, Johann Peter (1984), *Gespräche mit Goethe in den letzten Jahren seines Lebens*, München: C.H. Beck.
Egner, Erich (1976), *Der Haushalt. Eine Darstellung seiner volkswirtschaftlichen Gestalt*, Berlin: Duncker & Humblot, 2., umgearbeitete Auflage.
Elias, Norbert (1983), »Über den Rückzug der Soziologen auf die Gegenwart«, in: *Kölner Zeitschrift für Soziologie und Sozialpsychologie* Nr. 35 (S. 1-28).
Elsner, Hermann (1969), »Haushaltsanalyse 69«, in: *Der Städtetag* Jg. 21/Heft 1.
Ders. (1976), *Über den Prozeß der Zivilisation*, Frankfurt a.M.: Suhrkamp.
Engels, Friedrich (1974), »Die Lage der arbeitenden Klasse in England«, in: Karl Marx und Friedrich Engels, *Werke*, Bd. 2, Berlin: Dietz (S. 225-506).
Ders. (1970), *Über die Umwelt der arbeitenden Klasse. Aus den Schriften von Friedrich Engels*, herausgegeben von Günter Hillmann, Gütersloh: Bertelsmann.

Erdheim, Mario (1992), »Das Eigene und das Fremde. Über ethnische Identität«, in: *Psyche* Nr. 46/8 (S. 730-744).

Ermann, Michael (1989), »Das Dreieck als Beziehungsform. Zur Entwicklungsdynamik der Triangulierungsprozesse«, in: *Praxis der Psychotherapie und Psychosomatik* 34/1989 (S. 261-269).

Ertel, Rainer (2006), »Daten und Fakten zur Kulturwirtschaft«, in: *Aus Politik und Zeitgeschichte* 34-35/2006 (S. 17-23).

Europäische Union (2008), »Entscheidung Nr. 1350/2008/EG des Europäischen Parlaments und des Rates vom 16. Dezember 2008 zum Europäischen Jahr der Kreativität und Innovation (2009)«, in: *Amtsblatt der Europäischen Union*, online verfügbar unter: {http://www.ejki2009.de/uploads/europaeisches_jahr_2009/ep_rat_entscheidung_europ_jahr_2009.pdf} (Stand Mai 2015).

Eurostat (2008), »Statistische Systematik der Wirtschaftszweige in der Europäischen Gemeinschaft, Rev. 2 (2008)«, online verfügbar unter: {http://ec.europa.eu/eurostat/ramon/nomenclatures/index.cfm?TargetUrl=LST_NOM_DTL&StrNom=NACE_REV2&StrLanguageCode=DE} (Stand Mai 2015).

Faas, Thorsten (2014), »›Wählen ist kein Selbstzweck‹«, Interview mit Thorsten Faas, in: *Zeit Online*, 15.09.2014, online verfügbar unter: {http://www.zeit.de/politik/deutschland/2014-09/niedrige-wahlbeteiligung-brandenburg-thueringen-interview} (Stand Mai 2015).

Fainstein, Susan/Gordon, Jan/Harloe, Michael (Hg.) (1992), *Divided Cities. New York and London in the Contemporary World*, Cambridge/Oxford: Blackwell.

Falk, Bernd (1998), »Shopping Center – Grundlagen, Stand und Entwicklungsperspektiven«, in: *Das große Handbuch Shopping Center*, herausgegeben von Bernd Falk, Landsberg am Lech: mi (S. 13-48).

Färber, Alexa (2012), »Urban ethnicity, world city, and the hookah«, in: *Thick Space. Approaches to Metropolitanism*, herausgegeben von Dorothee Brantz, Sasha Disko und Georg Wagner-Kyora, Bielefeld: transcript (S. 331-355).

Fielding, Anthony J. (1982), »Counterurbanization in Western Europe«, in: *Progress in Planning* 17 (S. 1-52).

Findlay, Allan M. (1991), »Population geography«, in: *Progress in Human Geography* 15/1 (S. 64-72).

Fisch, Jörg (1992), »Zivilisation, Kultur«, in: *Geschichtliche Grundbegriffe*, Bd. 7, herausgegeben von Otto Brunner, Werner Conze und Reinhart Koselleck, Stuttgart: Klett-Cotta (S. 679-774).

Fischer, Claude (1975), »Toward a subcultural theory of urbanism«, in: *American Journal of Sociology* Nr. 80, 6/1975 (S. 1319-1341).

Fishman, Robert (2005), »The fifth migration«, in: *Journal of the American Planning Association* 71 (4) (S. 357-366).
Ders. (1987), *Bourgeois Utopias*, New York: Basic Books.
Flögel, Franz/ Gärtner, Stefan/Nordhause-Janz, Jürgen (2011), »Kultur- und Kreativwirtschaft und noch eine Prise Florida«, in: *RegioPol* 1/2 (S. 79-97).
Florida, Richard (2002), *The Rise of the Creative Class*, New York: Basic Books.
Flyvbjerg, Bent/Skamris Holm, Mette/Buhl, Søren (2003), »Kostenunterschätzungen bei öffentlichen Infrastrukturprojekten: Irrtum oder Lüge?«, online verfügbar unter: {http://www.planungsrundschau.de/planungsrundschau08/texte/bfmshsbkboebfol.htm} (Stand Mai 2015).
Forsthoff, Ernst (1968), »Über Mittel und Methoden moderner Planung«, in: *Planung III: Mittel und Methoden planender Verwaltung*, herausgegeben von Joseph H. Kaiser, Baden-Baden: Nomos (S. 21-38).
Foucault, Michel (1991), »Andere Räume«, in: *Stadt – Räume*, herausgegeben von Martin Wentz, Frankfurt a. M./New York: Campus (S. 65-72).
Fourastié, Jean (1954), *Die große Hoffnung des zwanzigsten Jahrhunderts*, Köln: Bund Verlag.
Franck, Georg (1998), *Ökonomie der Aufmerksamkeit*, München: Hanser.
Frank, Susanne (2013), »Innere Suburbanisierung? Mittelschichteltern in den neuen innerstädtischen Familienenklaven«, in: *Polarisierte Städte. Soziale Ungleichheit als Herausforderung für die Stadtpolitik*, herausgegeben von Martin Kronauer und Walter Siebel, Frankfurt a. M./New York: Campus (S. 69-89).
Dies. (2003), *Stadtplanung im Geschlechterkampf. Stadt und Geschlecht in der Stadtentwicklung des 19. und 20. Jahrhunderts*, Opladen: Leske + Budrich.
Frank, Sybille (2009), *Der Mauer um die Wette gedenken*, Frankfurt a. M./New York: Campus.
Dies. (2008), »Mythenmaschine Potsdamer Platz: Die Wort- und Bildgewaltige Entwicklung des ›Neuen Potsdamer Platzes‹ 1989-1998«, in: *Selling Berlin. Imagebildung und Stadtmarketing von der preußischen Residenz bis zur Bundeshauptstadt. Beiträge zur Stadtgeschichte und Urbanisierungsforschung*, Bd. 6., herausgegeben von Thomas Biskup und Marc Schalenberg, Stuttgart: Franz Steiner Verlag (S. 297-319).
Frank, Sybille/Steets, Silke (2010), »Conclusion. The stadium lens and refuge«, in: *Stadium Worlds: Football, Space and the Built Environment*, herausgegeben von Sybille Frank und Silke Steets, London: Routledge (S. 278-294).
Freud, Sigmund (1972), »Beiträge zur Psychologie des Liebeslebens«, in:

Sigmund Freud Studienausgabe, Bd. 5: *Sexualleben*, Frankfurt a. M.: S. Fischer (S. 185-228).
Ders. (1960), »Das Unbehagen in der Kultur«, in: ders., *Das Unbewußte. Schriften zur Psychoanalyse*, Frankfurt a. M.: S. Fischer (S. 341-415).
Frey, Oliver (2012), »Städtische Milieus«, in: *Handbuch Stadtsoziologie*, herausgegeben von Frank Eckardt, Wiesbaden: Springer (S. 503-525).
Ders. (2009), *Die amalgame Stadt: Orte. Netze. Milieus*, Wiesbaden: VS Verlag für Sozialwissenschaften.
Frey, Oliver/Koch, Florian (Hg.) (2011), *Die Zukunft der europäischen Stadt*, Wiesbaden: VS Verlag für Sozialwissenschaften.
Friebe, Holm/Lobo, Sascha (2006), *Wir nennen es Arbeit. Die digitale Boheme oder: Intelligentes Leben jenseits der Festanstellung*, München: Heyne.
Friedrich-Naumann-Stiftung (Hg.) (2006), *Kulturwirtschaft 2005*, online verfügbar unter: {http://www.kulturwirtschaft.de/pdf/kulturwirtschaft-tagungsband-2005.pdf} (Stand Mai 2015).
Friedrichs, Jürgen (2000), »Gentrification«, in: *Großstadt. Soziologische Stichworte*, herausgegeben von Hartmut Häußermann, Opladen: Leske + Budrich (S. 57-66).
Funke-Wieneke, Jürgen/Klein, Gabriele (Hg.) (2008), *Bewegungsraum und Stadtkultur. Sozial- und kulturwissenschaftliche Perspektiven*, Bielefeld: transcript.

Gaebe, Wolf (1987), *Verdichtungsräume. Strukturen und Prozesse in weltweiten Vergleichen*, Stuttgart: Teubner.
Galison, Peter (2014), »Wir werden uns nicht mehr wiedererkennen«, in: *Frankfurter Allgemeine Zeitung*, 08.04.14 (S. 9).
Gans, Herbert J. (1974), »Urbanität und Suburbanität als Lebensformen: Eine Neubewertung von Definitionen«, in: *Stadt- und Sozialstruktur*, herausgegeben von Ulfert Herlyn, München: Nymphenburger Verlagshandlung.
Ders. (1962), *The Urban Villagers: Group and Class in the Life of Italian Americans*, Glencoe: The Free Press.
Ganser, Karl (1970), »Image als entwicklungsbestimmendes Steuerungsinstrument«, in: *Stadtbauwelt* 26, 29.5.1970 (S. 104-108).
Geppert, Kurt/Gornig, Martin (2010), »Mehr Jobs, mehr Menschen: Die Anziehungskraft der großen Städte wächst«, in: *Wochenbericht DIW Berlin* Nr. 19/2010 (S. 2-10).
Gestring, Norbert/Maibaum, Anna/Siebel, Walter/Wehrheim, Jan (2005), »Verunsicherung und Einhegung – Fremdheit im öffentlichen Raum«,

in: *Diskurs – Stadt – Kriminalität*, herausgegeben von Georg Glasze, Bielefeld: transcript (S. 223-252).
Geuss, Raymond (2013), *Privatheit*, Berlin: Suhrkamp.
Giedion, Siegfried (1929), *Befreites Wohnen*, Leipzig/Zürich: Orell Füssli Verlag.
Gilette, Howard (1985), »The evolution of the planned shopping center in suburb and city«, in: *Journal of the American Planning Association* 51/4 (S. 449-460).
Glass, Ruth (1964), »Introduction: aspects of change«, in: *Aspects of Change*, herausgegeben von London Centre for Urban Studies, London: MacGibbon & Kee, (S. XVIII-XIX).
Gleichmann, Peter Reinhart (1979), »Die Verhäuslichung von Harn- und Kotentleerungen«, in: *Medizin, Mensch, Gesellschaft* 4/1 (S. 46-52).
Ders. (1976), »Wandel der Wohnverhältnisse, Verhäuslichung der Vitalfunktionen, Verstädterung und siedlungsräumliche Gestaltungsmacht«, in: *Zeitschrift für Soziologie* 5 (S. 319-329).
Glogner-Pilz, Patrick (2012), *Publikumsforschung. Grundlagen und Methoden*, Wiesbaden: VS Verlag für Sozialwissenschaften.
Goffman, Erving (2003), *Wir alle spielen Theater*, München u. a.: Piper.
Gómez, Maria V. (2002), »Reflective images: The case of urban regeneration in Glasgow and Bilbao«, in: *International Journal of Urban and Regional Research* 22/1 (S. 106-121).
Gornig, Martin/Goebel, Jan (2013), »Ökonomischer Strukturwandel und Polarisierungstendenzen in deutschen Stadtregionen«, in: *Polarisierte Städte. Soziale Ungleichheit als Herausforderung für die Stadtpolitik*, herausgegeben von Martin Kronauer und Walter Siebel, Frankfurt a. M./ New York: Campus (S. 51-68).
Gorz, André (1989), *Kritik der ökonomischen Vernunft. Sinnfragen am Ende der Arbeitsgesellschaft*, Berlin: Rotbuch.
Göschel, Albrecht (2008), »Kreative Stadt: Modernisierung mit Folgen«, in: *Jahrbuch für Kulturpolitik*, herausgegeben vom Institut für Kulturpolitik der kulturpolitischen Gesellschaft (S. 285-292).
Ders. (2007a), »Schrumpfung, demographischer Wandel und Kulturpolitik«, in: *Kulturpolitische Mitteilungen* Nr. 117, II/2007 (S. 35-38).
Ders. (2007b), »*The Rise of the Creative Class*: Zur Karriere eines Buches«, in: *Kulturpolitische Mitteilungen* Nr. 119, IV/2007 (S. 41).
Ders. (1999), »Thesenpapier«, in: *Dokumentation Bundeskongress soziokultureller Zentren Potsdam 24.-27. 06. 1999*, herausgegeben von der Bundesvereinigung soziokultureller Zentren e. V., Essen: Stattwerk (S. 74-78).
Ders. (1998), »Kultur in der Stadt – Kulturpolitik in der Stadt«, in: *Kultur*

in der Stadt: Stadtsoziologische Analysen zur Kultur, herausgegeben von Albrecht Göschel und Volker Kirchberg, Opladen: Leske + Budrich (S. 229-254).

Ders. (1991), *Die Ungleichzeitigkeit in der Kultur*, Stuttgart: Kohlhammer.

Göschel, Albrecht/Mittag, Klaus/Strittmatter, Thomas (1995), *Die befragte Reform. Neue Kultureinrichtungen in Ost und* West, Berlin: Difu-Beiträge zur Stadtforschung, Bd. 15.

Gössner, Rolf (2000), »Sicherheitsvideotie«, in: *taz magazin*, 22.01.2000.

Gottschall, Karin (2014), »Lohnende Investitionen? Zur Ambivalenz der Bildungsgewinne von Frauen in den Mittelschichten«, in: *Soziale Rechte gegen Exklusion. Symposion zur Verabschiedung von Martin Kronauer*, herausgegeben vom Institute for International Political Economy Berlin: Working Paper Nr. 43/2014 (S. 10-18).

Graham, Brian/Ashworth, G. J./Tunbridge, J. E. (2000), *A Geography of Heritage: Power, Cultures and Economy*, London/New York: Arnold Publishers.

Grimm, Jacob/Grimm, Wilhelm (1991), *Deutsches Wörterbuch*, Bd. 4, München: dtv.

Grunebaum, Gustav E. von (1955), »Die islamische Stadt«, in: *Saeculum* 6 (S. 138-153).

Habermas, Jürgen (1990), *Strukturwandel der Öffentlichkeit*, Frankfurt a. M.: Suhrkamp.

Ders. (1973), »Stichworte zu einer Theorie der Sozialisation«, in: ders., *Kultur und Kritik – verstreute Aufsätze*, Frankfurt a. M.: Suhrkamp.

Habermas, Tilmann (1999), *Geliebte Objekte, Symbole und Instrumente der Identitätsbildung*, Frankfurt a. M.: Suhrkamp.

Hall, Peter (2011), »Die Zukunft der Städte im Zeitalter der wissensbasierten Ökonomie«, in: *RegioPol* 1/2 (S. 35-45).

Hamnett, Chris (2013), »Welche Bedeutung hat schulische Bildung für die städtische Integration?«, in: *Polarisierte Städte. Soziale Ungleichheit als Herausforderung für die Stadtpolitik*, herausgegeben von Martin Kronauer und Walter Siebel, Frankfurt a. M./New York (S. 107-125).

Ders. (2003), »Gentrification and the middle-class remaking of inner London 1961-2001«, in: *Urban Studies* 40 (S. 2401-2426).

Hannemann, Christine/Läpple, Dieter (2004), »Zwischen Reurbanisierung, Suburbanisierung und Schrumpfung. Ökonomische Perspektiven der Stadtentwicklung in West und Ost«, in: *Kommune* 5/2004 (S. V-X).

Hannerz, Ulf (1992), *Cultural Complexity. Studies in the Social Organization of Meaning*, New York: Columbia University Press.

Harvey, David (1996), *Justice, Nature and the Geography of Difference*, Oxford: Blackwell.
Ders. (1989), *The Condition of Postmodernity. An Enquiry into the Origins of Cultural Change*, Oxford: Blackwell.
Häußermann, Hartmut (2001), »Die europäische Stadt«, in: *Leviathan* 29, 2/2001 (S. 237-255).
Ders. (1995), »Die Stadt und die Stadtsoziologie«, in: *Berliner Journal für Soziologie* 5, H. 1 (S. 89-98).
Häußermann, Hartmut/Holm, Andrej/Zunzer, Daniela (2002), *Stadterneuerung in der Berliner Republik*, Opladen: Leske + Budrich.
Häußermann, Hartmut/Kapphan, Andreas (2000), *Berlin: von der geteilten zur gespaltenen Stadt? Sozialräumlicher Wandel seit 1990*, Opladen: Leske + Budrich.
Häußermann, Hartmut/Kronauer, Martin/Gornig, Martin (2008), *Desintegration und soziale Kohäsion in Berlin – Erfahrungen, Kenntnisse, Forschungsfragen*, Düsseldorf: Hans Böckler Stiftung Edition.
Häußermann, Hartmut/Läpple, Dieter/Siebel, Walter (2008), *Stadtpolitik*, Frankfurt a.M.: Suhrkamp.
Häußermann, Hartmut/Siebel, Walter (2004), *Stadtsoziologie. Eine Einführung*, Frankfurt a.M./New York: Campus.
Dies. (1996), *Soziologie des Wohnens*, Weinheim/München: Juventa.
Dies. (1995), *Dienstleistungsgesellschaften*, Frankfurt a.M.: Suhrkamp.
Dies. (1993a), »Die Kulturalisierung der Regionalpolitik«, in: *Geographische Rundschau* Jg. 45, 4/1993 (S. 218-223).
Dies. (1993b) (Hg.), *Die Festivalisierung der Stadtpolitik. Stadtentwicklung durch große Projekte*, Opladen: Westdeutscher Verlag.
Dies. (1993c), »Die Politik der Festivalisierung und die Festivalisierung der Politik«, in: dies., *Die Festivalisierung der Stadtpolitik. Stadtentwicklung durch große Projekte*, Opladen: Westdeutscher Verlag (S. 7-31).
Dies. (1987), *Neue Urbanität*, Frankfurt a.M.: Suhrkamp.
Heine, Heinrich (1854), »Erinnerungen aus Krähwinkels Schreckenstagen«, in: ders., *Vermischte Schriften. Erster Band*, Hamburg: Hoffmann und Campe (S. 198-199).
Helbrecht, Ilse (2011), »Neue Abgrenzungsbedürfnisse und sozialer Friede: veränderte Formen der Segregation im Zeitalter der Wissensökonomie«, in: *RegioPol* 1/2 (S. 139-147).
Hennig, Eike (2012), »Chicago School«, in: *Handbuch Stadtsoziologie*, herausgegeben von Eckardt Frank, Wiesbaden: Springer (S. 95-125).
Hessisches Ministerium für Wirtschaft, Verkehr und Landesentwicklung/Hessisches Ministerium für Wissenschaft und Kunst/Schader Stiftung (Hg.) (2008), *3. Hessischer Kulturwirtschaftsbericht*, Wiesbaden/Darm-

stadt, online verfügbar unter: {http://www.hessen-agentur.de/img/downloads/Hessischer_Kulturwirtschaftsbericht_III.pdf} (Stand Mai 2015).
Hessisches Ministerium für Wirtschaft, Verkehr und Landesentwicklung/Hessisches Ministerium für Wissenschaft und Kunst (Hg.) (2003), Kulturwirtschaft in Hessen. 1. Hessischer Kulturwirtschaftsbericht, online verfügbar unter: {http://www.hessen-agentur.de/img/downloads/656_Kulturwirtschaftsbericht_I.pdf} (Stand Mai 2015).
Hildebrandt, Paula Marie (2012), »Urbane Kunst«, in: *Handbuch Stadtsoziologie*, herausgegeben von Eckardt Frank, Wiesbaden: Springer (S. 721-744).
Hillgärtner, Rüdiger (1984), »William Morris: *News from Nowhere*«, in: *Die Utopie in der angloamerikanischen Literatur*, herausgegeben von Hartmut Heuermann und Bernd-Peter Lange, Düsseldorf: Schwann-Bagel (S. 120-138).
Hobsbawm, Eric/Ranger, Terence (1983), *The Invention of Tradition*, Cambridge u. a.: Cambridge University Press.
Hochstadt, Steve, (1983), »Migration in preindustrial Germany«, in: *Central European History* 16 (S. 195-224).
Hohenberg, Paul/Lees, Lynn Hollen (1996), *The Making of Urban Europe 1000-1994*, Cambridge (Mass.): Harvard University Press.
Höhne, Stefan (2012), »An endless flow of machines to serve the city – infrastructural assemblages and the quest for the machinic metropolis«, in: *Thick Space. Approaches to Metropolitanism*, herausgegeben von Dorothee Brantz, Sasha Disko und Georg Wagner-Kyora, Bielefeld: transcript (S. 141-164).
Holl, Johann (1990), »Die historischen Bedingungen der philosophischen Planstadtentwürfe in der frühen Neuzeit«, in: *»Klar und lichtvoll wie eine Regel«. Planstädte der Neuzeit*, herausgegeben vom Badischen Landesmuseum, Karlsruhe: Braun (S. 9-30).
Holm, Andrej (2012), »Gentrification«, in: *Handbuch Stadtsoziologie*, herausgegeben von Eckardt Frank, Wiesbaden: Springer (S. 662-687).
Honeck, Thomas (2015), »Zwischennutzung als soziale Innovation. Von alternativen Lebensentwürfen zu Verfahren der räumlichen Planung«, in: *Informationen zur Raumentwicklung* Heft 3/2015 (S. 219-231).
Honneth, Axel (2011), *Das Recht der Freiheit*, Berlin: Suhrkamp.
Hooper, Barbara (1995), »The poem of male desires. Female bodies, modernity and Paris, capital of the nineteenth century«, in: *Planning Theory* 13 (S. 105-129).
Huning, Sandra (2006), *Politisches Handeln in öffentlichen Räumen*, Berlin: Leue.

Hutton, Thomas A. (2008), *The New Economy of the Inner City: Restructuring, Regeneration and Dislocation in the 21st Century Metropolis*, Oxon: Routledge.

Ibert, Oliver (2003), *Innovationsorientierte Planung. Verfahren und Strategien zur Organisation von Innovation. Stadt, Raum und Gesellschaft*, Wiesbaden: VS Verlag für Sozialwissenschaften.

Institut der deutschen Wirtschaft Köln (2015), »Jeder Zweite in die Großstadt«, online verfügbar unter: {http://www.iwkoeln.de/de/infodienste/immobilien-monitor/beitrag/zuwanderung-jeder-zweite-in-die-grossstadt-148457} (Stand Mai 2015).

Institut für Kulturpolitik der kulturpolitischen Gesellschaft e. V. (Hg.) (2005), *Jahrbuch für Kulturpolitik 2005*, Essen: Klartext.

Institut für Landes- und Stadtentwicklungsforschung (Hg.) (2014), *Raumstruktur und Pendelverkehr – Neue Trends im Metropolraum Rhein-Ruhr*, *ILS-Trends* 1/14, online verfügbar unter: {http://www.ils-forschung.de/files_publikationen/pdfs/ils-trends-01-14.pdf} (Stand Mai 2015).

Ders. (2011), *Zwischen Abkopplung und Erneuerung. Umgang mit Peripherisierung in Mittelstädten*, *ILS-Trends* 3/11, online verfügbar unter: {http://www.ils-forschung.de/files_publikationen/pdfs/Trends3-11.pdf} (Stand Mai 2015).

International Council on Monuments and Sites (ICOMOS) Deutschland/ICOMOS Österreich/ICOMOS Luxemburg/ICOMOS Schweiz (Hg.) (2012), *Internationale Grundsätze und Richtlinien der Denkmalpflege*, Stuttgart: Fraunhofer IRB Verlag, online verfügbar unter: {http://www.icomos.de/pdf/Monumenta_I.pdf} (Stand Mai 2015).

Ipsen, Detlev (2007), »Städte: Ressource für Innovationen und Versprechen eines ›guten Lebens‹«, in: *Die Stadt in der sozialen Arbeit*, herausgegeben von Detlev Baum, Wiesbaden: VS Verlag für Sozialwissenschaften (S. 80-92).

Jacobs, Jane (1969), *The Economy of Cities*, New York: Random House.

Dies. (1963), *Tod und Leben großer amerikanischer Städte*, Frankfurt a. M.: Ullstein Bauwelt Fundamente.

Jaeger, Carlo/Dürrenberger, Gregor (1991), »Services and counterurbanization – the case of central Europe«, in: *Services and Metropolitan Development*, herausgegeben von Peter W. Daniels, London: Routledge (S. 107-128).

Jameson, Frederic (1986), »Postmoderne – Zur Logik der Kultur im Spätkapitalismus«, in: *Postmoderne. Im Zeichen eines kulturellen Wandels*, herausgegeben von Andreas Huyssen und Klaus R. Scherpe, Reinbek bei Hamburg: Rowohlt (S. 45-102).

Jazbinsek, Dietmar/Joerges, Bernward/Thies, Ralf (2001), »The Berlin ›Großstadt-Dokumente‹: A forgotten precursor of the Chicago School of sociology«, online verfügbar unter: {http://www.econstor.eu/bitstream/10419/49621/1/331694964.pdf} (Stand Mai 2015).

Jenkis, Helmut W. (Hg.) (1991), *Kompendium der Wohnungswirtschaft*, München/Wien: Oldenbourg.

Jessen, Johann (2000), »Amerikanische Stadt – europäische Stadt«, in: *Die europäische Stadt. Mythos und Wirklichkeit*, herausgegeben von Dieter Hassenpflug, Münster: LIT (S. 197-215).

Jessen, Johann/Siebel, Walter/Siebel-Rebell, Christa/Walther, Uwe-Jens/Weyrather, Irmgard (1987), *Arbeit nach der Arbeit. Schattenwirtschaft, Wertewandel und Industriearbeit*, Opladen: Westdeutscher Verlag.

Jung, R. (1984), *Rural-Urban Change – New Trends in Regional Development in the Federal Republic of Germany*, Bonn: Arbeitspapiere der Bundesforschungsanstalt für Landeskunde und Raumordnung.

Kaelble, Hartmut (2001), »Die Besonderheiten der europäischen Stadt im 20. Jahrhundert«, in: *Leviathan* 29 (S. 256-274).

Kähler, Gert (1988), »Von der ›Raumzelle‹ zum ›freien Grundriß‹ – und zurück«, in: *Massenwohnung und Eigenheim: Wohnungsbau und Wohnen in der Großstadt seit dem Ersten Weltkrieg*, herausgegeben von Axel Schildt und Arnold Sywottek, Frankfurt a. M./New York: Campus (S. 537-568).

Kanacher, Ursula (1987), *Wohnstrukturen als Anzeiger gesellschaftlicher Strukturen*, Frankfurt a. M.: S. Fischer.

Karsten, Lia (2003), »Family gentrifiers: Challenging the city as a place simultaneously to build a career and to raise children«, in: *Urban Studies* 40/12 (S. 2573-2585).

Kaschuba, Wolfgang (2012), »Berlin street life: Scenes and scenarios«, in: *Thick Space. Approaches to Metropolitanism*, herausgegeben von Dorothee Brantz, Sasha Disko und Georg Wagner-Kyora, Bielefeld: transcript (S. 239-256).

Kaufmann, Kristin Klaudia (2012), »Schriftliche Stellungnahme für das Leibniz-Institut für ökologische Raumentwicklung zur Expertenanhörung am 13.01.2012 der Enquetekomission ›Wohnungswirtschaftlicher Wandel und neue Finanzinvestoren auf den Wohnungsmärkten in NRW‹«, Düsseldorf.

Kazepov, Yuri (2013), »Die neuen Grenzen sozialer (Stadt-)Bürgerschaft:

Die Stadt in den Mehr-Ebenen-Governance-Strukturen Europas«, in: *Polarisierte Städte. Soziale Ungleichheit als Herausforderung für die Stadtpolitik*, herausgegeben von Martin Kronauer und Walter Siebel, Frankfurt a. M./New York (S. 219-241).

Keller, Carsten (2005), *Leben im Plattenbau. Zur Dynamik sozialer Ausgrenzung*, Frankfurt a. M./New York: Campus Verlag.

Klamt, Martin (2012), »Öffentliche Räume«, in: *Handbuch Stadtsoziologie*, herausgegeben von Eckardt Frank, Wiesbaden: Springer (S. 775-804).

Kloiber, Manfred/Welchering, Peter (2013), »Die Polizei will vor dem Täter am Tatort sein«, in: *Frankfurter Allgemeine Zeitung*, Beilage »Technik und Motor«, 08.10.2013, (S. T2).

Klotz, Konstanze (2014), *Vom Versuch Kreativität in der Stadt zu planen. Die Internationale Bauausstellung IBA Hamburg*, Bielefeld: transcript.

Dies. (2013), *»Strategische Kreativplanung« in der Stadt: Die Internationale Bauausstellung IBA HAMBURG*, Dissertation, Leuphana Universität Lüneburg.

Kluge, Friedrich (1995), *Etymologisches Wörterbuch der deutschen Sprache*, bearbeitet von Elmar Seebold, Berlin/New York: Walter de Gruyter [1883], 23., erw. Auflage.

Knigge, Adolph Freiherr von (2008), *Über den Umgang mit Menschen*, Frankfurt a. M.: Fischer Taschenbuch.

Knopp, Reinhold (2003), *Soziokulturelle Zentren und Stadtpolitik*, Dissertation, Carl von Ossietzky Universität Oldenburg, online verfügbar unter: {d-nb.info/969288751/34} (Stand Mai 2015).

Koch, Bernhard (2014), »Leben unter Drohnen«, in: *Frankfurter Allgemeine Zeitung*, 03.02.2014 (S. 7).

Koch, Florian (2011), »Stadtplanung, Governance und Informalität: Vorschlag einer Typologie«, in: *Die Zukunft der europäischen Stadt*, herausgegeben von Oliver Frey und Florian Koch, Wiesbaden: VS Verlag für Sozialwissenschaften (S. 191-207).

Kodolitsch, Paul von (2003), »Einführung: Sicherheit in der Stadt«, in: *Deutsche Zeitschrift für Kommunalwissenschaften* 42, 1/2003 (S. 5-10).

Koll-Schretzenmayr, Martina/Ritterhoff, Frank/Siebel, Walter (2010), »In quest of the good urban life: Socio-spatial dynamics and residential building stock transformation in Zurich«, in: *Urban Studies* 46/13 (S. 2731-2747).

Dies. (2005), »Wie global ist die Weltstadthypothese?«, in: *disp* 163, 4/2005 (S. 50-73).

Koselleck, Reinhart (2006), *Begriffsgeschichten. Studien zur Semantik und*

Pragmatik der politischen und sozialen Sprache, Frankfurt a. M.: Suhrkamp.
Köttgen, Arnold (1963), *Der heutige Spielraum kommunaler Wirtschaftsförderung*, Göttingen: Schwartz.
Krabbe, Wolfgang R. (1989), *Die deutsche Stadt im 19. und 20. Jahrhundert*, Göttingen: Vandenhoeck & Ruprecht.
Krappmann, Lothar (1972), *Soziologische Dimensionen der Identität*, Stuttgart: Klett-Cotta.
Krätke, Stefan (2011), »Forschungsintensive Industrien und wissensintensive Dienstleistungen als Motor der Entwicklung von Metropolregionen«, in: *RegioPol* 1/2 (S. 113-119).
Ders. (2004), »Kreatives Wissen in stadtregionaler Perspektive – Medienwirtschaft im Metropolenraum Berlin«, in: *Stadt, Region und Wissen. Analysen und Plädoyers für eine wissensbasierte Stadtpolitik*, herausgegeben von Ulf Matthiesen, Wiesbaden: VS Verlag für Sozialwissenschaften (S. 93-107).
Kratz, Reinhard (2008), »Babylonbilder der Bibel«, in: *Babylon: Mythos und Wahrheit*, Bd. 1: *Wahrheit*, herausgegeben von Joachim Marzahn, Katalog zur Ausstellung in den Staatlichen Museen zu Berlin, Pergamonmuseum, München: Hirmer (S. 553-566).
Krau, Ingrid/Witthinrich, Jochen (2006), *Imagination der Stadt. Vom literarischen zum architektonischen Entwurf – ein Werkstattbericht*, Wolfratshausen: edition minerva.
Kraus, Karl (1990), *Pro domo et mundo*, Frankfurt a. M.: Suhrkamp.
Krause, Kristine (2008), »Spiritual spaces in post-industrial places: transnational churches in north-east London«, in: *Transnational Ties: Cities, Migrations and Identities*, herausgegeben von Michael Smith und John Eade, New Brunswick/London: Transaction Publishers (S. 109-113).
Kreckel, Reinhard (1992), *Politische Soziologie der sozialen Ungleichheit*, Frankfurt a. M./New York: Campus.
Kristeva, Julia (2013), »Sprich über deine Schatten«, in: *Frankfurter Allgemeine Zeitung*, 04.05.2013 (S. 40).
Kronauer, Martin (2010), *Exklusion. Die Gefährdung des Sozialen im hoch entwickelten Kapitalismus*, Frankfurt a. M./New York: Campus.
Kronauer, Martin, Siebel, Walter (Hg.) (2013), »Einleitung: Die Aktualität der Polarisierungsthese für die Stadtforschung«, in: *Polarisierte Städte. Soziale Ungleichheit als Herausforderung für die Stadtpolitik*, herausgegeben von Martin Kronauer und Walter Siebel, Frankfurt a. M./New York (S. 9-26).
Kulturpolitische Gesellschaft e. V. (Hg.) (2006), *publikum.macht.kultur. Kulturpolitik zwischen Angebots- und Nachfrageorientierung*, Doku-

mentation des Dritten Kulturpolitischen Bundeskongresses am 23./24.06.2005 in Berlin, Essen: Klartext.
Kunzmann, Klaus (2006), »Kulturwirtschaft und Raumentwicklung«, in: *Aus Politik und Zeitgeschichte* 34-35/2006 (S. 3-7).

Lacroix, Paul (1963), *France in the Middle Ages*, New York: Frederick Ungar Publishing.
Lampugnani, Vittorio Magnago (2011), »Städtische Dichte und Wissenskultur«, in: *RegioPol* 1/2 (S. 55-63).
Ders. (2010), *Die Stadt im 20. Jahrhundert. Visionen, Entwürfe, Gebautes*, Berlin: Wagenbach.
Landry, Charles (2007), »Creativity and the city. Thinking through the steps«, in: *The Urban Reinventors* 1, online verfügbar unter: {http://www.urbanreinventors.net/1/landry/landry-urbanreinventors.pdf} (Stand Mai 2015).
Ders. (2000), *The Creative City: A Toolkit for urban Innovators*, London: Earthscan Publications.
Lange, Bastian (2007), *Die Räume der Kreativszenen: Culturepreneurs und ihre Orte in Berlin*, Bielefeld: transcript.
Läpple, Dieter (2005), »Phönix aus der Asche: die Neuerfindung der Stadt«, in: *Die Wirklichkeit der Städte, Soziale Welt* Sonderband 16, herausgegeben von Helmuth Berking und Martina Löw, Baden-Baden: Nomos (S. 397-413).
Ders. (2003), »Thesen zur Renaissance der Stadt in der Wissensgesellschaft«, in: *Jahrbuch StadtRegion 2003*, herausgegeben von Norbert Gestring et al., Opladen: Leske + Budrich (S. 61-77).
Läpple, Dieter/Kröger, Sebastian/Peters, Babette/Schreiner, Sarah (2015), *Kreativer Archipel. Orte der Kreativen in Hamburg und in der HafenCity*, Hamburg: Junius Verlag.
Läpple, Dieter/Thiel, Joachim (2005), »Neue raumzeitliche Herausforderungen an der Schnittstelle von Arbeitswelt und Lebenswelt«, in: *Zeitpolitisches Magazin* (Dezember), (S. 5-7).
Latour, Bruno (2001), *Das Parlament der Dinge: für eine politische Ökologie*, Frankfurt a. M.: Suhrkamp.
Laux, Eberhard (1970), »Kommunale Selbstverwaltung im Staat der siebziger Jahre«, in: *Archiv für Kommunalwissenschaften* 9/2 (S. 217-239).
Lecardane, Renzo (2003), »Territorium, Stadt, Großprojekte: Das Beispiel der Expo 98 in Lissabon«, in: *Mega-Projekte und Stadtentwicklung*, herausgegeben von Uwe Altrock, Simon Güntner, Sandra Huning und Deike Peters, online verfügbar unter {https://www.geschundkunst

gesch.tu-berlin.de/fileadmin/fg95/Dateien_von_Mitarbeitern/Altrokk_et_al_2003_PR8_Megaprojekte_und_Stadtentwicklung.pdf} (Stand Mai 2015) (S. 176-190).

Lees, Loretta (2003), »Super-gentrifications: The case of Brooklyn Heights, New York City«, in: *Urban Studies* 40/12 (S. 2487-2509).

Legnaro, Aldo/ Birenheide, Almut (2005), *Stätten der späten Moderne*, Wiesbaden: VS Verlag für Sozialwissenschaften.

Lem, Stanisław (1981), »›Tagebuch‹«, in: ders., *Lem. Mehr phantastische Erzählungen des Stanisław Lem*, herausgegeben von Franz Rottensteiner, Frankfur a. M. (S. 65-86).

Lenger, Friedrich (2013), *Metropolen der Moderne. Eine europäische Stadtgeschichte seit 1850*, München: C. H. Beck.

Ders. (2004), »Grossstadtmenschen«, in: *Der Mensch des 19. Jahrhunderts*, herausgegeben von Ute Frevert und Hein-Gerhard Haupt, Essen: Magnus (S. 261-291).

Lewis, Oscar (1966), *La Vida. A Puerto Rican Family in the Culture of Poverty*, San Juan/New York: Random House.

Ders. (1959), *Five Families. Mexican Case Studies in the Culture of Poverty*, New York: Basic Books.

Ley, David (1996), *The New Middle Class and the Remaking of the Central City*, Oxford: University Press.

Lindemann, Gesa (2009), *Das Soziale von seinen Grenzen her denken*, Weilerswist: Velbrück.

Lindner, Roland (2015), »Wundersame Zweitkarriere einer ausrangierten Bahn«, in: *Frankfurter Allgemeine Zeitung*, 30.01.2015, »Immobilien« (S. 11).

Ders. (2013), »Tal der Ahnungslosen«, in: *Frankfurter Allgemeine Zeitung*, 30.11.2013 (S. 16).

Lindner, Rolf (2003), »Der Habitus der Stadt – ein kulturgeographischer Versuch«, in: *Petermanns Geographische Mitteilungen* Nr. 147/2 (S. 46-53).

Ders. (1990), *Die Entdeckung der Stadtkultur. Soziologie aus der Erfahrung der Reportage*, Frankfurt a. M.: Suhrkamp.

Lindner, Rolf/Musner, Lutz (2005), »Kulturelle Ökonomien, urbane ›Geschmackslandschaften‹ und Metropolenkonkurrenz«, in: *Informationen zur modernen Stadtgeschichte* Nr. 1 (S. 26-37).

Linz (Hg.) (2009), *Linz 2009 Kulturhauptstadt Europas – die Bilder*, Linz: OrganisationsGmbH.

Lloyd, Richard D. (2006), *Neo-Bohemia: Art and Commerce in the Postindustrial City*, New York: Routledge.

Lofland, Lyn H. (1973), *A World of Strangers*, New York: Basic Books.

Lopez, Robert S. (1963), »The crossroad within the wall«, in: *The Historian and the City*, herausgegeben von Oscar Handlin und John Buchard, Cambridge (Mass.): MIT Press (S. 27-43).
Löw, Martina (2008), *Soziologie der Städte*, Frankfurt a. M.: Suhrkamp.
Dies. (Hg.) (2002), *Differenzierungen des Städtischen*, Opladen: Leske + Budrich.
Löw, Martina/Steets, Silke (2008), *Einführung in die Stadt- und Raum soziologie*, Opladen: Barbara Budrich UTB.
Luhmann, Niklas (1984), *Soziale Systeme*, Frankfurt a. M.: Suhrkamp.
Lutz, Burkhard (1984), *Der kurze Traum immerwährender Prosperität*, Frankfurt a. M./New York: Campus.

Maak, Niklas (2014), »Die Veröffentlichung unseres Körpers«, in: *Frankfurter Allgemeine Zeitung*, 27. 11. 2014 (S. 11).
Mallett, William J. (1994), »Managing the post-industrial city: Business improvement districts in the United States«, in: *Area* 26/3 (S. 276-287).
Marinis, Pablo de (2000), *Überwachen und Ausschließen. Machtinterventionen in urbanen Räumen der Kontrollgesellschaft*, Pfaffenweiler: Centaurus.
Marx, Karl/Engels, Friedrich (1969), »Die deutsche Ideologie«, in: dies., *MEW*, Bd. 3, Berlin (Ost): Dietz Verlag.
Mayer, Hans-Norbert/Siebel, Walter (1998), »Neue Formen politischer Planung: IBA Emscher Park und Expo 2000 Hannover«, in: *disP* 134/7 (S. 4-11).
Meier, Christian (2009), *Kultur um der Freiheit willen. Griechische Anfänge – Anfang Europas?*, München: Siedler.
Merkel, Janet (2012), »Kreative Milieus«, in: *Handbuch Stadtsoziologie*, herausgegeben von Eckardt Frank, Wiesbaden: Springer (S. 689-710).
Dies. (2009), *Kreativquartiere: urbane Milieus zwischen Inspiration und Prekarität*, Berlin: Edition Sigma.
Merkel, Wolfgang/Petring, Alexander (2011), »Partizipation und Inklusion«, in: *Demokratie in Deutschland 2011*, herausgegeben von der Friedrich-Ebert-Stiftung, online verfügbar unter: {http://www.demokratie-deutschland-2011.de/common/pdf/Partizipation_und_Inklusion.pdf} (Stand Mai 2015).
Metzger, Hans-Geert (2000), *Zwischen Dyade und Triade: Psychoanalytische Familienbeobachtungen zur Bedeutung des Vaters im Triangulierungsprozess*, Tübingen: Kimmerle.
Meyer, Sibylle/Schulze, Eva (Hg.) (1994), *Ein Puzzle, das nie aufgeht*, Berlin: Edition Sigma.
Mieg, Harald A./Sundsboe, Astrid O./Bieniok, Maijken (Hg.) (2011),

Georg Simmel und die aktuelle Stadtforschung, Wiesbaden: VS Verlag für Sozialwissenschaften.
Miller, Daniel et al. (1998), *Shopping, Place and Identity*, London/New York: Routledge.
Mitscherlich, Alexander (1965), *Die Unwirtlichkeit unserer Städte. Anstiftung zum Unfrieden*, Frankfurt a. M.: Suhrkamp.
Mittelstraß, Jürgen (2011), »Internet oder schöne neue Leonardo-Welt«, in: *Frankfurter Allgemeine Zeitung*, 25.07.2011 (S. 7).
Mollenkopf, John/Castells, Manuel (1991), *Dual City: Restructuring New York*, New York: Russell Sage Foundation.
Morgenroth, Markus (2013), »Wer böse ist, bestimmt der Kunde«, in: *Frankfurter Allgemeine Zeitung*, 12.09.13 (S. 29).
Morus, Thomas (1960), »Utopia«, in: *Der utopische Staat*, herausgegeben von Klaus J. Heinisch, o. O.: Rowohlt (S. 13-110).
Müller, Heidi/Selle, Klaus (Hg.) (2002), *EXPOst – Großprojekte und Festivalisierung als Mittel der Stadt- und Regionalentwicklung: Lernen von Hannover*, Hannover u. a.: Dortmunder Vertrieb für Bau-und Planungsliteratur.
Mumford, Lewis (1984), *Die Stadt. Geschichte und Ausblick*, Köln/Berlin: Kiepenheuer & Witsch [1961].
Muschg, Adolf (2007), »Kulturmacht Europa«, in: *Kulturpolitische Mitteilungen* 118, III/2007 (S. 29-33).
Musil, Robert (1952), *Der Mann ohne Eigenschaften*, Hamburg: Rowohlt.

Nassehi, Armin (1999), »Fremde unter sich. Zur Urbanität der Moderne«, in: ders., *Differenzierungsfolgen. Beiträge zur Soziologie der Moderne*, Opladen/Wiesbaden: Westdeutscher Verlag (S. 227-240).
Nave-Herz, Rosemarie (2013), *Ehe- und Familiensoziologie*, Weinheim u. a.: Juventa.
Neumann, Martin (1990), *Las Casas: Die unglaubliche Geschichte von der Entdeckung der neuen Welt*, Freiburg im Breisgau u. a.: Herder.
Newman, Oscar (1973), *Defensible Space: People & Design in the Violent City*, London: Architectural Press.
Niethammer, Lutz/Brüggemeier, Franz (1976), »Wie wohnten Arbeiter im Kaiserreich?«, in: *Archiv für Sozialgeschichte* XVI (S. 61-134).
Nietzsche, Friedrich (1955), »Die Fröhliche Wissenschaft«, in: ders., *Werke in drei Bänden*, 2. Bd., München: Carl Hanser.
»Not in our name, Marke Hamburg!«, offener Brief Hamburger Künstler (2009), online verfügbar unter: {http://nionhh.wordpress.com/about} (Stand Mai 2015).

OECD (1996), *The Knowledge-Based Economy*, Paris, online verfügbar unter: {http://www.oecd.org/sti/sci-tech/1913021.pdf} (Stand Mai 2015).
Oevermann, Heike (2011), »Erhaltung und Transformation von architektonischem Kulturerbe«, in: *Georg Simmel und die aktuelle Stadtforschung*, herausgegeben von Harald A. Mieg, Astrid O. Sundsboe und Maijken Bieniok, Wiesbaden: VS Verlag für Sozialwissenschaften (S. 277-297).
O'Loughlin, John/Friedrichs, Jürgen (Hg.) (1996), *Social Polarization in Post-Industrial Metropolises*, Berlin/New York: Walter de Gruyter.
Opaschowski, Horst W. (2005), »Die kulturelle Spaltung der Gesellschaft. Die Schere zwischen Besuchern und Nichtbesuchern öffnet sich weiter«, in: *Jahrbuch für Kulturpolitik*, herausgegeben vom Institut für Kulturpolitik der kulturpolitischen Gesellschaft e. V., Essen: Klartext (S. 211-216).
Oswalt, Philipp/Overmeyer, Klaus/Misselwitz, Philipp (2013), *Urban Catalyst. Mit Zwischennutzungen Stadt entwickeln*, Berlin: Dom Publishers.
Overmeyer, Klaus (2010), *Kreative Milieus und offene Räume in Hamburg*, Studie erstellt im Auftrag der Hamburger Behörde für Stadtentwicklung und Umwelt, online verfügbar unter: {http://www.hamburg.de/contentblob/2052460/data/gutachten-kreative-milieus.pdf} (Stand Mai 2015).

Pape, Wilhelm (1954), *Griechisch-Deutsches Handwörterbuch*, bearbeitet von Max Sengebusch, Graz: Akademische Druck- & Verlagsanstalt.
Park, Robert Ezra (1974), »The city: Suggestions for the investigation of human behaviour in the urban environment«, in: *The City*, herausgegeben von Robert Ezra Park und Ernest Burgess, Chicago: University of Chicago Press (S. 1-46).
Ders. (1928), »Human migration and the marginal man«, in: ders., *Race and Culture*, New York: The Free Press (S. 345-356).
Park, Robert Ezra/Burgess, Ernest (Hg.) (1974), *The City*, Chicago: University of Chicago Press.
Parnack, Charlotte (2013), »Leider geil«, in: *Süddeutsche Zeitung*, 16.10. 2013 (S. 3).
Peach, Ceri (1996), »Good segregation, bad segregation«, in: *Planning Perspectives* 11/4 (S. 379-398).
Peck, James (2005), »Struggling with the creative class«, in: *International Journal of Urban and Regional Research* 29/4 (S. 740-770).

Petzold, Knut (2011), »Die europäische Stadt und multilokale Lebensformen«, in: *Die Zukunft der europäischen Stadt*, herausgegeben von Oliver Frey und Florian Koch, Wiesbaden: VS Verlag für Sozialwissenschaften (S. 153-172).

Pike, Burton (1981), *The Image of the City in Modern Literature*, Princeton: Princeton University Press.

Platon (1957), *Sämtliche Werke*, Bd. 1, Reinbek bei Hamburg: Rowohlt.

Plaza, Beatriz (2006), »The return on investment of the Guggenheim Museum Bilbao«, in: *International Journal of Urban and Regional Research* 30/2 (S. 452-67).

Plöger, Jörg/Dittrich-Wesbuer, Andrea (2015), *Räume und Zugehörigkeiten unter den Bedingungen von Mehrörtigkeit in der Spätmoderne*, online verfügbar unter: {http://www.ils-forschung.de/cms25/down/FoPro_14_16.pdf} (Stand Februar 2015).

Podszuweit, Ulrich/Schütte, Wolfgang (1997), *Sozialatlas Hamburg*, Hamburg: Fachhochschule Hamburg, Projekt »Sozialatlas Hamburg«.

Pratt, Andy C. (2009), »Urban regeneration: From the arts ›feel good‹ factor to the cultural economy. A case study of Hoxton, London«, in: *Urban Studies* 46/5-6 (S. 1041-1061).

Preteceille, Edmond (2000), »Segregation, class and politics in large cities«, in: *Cities in Contemporary Europe*, herausgegeben von Arnaldo Bagnasco und Patrick Le Galès, Cambridge: Cambridge University Press (S. 74-97).

Pries, Ludger (2008), *Transnationalisierung der sozialen Räume*, Frankfurt a. M.: Suhrkamp.

Rappaport, Erika (1996), »The hall of temptation. Gender, politics and the construction of the department store in late Victorian London«, in: *Journal of British Studies* 35/1 (S. 58-83).

Rauterberg, Hanno (2013), *Wir sind die Stadt!*, Berlin: Suhrkamp.

Ders. (2002), »Drinnen ist draußen, draußen ist drinnen. Hat der öffentliche Raum noch eine Zukunft?«, in: *Was ist los mit den öffentlichen Räumen?*, herausgegeben von Klaus Selle, Aachen u. a.: Dortmunder Vertrieb für Bau- und Planungsliteratur (S. 147-152).

Reckwitz, Andreas (2013), »Die Erfindung der Kreativität (Auszüge)«, in: *Kulturpolitische Mitteilungen*, Nr. 141 II/2013 (S. 23-34).

Ders. (2012), *Die Erfindung der Kreativität*, Berlin: Suhrkamp.

Redfield, Robert (1953), *The Primitive World and Its Transformations*, Ithaca: Great Seal Books.

Regionalverband Ruhr (o. J.), »Metropole Ruhr – das neue Ruhrgebiet. Wirtschaftskraft durch Technisierung«, online verfügbar unter:

{http://www.metropoleruhr.de/land-leute/daten-fakten/wirtschafts kraft.html} (Stand Mai 2015).

Reif, Heinz (2012), »Metropolises: History, concepts, methodologies«, in: *Thick Space. Approaches to Metropolitanism*, herausgegeben von Dorothee Brantz, Sasha Disko und Georg Wagner-Kyora, Bielefeld: transcript (S. 31-47).

Rerrich, Maria S. (1993), »Auf dem Weg zu einer neuen internationalen Arbeitsteilung der Frauen in Europa?«, in: *Lebensverhältnisse und soziale Konflikte im neuen Europa. Verhandlungen des 26. Deutschen Soziologentages in Düsseldorf 1992*, herausgegeben von Bernhard Schäfers, Frankfurt a. M./New York: Campus (S. 93-102).

Reuband, Karl-Heinz (2013), »Konstanz und Wandel in der Sozialstruktur des Opernpublikums. Ein Langzeitvergleich auf der Basis von Publikumsbefragungen in Nordrhein-Westfalen von 1979 bis 2012«, in: *Jahrbuch für Kulturpolitik 2013*, herausgegeben vom Institut für Kulturpolitik der kulturpolitischen Gesellschaft e. V., Essen: Klartext (S. 409-419).

Reulecke, Jürgen (2000), *Geschichte der Urbanisierung in Deutschland*, Frankfurt a. M.: Suhrkamp.

Reuß, Roland (2013), »Sie nennen es Service, dabei ist es Torheit«, in: *Frankfurter Allgemeine Zeitung*, 12. 11. 2013 (S. 25).

Reuter, Fritz (1865), *Ut mine Stromtid*, Wismar: Hinstorff.

Riederer, Jens (2010), »Weimars Größe – statistisch. Eine quellen-kritische Untersuchung zur Zahl seiner Einwohner zwischen 1640 und 1840«, in: *Weimar-Jena: Die große Stadt 3/2*, Jena: Verlag Vopelius (S. 87-116).

Ritter, Gerhard A./Tenfelde, Klaus (1992), *Arbeiter im deutschen Kaiserreich 1871-1914*, Bonn: Dietz.

Rodenstein, Marianne (1988), *Mehr Licht, mehr Luft. Gesundheitskonzepte im Städtebau seit 1750*, Frankfurt a. M./New York: Campus.

Roost, Frank (2000), *Die Disneyfizierung der Städte*, Opladen: Leske + Budrich.

Rössel, Jörg/Hackenbroch, Rolf/Göllnitz, Angela (2005), »Soziale Differenzierung und Strukturwandel des Hochkulturpublikums«, in: *Jahrbuch für Kulturpolitik 2005*, herausgegeben vom Institut für Kulturpolitik der kulturpolitischen Gesellschaft e. V., (S. 225-234).

Roters, Eberhard (1987), »Die Straße«, in: *Ich und die Stadt. Mensch und Großstadt in der deutschen Kunst des 20. Jahrhunderts*, herausgegeben von Eberhard Roters und Eberhard Schulz, Berlin (West): Nicolaische Verlagsbuchhandlung (S. 35-58).

Rushdie, Salman (1992), »In gutem Glauben«, in: ders., *Heimatländer der*

Phantasie: Essays und Kritiken 1981-1991, München: Kindler (S. 456-481).

Russo, Manfred (2011), »Die Kultur des öffentlichen Raumes«, in: *Positionen zur Urbanistik I*, herausgegeben von Oliver Frey und Florian Koch, Münster: LIT.

Ryan, Mary (1990), *Women in Public. Between Banners and Ballots, 1825-1880*, Baltimore: Johns Hopkins University Press.

Rykwert, Joseph (1988), *The Idea of a Town: The Anthropology of Urban Form in Rome, Italy and the Ancient World*, Cambridge (Mass.): MIT Press.

Sabrow, Martin (2009), »Welche Erinnerung, welche Geschichte?«, Vortrag auf dem Kongress »kultur.macht.geschichte«, in: *Kulturpolitische Mitteilungen* 126, III/2009 (S. 42-46).

Salin, Edgar (1960), »Urbanität«, in: *Erneuerung unserer Städte*, 11. Hauptversammlung des Deutschen Städtetages, herausgegeben vom Deutschen Städtetag Köln, Stuttgart/Köln: Kohlhammer (S. 9-34).

Salzbrunn, Monika (2012), »Vielfalt/Diversity/Diversitè«, in: *Soziologische Revue* 4/2012 (S. 375-394).

Sampson, Robert J. (2012), *Great American City. Chicago and the enduring Neighborhood Effect*, Chicago/London: The University of Chicago Press.

Sassen, Saskia (2004), »Die Verflechtungen unter der Oberfläche der fragmentierten Stadt«, in: *Die europäische Stadt*, herausgegeben von Walter Siebel, Frankfurt a. M.: Suhrkamp (S. 373-384).

Dies. (1991), *The Global City*, Princeton: Princeton University Press.

Saunders, Doug (2011), *Arrival City*, München: Karl Blessing.

Schäfers, Bernhard (2010), *Stadtsoziologie: Stadtentwicklung und Theorien – Grundlagen und Praxisfelder*, Wiesbaden: VS Verlag für Sozialwissenschaften.

Ders. (2006), *Stadtentwicklung im Spiegel der Stadtsoziologie. Beiträge seit 1970*, Konstanz: Hartung-Gorre.

Scherer, Ann-Kathrin (2008), »Krippenbetreuung als ambivalentes Unternehmen«, Vortrag auf der Tagung »Kinder in der Krippe – Chancen und Risiken aus psychoanalytischer Sicht« vom 11./12.10.2008, Hamburg, leicht gekürzte Version online verfügbar unter: {http://www.psychoanalyse-aktuell.de/321+M5726ebb0eaa.0.html?&tx_ttnews%5Bday%5D=01&tx_ttnews%5Bmonth%5D=05&tx_ttnews%5Byear%5D=2009} (Stand Mai 2015).

Schiffauer, Werner (1994), »Zur Logik von kulturellen Strömungen in Großstädten«, in: *Kulturtexte. Schriftenreihe des Instituts für Kultur-*

anthropologie und europäische Ethnologie Frankfurt 46, herausgegeben von Ina-Maria Greverus et al. (S. 29-60), online verfügbar unter: {http://epub.ub.uni-muenchen.de/6371/1/6371.pdf} (Stand Mai 2015).

Schivelbusch, Wolfgang (1983), *Lichtblicke: Zur Geschichte der künstlichen Helligkeit im 19 Jahrhundert*, München/Wien: Carl Hanser.

Schmoller, Gustav von (1983), »Ein Mahnruf in der Wohnungsfrage 1890«, in: *Lesebuch zur Wohnungsfrage*, herausgegeben von Hartmut Frank und Dirk Schubert, Köln: Pahl-Rugenstein (S. 159-174).

Schneider, Ulrike (1992), *Neues Wohnen – alte Rollen?*, Pfaffenweiler: Centaurus.

Schulke, Hans-Jürgen (2010), »Challenging the stadium: Watching sport events in public«, in: *Stadium Worlds: Football, Space and the Built Environment*, herausgegeben von Sybille Frank und Silke Steets, London: Routledge (S. 56-73).

Schumpeter, Josef Alois (1964), *Theorie der wirtschaftlichen Entwicklung*, Berlin: Duncker & Humblot.

Schuster, Nina (2012), »Queer spaces«, in: *Handbuch Stadtsoziologie*, herausgegeben von Eckardt Frank, Wiesbaden: Springer (S. 632-659).

Schütz, Alfred (1945), »The homecomer«, in: *American Journal of Sociology* 50 (S. 369-376).

Ders. (1944), »The stranger. An essay in social psychology«, in: *American Journal of Sociology* 49 (S. 499-507).

Scott, Allen J. (2000), *The Cultural Economy of Cities*, London: Sage.

Selle, Klaus (2002), »Expo.doc- Ergebnisse«, in: *EXPOst – Großprojekte und Festivalisierung als Mittel der Stadt- und Regionalentwicklung: Lernen von Hannover*, herausgegeben von Heidi Müller und Klaus Selle, Hannover u. a.: Dortmunder Vertrieb für Bau-und Planungsliteratur (S. 29-228).

Senatsverwaltung für Wirtschaft, Technologie und Frauen/Der Regierende Bürgermeister von Berlin, Senatskanzlei – Kulturelle Angelegenheiten/Senatsverwaltung für Stadtentwicklung (Hg.) (2008), *Kulturwirtschaft in Berlin. Entwicklungen und Potenziale*, online verfügbar unter: {http://www.berlin.de/imperia/md/content/sen-kultur/towinternet/kuwi_bericht_2008_100.pdf?start&ts=1232705112&file=kuwi_bericht_2008_100.pdf} (Stand Mai 2015).

Senatsverwaltung für Wirtschaft, Arbeit und Frauen in Berlin/Senatsverwaltung für Wissenschaft, Forschung und Kultur (Hg.) (2005), *Kulturwirtschaft in Berlin. Entwicklung und Potenziale 2005*, online verfügbar unter: {www.berlin.de/sen/kultur/_assets/kulturpolitik/kuwi_0706.pdf} (Stand Mai 2015).

Sennett, Richard (1983), *Verfall und Ende des öffentlichen Lebens: Die Tyrannei der Intimität*, Frankfurt a. M.: Fischer Taschenbuch.
Siebel, Walter (2013a), »Stadtkronenpolitik«, in: *Jahrbuch für Kulturpolitik 2013*, Essen: Klartext (S. 55-60).
Ders. (2013b), »Integration und Segregation – ein Widerspruch?«, in: *Gesellschaft – Wirtschaft – Politik GWP* 62/4 (S. 535-547).
Ders. (2011a), »Talent, Toleranz, Technologie«, in: *Georg Simmel und die aktuelle Stadtforschung*, herausgegeben von Harald A. Mieg, Astrid O. Sundsboe und Maijken Bieniok, Wiesbaden: VS Verlag für Sozialwissenschaften (S. 73-87).
Ders. (2011b), »Stadtpolitik mittels großer Ereignisse«, in: *Urbane Events*, herausgegeben von Gregor Betz, Ronald Hitzler und Michaela Pfadenhauer, Wiesbaden: VS Verlag für Sozialwissenschaften (S. 55-66).
Ders. (2011c), »Von der Vision zur Resignation: die Ideengeschichte des Städtebaus im 20. Jahrhundert. Anmerkungen zu Lampugnanis ›Die Stadt im 20. Jahrhundert‹ – Visionen, Entwürfe, Gebautes«, in: *disP* 186/3 (S. 84-92).
Ders. (2009), »Ist Nachbarschaft heute noch möglich?«, in: *Nachbarschaft*, herausgegeben von Daniel Arnold, München: Callwey (S. 7-13).
Ders. (2007), »Vom Wandel des öffentlichen Raums«, in: *Shopping Malls: Interdisziplinäre Betrachtungen eines neuen Raumtyps*, herausgegeben von Jan Wehrheim, Opladen: VS Verlag für Sozialwissenschaften (S. 77-94).
Ders. (2006), »Zum Wandel des öffentlichen Raums – Das Beispiel Shopping Mall«, in: *Stadt und Kommunikation in bundesrepublikanischen Umbruchzeiten*, herausgegeben von Adelheid von Saldern (BKG Band 17), Stuttgart: Fritz Steiner (S. 67-82).
Ders. (2005), »Suburbanisierung«, in: *Handwörterbuch der Raumordnung*, herausgegeben von der Akademie für Raumforschung und Landesplanung (ARL), Hannover: Verlag der ARL (S. 1135-1140).
Ders. (Hg.) (2004), *Die europäische Stadt*, Frankfurt a. M.: Suhrkamp.
Ders. (2000), »Wesen und Zukunft der europäischen Stadt«, in: *disP* 141 (S. 28-34).
Ders. (1999), »Planung und Pädagogik«, in: *Bildung und Gesellschaft im Wandel*, herausgegeben von Wolf-Dieter Scholz und Herbert Schwab, Oldenburg: BIS Verlag (S. 213-223).
Ders. (1997), »Die Stadt und die Zuwanderer«, in: *Zuwanderung und Stadtentwicklung*, *Leviathan* Sonderheft 17, herausgegeben von Hartmut Häußermann und Ingrid Oswald, Opladen: Westdeutscher Verlag (S. 30-41).

Ders. (1974), »Entwicklungstendenzen kommunaler Planung – Städtebauliche Forschung«, in: *Schriftenreihe des Bundesministeriums für Raumordnung, Bauwesen und Städtebau* Nr. 03.028, Bonn/Bad Godesberg.

Siebel, Walter/Ibert, Oliver/Mayer, Hans-Norbert (2001), »Staatliche Organisation von Innovationen – Die Planung des Unplanbaren unter widrigen Umständen durch einen unbegabten Akteur«, in: *Leviathan* 29/4 (S. 526-542).

Siebel, Walter/Wehrheim, Jan (2003), »Sicherheit und urbane Öffentlichkeit«, in: *Deutsche Zeitschrift für Kommunalwissenschaften* 42/1 (S. 11-30).

Sievers, Karen (2006), *Kontrollierte (T)Räume. Shopping-Center als neue Form sozialer Kontrolle?*, Berlin: Wissenschaftlicher Verlag.

Simmel Georg (1993), »Die Großstädte und das Geistesleben«, in: ders., *Das Individuum und die Freiheit*, Frankfurt a. M.: Fischer (S. 192-204).

Ders. (1992), *Soziologie. Untersuchung über die Formen der Vergesellschaftung*, Gesamtausgabe Bd. 11, Frankfurt a. M.: Suhrkamp.

Simpson, Ludi/Gavalas, Vasilis/Finney, Nissa (2008), »Population dynamics in ethnically diverse towns: The long-term implications of immigration«, in: *Urban Studies* 45/1 (S. 163-183).

Sjoberg, Gideon (1960), *The Preindustrial City*, New York: The Free Press.

Smith, Neil (1979), »Toward a theory of gentrification«, in: *Journal of American Planning Association* 45 (S. 538-548).

Sombart, Werner (1931), »Städtische Siedlung, Stadt«, in: *Handwörterbuch der Soziologie*, herausgegeben von Alfred Vierkandt, Stuttgart: Enke Verlag (S. 527-532).

Ders. (1928), *Der moderne Kapitalismus*, 1. Band/2. Halbband, München/Leipzig: Duncker & Humblot.

Ders. (1923), *Die deutsche Volkswirtschaft im 19. Jahrhundert*, Berlin: Bondi.

Ders. (1902), *Der moderne Kapitalismus*, Band II, Leipzig: Duncker & Humblot.

Söndermann, Michael (2014a), »Der rasante Aufstieg der Kulturberufe«, in: *Kulturpolitische Mitteilungen* 145/2 (S. 38-41).

Ders. (2014b), »Einkommenssituation von Künstlern«, 59. Loccumer kulturpolitisches Kolloquium »Kreatives Prekariat« (21.-23. 02. 2014), online verfügbar unter: {http://www.kupoge.de/newsletter/anlagen/151/Kulturberufe-Loccum_20140222.pdf} (Stand Mai 2015).

Ders. (2013), »European culture and creative industries«, Vortrag Peking University vom 29. 05. 2013, online verfügbar unter: {http://www.kulturwirtschaft.de/wp-content/uploads/2011/01/Beijing-PPT_EU_CCI_20130529-c.pdf} (Stand Mai 2015).

Ders. (2007), »Kulturwirtschaft: Was ist das?«, in: *Kultur und Kreativität als neue Wirtschaftsfaktoren. Jahrbuch Kulturwirtschaft 2006*, herausgegeben von der Friedrich-Naumann-Stiftung, (S. 8-20), online verfügbar unter: {http://www.kulturpolitik-kulturwirtschaft.de/Portals/0/Jahrbuch_KW_2006.pdf} (Stand Mai 2015).

Spengler, Oswald (1922), *Der Untergang des Abendlandes*, II. Band: *Welthistorische Perspektiven*, München: C.H. Beck.

Spiegel, Erika (1998), »Dichte«, in: Hartmut Häußermann (Hg.), *Großstadt: Soziologische Stichworte*, Opladen: Leske + Budrich (S. 39-47).

Springer, Bettina (2007), *Artful Transformation. Kunst als Medium urbaner Aufwertung*, Berlin: Kadmos.

Stanišić, Saša (2006), *Wie der Soldat das Grammofon repariert*, München: Luchterhand.

Statista (2015), »Anzahl der Erwerbstätigen in der Land- und Forstwirtschaft und Fischerei in Deutschland in den Jahren 1991 bis 2014 (in 1000 Personen)«, online verfügbar unter: {http://de.statista.com/statistik/daten/studie/2189/umfrage/erwerbstaetige-in-landwirtschaft-forstwirtschaft-fischerei/} (Stand Mai 2015).

Statistisches Bundesamt (2008), *Klassifikation der Wirtschaftszweige. Mit Erläuterungen*, online verfügbar unter: {http://www.stifterverband.de/fue/klassifikation_wirtschaftszweige.pdf} (Stand Mai 2015).

Steets, Silke (2008), *»Wir sind die Stadt!« Kulturelle Netzwerke und die Konstitution städtischer Räume in Leipzig*, Frankfurt a.M./New York: Campus.

Steinert, Heinz (2010), *Max Webers unwiderlegbare Fehlkonstruktionen*, Frankfurt a.M./New York: Campus.

Stendhal (1947), *Rot und Schwarz*, Leipzig: Insel.

Sterzel, Dieter (2010), »Verfassungsrechtliche und kommunalrechtliche Rahmenbedingungen für die Privatisierung öffentlicher Aufgaben«, in: *Privatisierung*, herausgegeben von Thomas Blanke und Sebastian Fedder, Baden-Baden: Nomos (S. 190-280).

Stichweh, Rudolf (2010), *Der Fremde*, Berlin: Suhrkamp.

Ders. (1992), »Der Fremde – Zur Evolution der Weltgesellschaft«, in: *Rechtshistorisches Journal* 10 (S. 295-316).

Stierle, Karlheinz (1993), *Der Mythos von Paris. Zeichen und Bewußtsein der Stadt*, München/Wien: Carl Hanser.

Stifter, Adalbert (o. J.), *Der Nachsommer*, Leipzig: C.F. Amelangs.

Strambach, Simone (2011), »Herausforderungen der Wissensökonomie«, in: *RegioPol* 1/2 (S. 25-33).

Stratigakos, Despina (2012), »Women in the modern metropolis«, in: *Thick Space. Approaches to Metropolitanism*, herausgegeben von Dorothee Brantz, Sasha Disko und Georg Wagner-Kyora, Bielefeld: transcript (S. 279-306).

Strauch, Hans Joachim (2000), »Stadt – Raum – Recht«, in: *Die europäische Stadt. Mythos und Wirklichkeit*, herausgegeben von Dieter Hassenpflug, Münster: LIT (S. 121-142).

Strzoda, Hanna (2008), »Berlin-Babylon«, in: *Babylon: Mythos und Wahrheit*, Bd. 2: *Mythos*, herausgegeben von Moritz Wullen und Günther Schauerte, Katalog zur Ausstellung in den Staatlichen Museen zu Berlin, Pergamonmuseum, München: Hirmer (S. 215-224).

Stühlmeyer, Frank (2004), *Politisches Handeln jenseits der Angst – Spiel- und Übergangsräume bei D. W. Winnicott und Hannah Arendt*, Vortrag gehalten auf der Tagung: Kunst, Politik und Psychoanalyse der Heinrich Böll Stiftung Bremen, Manuskript.

Svedberg, Richard (1994), *Josef A. Schumpeter. Eine Biographie*, Stuttgart: Klett-Cotta.

Taeger, Angela (2015), *Guillotin, die Guillotine und die Gaffer*, Köln: Kohlhammer (im Erscheinen).

Terlinden, Ulla (2002), »Räumliche Definitionsmacht und weibliche Überschreitungen. Öffentlichkeit, Privatheit und Geschlechterdifferenzierung im städtischen Raum«, in: *Differenzierungen des Städtischen*, herausgegeben von Martina Löw, Opladen: Leske + Budrich (S. 141-156).

Dies. (1994), »Gesellschaftliche Modernisierung und Stadterneuerung«, in: *Ein Puzzle, das nie aufgeht*, herausgegeben von Sibylle Meyer und Eva Schulze, Berlin: Edition Sigma (S. 65-75).

Thierstein, Alain/Wiese, Anne (2011), »Attracting Talents. Metropolregionen im Wettbewerb um Humankapital«, in: *RegioPol* 1/2 (S. 127-137).

Thimme, Wilhelm (1978), *Aurelius Augustinus: De civitate Dei*, mit einer Einleitung und Erläuterungen von Carl Andresen, Zürich/München: Artemis.

Tönnies, Ferdinand (1979), *Gemeinschaft und Gesellschaft*, Darmstadt: Wissenschaftliche Buchgesellschaft.

Tucholsky, Kurt (1995), *Gesammelte Werke in 10 Bänden*, Bd. 8: *1930*, herausgegeben von Mary Gerold-Tucholsky und Fritz J. Raddatz, Reinbek bei Hamburg: Rowohlt.

Tunbridge, John E./Ashworth, Gregory J. (1996), *Dissonant Heritage. The Management of the Past as a Resource in Conflict*, Chichester/New York: Wiley.

United Nations (Hg.) (2008), *Creative Economy Report 2008*, Genf/New York, online verfügbar unter: {http://unctad.org/en/Docs/ditc20082 cer_en.pdf} (Stand Mai 2015).

Valentin, Karl (1978), »Die Fremden«, in: *Alles von Karl Valentin*, herausgegeben von Michael Schulte, München/Zürich: R. Piper & Co. Verlag.

Veblen, Thorstein (1962), *The Theory of the Leisure Class*, New York: The New Library of World Literature.

Vertovec, Steven (2009), *Transnationalism*, London: Routledge.

Wagner, Monika (1999), »Sakrales Design für Fiktionen vom öffentlichen Raum«, in: *Parks in Space*, herausgegeben vom Kulturzentrum Schlachthof Bremen, Boston/Bremen: Kellner (S. 66-75).

Walther, Uwe-Jens (Hg.) (2002), *Soziale Stadt – Zwischenbilanzen. Ein Programm auf dem Weg zur Sozialen Stadt?*, Opladen: Leske + Budrich.

Weber, Max (1956), *Wirtschaft und Gesellschaft. Grundriß der verstehenden Soziologie*, Studienausgabe: 1. und 2. Halbband, herausgegeben von Johannes Winckelmann, Köln/Berlin: Kiepenheuer & Witsch.

Ders. (1951), *Gesammelte Aufsätze zur Wissenschaftslehre*, herausgegeben von Marianne Weber und Johannes Winckelmann, Tübingen: Mohr Siebeck.

Wehler, Hans-Ulrich (1995), *Deutsche Gesellschaftsgeschichte*, 3. Bd.: *1849-1914*, München: C. H. Beck.

Wehrheim, Jan (2009), *Der Fremde und die Ordnung der Räume*, Opladen: Leske + Budrich.

Ders. (2006), *Die überwachte Stadt – Sicherheit, Segregation und Ausgrenzung*. Opladen: Leske + Budrich.

Weigel, Sigrid (1995), »Zur Weiblichkeit imaginärer Städte«, in: *Mythos Metropole*, herausgegeben von Gotthard Fuchs et al., Frankfurt a. M.: Suhrkamp (S. 35-45).

Dies. (1987), »›Die Städte sind weiblich und nur dem Sieger hold‹ – Zur Funktion des Weiblichen in Gründungsmythen und Städtedarstellungen«, in: *Triumph und Scheitern in der Metropole. Zur Rolle der Weiblichkeit in der Geschichte Berlins*, herausgegeben von Sigrun Anselm und Barbara Beck, Berlin: Reimer (S. 207-227).

Wertheimer, Max (1957), *Produktives Denken*, Frankfurt a. M.: Waldemar Kramer Verlag.

Whyte, William H. (1980), *The Social Life of Small Urban Spaces*, Washington, D. C.: Conservation Foundation.

Wiesand, Andreas Johannes (2006), »›Kultur- oder Kreativwirtschaft‹:

Was ist das eigentlich?«, in: *Aus Politik und Zeitgeschichte* 34-35 (S. 8-16).
Wildner, Kathrin (2012), »Transnationale Urbanität«, in: *Handbuch Stadtsoziologie*, herausgegeben von Eckardt Frank, Wiesbaden: Springer (S. 214-229).
Wilson, Elisabeth (1991), *The Sphinx in the City: Urban Life, the Control of Disorder, and Women*, Berkeley: University of California Press.
Winnicott, Donald Woods (1993), *Vom Spiel zur Kreativität*, Stuttgart: Klett.
Ders. (1974), *Reifungsprozesse und fördernde Umwelt*, München: Kindler.
Wippermann, Carsten (2008), *Migranten-Milieus. Lebenswelten und Werte von Menschen mit Migrationshintergrund in Deutschland*, Sozialwissenschaftliche Repräsentativuntersuchung von Sinus Sociovision für das Bundesministerium für Familie, Senioren, Frauen und Jugend, in: *VHW* Heft 6/2008.
Wirth, Hans-Jürgen (2001), »Fremdenhaß und Gewalt als familiäre und psychische Krankheit«, in: *Psyche* Heft 11 (S. 1217-1244).
Wirth, Louis (1974), »Urbanität als Lebensform«, in: *Stadt- und Sozialstruktur*, herausgegeben von Herlyn Ulfert, München: Nymphenburger Verlagshandlung (S. 42-66).
Wischermann, Clemens (1986), »Wohnungsmarkt, Wohnungsversorgung und Wohnmobilität in deutschen Großstädten 1870-1913«, in: *Stadtwachstum, Industrialisierung, Sozialer Wandel. Beiträge zur Erforschung der Urbanisierung im 19. und 20. Jahrhundert*, herausgegeben von Hans Jürgen Teuteberg, Berlin: Duncker & Humblot (S. 101-133).
Wissenschaftlicher Rat der Dudenredaktion (Hg.) (1966), *Duden*, Bd. 5: *Fremdwörterbuch*, Mannheim/Wien/Zürich: Dudenverlag.
Ders. (1963), *Duden*, Bd. 7: *Etymologie*, Mannheim/Wien/Zürich: Dudenverlag.
Wollmann, Hellmut (2013a), »Öffentliche Dienstleistungen zwischen munizipalem und privatem Sektor – ›Comeback‹ der Kommunen?«, in: *Polarisierte Städte. Soziale Ungleichheit als Herausforderung für die Stadtpolitik*, herausgegeben von Martin Kronauer und Walter Siebel, Frankfurt a.M./New York (S. 242-271).
Ders. (2013b), »Stadt im Blick der Kommunalwissenschaft«, in: *Stadt. Ein interdisziplinäres Handbuch*, herausgegeben von Harald A. Mieg und Christoph Heyl, Stuttgart: Metzler (S. 174-184).
Ders. (2002), »Die traditionelle deutsche Kommunale Selbstverwaltung – ein ›Auslaufmodell‹?«, in: *Deutsche Zeitschrift für Kommunalwissenschaften* 41/1 (S. 24-51).
Wullen, Moritz (2008), »Mythos Babylon«, in: *Babylon. Mythos und*

Wahrheit, Bd. 2: *Mythos*, herausgegeben von Moritz Wullen und Günther Schauerte, Katalog zur Ausstellung in den Staatlichen Museen zu Berlin, Pergamonmuseum, München: Hirmer (S. 11-21).

Wullen, Moritz/Schauerte, Günther (Hg.) (2008), *Babylon. Mythos und Wahrheit*, Bd. 2: *Mythos*, Katalog zur Ausstellung in den Staatlichen Museen zu Berlin, Pergamonmuseum, München: Hirmer.

Wurtzbacher, Jens (2004), *Sicherheit durch Gemeinschaft? Bürgerschaftliches Engagement für öffentliche Sicherheit*, Opladen: Leske + Budrich.

Wüst, Thomas (2004), *Urbanität. Ein Mythos und sein Potential*, Wiesbaden: VS Verlag für Sozialwissenschaften.

Yildiz, Erol/Mattausch, Birgit (Hg.) (2009), *Urban Recycling*, Basel: Birkhäuser.

Young, Michael/Willmott, Peter (1986), *Family and Kinship in East-London*, London u. a.: Routledge & Kegan Paul.

Zimmermann, Karsten (2008), »Eigenlogik der Städte – Eine Politikwissenschaftliche Sicht«, in: *Die Eigenlogik der Städte. Neue Wege für die Stadtforschung*, herausgegeben von Helmut Berking und Martina Löw, Frankfurt a. M./New York: Campus (S. 207-230).

Zukin, Sharon (1995), *The Cultures of Cities*, Malden/Oxford: Blackwell.

Dies. (1991), *Landscapes of Power: From Detroit to Disney World*, Berkeley/Los Angeles: Oxford University Press.

Dies. (1990), »Socio-spatial prototypes of a new organization of consumption: The role of real cultural capital«, in: *Sociology* 24/1 (S. 37-56).

Dies. (1982), *Loft Living: Culture and Capital in Urban Change*, New Brunswick: Rutgers University Press.

»Soziologie« in der edition suhrkamp Eine Auswahl

Pablo Alabarces. Für Messi sterben? Der Fußball und die Erfindung der argentinischen Nation. es 2608. 287 Seiten

Louis Althusser. Für Marx. Vollständige und durchgesehene Ausgabe. Herausgegeben von Frieder Otto Wolf. es 2600. 409 Seiten

Arjun Appadurai. Die Geographie des Zorns. Übersetzt von Bettina Engels. es 2541. 158 Seiten

Jakob Arnoldi. Alles Geld verdampft. Finanzkrise in der Weltrisikogesellschaft. Übersetzt von Niklas Hofmann. es 2590. 92 Seiten

Zygmunt Bauman
- Flüchtige Moderne. Übersetzt von Reinhard Kreissl. es 2447. 260 Seiten
- Gemeinschaften. Auf der Suche nach Sicherheit in einer bedrohlichen Welt. Übersetzt von Frank Jakubzik. es 2565. 180 Seiten
- Leben in der flüchtigen Moderne. Übersetzt von Frank Jakubzik. es 2503. 287 Seiten
- Wir Lebenskünstler. Übersetzt von Frank Jakubzik. es 2594. 206 Seiten

Peter-Paul Bänziger/Stefanie Duttweiler/Philipp Sarasin/ Annika Wellmann (Hg.). Fragen Sie Dr. Sex. Ratgeberkommunikation und die mediale Konstruktion des Sexuellen. es 2595. 376 Seiten

NF 350/1/2.12

Ulrich Beck
- Nachrichten aus der Weltinnenpolitik. es 2619. 149 Seiten
- Die Neuvermessung der Ungleichheit unter den Menschen: Soziologische Aufklärung im 21. Jahrhundert. Eröffnungsvortrag zum Soziologentag »Unsichere Zeiten« am 6. Oktober 2008 in Jena. 57 Seiten
- Risikogesellschaft. Auf dem Weg in eine andere Moderne. es 1365 und es 3326. 396 Seiten

Ulrich Beck/Angelika Poferl (Hg.). Große Armut, großer Reichtum. Zur Transnationalisierung sozialer Ungleichheit. es 2614. 694 Seiten

Ulrich Beck/Anthony Giddens/Scott Lash. Reflexive Modernisierung. Eine Kontroverse. es 1705. 364 Seiten

Pierre Bourdieu
- Ein soziologischer Selbstversuch. Übersetzt von Stephan Egger. Mit einem Nachwort von Franz Schultheis. es 2311. 160 Seiten
- Praktische Vernunft. Zur Theorie des Handelns. Übersetzt von Hella Beister. es 1985. 226 Seiten
- Soziologische Fragen. Übersetzt von Hella Beister und Bernd Schwibs. es 1872. 256 Seiten

Elena Esposito. Die Fiktion der wahrscheinlichen Realität. Übersetzt von Nicole Reinhardt. es 2485. 127 Seiten

Hartmut Häußermann/Dieter Läpple/Walter Siebel. Stadtpolitik. es 2512. 403 Seiten

Wilhelm Heitmeyer (Hg.)
- Deutsche Zustände. Folge 1. es 2290. 304 Seiten
- Deutsche Zustände. Folge 2. es 2332. 320 Seiten
- Deutsche Zustände. Folge 3. es 2388. 300 Seiten

NF 350/2/2.12

- Deutsche Zustände. Folge 4. es 2454. 320 Seiten
- Deutsche Zustände. Folge 5. es 2484. 300 Seiten
- Deutsche Zustände. Folge 6. es 2525. 308 Seiten
- Deutsche Zustände. Folge 7. es 2552. 328 Seiten
- Deutsche Zustände. Folge 8. es 2602. 319 Seiten
- Deutsche Zustände. Folge 9. es 2616. 348 Seiten
- Deutsche Zustände. Folge 10. es 2647. 336 Seiten

Claudia Honegger/Sighard Neckel/Chantal Magnin (Hg.). Strukturierte Verantwortungslosigkeit. Berichte aus der Bankenwelt. Mit einem Text von Elfriede Jelinek. es 2607. 395 Seiten

Martina Löw/Renate Ruhne. Prostitution. Herstellungsweisen einer anderen Welt. es 2632. 215 Seiten

Daniel Miller. Der Trost der Dinge. Fünfzehn Porträts aus dem London von heute. es 2613. 226 Seite

Stephan Moebius/Markus Schroer (Hg.). Diven, Hacker, Spekulanten. Sozialfiguren der Gegenwart. es 2573. 462 Seiten

Richard Münch.
- Die akademische Elite. Zur sozialen Konstruktion wissenschaftlicher Exzellenz. es 2510. 474 Seiten
- Akademischer Kapitalismus. Über die politische Ökonomie der Hochschulreform. es 2633. 457 Seiten
- Globale Eliten, lokale Autoritäten. Bildung und Wissenschaft unter dem Regime von PISA, McKinsey &. Co. es 2560. 266 Seiten

Werner Schiffauer. Nach dem Islamismus. Die Islamische Gemeinschaft Milli Görüş. Eine Ethnographie. es 2570. 391 Seiten

Mark Terkessidis. Interkultur. es 2589. 220 Seiten

NF 350/3/2.12